苏州园林研究 壹

丛书主编 曹光树 茅晓伟

2022年苏州市科普专项资金资助项目

名师大匠与苏州园林

周苏宁 主编

书名题字为郑可俊集文徵明字

中国建材工业出版社

图书在版编目（CIP）数据

名师大匠与苏州园林 / 周苏宁主编 . -- 北京：中国建材工业出版社，2022.9
（苏州园林研究丛书 / 曹光树，茅晓伟主编）
ISBN 978-7-5160-3360-9

Ⅰ . ①名… Ⅱ . ①周… Ⅲ . ①人物－列传－中国－现代 ②古典园林－苏州－文集 Ⅳ . ① K820.7 ② K928.73-53

中国版本图书馆 CIP 数据核字（2021）第 239592 号

名师大匠与苏州园林
Mingshi Dajiang yu Suzhou Yuanlin
周苏宁　主编

出版发行：中国建材工业出版社
地　　址：北京市海淀区三里河路 11 号
邮政编码：100831
经　　销：全国各地新华书店
印　　刷：北京印刷集团有限责任公司
开　　本：787mm×1092mm　1/16
印　　张：26
字　　数：650 千字
版　　次：2022 年 9 月第 1 版
印　　次：2022 年 9 月第 1 次
定　　价：**128.00 元**

本社网址：www.jccbs.com，微信公众号：zgjcgycbs
请选用正版图书，采购、销售盗版图书属违法行为
版权专有，盗版必究。本社法律顾问：北京天驰君泰律师事务所，张杰律师
举报信箱：zhangjie@tiantailaw.com　　举报电话：（010）57811389
本书如有印装质量问题，由我社市场营销部负责调换，联系电话：（010）57811387

《苏州园林研究》丛书编委会

主办单位

苏州市风景园林学会

编委会主任（丛书主编）

曹光树　茅晓伟

顾问

衣学领　詹永伟　刘　郎　王稼句

本书主编

周苏宁

编委（按姓氏笔画排序）

卜复鸣　毛安元　刘　泓　孙剑锋　张　军　陈建凯
茅晓伟　罗　渊　周　军　周苏宁　赵志华　徐学民
曹光树　崔文军　程斯嘉　薛志坚　嵇存海

特约编辑

程斯嘉

策划编辑

时苏虹

"苏州风景园林"微信公众号

邮箱：Szyl_bianjibu@126.com
联系电话：0512-67520628

《苏州园林研究》系列丛书序

谈园林研究

《苏州园林研究》系列丛书就要面世了，这是一件非常有意义的事情。苏州园林博大精深、历史悠久、文化深厚、艺术精湛，涵盖了众多学科，其经典不仅是闻名海内外的世界文化遗产，而且历久弥新，绵延不绝，在当代和未来生态文明建设中展现出她的无穷魅力，发挥出她的多重价值和智慧。

苏州园林是一座巨大的宝库，挖掘和研究犹如涓涓泉流，一直没有中断过。历史上就出现了明代计成的《园冶》，被誉为世界最古造园专著，还有同时代文震亨的《长物志》，被誉为"文人园"的结晶，这两部专著都出自苏州人之手，是苏州的骄傲，更是中国园林的骄傲。当代，经过几代人孜孜不倦的研究，也已相继结出了丰硕的成果，如童寯的《江南园林志》、刘敦桢的《苏州古典园林》、陈从周的《苏州园林》、金学智的《中国园林美学》、曹林娣的《姑苏园林与中国文化》，以及最近十多年来由苏州市园林和绿化管理局主编出版的《苏州园林风景绿化志》丛书、由苏州市风景园林学会主编的《苏州园林艺文集丛》等一大批研究著作，筑起了一座座高山。

随着时代的发展，站在前人筑起的高山上，我们不禁要问：如何再向高峰攀登？历史总是这样回响："站在巨人肩膀上！"这是继续攀登的不二法则。当前，我们已经跨进了"第二个百年"，为实现中华民族伟大复兴的中国梦而奋斗的新征程，许多新问题、新课题亟待我们去研究、解决，去创造新的成绩，做出更大的贡献。这就需要我们以问题为导向，加强研究，在新的机遇与挑战中，拿出"真金白银"的理论和对策，正如习近平总书记一再强调的"要高度重视理论建设"，"立时代潮头，通古今变化，发思想先声，繁荣中国学术"，"增强工作的科学性、预见性、主动性"。这些重要论述对我们具有很强的指导意义，一个党、一个国家是如此，一个行业也是如此。

那么，我们该如何开展研究？我认为，首先要勤读书。读书，不仅积蓄知识，更是精神历练，这方面的中外学者论述可谓汗牛充栋，人人知晓，但要真正潜心读书却并不容易，特别是在当今快速发展的时代，变化太快、诱惑太多，在快节奏、多压力的状态下，很多人抱怨"没有时间和精力读书"。怎么办？这使我想起著名教育家朱永新先生说过的他的读书习惯，即每天早起一小时、晚睡一小时，养成了习惯，收获了知识和能力，生命也多出了"十几年"。这个方法让我受益匪浅。由此，我希望在苏州园林系统形成良好的读书氛围，读历代经典，读当代精华，读前沿理论，读当下经验，丰富积累知识，真正"站在巨人肩膀上"，避免庸庸碌碌。

其二是善思辨。哲理明辨，这是我们先贤的优良传统，在苏州园林中尤多实例可循，

例如造园的哲理中，寒冬腊月的梅花，"梅须逊雪三分白，雪却输梅一段香"，这句诗是意在言外：借雪梅的争春，告诫我们事物各有所长和相互联系。如果是做人，就须取人之长，补己之短，才是正理。引申到研究上，就是要针对实际，存辩证思维，既要看到事物的表象，也要看到事物的实质，既要看到事物的正面，也要看到事物的反面，既要看到事物的区别，也要看到事物的联系，才能由表及里、由浅入深，在纷繁复杂的变化中，去粗取精、去伪存真，抓住主要矛盾，解决主要问题。这一辩证法既是研究工作必须遵循的法则，更是我们党的优良传统和不断取得胜利的法宝之一，我们亟待融会贯通到研究和实际工作中去。

其三是重总结。就是把通过学习、思辨而获得的新思想、新观点和在实践中形成的新体会、新经验，通过概括、归纳、总结，形成具有学术价值和借鉴推广价值的研究论文。在这方面，与全国同行相比，总体上讲，我们做得还不够，曾经有人这样说过，中国园林精华在苏州，学术研究水平却在外地。实事求是地讲，在总结提高上，我们的确很不够，例如对苏州古典园林的研究，当代的大家多数不是苏州人；又如，苏州的世界遗产保护工作在多个项目上处于全国领先水平，经验却没有推广出去；再如，苏州是全国第一个实现全域创建成为"国家生态园林城市群"的城市，这一在经济高速发展中的生态文明建设好经验却"默默无闻"；还有诸如公园城市、湿地城市、园林绿化固碳增汇行动、弘扬苏派盆景艺术、园林特色游园活动等方面的研究也显薄弱，甚至留有"空白"。这些都说明，研究工作何其重要，形成可复制、可推广的学术论文何其重要，必须高度重视！

当然，研究工作的方式方法远不止这些，但我认为勤读书、善思辨、重总结这三点是研究工作的关键环节，缺一不可。不论是做学术研究，还是做行政事务，任何攀登高峰者，都需要具备这三个基本素质。

苏州市风景园林学会作为苏州园林系统重要的学术团体，自 1979 年成立以来，四十多年间始终把学术研究作为首要工作，取得了一系列成绩，为苏州园林事业做出了很大贡献。如今，学会又在以往研究工作的基础上，策划和承办这一具有学术科研和科普价值的《苏州园林研究》系列丛书，在 2022 年正式推出，成为苏州市园林行业一个可持续出版的学术研究阵地，不断在新时代奋进中发挥学术智囊团和骨干作用，非常可贵。在生态文明建设的新时代，展示园林景区国际一流的窗口形象，建成举世闻名的园林之城，建设城乡绿化一体的公园城市，让举世闻名的园林之城更显魅力，更具活力，可谓适逢其时。我期待园林学会同仁们群策群力，扎实工作，把这个学术阵地办好，办出成果，多出精品佳作。

曹光树，苏州市园林和绿化管理局（林业局）党组书记、局长
2021 年 12 月于苏州公园路

前言

园林人文精神丰碑

这是一本关于现代名师大匠与苏州园林的选集。编辑这本选集，缘自《苏州园林》杂志从20世纪90年代初创至今，历年刊发的人物回忆录、专记、轶事、评论等文章，已有60余篇40余万字，这些人物都是中华人民共和国成立以来的社会名师大匠，他们为苏州园林描绘过优美画卷，谱写过美丽景色。"园林何处无君影"，他们不仅留下了令人难以忘怀的声声影影，更留下了无数珍贵的作品和学识，是苏州园林传承与发展中的宝贵财富。这些人物，有的已驾鹤西去，渐渐淡出人们的视线，若隐若现；还有不少人依然在岗位上散发着光和热，灿若星辰。无论是逝者还是生者，他们在苏州园林保护、管理、建设、发展事业中建立起来的众多经典，依然是当今园林人的楷模，汇聚成一股强大的力量，凝聚成一座当代园林人文精神丰碑。

这座丰碑，其厚重、高远的价值，将随着时间的流逝，时代的发展，愈显珍贵。所谓"大国工匠"，都是在淬炼中化为精华，在追求中实现完美。从这个意义上讲，所有学者、专家、文人、木工、瓦工等都是"工匠"，专到极致就是大师，闪烁出人文光芒。为此，我们摘取《苏州园林》杂志"卷首絮语"中的五篇，以窥全貌。

 ## 从"北梁南刘"说起

关于"北梁南刘"，恐怕20世纪70年代以后出生的人很少有人知道指的是谁。在中国建筑界，说到梁思成，众所周知的只是其"力保北京"的事迹，更多人则会津津乐道于他更为有名的父亲，或他更为有名的夫人林徽因那些风雅浪漫的故事。而刘敦桢，则几乎被现代社会遗忘了——这或许就是历史的悲哀和无奈。

但是，历史绝不是"任人打扮的小姑娘"，无论如何粉饰、矫情，当人们回首历史时，依然会认真寻找那最初的原点——这就是今天我们重提"北梁南刘"话题的动因。

20世纪20至30年代，中国还没有自己编写的建筑史，而西方和日本的学者已经在研究中国建筑，并出版了有关著作。这种令人不能容忍的现象，激发了当时一批留学归来的中国建筑学者的爱国心，其中就有梁思成、刘敦桢、杨廷宝、童寯等一批学贯中西的青年学者。不久，梁思成、刘敦桢成为我国第一个专门研究中国古代建筑的学术机构——中国营造学社的骨干，梁思成任法式部主任，刘敦桢任文献部主任，分头研究古建筑形制和文献，从1932年至1937年的短短五年中，以现代建筑学科学严谨的态度对遗存在各地的历代古建筑进行了大规模的勘探和调查，搜集到了大量珍贵资料。抗日战争期间，他们在艰苦卓绝的条件下，依旧坚持古建筑调查与研究，出版了诸多专业著作。

仅仅不到百年的时光，当今的建筑如何？我们看到、听到的多是对古代建筑、民国建筑和建国初期建筑的赞美，和对现今"千城一面""千镇一面"的感叹，问题出在哪里？

在历史的叩问中，回顾"北梁南刘"就显得格外有必要，特别是当今园林界（在中国，园林一直作为建筑的一个分支），我们深感"北梁南刘"留下的大量遗产还远未被后人全面继承，甚至很多宝贵的遗产被遗忘和丢失了，建筑（园林）历史正在断裂。这并非危言耸听。

刘敦桢先生的高足詹永伟所写的《移天缩地如诗画，承前启后载史册》一文中，回忆其恩师作学问的精神和作风时，就多有举证，有很多值得我们细嚼和深研，例如实物与文献相互参证的方法是中国近代史学的革命性人物王国维提倡的"双重证法"之一，刘敦桢是这一方法在建筑历史领域的实践者和开创者。例如早在20世纪20年代，刘先生就开始运用现代科学方法于中国传统建筑，在苏州成立了中国第一所建工学校，在教学的同时开始系统地研究传统建筑和古代园林。再如，他除了运用社会科学考古学的实地调查方法外，还把人文科学美术史的类型学分析方法运用于苏州古典园林的调查研究之中。美术史类型学方法强调通过实物间的比较发现造型和风格的差异，进而发现造型风格的演变线索，为年代借鉴找出依据……反观当今，无论是建筑、园林实业还是学术领域，学问的差距显而易见！

如果，这还不足以令人信服，再看看刘敦桢的文集，那一张张手绘图精美得让人以为他是美术家。他编写《中国古代建筑史》一书耗时7年，前后8稿，手绘图竟无数次返工。在抗日战争期间，于西南闭塞古镇中的茅屋里，散发着湿臭的小镇旅舍，昏暗的油灯下，铅笔、钢笔仔细地刻画着每一根线条、每一条纹饰，甚至每一块砖瓦，惟妙惟肖……一直到1949年后，刘先生在大学职工宿舍、办公室里伏案反复修改重绘，终成巨著。生命如此延续、消耗，又在他另一部耗时二十余年的《苏州古典园林》中化蛹为蝶。这学问本身也是生命，蜕化成了永恒的精神财富。刘敦桢先生那系统的、经典的价值，为后人留下了一座巨大的宝库。

本书所载回忆刘敦桢等大师巨擘的文章，虽然仅是他们辉煌一生中与苏州园林有关的事迹，亦能使读者从中受益多多。

 园以人名

2018年11月是陈从周先生诞辰100周年，在回忆大师时总能让人油然想起"园以人名"这个话题。

略有园林史常识的人都知道,苏州的每一座园林都有一个或多个因名人活动而构成的轶事掌故,园林由此而闻名遐迩,从而构成了苏州园林的历史文化长廊。因此可以说,苏州园林的发展史就是一部历史名人的活动史。追溯历史,园林从营造那天起,几乎就与名人结下了不解之缘。甚至可以说,没有名人,就没有苏州园林;而没有苏州园林,众多名人、大量珍遗也很难留存至今,故有"园以人名,人以园显"之说。

历史上"园以人名"的故事举不胜举,仅从近代以来的苏州园林史看,就不难发现,著名人物对苏州园林的影响极为重要,如童寯、刘敦桢、陈植、陈从周等,这些享誉国内外的著名学者,从20世纪30年代开始,殚精竭虑、呕心沥血,在十分困难的条件下调查、研究、奔走、呼吁,竭尽保护之能力,从而使濒于毁灭边缘的苏州园林得以幸存,名闻天下。可以毫不夸张地说,如果没有这些前辈的努力,苏州也许会像其他一些城市那样,虽在历史上曾以众多古园而闻名,但随着社会变迁和城市现代化发展而导致园林逐渐消失,不幸失去具有世界级桂冠的"园林城市"美誉。所幸,因这些名人,苏州园林文脉始终没有断落。

今天我们重提与园林有密切关系的名人,不仅因为他们是真正的大师而值得我们敬仰和怀念,更因为他们留下的丰厚遗产亟需我们继承和发扬光大。不可否认,对于历史人物给苏州园林留下的非常丰厚的文化遗产,当代人在认知、学习、研究和继承上诚然做了不少工作,也取得了不少成绩,但与无比厚重的历史文化遗产相比,显然还远远不够,甚至出现丢弃和断层,这不得不引起我们的深思。

这种深思,除了仰望高峰,崇敬和怀念已逝的大师,更应从当下做起,在传与承上下功夫。陈从周作为中国园林文化的标杆,用传统文化的理念研究园林,极大地提高了中国古典园林的文化地位,为确立中国园林作为一门综合艺术打下了扎实的理论基础。随着时间的流逝,我们越发感到陈从周遗产的珍贵。这"珍贵"起码有三个方面,其一在做人上,他是"铮铮名士",胸怀坦荡、为人正直、追求真理、从容旷达、敬畏历史、直言不讳,是真正的名士。其二在学养上,他是"谦谦学人",由文史进而建筑园林,博学多才、学养深厚、师承有自、诲人不倦,是真正的学人。其三在理论建树上,他是"巍巍大师",集诗画、考古、工程技术和文史哲于一身,著作等身,耸立起中国园林文化高峰,至今无人可比,是真正的大师。这些无疑是陈先生留给后人最宝贵的财富。

大师虽已逝,待有后来人。本书出于这一思考,有重点地编辑了一组探索陈从周人生、风范和学术思想方面的文章,以此来纪念陈先生,亦望引起更多同仁的关注和研究,为传承和发展中国园林事业而携手共进。

感动园林

2017年,这是一个必然要载入苏州园林史册的年份,因为有多个重要的历史

事件和太多感动我们的事情聚集在一起,如苏州古典园林列入《世界遗产名录》20周年、联合国教科文组织亚太地区世界遗产培训与研究中心成立10周年、苏州园林博物馆新馆建成10周年;如中国现代建筑教育奠基人、古代建筑史和中国园林学开创者刘敦桢先生诞辰120周年,苏州市风景园林学会向詹永伟、蔡曾煜、匡振鶄、张慰人、金学智、曹林娣、怀志刚七位长者颁发首届苏州风景园林终身成就奖……这些人和事都是时间积淀的精华,是我们这个行业的一个缩影,聚合在一起,竖起了一座座丰碑,让我们崇敬,让我们感动。

感动,是因为,苏州园林经历几千年发展,创造出"虽由人作,宛自天开"的园林艺术体系,人类最优美的居住环境,凝练成中国园林的经典,中国优秀传统文化的绚丽篇章,传承至今,日益显示出它的无穷魅力,我们为身处这一行业而感到无比骄傲和自豪。

感动,还因为,自古以来,苏州园林这一行业人才济济,大家辈出,一代又一代人坚守在这方园地里,师承守恒,在平凡的岗位上,几十年如一日,默默耕耘,精雕细刻,以不平凡的业绩成就了自己,更成就了这一事业。在这样一个群体中,为能亲聆师长的谆谆教诲和感受师长的品格魅力而感到荣幸,一日受教,终身为师。师长就像一面映照自己内心的镜子,照亮心底最纯的精神,激起奋力向上的动能。我们为有这样一批师长而感到无比的骄傲和自豪。

感动,更因为,生态文明建设正成为中国梦的主旋律,人类不仅需要享受丰富的物质环境,更需要有社会责任感和使命感,为当代和后人创造生态优美的诗意栖息地。作为生态园林发展的主力军,我们园林人理当勇于承担起历史的机遇和挑战,传承好老一辈园林人的精神财富,"撸起袖子加油干",做出一番成绩,捧出一份贡献。我们为能在这样一个伟大的时代,投身于实现伟大中国梦而感到无比骄傲和自豪。

生活中从来不缺感动,但是往往缺乏能为之震撼而又能鞭策我们奋进的感动。苏州市风景园林学会在苏州市园林和绿化管理局、苏州市科学技术协会的大力支持下,发起首届"苏州风景园林终身成就奖",既是对七位长者几十年来勤奋工作和突出贡献的充分肯定,也是一次对行业精神的激励,正所谓"凝聚正能量,扬帆再出发",相信所有读过本书相关文章的同仁都会感同身受。

手中须有"金刚钻"

国家从2017年10月开始全力推行PPP模式,到现在已经有多年了。PPP项目的全面落地,逐渐规范和优化,也加速了园林绿化行业的分层,好的更好,差的被淘汰,卡在中间的很辛苦。

但并不是说园林绿化行业整合得越大就越好,尽管非PPP领域的传统业务市场将遭受进一步挤压,但专精特、小而美、技术精湛、工匠精神强的中小单位被

称为行业"小巨人",反而成为大公司追逐的对象,这是中小单位的机会和底气,毕竟大公司拿单能力再强,也需要有园林技术工匠来扎实落地做好,这就是中小单位的金刚钻。但对于那些缺乏"金刚钻"的大公司,反而会陷入困境,而且这种困境较难逆转。

其实,我们若干年前就发现,随着现代化的深入发展,园林绿化领域的技术型人才日益缺乏,其中有社会大环境因素,特别是人才教育的"独木桥"倾向,致使技术工匠青黄不接;也有上一轮改革不到位遗留下的问题,例如园林行业的"管办分离",当初的设想很"完美",却把具有技术含量的阵地交给了物业公司管理。而物业公司的短期性行为很难为园林行业培养出技术拔尖的工匠。日积月累,十几年下来,一线岗位的技术工匠就断了层。眼看十几年前的中年工匠进入退休年龄,大多数人幡然惊悟,"十年树木,百年树人",人才不是一朝一夕可以捏成的。

面对这种困境,有人振振有辞,有人无动于衷,但也有人脚踏实地勇闯新路。俗话说得好,看到问题不是本领,拿出解决方案并能够落到实处才是本领。其中,苏州风景园林投资发展集团有限公司在工匠培养方面所走的路子就是很好的例子。他们在既成的管理体制中,遇到了古建技术工匠短缺的问题,更看到了这个短缺背后的根源,但他们既不是埋怨,也不是坐等上级政策,而是以深化改革的精神,积极主动地去解决问题,终于磨炼出自己的"金刚钻",香山帮古建筑技艺人才逐步聚集起来,年轻一代的园林人有了"绝活"。他们也从中得出一个经验:工匠精神是园林人不可丢失的"金刚钻"。

三人行,必有我师。工匠拥有"金刚钻"绝活时便是大师,被誉为"大匠"。在当前园林绿化发展的大趋势下,如何提升保护、管理、建设水平,无论对于大企业,还是小单位,甚或个人,"金刚钻"是不可或缺的。

本书所收入的"大匠"均是苏州园林行业中的"金刚钻代表"人物,"工匠精神"的守护者。

 ## 守护"工匠精神"

2016年的国务院《政府工作报告》强调"工匠精神"后,迅速引起共鸣,在各行各业激荡起有关职业操守与创新创造等思辨的热议。什么是"工匠精神"?为什么强调"工匠精神"?如何在新形势下再次唤醒"工匠精神"?整个社会在"聚焦",我们园林行业也需要"聚焦"。

回望园林发展史,"工匠精神"虽未有清晰的学术定位,却深植于中国古老而辉煌的造园和园艺之中。"工匠"的实质,除了区别于机械化生产外,最关键的是体现其主体的主观能动性,所谓"匠心独运",既是对工匠产品和作品的外化评价,更是对工匠审美哲学和造物伦理精神的高度褒奖。在园林行业,这种"工匠

"精神"象征的是一种精致的文化内涵,其中包含严谨认真、精益求精的职业态度,推陈出新、尽善尽美的职业操守。可以说,这种精神来源于中国优秀传统文化的人生观、世界观和价值观,从大处讲是"天人合一"的宇宙观统摄下所形成的"格物致知"的理念,从小处讲是"家有良田万顷,不如薄艺在身"的价值认知,还有力求卓越的人生态度,也正是一代又一代工匠对这种精神信念的坚守,才创造出闻名世界的苏州古典园林艺术体系。

毋庸置疑,由于社会浮躁之风的影响,在我们这个行业里,"工匠精神"淡漠了,在青黄不接中,与传统审美理想和文化精神渐行渐远,必然产出粗糙、媚俗的产品和作品。

如今,强调"工匠精神"回归,我们不仅要反思、守护,更要弘扬,让这种精神在我们这个行业里重放光彩。有识之士指出,新时期弘扬"工匠精神"亟待完善制度建设,通过建立严格的工匠制度,对从事匠作技艺人群的职业精神、技术水平和行为规范做出具体要求,用制度养成工匠习惯,再把工匠习惯升华为"工匠精神";并通过制度对工匠人群进行培养、鞭策、激励、提升和奖惩,打造现代教育和管理体制下的现代工匠,以此强化社会和行业对工匠文化的认知,以及匠人对职业的认同感。这当然不是否定个人努力,对工匠自身来说,其最基本的是心性、品德、情怀的培养,然后才是技艺传承,这是任何一个时代都不可缺少的修养,如果缺失了,即使技艺高,充其量也只能是高级匠人,而不能成为工匠大师,更不可能达到"巨匠""哲匠"的高峰。

时代呼唤"工匠精神"。

以上是编者十多年为《苏州园林》写的卷首絮语摘编,如果说现在读来依然如新,这是因为历史是有其规律的,并不会因时间的流逝而改变,读历史的价值也许就在于此。为此,本书特将对本行业中那些做出突出贡献的大师巨擘、名师、哲匠汇编一册,既代表了我们对工匠精神的无比崇敬之情,也期待诸君与我们心路相通,读一读他们,仰望高山而知攀登。

在一个纷繁多变的社会里,阅读人文有助于静心,无案牍之烦恼,才可明心境,不忘初心,砥砺前行——这是本书编者特别想与诸君交流的絮语,以期共勉之。

周苏宁

2022年2月15日

于苏州葑溪听雨楼

目录

巨 擘

童 寯 002
中国园林近代研究先驱者 003
　　——童寯学术生涯纪略

刘敦桢 009
忆父亲对中国传统古典园林的研究和实践 010
移天缩地如诗画　承前启后载史册 019
　　——忆苏州古典园林研究的开拓者刘敦桢
启蒙教诲　永记不忘 028
　　——纪念刘敦桢恩师诞辰100周年
"他是一个真正的学者" 034
　　——谢孝思回忆刘敦桢先生

贝聿铭 036
中国园林是世界上最好的 037
　　——贝聿铭与苏州园林

陈从周 041
陈从周：中国园林的文化标杆 043
经典的诤言 047
　　——重读陈从周《说园》系列
难忘的美学映象 049
　　——纪念陈从周先生百年诞辰/试论其园林小品的审美特征
陈从周与苏州园林 056
终生教诲　传世珍宝 068
　　——忆陈从周先生
追寻大师陈从周 073
　　——园林名人档案征集纪实

罗哲文 ··· 077

罗哲文：苏州虎丘塔抢险加固工程的卓越领导者 ··· 078
文化遗产事业一面光辉的旗帜 ··· 084
开拓，奠基，领军人；宗师，泰斗，守望者……——无限思念忆罗公
仰望那尊楷模 ··· 092

周瘦鹃 ··· 098

周瘦鹃和他的盆景艺术 ··· 099
缅怀中国盆景大师——周瘦鹃 ··· 103
饮马荠溪 鹤舞人生 ··· 106
——写在周瘦鹃先生诞辰110周年纪念日
弘扬大师遗愿 振兴苏州盆景 ··· 109
——纪念周瘦鹃诞辰110周年

顾廷龙 ··· 111

顾廷龙与苏州园林 ··· 112

孙传哲 ··· 117

方寸之间名园奇 ··· 118
——记中国著名邮票设计大师孙传哲与苏州园林

金宝源 ··· 124

大象无形 ··· 125
——摄影家金宝源与苏州园林

大　师

陆文夫 ··· 130

陆文夫与耦园 ··· 130

谢孝思 ··· 134

名园长留心地间 ··· 134
——谢孝思与苏州园林

一段珍贵历史　5万元抢修名园 ····· 139
　　——谢孝思等人口述留园整修
谢孝思和怡园陈设 ····· 145

汪星伯 ····· 149
园林何处不思君 ····· 149
　　——写在汪星伯先生诞辰100周年之际
追记汪星伯先生导游苏州园林 ····· 153
汪星伯、陈涓隐的二三事 ····· 160
汪星伯与苏州园林 ····· 164
汪星伯与苏州园林的几件事 ····· 170

秦新东 ····· 174
阅尽沧桑更思君 ····· 174
　　——秦新东与苏州园林

仲国鋆 ····· 179
永不能抹去的寄托和思念 ····· 179
　　——纪念爸爸仲国鋆逝世20周年
潜心笃志的园林管理者 ····· 182
　　——记仲国鋆先生

陈涓隐 ····· 190
园林管理前辈陈涓隐先生逸事 ····· 190

吴䎃木 ····· 196
我还住在古典园林 ····· 196

王西野 ····· 201
王西野与苏州园林 ····· 202
王西野与陈从周的深挚情谊 ····· 210

邹宫伍 ····· 214
献身三吴　业绩长存 ····· 214
　　——忆古建园林专家邹宫伍

詹永伟 ··· 219
大师眼里的园林建筑 ··· 219
——专访园林建筑学家詹永伟

匡振鹍 ··· 227
留痕天地间 ··· 227
——苏州造园家匡振鹍

张慰人 ··· 232
中国园林出口的开山之作 ··· 232
——专访明轩设计者张慰人
慰人？慰人！ ··· 240
——采访张慰人札记

蔡曾煜 ··· 245
哲心匠思花木情 ··· 245
——记园艺大师蔡曾煜

怀志刚 ··· 252
绿意点染来时路 ··· 252
——记苏州城市绿化实干家怀志刚

金学智 ··· 257
中国园林美学第一家 ··· 257
会心不远：寻觅最美桃花源 ··· 262
——记当代中国园林美学集大成者金学智

曹林娣 ··· 270
文心雕园品真谛 ··· 270
——记园林文化学者曹林娣

陶维良 ··· 278
我和"明轩" ··· 278
——苏州园林专家陶维良讲述出口工程

贺风春 ············ 281
用园林讲好中国故事 ············ 281
——记江苏省设计大师、香山帮传人贺风春

黄恭情 ············ 286
姑苏养虎人黄恭情 ············ 286

刘 郎 ············ 292
三生花草梦苏州 ············ 292
——专访当代著名电视艺术片导演刘郎
发婉约于豪放　寄哲理于诗情 ············ 298
——评刘郎的电视系列作品"江南三部曲"
园林文化还要往深里挖 ············ 304
——专访《狮子林》电视片编导刘郎
前度刘郎 ············ 307
——电视片《苏园六纪》20周年重温随想

陈健行 ············ 313
陈健行与苏州园林 ············ 313

孙君良 ············ 319
化境别开　独成风范 ············ 319
——读孙君良《拙政园三十一景图》

蔡廷辉 ············ 324
当代文人造园师 ············ 324
——记金石篆刻家蔡廷辉的园林情结

大 匠

陆耀祖 ············ 330
大道无形 ············ 330
——记香山帮大师傅陆耀祖

顾阿虎

留住"五作"手艺的大师傅 ································· 341
——记香山帮传人顾阿虎

韩良源

"山石韩"与苏州园林 ································· 349
园林假山世家韩良源采访记 ································· 355

凌新生

我在美国叠假山 ································· 361
——苏州叠山传人凌新生口述
叠山,方寸天地浓缩自然 ································· 367
——"小林屋洞"修复记

朱光辉

"朱家假山"曾光辉 ································· 371
——记叠山大师朱光辉

朱子安

大师杰作　辉映史册 ································· 375
——记朱子安的"雀梅王"盆景《虎踞龙蟠》

朱永源

悉心传承,不断攀登 ································· 380
——记朱家盆景传人朱永源

陆　伟

工匠精神不朽 ································· 383
——记苏派盆景高级技师陆伟

郑可俊

苏州园林美术世家传人二三事 ································· 388
——记园林艺术家、园林模型大师郑可俊

跋 ································· 395

◎名师大匠与苏州园林◎

铭源
聿瘦
贝周宝
桢
刘敦文
罗哲哲
孙传
寗
童从周
陈廷
顾龙

巨擘

·童 寯·

中国建筑学家

童寯（1900—1983），著名建筑学家、建筑教育家。1900年10月2日出生于奉天省城东郊（今沈阳市郊）。家庭世代务农，父亲是家族中第一代读书人，晚清岁贡，经殿试后钦点七品，回乡先后任女子师范学校校长和省教育科长等职。童寯八岁进蒙养院，1910年入奉天省立第一小学，1917年考入奉天省立第一中学。1925年升入大学科，获得留美资格。同年秋，公费赴美，就读于费城宾夕法尼亚大学建筑系，与杨廷宝、陈植、梁思成等先后同窗学习。

从欧洲回国即受聘于东北大学建筑系，先后任教授、系主任。1931年九一八事变，建筑系被迫解散，他帮助学生脱离险境后，自己也举家迁往北平。年底应陈植之邀赴沪，后来与赵深、陈植合组"华盖建筑师事务所"。1937年上海沦陷，次年接受资源委员会技术长官叶诸沛之邀辗转至重庆。1944年，应中央大学建筑系刘敦桢之邀抵重庆，在授课之余继续建筑师业务。这一时期还有许多其他著名建筑师应聘，中央大学建筑系一时人才荟集、蒸蒸日上，这就是中央大学建筑系的"沙坪坝黄金时期"。抗日战争胜利后，中央大学迁回南京，童寯仍往返沪宁两地从事华盖建筑师事务所业务和在中央大学建筑系任教。1949年中华人民共和国成立后，专职任教于南京大学建筑系（现东南大学），任教授。

童寯设计的作品凝重大方，富有特色和创新精神。他数十年不间断地进行东西方近现代建筑历史理论研究，对继承和发扬我国建筑文化，借鉴西方建筑理论和技术有重大贡献。他是一位建筑界融贯中西、通释古今的大师。

童寯在20世纪30年代初于上海工作期间，即用工作余暇遍访苏、浙、沪60多处园林，只身一人不辞劳苦踏勘、调查、测绘、摄影，又广为收集资料文献，于1937年完成《江南园林志》一书，这是近代最早的一部用科学方法论述中国造园理论的专著，是我国近代造园理论研究的开拓者。

中国园林近代研究先驱者
——童寯学术生涯纪略

童明

1931年九一八事变发生,从美国宾夕法尼亚大学毕业归来,在东北大学建筑系刚刚任教一年多的童寯先生猝不及防,两天后仓促离开故土沈阳,途经北平,稍停两个月后于当年年底辗转至上海,从此在一个彻底陌生的文化地域里开始了全新的事业。在那里,他与赵深、陈植共同组建了华盖建筑师事务所,专事建筑设计。数年之内就顺利完成了南京外交部大楼、中山纪念馆、大上海大剧院等诸多华彩四溢的重要建筑作品。

然而好景不长,1937年8月,淞沪战役爆发,日渐成熟的事业体系随之瓦解,童寯先生不得不跟随国民政府资源委员会前往重庆,稍后又前往云南、贵州等地,投入后方建设,开始了又一段颠沛流离的生活,直到1945年抗战胜利。

但是就在上海这短短不到6年的时间里,童寯先生几乎从零开始,完成了一生中最为重要的学术著作《江南园林志》的写作。这部被誉为中国近现代园林研究开山之作的著述大致成形于1936年,是我国近代最早的一部运用科学方法论述中国造园理论的专著,也是学术界公认的继明朝计成《园冶》之后,在园林研究领域最有影响的著作之一(图1)。

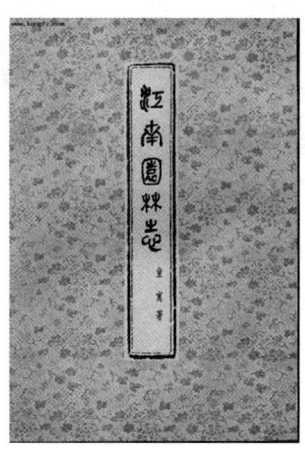

图1 童寯著《江南园林志》(中国建筑工业出版社1984年版)

有关中国古典园林这项国粹的研究难度众所周知。在历史上,园林虽然整体上由园林主人进行规划,但是实际操作者大多为园工匠人,因此造园方法很难流传。比较系统而完整地论述造园的原则、要素、经验等方面的理论专著应当首推明代计成的《园冶》,其他则散见于诗文、绘画以及方志小说。总体而言，这些杂识记录都有些断锦孤云、不成系统。即便从事理论研究的文人，大多数也仅仅凭借嗜好，只是发表评论而缺乏实质经验。

童寯在其园林研究工作中，无疑也认识到这一点。他曾经批评古人："除赵之壁《平山堂图志》、李斗《扬州画舫录》等书外，多重文字而忽图画……昔人绘图……谓之为园林，无宁称为山水画。"因此，在总结古人造园经验的基础上，童寯先生的贡献主要在于，他为这门传统建筑技艺纳入了现代科学的方法，具体表现为他在上海、苏州、无锡、常熟、扬州及杭嘉湖一带花费大量精力所进行的园林调研测绘，以及所撰写的文字分析。在《江南园林志》所载的实例中，许多园林今日早已荡然无存，其中的测绘图纸和照片就显得格外珍贵。

1936年，园林研究巨擘刘敦桢先生前往上海，与童寯先生初次见面，大有相见恨晚之感。见到《江南园林志》初稿后，深受鼓舞，当即决定由营造学社负责刊行，将书稿带回北京，并得到梁思成先生的大力赞赏。不料该书在排印时卢沟桥战事爆发，其手稿照片和测绘图纸被中国营造学社存放于天津英国麦加利银行保险柜里，而次年的大水又使得手稿全部泡烂废弃。童寯先生36岁完成的《江南园林志》，直到1963年他63岁时才最终问世。而此时为他手抄文稿的爱妻已离世多年，他不得不以花甲之年重新绘制抗战前他逐个步测的私家园林，而当时的政治环境已非常严苛（图2）。

图2　20世纪30年代，童寯与妻儿

相对于出版过程中所经受的各种波折，真正艰辛的是此书的撰写过程。对于童寯先生这样一个纯粹的北方人及其早年的留洋背景而言，从事江南园林研究，就意味着需要从一种几乎完全陌生的状态开始着手，不仅如此，他还需要在当时极为繁忙的工作环境中见缝插针。可以想见，在日常大量而繁重的建筑设计工作中，童寯先生既需要全力以赴地负责事务所绘图房的工作，也需要奔波于各个项目工地之间，而园林研究只能有待于夜深人静的灯下以及周末假期的片刻闲暇。

至于这项园林研究工作如何起始，目前已经很难考证，很可能也是一种机缘巧合。初至上海，人地两生，童寯先生除了工作关系以外，能够交往的也就是北平清华大学和费城宾夕法尼亚大学在上海的一群校友，特别是他的同事兼搭档赵深与陈植，这两位江浙本土人士为他提供了莫大的帮助。对于园林的接触很可能是初至上海的某个周末，当童寯先生与一群老友在城隍庙聚会时，无意之间进入了旁边一侧的豫园。

难以想象童寯先生当时的心情，江南园林的景象对于这样一位接受过西洋正统建筑教育的高才生应该是极其震撼的。虽然出国前在清华学堂留美预科班时，童寯先生也曾经游历过北京西郊，特别是圆明园、颐和园这些风貌犹存的北方园林，但当时江南园林所提供的第一触感则完全是另外一种境界。由此，童寯先生进入到他挚爱一生的江南园林研究中。

根据童寯先生的长子童诗白的描述，"星期天父亲很少在家休息，他休息的方式是带着照相机到上海附近或铁路沿线有园林的地方去考察，偶尔也带我去，那些地方有些是荒芜的园子，主人早已不住在里面，父亲向看守人说明来意并给一些小费后，就能进去参观照相"。如果没有特别原因，童寯先生的每个周末基本上都往返于江浙沪一带的园林之中，以至每当在天津基泰工程司工作的挚友杨廷宝到上海时，所提供的招待也就是两人约好一同前往踏勘。

当然事情并非总是如此浪漫。20世纪30年代，城市之间的交通很不方便，火车、汽车的线路极其有限，大多数市镇可能还只能坐船前往。由于正值抗战期间，童寯先生有两次在调研昆山、吴江两地时，先后被误认为日本奸细而入警察局。到了园林里后，童寯先生并无帮手，一般只能自己一人进行踏勘，遇到无法测量时，只能步量进行估算，由于其深厚的建筑学功底，他所绘制的形状尺寸与别人后来用皮尺所丈量的八九不离十，非常准确。

至于童寯先生如何将这貌似业余爱好的观览转化成严谨的学术研究的过程同样也有些难以确定，这很可能来自1934年中国营造学社社长朱启钤先生的上海之访。当时应上海中国建筑师学会的邀请，朱启钤先生在城隍庙附近的一座茶楼里介绍中国营造学社，同时也谈到了想要研究南方古典园林的想法。中国营造学社自1929年于北平成立以来，在梁思成、刘敦桢等先生的主持下，进行了大量中国古典建筑调查研究，收集了很多第一手资料，并印发季刊每年四本。到1935年前后，由于在建筑方面已经成果卓著，中国营造学社开始计划着手另一个领域——中国园林的研究。此时中国营造学社也已经开始注意到江南园林的价值，但是苦于精力不济（图3）。

图3　张琴著《长夜的独行者》（同济大学出版社2018年版）

1936年当童寯先生与刘敦桢先生初次见面时，他自叙"这时我在上海私人建筑师事务所工作，假日常到邻近各地古典园林游览考察。刘敦桢知道了，就开始和我通消息，并且

亲自南来苏州住几天，回去后写一篇关于苏州花园的报告。但他的工作地点不在南方，而江南是园林繁华所在，因此我的条件比他好。那时，据我所知，对园林感兴趣而做点实际工作的，只有我们两人。"

与中国营造学社在志向上的一拍即合固然是一种触机，然而童寯先生对于江南园林的投入更可能来自在调研过程中园林现状带给他的触动。在他的诸多有关江南园林的文章里，大量呈现诸如这样的记述：

拙政园于太平之役得以幸存，然迄今未修葺。园中屋宇多有倾圮之险。亟待翻造……

是园幸存，但学校仿西式屋宇，渐失旧韵……

是园总体甚精，但失修已久，日就颓败……

觉园日就坍圮，行将灭没……

乾隆时售于邑庙，遂遭分割，且赁于庙市商贾。今存仅局部，本色早失……

是园于太平役时尽毁，今者成自近代，除假山和中部荷池以及在帝园的仿制品外，旧迹不存……

从目前所留存下来的一些20世纪30年代的苏州园林照片里可以看到，当时的很多园林并非如当今的景象，许多场面已经是房屋倾圮、假山荒芜、杂丛满生。面对当时国内的时局与现实里的园林状况，童寯先生在《江南园林志》的前言中写道，"著者每入名园，低回歔欷，忘饥永日"，深染于"胜众芳芜秽，美人迟暮之感"。这种紧迫感可能是他在随后的五十余年间，对于园林的研究始终坚持不懈、勤耕不辍的根本原因。

然而不太为人所知的是，童寯先生针对江南园林的研究最初却是用英文写就的，其目的主要侧重于向外界介绍这块仍然不太为人所知的文化瑰宝。

1936—1938年间，童寯先生在上海为《天下月刊》每年撰写三篇英文论文，向世界介绍中国刚刚兴起的现代建筑。这本当时由中山文化教育馆主办的英文杂志由全增嘏先生担任主编，登载介绍中西文学思潮的文章，兼讨论时下的政治问题。在童寯先生参与的文章中，不仅有辨析中国古代建筑装饰、材料以及中外建筑交流的案例，而且有介绍近年来的中国建筑艺术情况、大屋顶问题、创作风格和将来趋势的文章。

本次《论园》文集中所收录的第一篇《中国园林——以江苏、浙江两省园林为主》正是这些文章的其中之一。鉴于当时世界对于东方园林的认知主要在于日本，为了更正这种观点，明确日本园林的根源在中国，童寯先生撰写此文。为了更加本质性地呈现中国园林的特点，童寯先生从中国园林与西方园林之间的差异性开始谈起，在文中他写道：

中国园林并非大众游乐场所……是一种精致艺术的产物……

一座中国园林就是一幅三维风景画，一幅写意中国画……

因为游人是"漫步"而非"径穿"。中国园林的长廊、狭门和曲径并非从大众出发，台阶、小桥和假山亦非为逗引儿童而设。这里不是消遣场所，而是退隐静思之地……

寥寥数语，就已经把江南园林的精髓尽显而出。

而童寯先生对于日本园林与中国园林差异性的辨析，也是别有洞见。他认为日本园林源于中国，但又有所区别的根源在于，日本园林追求内向景观，但整体依然开敞；而中国园林的格局则基本上是一座由院廊环绕的迷宫。事实上，日本园林具有与西方相似的"'原始森林'气氛"，但它赋予"'原始森林'以神秘含义并成功地构成一个缩微的世界"。

显然，童寯先生在此文中的本意并非停止于这样一种对比性的辨别，而更在于描绘出他对于中国园林精髓的解析。他对于江南园林的研究之所以卓越，除了其中所包含的弥足珍贵的史料之外，实质上也在于他的如下几点学识修养。

其一，世界性的眼光。童寯先生不止一次在他的文章中引用过弗兰西斯·培根的名言："文明人类，先建美宅，稍迟营园，园艺较建筑更胜一筹"。而这，一语道破了人类营园行为的普遍性目的。在他的文章中，曾经描述穿过蒂沃利的艾斯泰庄园昏暗的走廊和大厅之时，眼前随着一片无比壮丽的风光的出现而豁然开朗，而这种体验则与中国园林中的游览体验并无二致。童寯先生将园林视为人类与自然之间普遍存在的一种深层对话，地域文明的一种最高体现。因此他认为，争辩中国园林与欧洲园林谁更优越是毫无意义的，因为二者来自于各自所在地区的艺术、哲学和生活，同样都非凡而伟大，并且只有在这样一种世界性的视域中，江南园林的独特性才能真正展现出来。

其二，文化性的根基。童寯先生认为，在中国园林中，一个好的造园家必须是一个优秀的画家，而这与西方园林中的情况完全不同。在崇尚绘画、诗文和书法的中国园林中，造园之意境并不拘泥而迂腐。相反，"舞文弄墨如同喂养金鱼、品味假山那样漫不经心，处之淡然……隐逸沉思则比哗众喧闹更为享乐"。这种意蕴着重体现在园林假山中。西方园林中的山石尽管也能够使植物、水体与建筑群巧妙地结合为一体，但中国园林中的假山则作为自然与人类创造的中介物，能够将前者生命的搏动优雅地带给后者的冷漠造作。由此而来，中国园林之宗旨则更富有哲理，而非浅止于感性体验。

其三，营造性的视野。童寯先生对于园林研究的重要价值还在于他本人建筑师的眼光和功底，这使他能够超越单一文本中的描述，而进入到实质性的营造体验之中。在他的文中，可以关注到"中国园林往往封以高墙，园内庭院亦由墙来分割，时而一边时而两边沿墙设廊……"他梳理出墙体对于园林的重要性，认为它不仅是园林空间性的构成要素，而且平整素白的墙面加上成组薄砖片瓦叠砌的漏窗，可以映衬出周边自然环境之优美，而这种空间构成的方式恰恰呈现出中国建筑哲学的深层理念："中国园林艺术不事炫耀，它以墙掩藏内秀而以门洞花格后的一瞥以召唤游人。空白的粉墙寓宗教含义。对禅僧来说，这就是终结和极限"。

因此，为了更为全面地展示童寯先生中国园林研究的思想精髓，谨以《论园》为名出版先生作品文集（图4）。

该书以曾经由百花文艺出版社于1997年出版的《园论》为基础。由于条件所限，当时出版的《园论》无论在图片质量还是在文字准确性方面都存有一定欠缺。此次的修订整理，不仅对于先前的缺陷做出弥补，而且对于书籍结构也进行了梳理。

收录于本次《论园》中的十三篇文章，是童寯先生除了

图4 童寯著《论园》
（北京出版社 2016 年版）

《江南园林志》与《东南园墅》这两部重要专著之外的多篇园林文章的合集。这十三篇文章大致可以分为两种类型,其中一类是基于世界文化视角对于中国园林的审视,除第一篇《中国园林——以江苏、浙江两省园林为主》的主要意图是在向世界介绍中国园林之外,《〈中国园林设计〉前言》《中国园林对东西方的影响》则是从中外对比的角度介绍并分析中国园林的特殊性。而《造园史纲》则通过史料的收集和整理,为中国园林研究提供一种世界园林及造园历史的基底,该文曾经以单行本于1983年由中国建筑工业出版社出版。

另一类则是以《江南园林》《石与叠山》《苏州园林》《亭》等专题文章为代表,着重探讨江南造园中的技术问题。书中两篇《江南园林》中较短的一篇写于1970年,大约是前面一篇成文三十五年后重新写作,文中内容已经超越了前篇那种诙谐有趣的中外对比,而更多进入到江南园林的深刻内涵之中,只可惜处于残篇状态。特别是《随园考》一文,显示了童寯先生对于江南园林研究的意趣。在文中,他将园林的营造与当时的社会背景以及袁枚的人生格调关联起来看,体现了他人文视角的特点,而这一点则是园林研究中最为独特而珍贵的。只是可惜当能够从事这样一种研究时,童寯先生已经接近了生命中的最后时光。

2016年3月

(本文作者童明,上海同济大学教授,童寯之孙。

此文原载于《苏州园林》2017年第1期)

·刘敦桢·

中国建筑学家

　　刘敦桢（1897—1968），现代建筑学家、建筑史学家，中国科学院院士（学部委员），字士能，号大壮室主人，湖南新宁人。1921年毕业于日本东京高等工业学校（现东京工业大学）建筑科。南京工学院（现东南大学）教授、系主任。曾创办我国第一所由中国人经营的建筑师事务所。毕生致力于建筑教育和建筑历史研究，是我国建筑教育的创始人之一，又是中国建筑历史研究的开拓者。在对华北和西南地区的古建筑调查，以及对我国传统民居和园林的系统研究方面，奠定了重要的学科基础。

　　1925年任湖南大学土木系讲师；1927年任中央大学建筑系副教授；1930年加入中国营造学社。刘敦桢著有《佛教对于中国建筑之影响》《北平智化寺如来殿调查记》《大壮室笔记》《明长陵》《大同古建筑调查报告》《易县清西陵》《河北西部古建筑调查记略》《河南北部古建筑调查记》《西南古建筑调查概况》等论文，为中国古建筑研究树立了楷模。1933年任中国营造学社研究员兼文献主任；1943—1949年在中央大学创立中国最早的建筑系，任中央大学建筑系教授、系主任，工学院院长；1949年中央大学改名南京大学，任南京大学建筑系教授。1952年南京大学工学院独立组建南京工学院，刘敦桢调任南京工学院（今东南大学）建筑系教授、系主任，华东建筑设计公司、南京工学院合办中国建筑研究室主任。1957—1959年，曾代表我国建筑界和文化界出访波兰、苏联和印度。为建筑学教学及发扬中国传统建筑文化，他着重民居和各地古建筑调查，创办中国建筑研究所，开拓了中国建筑教育及中国古建筑研究之路。他编撰出版的《苏州古典园林》获1981年国家科技进步一等奖。他主持、编写了《中国建筑简史》和《中国古代建筑史》，历时七载，改稿八次，终于在1966年成书。该书至今仍是重要参考书，1988年获全国高校优秀教材特等奖。编著有《中国住宅概说》《中国古代建筑史》；撰有《北平智化寺如来殿调查记》《西南古建筑调查概况》等论文；出版有《刘敦桢文集》（4卷本）、《刘敦桢全集》（10卷本）。刘敦桢对中国古建筑的辛勤研究和取得的成就，使他在学术界获得了崇高的地位和声誉。

忆父亲对中国传统古典园林的研究和实践[1]

刘叙杰

父亲刘敦桢虽然很早就已接触了中国的传统园林，他对园林的认识，却是在长期的过程中得到不断深化和提高的。依凭着对中国古代建筑深厚底蕴的理解，他及时地抓住了这一前人甚少涉及但内涵极为丰富、意义十分重大的课题。通过他的努力开拓和深入钻研，以及众多相关人士的协助，使中国传统建筑中一个埋没已久的盖世瑰宝重现光辉，得以重新向世人展示其无穷的魅力。而父亲自己的学术水平和学术地位也由此登上了新的高峰。他留下的大量调研成果与学术著作是我们共同的珍贵财富。希望有志于这一学术领域的后来人，继续努力开拓，共同实现他的未竟理想。

（一）

世界上一切事物的产生和发展，都不会无缘无故或单纯依靠偶然，其中人的主观因素固然重要，但是起着关键和决定性作用的，还是客观上的种种影响。此外，就事物本身而言，它们还有一个自我发展和变化的过程，这里面既包括了若干始料不及的机遇，也有来自时间和空间上的制约。

中国是一个有着悠久历史和灿烂文明的古国和大国，它曾经为人类社会的发展作出过许多巨大贡献，并且在其中表现了自身突出的风貌和特点，例如久享盛名的传统山水园林就是其中之一。它所具有的极为丰富的物质与精神内涵，在世界上可谓独树一帜。中国传统园林的漫长历史，据现有文献记载，至少可上溯到三千多年前的商代末期。通过以后长期不断和大量的实践、改进，使这一造园的建造技术和景观艺术水平达到了登峰造极的境界。在已形成的多种园林类型方面，不但有包罗万象的帝王御苑、雍荣华贵的贵胄园囿、格调优雅的文人池馆和平易淡泊的小筑庭院，还有附建于寺观祠庙与官府衙署的林泉亭榭，以及供各地广大公众共享的风景名胜。它们分布的范围也极为广袤。虽然各类园林就数量上有多寡之分，规模上有大小之别，但在中华辽阔的大地上，自东迄西、由南至北，可谓无往而不在。千百年来，它已经深深扎根于整个华夏的历史、社会、文化和生活之中。因此，凡是繁衍生息在神州大地上的亿万子民，无不在不同程度上受到它有形或无形的影响。

---

[1] 2017年是刘敦桢先生诞辰120周年，也是苏州古典园林列入《世界遗产名录》20周年、联合国教科文组织亚太地区世界遗产培训与研究中心成立10周年。在这一系列值得纪念的日子里，我们特别怀念一代宗师刘敦桢先生，正是因为刘先生为苏州古典园林呕心沥血的付出，才使这一盖世瑰宝重现光辉，最终登上了世界文化的最高殿堂。当我们享受着前人恩赐的这些无价之宝时，更加需要珍惜前人掘开的甘泉，受惠前人，力助后人，把文化传统精神一代一代传承下去。

父亲于1897年出生在湖南新宁一个清代的官宦之家，曾祖父和祖父先后都曾担任过州、县地方一级的首辅。因此，在家乡也建造了一座中等规模的住宅。该宅的主屋不过五间，前庭和中院的地面都满铺着石板，还有一区种植了若干树木的后院，以及面积更大附有池塘的后园。它的总平面经父亲亲自测绘，后来发表在他的《中国住宅概说》中。抗日战争爆发后，1937年的秋天，我们全家回到故乡省亲，给我留下的印象是后院中并没有莳花植果，后园里也未见到亭榭和假山石，除了那一泓不甚宽阔的水池，只有一畦又一畦的菜地，丝毫感受不到后来在别处所见到的传统园林气息。而父亲也从来没有说起过后园在他幼年时的情况。至于我家祖先在创建此宅时，是否有过兴造园林的企划或多少有过这方面的建置，已经无从考证。但可以推想，即使是一个中等级别的官宦之家，在当时的社会情势和经济条件下，似乎是用不着在自己宅内另辟菜园的。后来我多次随同父母拜访县内的亲戚，在一些宅第（例如一品大员刘坤一府）的庭院和后园中，就见到刻意布置的若干峰石和花木。也许它们还比不上江南大宅中山池的规模和高雅，但是在几十年前，年幼的父亲很可能就是从这些地方，获得了对中国传统园庭最早的感性认识（图1）。

图1　早年的刘敦桢全家福照片

据《汉书》所载，至少在西汉之初，若干中央和地方州、府一级的官署中已设置了园林。这一传统经南北朝、唐、宋，一直沿袭到明、清。虽然这类实例迄今存留不多，但文献（特别是地方志）中却屡有图文记录。父亲年幼时曾随祖父赴任江苏东台，当时东台县衙内有无园庭设置，依目前存留的地方籍志，未见相关记载。而父亲后来也不曾有所提及，也许他那时年龄甚小，对这样的事情已记忆不清。后来祖父卸任返乡，途中携家小经苏州小住，给父亲留下印象最为深刻的是有着众多舟楫往来与各式石桥的城内河道，以及美味绝伦、品类繁多的糕点糖果，但是不是还有对园林方面的经历和印象就不得而知了。

清宣统元年（1909年）夏，父亲随二位兄长离开了当时经济、文化和交通都很闭塞的家乡，来到湖南的省会长沙，并就读于与封建私塾完全不同的新式学堂——楚怡学校，这无疑给他的思想和生活都带来了巨大的转变。两年之后，随着辛亥革命的成功，要全面对中国进行改革的思潮，在许多人特别是青年学子中得到蓬勃发展。这时，家中长兄作为同盟会中的一员，仍然继续投身于革命活动，次兄则选择投笔从戎，进入保定军校，决心"以武振国"。而父亲却矢志走上"科学救国"的道路。1913年，他以优异成绩考取了公费留学日本。在东瀛学习和生活的十来年间，除了吸纳先进的西方科学文化，完成了自己的高等教育学业外，还确定了今后学术上的追求和人生道路。日本全国上下对历史文化和古建园林的高度重视与刻意保护，给他留下极为深刻的印象和启示，而旧中国在这些方面则需要作出一个彻底的变革。

（二）

回国后的父亲，首先从事的是建筑设计工作。后来又投身于建筑教育，任教于苏州高等工业学校。为了实现研究中国古建筑的理想，他除了努力阅读古代文献，还利用公余假日之际，对沪、宁、杭一带的古建筑进行参观调查，其中当然也包括了传统园林。在他日后发表的文记里，曾有过这样一段话："回忆十载前，月夜漫步剑池石梁上，野风吹裾，遥闻铃铎声，清越可爱。惘然竟如梦境焉"。反映了他早年（1926年）夜游虎丘时的情趣。特别是在他后来任教苏州时期，与当地工师首领姚补云老先生结为忘年交，经常同出踏访寺观、园林、住宅等古建筑，并相互切磋研究，这无疑进一步提高了他对传统园林的兴趣和认识。虽然那时，他在传统建筑文化研究中的重点，仍着重于一般木、瓦建筑的制式和技术。1931年，他在南京中山陵畔设计建造的清官式八角重檐的石建筑——光化亭，就是反映他所掌握水平的最佳明证。1932年夏，父亲放弃了南方的优裕生活和丰厚收入，以及南京中央大学工学院建筑系的教职，前往北平全力投入中国营造学社对中国传统建筑的研究工作。从那时到1937年七七事变前夕，他在文献研究和实物调查两个方面都取得了大量和重要的成果。并先后发表在《中国营造学社汇刊》第二卷至第六卷中，从而也奠定了在中国古建筑史研究领域中"南刘北梁"的学术宗师地位。工作具体对象除了宫殿、坛庙、陵墓、官署、寺观、桥梁、牌坊……以外，对传统园林也颇有涉及。如后来收录在《刘敦桢全集》第一卷中的《同治重修圆明园史料》和第二卷中的《修理故宫万春亭计划》，就是针对清代皇家苑囿设计资料的整理与考证，以及对御园中具体建筑的维修保护。而在第三卷的《苏州古建筑调查记》中，除了重点考察苏州城内的玄妙观，还记述了城外木渎镇中一座民间著名的严家花园与城内汪园（即环秀山庄）当时的情况。这些都显示了父亲对于中国传统建筑文化中一项重要组成的古典园林，已经有了更多的重视和认知。虽然已知我国遗存的皇家苑囿和私家园林为数不多，分布也较为集中，但当时营造学社的工作重点并不在此，致使他对这一有突出特点的学术领域，迟迟未能作出更多更深入的调查研究。在抗日战争以前，对这方面作出重点研究的，仅有童寯先生撰写的《江南园林志》，也是当时国内有关学术界对我国南方园林的唯一专门著作。

（三）

中华人民共和国成立后不久，国家的经济建设还刚刚起步。在极有限的人力和物力条件下，父亲首先对一切建筑之源的民居，开展了较为全面和深入的调研（后来在1957年出版了阶段性成果《中国住宅概说》）。这一举动，不久就在全国范围内掀起了对该领域的研究热潮。而"始作俑者"的他，自然感到十分欣慰。随着对民居的广泛调查，使得若干附属于不同等级住宅的私家园林浮出了水面。而这又正是父亲多年以来曾经予以关注而未及研究的专题。对于中国传统建筑研究有着丰富经验和深厚基础的父亲，当即意识到这一尚待开拓领域的特殊性和重要性，于是就立即将研究工作的重点由原来的民居转向了园林。他迅速组织所属的中国建筑研究室和南京工学院（现东南大学）建筑系历史教研组的人员，对掌握的已有资料进行排比和筛选,最后确定了以苏州为中心、以私家园林为重点的研究方针,以及缜密的分阶段实施计划。

此项工作从1954年夏季正式开展。首先就苏州地区的自然条件、社会历史、经济生产、人文状况和历代造园状况等各方面的资料,作出尽可能广泛与细致的收集。同时又对市区内外各类大小园林和庭院的位置、名称、性质、面积、保存状况、兴衰历史等予以全面的调查和梳理,借以确定今后工作的范围和重点。然后分别对它们作进一步的文字记录、摄影和测绘。对园林中的一切,无论是总体布局,还是单体的建筑、山石、水面、花木和附属艺术(家具、匾联、书条石等),都要力求详尽并反复核对(外形、尺寸等),务必做到资料真实与准确无误。随着工作的不断扩大和深入,学校建筑系更多的师生都被吸纳了进来,从而成为大家一致协力的共同任务。为了深入了解园林中景物的种种变化,一些人员常年驻守园中,在不同的季节和气候条件下,仔细观察晴阴雨雪时的园景,以及阳光、月色下的粉墙树影、清澈水面中的天光云幻……为了守候这最美妙瞬间的来临,不知耗费了多少时间和人力(图2)。至于园中各种亭榭楼阁的造型、结构和构造,以及漏窗、花阶铺地、水磨砖门窗框及墙面等的不同类型、材料和具体做法,更是工作中不可忽略的重要内容。就这样,在父亲的亲自参与和大家的积极努力下,通过资料的不断积累和研究的日益深化,很快就获得了重要的进展。在1956年南京工学院举行的第一次科学报告会上,父亲作了《苏州的园林》学术报告,总结了两年来研究的阶段性成果。这一报告及其日后在《建筑学报》上的刊载发表,引起了国内外学术界的极大关注,并且很快在国内的建筑学人中掀起了继民居研究后的又一高潮,其影响至今仍十分深远。父亲没有为这一初步成绩沾沾自喜或裹足不前,而是更加努力地投入了后续的工作,并要求大家在已获得的基础上进一步精益求精,以取得更为巨大的成绩。例如在绘制各园的平面图时,无论是建筑、池溪、山石、花木,都务求其位置和尺度准确无误。对立面和剖面图也是如此,举凡大小树木的高广、枝叶的总体和局部形态、水岸的曲折和起伏、山石的形状和特征都必须与实物一致,不符合上述要求的一律重绘。对于长期以来所拍摄的两万余张照片,除了用以检测绘图的准确性,在以它们表现园景方面,也是百中选一,力求能从最佳的角度和手法,来真实反映园林中最有代表性的各种情景。通过父亲和大家不懈的努力,至1960年完成了初稿,并易名为《苏州古典园林》。但是在后来的"文化大革命"中,这项研究被认为是"大肆宣扬反动封建文化,为官僚地主腐朽生活张目"的"大毒草"。父亲也被戴上"反动学术权威"的帽子而受到多次严厉批斗,并由此走完了他的人生道路。在他逝世11年后的1979年,《苏州古典园林》终于面世(图3、图4)。随后得到国内外学术界的一致好评,认为无论是从内容上还是从质量上,都堪称是

图2　刘敦桢20世纪50年代在园林内留影

研究中国传统园林的经典之作。后来此书又被翻译成英、日文版发行海外。

图3 刘敦桢著《苏州古典园林》(中国建筑工业出版社，1979)，
1979年获全国科技大会奖，1982年获全国优秀科技图书奖

图4 刘敦桢著《苏州古典园林》修订版
(中国建筑工业出版社，2010)

任何学科的理论研究，其最终目的都是发现其规律并付诸实践。对苏州古典园林的研究当然也是如此。在进行此项工作期间，父亲经常前往苏州，因此当地园林常为一些修缮改建事宜征求他的意见。局部的例子如拙政园土山的植被问题，由于任其自由滋长，致使山下水边的芦苇丛生，竟遮挡了大部分土岸。而种植于水中大面积的荷花，虽在夏季清丽脱俗，但影响了池水的清澈，而秋季出现的残枝败叶更有损水面的景观。因此他建议应限制二者栽植的地点与面积，以及采用其他的处理方式（如将藕根置于水下之陶缸内，或以睡莲取代藕荷）。整体的例子如对拙政园东部旧景"归田园居"的处理。该园因年久荒废，旧有建筑、山石、花木……大多不存在。中华人民共和国成立后辟为全园入口，虽屡加补建，但其园内景物仍不能与中区（旧拙政园）和西区（旧补园）比侔，故亟待解决。其中最为重要的是缺少总体规划和各种景物的具体布置，为此进行过多次讨论并征求意见。从父亲遗留下来的一张有关此园总体布置的草图可以得知，他是曾经对此园进行过考虑和研究的，至于它是否已作为方案提出，目前我手边无其他资料证明。父亲生前亲笔所绘的草图极少，现存的仅三四幅，而有关园林的竟占了一半（另一幅是南京瞻园的南假山）。由此也多少可以看出他在这方面的付出和重视。

位于南京市内南区、原属明代中山王府的瞻园，以其范围宏阔、景观众多，于明、清二代都曾享有盛名。清帝乾隆南巡江宁时，不但亲临参观，而且后来还仿其意兴建谐趣园于北京颐和园内，可见其受重视之一斑。而今日园中一方石匾"瞻园"，据说也是出于乾隆御笔。辛亥革命后，由于缺乏管理和保护，致使该园不断受到摧残与破坏。具体表现在园址面积日益削减、堂榭倾毁、山石星散、花木凋零。为了恢复这一著名胜景，并使它能为今后的人民大众服务，1958年南京市人民政府决定整修这座历史名园，并委托父亲主持该项工作。由于可凭信的依据极为缺乏，因此是一个十分艰巨的任务，也是对父亲长期研究我国传统园林的一次具体实践和重要考验。工作首先是对现有园址作全面测绘，其次才是在此基础上制定修整与改造的规划设计。通过反复考虑和研究，决定除基本保存北侧的石假山、北池和包括主厅静妙堂等部分原有建筑物外，重点在新建临街的大门和与其相关的廊轩、幽庭和水院，以及附有幽曲水洞和钟乳石崖穴的南部石山，又对该山下原来呈规则扇形平面的南池予以彻底改造。此外，还扩拓了北区假山的大石壁，新辟其东北隅的水湾与园西侧土山下的溪流。通过这些改建与扩建，使园中景物较过去大为改观增色。在这项工程中，父亲除了亲自拟订规划设计方案，还与助手多次讨论，并详细审核图纸，反复推敲各处建筑、山石、水面及花木的具体布置和做法。特别是对于新建的南部石假山和其下的水池，他殚竭心力，亲手绘出草图，又以胶泥制作模型，多次修改调整。施工中他经常前往工地，参加挑选砌造假山的各种石料，并具体指导工匠的实际操作。这些都使得他的设计构思能够得到完全和准确的实现，同时也保证了工程的质量，并促进了工程的进度。该项工程落成于1965年，并很快获得了上下一致好评。南京市政府于是决定进行第二期工程，仍交由父亲负责。二期工程的位置紧邻瞻园旧址东侧，当时为某军事单位的家属宿舍。对该区的设计方式，仍采用我国传统园林的一贯手法，即包括若干大小庭院、屈曲溪池、假山峰石、精选花木，以及既有实用功能，又能为园中增添美景的楼阁亭榭。由于该区是新建的园林，所以要尽多地反映出当前使用的特点，即应为广大游览群众提供更多更好的服务。其中之一就是设置广阔的草坪，其二是采用土多石少更为安全与经济实用的假山。二期设计图纸虽在1966年已经完成，但由于"文化大革命"的爆发而未及实施。因此，直至1988年才得以最后完工。后来，父亲的主要助手叶菊华又继续设计了第三、四期工程，进一步扩大了全园面积，丰富了园内内容。目前瞻园已成为南京市一处列为国家级保护的重要历史文化遗产，也是对国内外开放的主要景点之一（图5）。无论是前来考察园林的中外专家，还是参观游览的各界人士，都对该园的景物表示高度的赞赏和认同。特别是南区假山一带的睿思巧构，被认为是自20世纪以来，国内各地之假山创作尚未有出其右者。

图5 《刘敦桢·瞻园》（东南大学出版社，2013）

父亲对挚友童寯教授所著述的《江南园林志》推崇备至，予以极高的评价，并力促其从速出版以教诲后人。为此，他曾在1959年从史料方面为该书提供了一些参考建议，又在1962年写了序言，郑重予以推荐。此外，他对长期矢志于园林工作的其他人士也十分尊重。例如在1957年，就曾给苏州叠石名匠韩良源、韩良顺兄弟写过一封信，提出并探讨园林假山叠砌中的一些问题。至于他自己在园林研究和实践中得到的心得体会，也从不隐瞒保留，而是公之于众。父亲历年对我国传统园林的设计理念与山石、绿化等方面配置的论述，例如《中国古典园林与绘画之关系》《苏州园林的绿化问题》《苏州园林的历史与现状》《苏州园林设计特点》《对扬州城市绿化和园林建设的几点意见》等余篇，其中许多都是在他主持其他工作（例如编写《中国古代建筑史》）最为繁忙的时刻，抽暇写作或进行讲述的，由此也表现了他对传统园林的一贯重视与关切。

父亲对我国传统园林一贯关注，也可从手边留存不多的一些照片中得到很好的证明。最早的一张是他带领中央大学建筑系部分教师和高年级学生北上山东、河北考察参观古建筑，于1930年夏摄于颐和园的昆明湖畔（图6）。当时北平市内的北海和故宫后面的景山都已对公众开放,按照常理推测,自然也是他们的去处之一,但是目前还未找到这方面的照片及文字记录。另有若干较小的照片,则摄于苏州虎丘与某宅园林。于1949年之后的照片,则分别摄于拙政园及留园。而另一张是1962年在扬州与市、局有关领导参观个园时的合影(图7)。最后一幅是在编写《中国古代建筑史》(图8)时,与来宁参加工作的哈尔滨建筑工程学院、同济大学、华南理工学院、天津大学和南京工学院的青年教师,合照于南京瞻园的南假山前,时间是1965年12月(图9)。这应是父亲带领他们在园内参观讲解后的合影,也是他摄于园林中的最后照片。

图6　刘敦桢一行在颐和园考察

图7　刘敦桢在扬州与市、局有关领导参观个园

图8 刘敦桢著《中国古代建筑史》
（中国建筑工业出版社，1984）

图9 刘敦桢一行在南京瞻园合影

综上所述，虽然父亲很早就接触了中国的传统园林，但他对我国这一丰富、深远文化遗存的认知，是通过长期探索过程中才不断提高和深化的。然而作为全力投入的研究重点，并由此得到认识上真正的升华，则是始于 20 世纪 50 年代。依凭着对中国古代建筑深厚底蕴的理解，他及时地抓住了这一前人甚少涉及但内涵极为丰富、意义十分重大的课题。通过他的努力开拓和深入钻研，以及众多人士的通力协助，使中国传统建筑中一个沉沦已久的盖世瑰宝得以重现光辉，一个包纳着人生深奥哲理和多项艺术、技术的高度文化综合实体，得以重新向世人展示其无穷的魅力。这是一次在学术领域中的新突破，尤其是对建筑历史和建筑设计，都带来了重要的影响，而父亲自己的学术水平和学术地位也由此登上了新的高峰。他的不懈努力与以身作则，引导着更多的人去追索几千年来中国传统园林形成和发展的轨迹，去寻找不同社会生产力和意识形态对园林带来的影响，去发掘那些尚未为大家所知晓的、仍隐没在园林策划和设计中的规律与准则，去探测那些维系在亭台楼阁、山石、池渠、花木之间的内在无形联系，去总结和再现过去无数能工巧匠未能用文字留传下来的巧思睿构，都是极有意义的工作。

父亲和他率领的研究团队，在为时不长（1954—1964 年）和人数不多（十余人）的情况下，经过艰苦细致的努力所取得的巨大成果是大家所不曾预料和难以想象的，也是中国传统建筑研究领域的极为重大的突破（图10）。但是谁也没有预料到它所带来的影响竟然如此巨大和深远。首先，由于中国传统园林中所表现的丰富的意识形态和技术、艺术水平已令世人叹为观止，从而改变了西方过去认定日本和欧洲园林独步天下的一贯错误。苏州古典园林现已成为中国传统文化的优秀代表，并以其优雅的形象与精巧的组建方式传播

图10 《刘敦桢全集》（共十卷，中国建筑工业出版社，2007）

到许多国家和地区。而拙政园等多座著名园林入选为世界文化遗产名录，进一步给苏州和中国带来了更大的荣耀。但产生更为深远影响的是对中国传统园林的广泛研究，已成为国内及世界学人的研究热点。这将对进一步探索该学术领域的无穷奥秘，带来更为远大与光辉的前景。

（本文作者刘叙杰，刘敦桢之子，东南大学建筑研究所教授，原中国建筑学会建筑史学会副会长、理事，中国园林专业委员会及学术委员会副主任委员。此文原载于《苏州园林》2016年第3期纪念刘敦桢先生诞辰120周年专栏）

移天缩地如诗画 承前启后载史册
——忆苏州古典园林研究的开拓者刘敦桢

詹永伟

2017年,对苏州园林来说,是有着双重纪念意义的一年。

是天意,还是巧合?

1997年4月24日,国际古迹遗址理事会专家、巴基斯坦考古和博物馆局副局长哈利姆博士受联合国教科文组织派遣飞抵苏州,此行目的是考察申报世界文化遗产的苏州古典园林的典型例证——拙政园、留园、网师园和环秀山庄。这是中国继承德避暑山庄申报世界文化遗产成功之后,第二次将古典园林这种类型作为文化遗产向联合国教科文组织提出申请。1972年联合国教科文组织第17届会议通过的《保护世界文化和自然遗产公约》规定:列入"世界文化和自然遗产名录"的各种类型文化和自然遗产,是人类共同的财富,在世界上具有极高的保护价值与审美功能。争取列入《世界遗产名录》是一件意义重大的事情,世界各国都十分重视申报遗产工作,以求扩大和提高其社会和文化影响(图1、图2)。

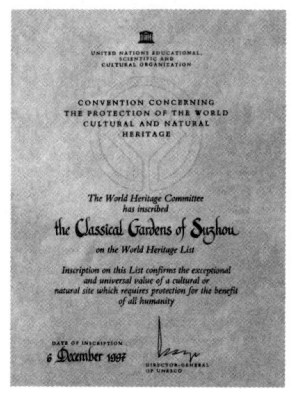

图1 苏州古典园林世界遗产证书(1997年)　　图2 苏州古典园林世界遗产证书(2000年)

今天,苏州园林每天接待着千千万万慕名而来的游客,已成为旅游的一个热点,在世界上享有很高的声誉。同时,苏州园林也是园林、建筑,乃至文化、艺术、哲学界研究的重点,国内外有许多专著、专论和摄影专集发表,展示了苏州园林淳厚丰富的内涵和不朽的艺术魅力。

如果把众多的研究成果比喻为一座百花园，那么其中最为灿烂夺目的就是中国现代建筑学家、建筑史学家、建筑教育家刘敦桢教授（1897—1968）的遗著《苏州古典园林》（图3）。它被公认为是研究苏州园林的经典著作，建筑园林界都被其丰富的内容、精辟的论证、详尽精美的图片所折服。但一般读者对刘敦桢教授——苏州园林研究的开拓人所知甚少，更不知此书写作、出版所经历的漫长而曲折的过程。

图3 刘敦桢著《苏州古典园林》第1版
（1979年获全国科技大会奖，1982年获全国优秀科技图书奖）

1997年，正是刘敦桢教授诞辰100周年的日子，这一年又迎来了联合国专家哈利姆先生一行的考察，我作为苏州园林首席专家全程陪同。不知是天意，还是巧合，哈利姆在苏州只停留了短暂的三天，在考察苏州园林的过程中，这位举止庄重、态度严肃的博士，常情不自禁地以他特有的方式——微微摇头，口中发出轻微的感叹声，表示出他对苏州园林美丽景色由衷地赞美。离开苏州前夕，他热情地说："苏州园林是我在世界上所见到的最美丽的园林，我好像在梦境中一样。希望我下次来时，苏州园林已成为世界文化遗产。"

"大师"的历程

20世纪初，考古学、建筑学被一批学贯中西的学者引进到中国，极大地改变了中国传统建筑史研究，是建筑史研究在社会科学方面的进步。其突出表现就是使实物成为历史研究的重要对象，对实物的调查、测绘纪录和分析超越了文献而成为获取建筑历史信息的主要手段。实物也成为解读文献的最佳历史依据。在历史学领域，实物与文献相互参证的方法是中国近代史学的革命性人物王国维所提倡的"双重证法"之一，刘敦桢教授是这一方法在建筑历史领域的实践者和开创者。

刘敦桢是湖南省新宁县人，出生于清代官宦家庭，他是兄弟三人中最年幼的，四岁起开始接受诗书启蒙教育，这使他从小就对中国古代文史产生浓厚兴趣，具备坚实基础。刘敦桢先生与苏州的缘分，要从20世纪初说起，那是清光绪二十九年（1903年）秋天，他随刚自东台卸知事任的父亲南归故乡路过苏州，从偏僻的滨海小县来到这繁华的通衢大邑，无疑使他感到十分新奇和兴奋。虽然那时年龄还小，苏州却给他留下深刻的印象，使他产生了要再度返回这座美好城市的强烈心愿。

1913年他留学日本，1921年毕业于东京高等工业学校建筑科。1922年回国后在上海华海建筑事务所工作，1926年他实现了儿时的心愿，又来到苏州，积极参与苏州工业专门学校建筑科——我国第一个中等建筑技术专业的创建和教学工作，为国家培养了首批建筑人才。教学之暇，调查古迹、古建筑、园林就成为他最感兴趣的活动。可惜这段时间不长，1927年苏州工业专门学校和东南大学等校在南京合并成为国立第四中山大学，1928年改称国立中央大学。刘敦桢离开了苏州，与刘福泰等人在中央大学创立中国最早的建筑系，成为中国建筑教育的开拓者之一。

1930年，刘敦桢加入了我国第一个专门研究中国古代建筑的学术机构——中国营造学社，这是由曾任北洋军阀政府内务总长、对中国古建筑有着强烈感情的朱启钤在北平发起创立的。在此以前，中国还没有自己的建筑史，而西方和日本的学者已经在研究中国建筑，并出版了有关著作，这种令人不能容忍的现象激发了中国建筑学者的爱国心。

1933年秋，刘敦桢放弃了南方的优裕生活和丰厚收入，毅然举家迁往北平，任营造学社专职研究员及文献部主任。当时梁思成教授（1901—1972）——我国近代名人梁启超之子，已加入中国营造学社任法式部主任。直到抗日战争中期，他们一直带领研究人员在华北诸省及云南、四川、西康等地开展古建筑调查。当时交通不便，有时乘坐透风的货车，冷得用报纸裹身防寒，有时以骡车代步，住小店，宿破庙，甚至冒着被土匪抢劫的生命危险。在极其艰难的条件下，测绘了多座唐宋以来的古建筑，拍摄了大量珍贵的照片，并写出多篇有关古建筑的论文、调查报告、工作日志，取得丰硕的成果，展示了我国古建筑的风貌。

在北平，刘敦桢先生仍念念不忘苏州园林，他曾于1936年两次短暂来苏州调查古建筑，踏勘了怡园、拙政园、狮子林、汪园（即环秀山庄）、留园、木渎严家花园，后写出《苏州古建筑调查记》。此文是有关苏州古建筑及园林最早的系统报告，文中对环秀山庄的湖石假山和严家花园的造园艺术倍加推崇。当时由于各种条件的限制，不可能再作深入的调查研究，直到20多年后刘敦桢才圆了他全面研究苏州园林的梦。

1949年后，刘敦桢先生受到社会的尊重，被任命为一级教授和中国科学院技术科学部委员。他以更加旺盛的精力投入到建筑教学和研究工作中。

在探索我国建筑的传统形式及今后的发展过程中，更使刘教授认识到苏州园林在中国乃至世界上的重要地位。早在20世纪30年代，刘先生就开始运用现代科学方法于中国传统建筑，在苏州成立了中国第一所建工学校，在教学的同时开始有系统地研究传统建筑和古代园林。此后，苏州园林的古典价值被刘先生逐步总结出来。在研究中，他除了运用社会科学考古学的实地调查方法外，还把人文科学美术史的类型学分析方法运用于苏州古典园林的调查研究之中。美术史类型学方法强调通过实物间的比较发现造型和风格的差异，进而发现造型风格的演变线索，为年代借鉴找出依据。刘敦桢的著作《苏州古典园林》就是这种方法的典型，以建筑部件的造型和比例作为类型排比的标尺进行建筑风格的分类和时代的鉴别。

从1953年起他将苏州园林作为又一个重要科研课题。苏州园林作为私家宅园，深锢密藏于高墙深院内，调查工作必须非常深入细致。他几乎走遍了苏州的大小街巷，只要看到墙内有树，刘敦桢先生和助手们就会敲开这家的大门，进去了解有无园林和庭院。另一方面查阅了大量文献资料。经过一段时间的工作，查明在1956年苏州市尚有大小园林及庭院173处，其中保存较好的近百处，有不少处已经被人遗忘。就园林性质而言，其中以城市住宅园林为多，但也有少量祠堂、寺庙、会馆园林。具有代表性的园林有拙政园、留园、沧浪亭、狮子林、网师园、怡园、耦园、艺圃、鹤园、楼园、畅园、残粒园、听枫园、壶园、王洗马巷万宅、铁瓶巷顾宅等。1956年，刘敦桢将这一研究的阶段性成果题名为《苏州的园林》，并在南京工学院举行的第一次科学报告会上宣读。这项成果的发表，在我国建筑园林界又一次产生了巨大的影响（图4）。

然而，正当他事业将至巅峰之时，"文化大革命"爆发了，刘先生受到无端、蛮横的批判，精神与身体遭到严重的摧残。1968年，一代大师刘敦桢先生的生命犹如一支被斩断了光与热的蜡烛，含悲离世。他带走的是深深的遗憾，留下来的是无尽的"财富"。

图4　刘敦桢先生在苏州畅园考察

"大师"音容应笑慰

1959年，我从南京工学院建筑系毕业后，被分配到中国建筑研究室，在刘敦桢先生的指导下工作。在大学读书时，刘先生曾教过我们中国古代建筑史这门课。那时他的身体已欠佳，有时要坐在椅子上用麦克风讲课，他严谨的学风和渊博的知识给我们留下了深刻的印象。可一旦在他身边工作，我的心情既高兴，又有些紧张，在我们的心目中，他是一个严肃的老夫子。不久，紧张的心情消失了，刘先生平常虽然不苟言笑，但很关心我们的工作、学习，乃至生活，不是我想象的那样不可亲近。对我们工作中的不足，他从未发脾气，总是耐心、温和地指出要我们改进，但他的要求是严格的。《苏州古典园林》中的大小测绘图纸共500余幅，其中一些图纸不知画了多少遍，他才点头同意。这种近乎苛刻的要求使《苏州古典园林》的图纸达到极高的水平（图5—图7），至今仍被许多书籍引用，无人能超过；还有以专业水平拍摄的胶片多达两万余张，《苏州古典园林》一书共收录使用了806张胶片和几十张古画，弥足珍贵。我们受到刘先生严格而又孜孜不倦的教导，业务水平提高很快，这对刚走上工作岗位的年轻人来说是一种多么大的幸运！我永远感谢尊敬的刘敦桢教授。

图5 拙政园中部鸟瞰(出自刘敦桢《苏州古典园林》)

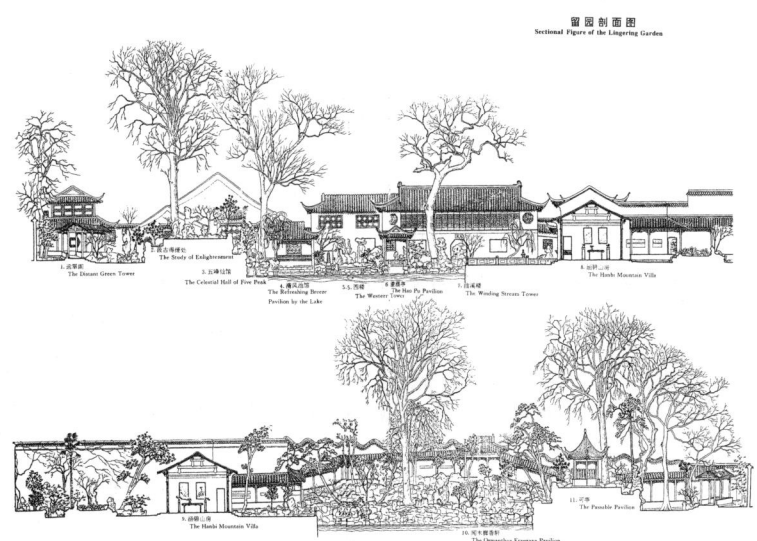

图6 留园剖面图(出自刘敦桢《苏州古典园林》)

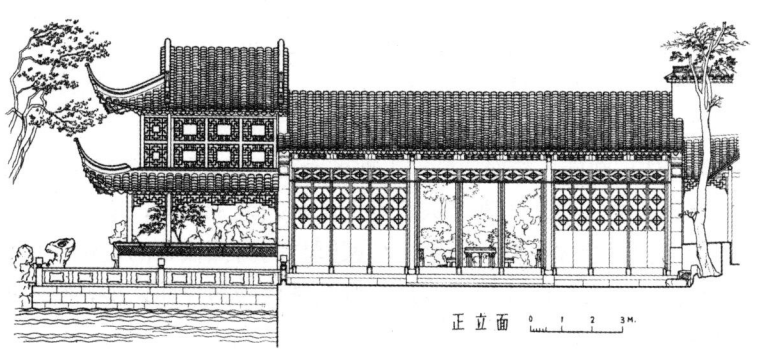

图7 明瑟楼线描图(出自刘敦桢《苏州古典园林》)

刘敦桢在《苏州古典园林》后期的研究工作中承受着巨大的精神压力。"文化大革命"前的 1964 年，已是山雨欲来风满楼之势，在建筑界已经刮起一股批判风。当时的建设部刘秀峰部长因为提倡对中国古代建筑史的研究，并肯定了刘敦桢研究苏州园林的工作，而受到公开批评，被戴上"搞封资修"的帽子，不久即被撤职。这也是对刘敦桢不指名的批评，更为严重的是研究室被撤销，人员全部调出，这几乎是对刘敦桢一生工作的全盘否定！但刘敦桢先生仍然每天上午在同一时刻出现在办公室内，只是步伐缓慢了，清瘦的面容更显凝重，难以见到笑容。大家的心情也是沉重的，默默地工作着。在大家的共同的努力下，1964 年年底终于完成了《苏州古典园林》的研究工作，但原定的出版计划被取消，研究室人去楼空。

"文化大革命"结束后，刘敦桢和许多受到迫害的人一样得到昭雪。

《苏州古典园林》由他的助手们及儿子刘叙杰教授再次整理，终于在 1979 年 10 月由中国建筑工业出版社出版。当时百废待兴，园林、建筑界同其他科技、文化学术理论界一样，好像一片荒漠刚刚萌发了生机，只有少量著作发表，影响不大。而此书如同一株参天大树突然出现在人们眼前，葱葱郁郁，令人赞叹不已，当年即获全国科学大会奖，1982 年又获全国优秀科技图书奖，后又译为英、日版本发行于海外。

"经典"的价值

我国古典园林风格独特，成就辉煌，但以往，园林只是文人、墨客与匠人结合的产物，没有系统的科学论著。《苏州古典园林》的出现，无疑起到了奠基的作用。这本书，长 37.5 厘米、宽 27 厘米、厚 3.5 厘米，淡绿色精装封套，内封面为米灰色布面，极为厚重、典雅，内容分为总论与实例两大部分。总论包括绪论、布局、理水、叠山、建筑、花木六个章节；实例选取了 15 座大小不同的园林，从布局、设计、构筑等方面加以总结分析，配以图纸、照片。全书贵在从规划、设计的角度对苏州园林进行精极的剖析，也是对中国历代造园史进行的一次全面深入的总结。

特别是在研究方法上具有突破和创新。这部著作综合运用现代建筑理论以及史料与实物相结合的研究方法，第一次全面系统介绍了苏州古典园林的发展历史、人文渊薮、造园艺术。这是近代以来第一次系统地展示了苏州古典园林的擘画者和建设者，如何从"取法自然"和追求"诗情画意"的意境出发，通过"因地制宜，巧于因借""小中见大""步移换景"等方式，在不大的空间和面积里，将造园四要素的山、水、花木和建筑巧妙地结合在一起，营造出文人写意山水园林。可以说，至今还没有任何学者能超越这一成果，因此，被当时乃至当今学术界公认为园林建筑学的经典。

这一经典的价值体现在许多方面，就本人理解而言，有以下几个方面。

其一，它使苏州园林从封闭的高墙深院走上高雅的艺术殿堂，成为民族之瑰宝，确立了苏州园林作为我国古典园林主要类型之一私家园林的当然代表的地位，是我国古典园林的精华。同时，纠正了过去一度认为日本是东方园林代表的片面认识，学术界公认源远流长的中国传统园林是东方园林当之无愧的代表。

这一成果的发表，在国内建筑园林界掀起了研究园林的高潮，特别是在"文化大革命"

后，传统园林的研究逐步普及并推向深入，得到社会的重视和支持，促使一些城市及时抢修了一批濒于湮灭的园林，保护了珍贵的文化遗产。苏州园林的一些设计原则和手法在新园林的建设中被运用，显示出强大的生命力，闪耀着新的光芒。

其二，它从历史唯物主义的角度出发分析了为什么苏州会产生众多园林，回答了许多国人不解的疑问。

书中认为，苏州地处亚热带，气候温和、雨量充沛，宜于花木生长，周围地区花农历来有植树种花的传统。优良的石材和丰富多彩的花木为苏州园林的发展提供了有利的物质条件。

在自然条件方面，苏州湖泊罗布、河港众多，可谓得天独厚。苏州洞庭西山所产太湖石颜色富有深浅变化，并且洞多皱多，自唐以来就蜚声全国。北宋末年宋徽宗在东京（今开封）建"艮岳"，在苏州设应奉局，令朱勔收集江南奇花异石，即水浒传中所说的花石纲，组成船队运往东京。苏州附近诸山盛产黄石，石质坚硬，表面带有各种纹理，并有白、黄、红、紫等颜色，也是堆山叠石的常用材料。

从政治、经济、文化上看，苏州早在2500多年前就是吴国的都城，从春秋到两汉已是东南的重要城市，不但农业生产水平较高，而且是丝织品和各种美术工艺品相当发达的手工业城市。溯源自春秋的苏州园林于晋唐时得到发展，如《晋书·王献之传》中所记，顾辟疆园是最早见于记载的苏州园林。五代时，吴越地区受战争破坏较少，是全国最富庶的地区之一，贵族官僚的造园活动盛极一时。自唐代至鸦片战争为止，虽曾遭受数次兵灾，但很快就恢复，继续维持经济繁荣。另一方面，随着经济的发展，苏州的文风也甲于东南诸省，人文荟萃。明清两代由科举登仕途，甚至置身卿相的人为数也不少。他们年老归家，购田宅，建园林。而别处的官僚地主也往往羡慕苏州风物优美和生活舒适，来此优游养老。因此，在封建社会末期的明清，经济发达的江南地区成为私家园林的集中地，苏州的造园活动也达到一个新的高潮。从明嘉靖至清乾隆之间，大小官僚地主争相造园，成为一时风尚，历时达300年之久。清代江南园林虽然以苏州、扬州、杭州三地为代表，但私家园林则以苏州为最多，根据志书记载，共有300余处。

其三，它系统地介绍了苏州古典园林发展的历史和典型实例，全面、深入地分析和总结了苏州古典园林造园的思想渊源、基本原则和艺术手法。

书中认为，早在两晋南北朝，士大夫阶层崇尚玄学，寄情于田园山水之间以为高雅；唐宋时士大夫文人爱石成风，如苏东坡、米芾、叶梦得等人，米芾更是爱石成癖，称奇石为"石兄""石丈"，流传许多佳话。因此，苏州园林大多是文人写意山水园，园中大量叠石立峰就不足为奇了。

苏州园林建筑，不仅能够满足居住、游憩方面的各种使用要求，它的富于绘画意趣的形象和山、水、花木结合起来，又能创造出千姿百态、赏心悦目的园林景观。园林建筑和文学绘画之间存在着密切的关系，它们互相影响而发展，常常表现出一些共同的意境和情怀。一些建筑的名称就是园主创造理想美好境界、抒情写志的寄托。苏州园林建筑类型众多、造型轻巧飘逸、装修精致、色彩素雅，形成了独特的风格，表现了极高的艺术造诣。

苏州园林善于运用对比、衬托、借景、对景等手法，在意境上追求幽深、雅致，在景物的安排上注重迂回曲折。柳暗花明，寓情于景，情景交融，充满着诗情画意。

在这方面，刘敦桢先生有着强烈的感受，他曾说，我每次来苏州园林都有新的体会，春夏秋冬，晴雪阴雨，苏州园林表现出不同的意境，令人难忘。

其四，它从空间分隔入手，强调苏州园林的特色，显示出东方文化的不朽魅力。

书中认为，为了在有限的面积内构成富于变化的风景，苏州园林在布局上采用划分景区和空间的办法。规模较大的园林把全园划分为若干区，各个区和庭院都有风景主题和特色，这是我国古典园林创造丰富园景和扩大空间感的基本手法之一。

小景区多以花木和石峰为主题。将植物拟人化是我国文化领域的一个优良传统。苏州园林中常见的花木有松、竹、梅、桂花、玉兰、紫薇、石榴、芍药、牡丹、荷花等，它们不同的自然特点各有象征意义，例如松的苍劲、竹的挺拔、梅的傲雪、桂花的高洁、芍药的尊贵、牡丹的富丽、荷花的出污泥而不染，代表了不同的性格和品德，丰富了苏州园林的抒情性。

中国造园的四要素是山、水、花木、建筑，苏州园林的特点是将大自然中的山水，通过人为的着意模拟和改造，以浓缩和升华的方式再现，并和花木、建筑巧妙、有机地组合在一起，形成了有浓厚中国传统文化和风貌的文人写意山水园，从而满足园主虽居住于城市中却追求自然的要求，寄托了他们的情怀。

由于追求自然，苏州园林的布局以山水为中心，采用自由不对称的形式，人工所堆凿的假山水池，宛若天成。人们生活在这样一个人为创造的自然环境中，怡然自得，享受林泉之乐，表现一种人与自然和谐统一的宇宙观。这种布局形式同以法国古典花园为代表的西方园林的布局形式截然不同，这是由不同的审美观所决定的。古希腊哲学家亚里士多德说："美的主要形式，就是秩序、对称的明确。"在这种理论影响下的西方花园是几何规则式，总体布局有强烈的对称轴线，道路大多是笔直的，形成矩形或放射形交叉，草坪和花圃被划分成几何形状的块块，就是树木也被修剪成球形、圆柱形、卵形、锥形等，处处表现出人对自然的控制与改造，着重显示人的力量。

其五，它第一次用现代建筑学方法，全面、精确地对苏州园林进行测绘。

测绘是建筑专业的一门必修课程，通过对实物近距离的入微观察，一尺一寸的测量，一笔一画的绘图，才能获得对于建筑对象的真切认识，并且成为科学的档案。苏州古典园林是国家和民族的文化遗产，它们经历长久岁月的沧桑、自然和人为的破坏，到 20 世纪 50 年代的时候亟待保护。而准确的测绘图样则成为苏州古典园林保护工作的基础。

刘敦桢教授的学生、当代著名建筑学家潘谷西教授曾回忆："1953 年开始的苏州园林研究，使我深深体会了先生治学严谨的精神。他对园林图纸的要求十分严格，树的高度要用经纬仪测定，树的枝叶形态必须符合其原貌，而且必须画冬景，以便区分落叶树还是常青树。平面图上的假山轮廓、曲折必须与原状完全相符。对各座园林的历史和现状则派专人常驻苏州调查收集资料，因此积累十分丰硕。为《苏州古典园林》一书达到园林研究成果的顶峰奠定了基础。"

在刘先生门下学习工作过的弟子都曾有类似的深情回忆。他们都说过：刘先生对工作的要求是严格的，《苏州古典园林》中的各园林的平面图、剖面图、各个单体建筑等测绘图中，大到总体位置，小到每棵树木、每块石头的形状，都要表现精确。我记得，拙政园的平面草图测绘花了将近三个月的时间，在后期绘制建筑图纸时，一些图纸不知画了多少遍他才点头同意。这种近乎苛刻的要求才使《苏州古典园林》的图纸达到极高的水平。最后经反复校核定稿的测绘图纸达到五百余幅，《苏州古典园林》一书中收录的仅仅是部分精华。刘敦桢先生这种科学而严谨的要求，使我们终身受益。

在刘敦桢领导下的中国建筑历史研究室南京分室重要研究成果之一的《苏州古典园林》，构成了中国建筑测绘领域里20年代最为绚丽多彩的一页。

以上，只是对"经典"价值的一种简约的概括，相信读者总可以窥一斑而知全貌了！

后记

特别值得一提的是，刘先生对苏州古典园林历史、文化、艺术的精辟总结，成为20世纪90年代苏州古典园林申报世界文化遗产的理论基础，宗师在园林历史、文化、艺术上的超前意识和理论建树，与教科文组织的先进理念不谋而合，亦成为典范和楷模。

每一个执着追求真理的人都有自己坚定的信念。这种精神驱使你永远不停地探索，直至达到追求的目标。刘敦桢从儿时来到苏州，年轻时任教于苏州，开始调查苏州园林，中年时又几度来苏州考察园林，直至晚年研究苏州园林完成他的最后一项科研成果。他把他的生活、工作、理想、实践都和苏州园林紧密联系在一起，将他那非凡的才智、晶莹的汗水奉献给了苏州园林。刘敦桢先生的不朽巨著《苏州古典园林》必然与苏州园林同存于世！

在苏州古典园林列入《世界遗产名录》20周年、刘敦桢先生诞辰120周年之际（2017年），《苏州园林》杂志特约这篇文章，以志纪念，传承师风，发扬光大。

本文写作中曾承刘敦桢教授之子、东南大学建筑系教授刘叙杰学长提供资料，深致谢意！

2017年8月

（本文作者詹永伟，高级建筑师，园林专家，苏州市园林和绿化管理局原副总工程师，首届苏州风景园林终身成就奖获得者，苏州市风景园林学会顾问。
此文原载于《苏州园林》2018年第4期）

启蒙教诲　永记不忘
——纪念刘敦桢恩师诞辰100周年

罗哲文

1997年是我国著名建筑教育家、古建园林学科的开创人之一的刘敦桢先生诞辰100周年。《苏州园林》杂志要为他辟专刊纪念，知我是刘敦桢先生在中国营造学社时期的弟子，又是在苏州的老友，特约我为文，以为纪念，这自然是必要应命的。因为如果没有刘敦桢恩师的启蒙教诲，我今天也就没有以古建园林这门知识和技能来从事古建园林保护与研究这一崇高事业的本领。

古人云："光阴似箭，日月如梭"，今天我始信这话说得完全不错。回想起我考入中国营造学社拜刘敦桢、梁思成等为师学习古建筑已经五十七个年头。我和苏州这一中外闻名的历史文化名城、古建园林集中之地的"人间天堂"结下深厚的感情也已四十多年。恰好敦桢师和我也都与苏州有着"不解之缘"，因此，在纪念文章之前特谈一点感想。

苏州是一个历史悠久、文物丰富、人文荟萃之地，历代名人辈出，不仅苏州的名人曾经在全国各地为中华文明做出了巨大的贡献，而且也有不少来自各地的名人会集苏州，共同为创建苏州生态文明做出了许多的努力。我这里要谈的就是我所知道的刘敦桢先生，除了在抗日战争以前他就曾对苏州古建筑进行过调查研究之外，在1949年后还为苏州古建园林做出了两大贡献。其一是对虎丘塔保护的重大贡献。苏州虎丘塔不仅是苏州古城的一个重要标志，而且在全国古塔的历史、艺术、科学三大价值上，也是名列前茅的。它已有一千多年的历史，然而，由于人为和自然的破坏，在20世纪50年代初期已经是裂缝纵横，危在旦夕，我曾经亲眼看见并现场勘察过。如果没有刘敦桢先生在当时主持的加固维修，今天这一苏州的标志、国家瑰宝恐怕早已不存在了。后来20世纪70—80年代的进一步加固维修也就没有可能。第二件是对苏州园林研究与保护所做的贡献。过去曾有"苏州园林甲天下"之说，但以现代科学方法结合历史文献加以总结、研究和保护，敦桢师是开创者之一，他的一本《苏州古典园林》的巨著不仅在当时，即便在现在仍然有着重大的学术价值。其中许多宝贵的资料对现在和今后苏州园林的研究与保护都有着重要的意义，敦桢先生这一历史之功永不泯灭。敦桢先生对苏州古建园林文物保护做出的贡献料想还有很多，就我所知举此两事，想必苏州人知道得更多。

苏州朋友不忘旧情为刘敦桢先生在《苏州园林》上组织纪念专号，我作为恩师的弟子在此表示由衷的感谢。

刘敦桢先生是我学习古建筑的启蒙老师，印象尤为深刻，时刻难忘，今择其要者简要记之，以为纪念，以志不忘。

初聆教诲，终生不忘

我记得那是1940年的一个冬天，中国营造学社刚从昆明辗转迁到四川宜宾李庄（当时李庄属南溪）。为了补充新生力量，在宜宾报纸上刊登了招考练习生的广告。我有幸被录取了，背着简单的行李，来到了中国营造学社报到。为了避免敌机的轰炸，学社的办公地点还在距李庄镇子两三里地的农村中。当我跨进大门后，许多学社的前辈对我这个新来的年轻伙伴都非常地关心和照顾，使我感到非常温暖，好像是一个家庭一样。

我第一个接触到的就是敦桢先生。那时思成先生经常为学社的经费来源等事远道去重庆奔走，学社的一切事务都由敦桢先生来承担。他首先向我介绍了学社的情况，把学社的历史、工作性质、工作人员等都一一作了简单的介绍。使我印象最深的是，他所说的我们学社是一个纯粹的学术团体，大家都是读书人、做学问的，不是当官的，不是衙门，学社同仁都一样，你不要怕，你年纪小，大家都会照顾你的。他还很关怀地说，你没有读过大学不要紧，我们这里是专门从事古建筑的调查研究工作的，大学里也没有这门课程。我们学社里有不少工作做得很好的先生，如莫宗江、陈明达先生比你年纪还小就到学社来了，都是学社培养出来的。他还说，我们这里也有许多从大学建筑系毕业后来工作的，如刘致平先生等。专门从事古建筑调查研究的机构，全国只有我们这里一处，只要你能够勤奋学习，认真地工作，将来一定会有成绩的。最后，他归纳了一句话勉励我："业精于勤，多读书"。随后，他指给我摆在大办公室靠墙的一长排书架上的书说："你自己去找书读吧，有不懂的来问我。"恩师的教诲，终生难忘。

恩师说，至于你的工作，现在你就在我这里，帮我整理一本稿子——《西南古建筑调查报告》。然后，他又向我介绍了刘致平、莫宗江等先生，并说，你可随时向他们请教。以后刘致平、莫宗江先生在调查测绘等方面给了我很多的教导。在绘图技术方面，莫宗江先生给了我很多指教。后来我又帮助刘致平先生调查过四川民居，并考察过木船的结构和修造，受他的教益甚多。当时陈明达先生参加彭山崖墓的发掘，接触不多（梁思成师的教诲，已有另文，在此不复赘）（图1）。

图1　刘敦桢著《中国住宅概述》（百花文艺出版社，2004）

严谨治学，精心考证

敦桢师治学谨严的态度，是建筑界同行，特别是建筑史和古建筑界的同行、师友们所共知的。他对古建筑的调查研究、考证，不仅自己而且要求学生和后辈们都要持之有据，不要道听途说、人云亦云。例如对一个古建筑年代的断定或对某一建筑史上问题的评论，他总是持谨慎的态度，不轻易下结论，务求扎实准确。我在帮助他整理《西南古建筑调查报告》将近一年的工作过程中，深有体会，深受教诲。例如在他的调查报告中，有许多四川、云南等省的方形密檐式塔，其外形和内部结构都与西安小雁塔和北方唐代密檐式塔相去不远，如果按照形式与风格推断，当属唐代。而敦桢先生在未找到文献或其他足够的根据以前，绝不轻下论断。后来经过多方考察和比较碑刻、史料的记载，发现这些方形的密檐塔果然并非唐代而是宋代的塔，并找出了形成这种塔形的历史原因和理论依据。又如对四川峨嵋飞来殿断代问题，按照该殿"斗拱雄大，出檐深远，屋顶坡势缓和"等早期古建筑风格的特点来分析，应断定为宋元时期的建筑。但是当时所能得到的文献资料最早是明洪武年间，敦桢先生经过仔细的分析之后，仍然只把它定为明初的建筑，他说这样是有根有据的，但是他也同时注意到该殿结构与造型上的特点，给予了其很高的评价，指出：此殿也有更早的可能性，但是没有找到足够的根据时，目前只能这样来定，如果以后有了新的证据，再来提前也不迟。这种谨严的治学态度受到了当时学社同仁的高度称赞，都说只要是他评定的古建筑的年代或对某些建筑史问题的论断，是比较可靠的（图2）。

图2　刘敦桢设计建造的"光化亭"

敦桢先生是学社文献组的主任，因此他对历史文献特别认真。他考证问题所引用的文献资料都务求引用原文原书，力戒旁抄转录。我记得有一次他从《古今图书集成》上面得到一条资料，就想方设法要核对原书。他说你先空着不要抄上去，先用另外的纸抄下来，等我核对好了之后再抄上去。因为《古今图书集成》所辑录的资料常有错误，一定要核对原书或是找到旁证，才能准确无误。那时学社的书很多，未能迁到四川，查起来很费事，后来他还是从当时迁到李庄的中央研究院历史语言研究所的图书馆中查到原书核对之后，才让我正式补抄上去的。这种严谨治学的态度，使我深受教益，深为敬佩。

严格要求，诲人不倦

十分有幸的是我初到学社就在敦桢师的直接教导下工作和学习，受益很大。我当时帮助他整理《西南古建筑调查报告》不仅获得了许多古建筑的知识，而且学到了许多古建筑调查研究工作的知识。当时我为他所做的工作一是抄清文稿，二是绘制小插图，三是整理照片。敦桢师说：这三件事你如果完成好了，你就算可以在学社继续工作和学习下去了。虽然要做好并不容易，但是只要你勤奋地学，用心地工作，是能够完成的。

关于抄写文稿的事，他先拿出他已修改过的调查报告的文稿草底，让我仔细看一遍，有没有不清楚和不懂的地方。然后说：我看过你报考时所写的字，知道你练过字的，但是我们工作所需要的字主要是工整好看的，不是哪家书法，你自己写字愿意临什么碑、学什么帖都可以，但在抄写或绘图注字时一定要横平竖直、整整齐齐、清清楚楚。我试写了两次，他都不很满意，说是还不够工整，并让我按照方形的老仿宋体练。写了两页给他看，他说大体可以了，但还要下工夫，并让我用三角板打直格子横平竖直地画，这样经过多次的练习，他才认可了。

绘制插图是古建筑调查报告中的重要工作。先前是莫宗江先生为他绘了一些，后来因为宗江先生要为梁思成先生绘《营造法式》图注和"美展"（第三次全国美术展览）图，就让我来绘了。我是学着绘的，宗江先生给了许多指教。由于这本报告是普查性质，项目较多，每个建筑不能详尽分析介绍，所以图纸比较简单，以平面较多，断面较少，立面和透视图很少。但敦桢师要求也很严格，先让我用丁字尺和两块三角板练线条，然后用铅笔先画出底稿来，再用鸭嘴笔上墨。经过一段时间的练习之后，我终于初步掌握了简单的古建筑图的绘制技术。

整理照片看起来是件很简单的工作，但敦桢师要求很严，专门派我到宜宾市里中元纸厂门市部去选购了黑色硬纸板，按规格裁好之后，他先把照片分类，定好粘贴的位置记号，写好小纸条的说明文字，让我用白色颜料工整地书写在照片旁边。最后用粗亚麻布包面，这样的照片本子看起来也甚是美观的。

我在以上三项工作中，除了学习到许多有关古建筑的知识与技能外，还从敦桢师那里学习到许多查阅文献，进行考证的基本知识与方法。由于他是学社文献组主任，加之他的国学基础、古文根底很深厚，知识渊博，使我受益匪浅。他首先对我说：你要多读书，知识是一点点积累起来的。学古建筑要读古书，他说我虽然不做诗词，但古代的诗词歌赋对古建筑的研究和考证很重要，所以我也要读它，而且很喜欢。其次，他特别强调做考证文章必须重实据，要重第一手材料。材料的来源主要有两个方面，一是古建筑本身上的题字、刻字和古建筑内外的碑文、题刻等直接材料；二是历史书籍、文献资料和古图画等，近代的资料还有图纸、照片等。文字记载一定要看原文，不要偷懒，因为转引旁抄的东西往往

会有错。但他同时也十分重视字典、辞书、类书及各种集子等工具书的作用。有一次我问他一些古建筑历史上的问题，他说你自己去查《康熙字典》《辞源》《辞海》，然后查有关的《二十五史》《通典》《通考》《文选》《水经注》等，这些书在大办公室的书架上都有，你自己去查去。后来他告诉我说：我不是不告诉你，让你去查是让你培养起查书的习惯。而且你自己几经周折查出来的东西会更记得住，在查的过程中也可以学到更多有关的知识。如果我告诉了你，你轻易知道了，你不但记不住，养不成自己查书的习惯，还做不好学问。这一教诲对我来说是太重要了，使我一辈子都受用不尽。

一丝不苟，廉洁奉公

我们学社在四川李庄期间，经费来源十分困难。除了业务工作人员之外，原来只请了一名会计和一名总务。这位会计年纪较大，长于世故，不久就发现他有了问题，于是不得不把他辞掉。但是谁来顶替他管账呢？再找一个，恐怕仍然和他一样，更不好办，于是这一担子就落到了敦桢师肩上。我记得莫宗江先生也帮忙管过。我介绍来的那个总务，后来也出了问题被辞掉了，一些跑腿买东西的事就落到了我头上。这样只有十来个人的机关减少了两人却也节约了不少开支。敦桢先生去重庆中大后，我记得梁思成先生、莫宗江先生也都管过账。这里要说明一下的是，那时学社的账不是很多，因为所有工作人员的编制和工资都挂在中央博物院，由他们那里发。但为了减少学社专业人员的负担也曾经找了一个兼职会计。给人一个深刻的印象是敦桢先生在经济问题上是非常认真的，遇到问题时一丝不苟，我看过他在查那位会计账目时，铁面无私，十分严肃，一笔一笔地查对，最后终于查出了问题，那位会计只好走路。记得有一次他让我到镇上去购买文具纸张时特别叮咛我说，你一定要把发票拿到保存好，拿回来好报销。我拿回的发票他都一一作了审查，无误之后才报了账。敦桢先生在管账时，公私分明，从未占公家分毫，就连平时在班上所用公家的东西也从不拿到家里去。

再度聆教，永远怀念

敦桢师虽然离开了学社去重庆中大任教，但他和我之间的师生感情仍然十分密切。1944年，我随思成先生去重庆工作时专门去沙坪坝中大建筑系拜访了他，他和刘师母非常热情地接待了我，非常关心地询问了学社的工作情况和同仁情况。他还特别问了我古建筑学得怎么样，做了些什么工作。当我向他汇报我已经初步了解了古建筑的历史和结构特点，现在正和莫宗江先生一起帮助思成先生绘制《营造法式》图，随刘致平先生调查民居并和卢绳先生测绘了旋螺殿时，他十分高兴，勉励我还要刻苦学习。

1949年后，我调到了中央文化部文物局。敦桢师仍在南京工学院（原中央大学，现在的东南大学）任教。为了古建筑的保护维修问题，我到南京时常到学校或他家中去拜望，都得到了他和师母的热情接待与赐教。非常难得的是，此后我又和恩师一起并肩"作战"，参加了他所主编的《中国古代建筑简史》工作，在他的领导下，这本书反复修改，直到写完

第八稿。我和卢绳先生担任了宋、辽、金这一章的撰写工作，他对编写的内容、体裁以及文献资料的收集取舍、图片要求等都作了周密细致的安排。那时先生已年逾花甲，我也是四十多岁的人了，二十多年前李庄初次受教的情景如在眼前，交相辉映。

敦桢师在建筑史研究、古建筑的保护维修和建筑教育方面的丰功伟绩是中外学界咸仰、人所共知的，与我有关的他所主编的两本书《西南古建筑调查报告》《中国古代建筑简史》在文物保护和教学方面都发挥了很大的作用。特别是《西南古建筑调查报告》与我密切有关，是我学古建筑在他教诲下的启蒙工作与学习。在解放前夕为解放军提供文物建筑保护而编写《全国重要建筑文物简目》时，此报告作为重要的参考依据。《中国古代建筑简史》也已经几次重版，是建筑史教学的重点教材，也是文物建筑工作的重要参考书籍。遗憾的是先生未能见到他所主编的《中国古代建筑简史》的正式出版，《西南古建筑调查报告》本来也该出版，但是由于"文化大革命"，当时的文章、插图、照片和其他许多珍贵文稿竟不知去向了。然而可喜可庆的是，在党的十一届三中全会正确路线的指引下，古建筑事业迎来了春天。在对外开放、对内搞活经济和改革工作中，古建筑文物越来越发挥重要的作用，建筑史教学越来越受到重视，中华悠久的历史文化已成为建设有中国特色社会主义的重要支柱。现在包括叙杰同志在内的一代学人已经崛起，他们的研究成果、古建筑保护维修工作水平大大超过了从前。中华悠久的建筑文化之花必将在继承传统的基础之上开放得更加鲜艳，宝贵的古建筑文化遗产也将保护得更好。

恩师诞辰100年，弟子也年逾古稀了，多少往事历历在目，教诲恩情真是车载斗量，举不胜举，由于篇幅有限，在这篇短文中只能挂一漏万了。恩师有灵，请含笑九泉吧！

（本文作者罗哲文，1940年入中国营造学社，师从刘敦桢、梁思成，中国古建筑大师，教授级高级工程师，时任国家文物局中国古建专家组组长。此文原载于《苏州园林》1997年第3、4期合刊）

"他是一个真正的学者"
——谢孝思回忆刘敦桢先生

周峥

苏州著名教育家、书画家、文物保护专家、原市政协副主席谢孝思先生今年已九十三岁高龄。20世纪50年代初,他担任苏州市文管会主任,曾主持园林的保护、抢救工作,为苏州古典园林重焕勃勃生机作出了极大的贡献。在此时期,他邀请了刘敦桢先生任园林修复顾问。最近,我们拜访了谢老,老人得知我们来意后,异常激动,深情地回忆起当年和刘先生共事的往事。

"1953年,在上级领导的指示下,苏州成立了园林整修委员会,由我主持这项工作。园林的修复是一项长期的任务,技术问题我不大懂,请到了这方面的专家刘敦桢先生和陈从周先生,正式聘请他们当顾问,大事小事都向他们请教。特别是刘敦桢,他非常温文尔雅,是个纯粹的学者。他同我的感情很好,他们当时经常来,凡是苏州园林的修复,我都要请教他们。他很谦虚,有时请他吃饭,他都不肯的。刘先生来,经常住观前街的远东饭店,当时这个旅馆是很小的,房间的光线不大好,他不要我们招待。他一来我就急着去看他。苏州园林得到他们的帮助是很大的。"

"他不但对园林,在保护文物古迹方面,对苏州的帮助也是很大的,他还是苏州文管会的顾问。他很谦虚,记得有一次,他要写苏州古典园林的书,要听听大家的意见,他请了许多人在环秀山庄开会,谈谈这个园林的假山。环秀山庄我也看得很仔细,大多数人只看到东南的大峰,对它的西北角不大看。其实,这个假山是有山脉的。我一提,刘敦桢也懂,他看得很深刻。我是从绘画的角度看,他从建筑美学看。当时,山的顶上有棵枫树,把全山遮掩着,大家都夸这棵树长得好,我倒觉得不行,我认为小山上长这么棵大树,那座山就显得太小了,刘敦桢连声说,对的,对的。他也认为我很对。他这个人啊,虚心!人品真是很好的(图1、图2)。"

图1 刘敦桢设计营造的南京古典园林瞻园(一)

图 2　刘敦桢设计营造的南京古典园林瞻园（二）

回首往事，谢孝思老人多次赞言刘敦桢道："他是一个真正的学者，真正的学者"。钦佩之情，溢于言表。最后，谢老慨然命笔，写下了"逸情冲北斗，教泽满南天"十个大字，对这位曾一起栉风沐雨的老友，寄托了深深的怀念之情。

（本文作者周峥，时任苏州市园林和绿化管理局办公室秘书。
苏州市风景园林学会第七届理事会副秘书长。
此文原载于《苏州园林》1997年第3、4期合刊）

·贝聿铭·

世界建筑大师

贝聿铭（Ieoh Ming Pei，1917—2019），生于广东广州，祖籍江苏苏州，为苏州望族之后，美籍华人建筑师，美国艺术与科学院院士，中国工程院外籍院士，土木专家。

贝聿铭的童年和少年是在风景如画的苏州和高楼林立的上海度过的，从小立志要当一名建筑师。后来他于20世纪30年代赴美，先后在麻省理工学院和哈佛大学学习建筑学。他以超人的智慧多次完成复杂的设计任务，并在纽约开设了自己的建筑设计事务所，又成立了"贝聿铭设计公司"，专门承担工程的设计任务。

其设计的建筑获得众多国际大奖。1979年获得美国建筑学会金奖，当年，美国建筑界宣布为"贝聿铭年"。1981年获法国建筑学金奖、1989年获日本帝赏奖、1983年获第五届普利兹克奖及1986年里根总统颁予的自由奖章等，被誉为"现代建筑的最后大师"。

贝聿铭作品以公共建筑、文教建筑为主，被归类为现代主义建筑，善用钢材、混凝土、玻璃与石材，代表作品有巴黎卢浮宫扩建工程、香港中国银行大厦、北京香山饭店、中国银行总部大厦、苏州博物馆新馆等。

中国园林是世界上最好的
——贝聿铭与苏州园林

远山

从构思精巧的卢浮宫前玻璃金字塔,到高贵典雅的香港中银大厦,再到古色古香的北京香山饭店,又到中而新、苏而新的苏州博物馆,这些美轮美奂的建筑精品成就了一位祖籍苏州的世界级建筑大师,他就是贝聿铭——在世界建筑领域几乎无人不知无人不晓,也是一个公众所熟悉而感到亲切的名字(图1)。

图1 贝聿铭与中国园林学者陈从周

贝聿铭设计北京中国银行总部大厦时已八十四岁高龄,在完成这部新作时,这位祖籍苏州的老人掩饰不住他对中国园林艺术近乎痴迷的喜爱。

中国银行总部大厦坐落于北京西单商业区,既要保持中国传统特色,又要有现代气息,人们都会好奇,在这种两难状态下,贝聿铭是如何处理的?

贝聿铭认为,中国的建筑在北京应该有中国古代文化的表现。但是,这个问题非常难做,因为中国古代的建筑没有这么高的,所以新的不能硬做,非给它加一个中国式的顶。像时代广场大厦那样,摆一点屋顶、戴一顶小帽子的办法,我不会做。我认为也做不成功。中国的建筑一向都是矮的平房,像现在这种高的写字楼以前没有,所以我不会走以前的那种路。

贝聿铭另辟蹊径,他追求由外而里的内涵表达,外表是现代建筑,内涵具有民族元素,楼内大厅有园,犹如一个天井,有空灵之感,像北京的四合院。虽然在建筑里面做花园不是首创,例如1980年在美国纽约大都会博物馆内建造的"明轩",就是在贝聿铭推荐下完成的一个典范。在北京,贝聿铭有自己独特的创新。他认为时代是发展的,我们不能总是从外表形式上去看新建筑的"中国风",而应该追寻中国建筑的根,由表入里,深耕深植。这个"根"就是一种文化底蕴、文化气质吧。他把现代化与寻找历史之根有机地结合起来,而且运用得出神入化。

这与贝聿铭的文化基因有着不可分割的关系(图2)。贝聿铭是苏州望族之后,家族在苏州有著名园林狮子林。贝聿铭的童年和少年常来苏州居住，可以说他的青少年是在风景如画的苏州和高楼林立的上海度过的。他的祖父贝理泰，号哉安，是中国最早的金融家之一；父亲贝祖诒，是国际汇兑专家，长期任中国银行高管，曾任中央银行总裁（图3）；而贝聿铭从小立志要当一名建筑师。青少年的经历对其后来的建筑设计生涯有着深深的烙印。贝聿铭中学时每年暑假都要回到位于苏州西花桥巷的祖父家，也经常和堂兄弟们在狮子林里穿梭游玩（图4）。古典园林的咫尺山林、四时美景、光影变化、人与建筑的融汇，给他烙下了深深的苏州印记，可以说，苏州是他设计精神的"中国原点"，他在世界各地设计的那些建筑深刻体现了他对中国本体元素的深厚积淀和尊崇。直到晚年，贝聿铭还把狮子林亲切地称为"我的家"。贝聿铭曾于1985年、1995年两次应邀回苏州访问、参观，他提出要保护好古城苏州，整治水环境，科学规划，注意建筑基调，迁移污染工业、建设沿护城河绿化带等。1996年贝老回乡，专程参加苏州市政府为他在狮子林举办的寿宴。在寿宴现场，他不辞年高，接过了苏州城市建设高级顾问的聘书，还为狮子林题写"云林画本旧无双"七个字，表达了他对苏州古典园林的赞叹。他还利用自身的影响力，多次向省里和国家领导人呼吁保护苏州古城和古典园林。

图2　贝聿铭始终不忘学习中国传统文化

图3　贝氏家族全家福（左一为贝聿铭）

图4　贝聿铭青年时在狮子林

在贝聿铭看来，作为一种建筑形式，中国园林艺术是世界上最好的，园林工匠技艺也是最好的。所以，他总是要借鉴中国园林造园手法于现代建筑上。他设计的中国银行总部大厦，楼厅里专门设计了一座园林（图5）。为了营造好古典式园林，他首先请来了苏州工匠大师——苏州著名的"山石韩"的当代传人韩良顺、韩雪萍父女两人（图6）。在叠石技法上，贝聿铭巧运空间，在大尺度空间大厅的水池里用石头，他有意避开太湖石不用，而到各地寻觅，最后从云南石林的田间野地里找到合适的石料——当地人准备把它们砸碎了做石灰的石头，可谓"废物利用"，因为这种石头很壮，而太湖石太细气，摆在大厅里就显得比例失调，毫无气势。

图5　贝聿铭手绘的中银大厦庭院图（韩雪萍提供）

图6　贝聿铭与韩雪萍在中银大厦庭院竣工典礼上（摄于1999年9月9日）

早在1985年，贝聿铭就主动提出为苏州设计一个美术馆，用于收藏、保护、展览苏州文物；2002年，八十五岁的贝聿铭受苏州市政府委托在苏州最古老的街区设计建造苏州博物馆新馆。贝聿铭融汇一生的建筑智慧于东方的传统美学，凝聚了他的心血和对家乡苏州的情感，在不损害遗产的前提下推进中国建筑，使苏州博物馆新馆与太平天国忠王府、世界文化遗产拙政园和谐共存，诠释了"中而新，苏而新"的建筑理念（图7）。2006年，九十岁的贝聿铭亲自推开新馆大门，他动情地说，"贝家在苏州有五六百年历史，我的根在苏州，今天是为最疼爱的'小女儿'送嫁。"

图 7　苏州博物馆庭院山水

　　这是一个充分体现苏州人文内涵的博物馆。贝聿铭运用苏州古典园林的技法和意境，在苏博新馆中精心设计布局了很多小庭院，与博物馆主体建筑相得益彰。主庭院中有曲桥、凉亭，还有最经典的片石假山。极巧妙的是，贝聿铭运用苏州园林借景手法，巧借拙政园盆景园的围墙和植物群落作为片石山水景观的背景，"以壁为纸，以石为绘"，浓郁的绿荫、简洁的粉墙，与片石山水浑然一体，烟雨朦胧，山峦连绵，构成一幅完美的图画，呈现出米芾山水画意境。这些设计既是对苏州传统园林中的叠石、堆山、造桥、理水等经典元素的完美诠释，也是他本人艺术修养的精辟提炼和全新创造，境界无限，让人赏心悦目，百看不厌。博物馆内的竹子和树，也经过精心选择。为了找到最能表达意境的植物，贝老三番五次在现场擘划，费尽心思，直到满意为止。他采用苏州园林典型的孤植和丛植的手法，以松、柏、竹为主要树材，利用它们优美的姿态、柔和的线条、在多处空间中通过孤植或丛植，布点恰到好处，点缀在建筑之间，使得环境与建筑形成了刚柔相济的对比，营造出庭院景观的高雅气息，这种象征性手法，意味悠长，传递出苏州园林的深邃意境，产生了传统与现代完美结合的现代之美。这种手法，被贝老称为"新中式园林"，有别于现代园林设计中植物种类或品种的大量运用和大面积栽植。当观众走进博物馆庭院，但见植物很好地融入建筑中，成为建筑不可分割的一部分，人在其中，与山、水、树、竹等环境发生互动与交流，如入画中，形成了独特的文化影像。苏州博物馆新馆已成为 21 世纪世界认识苏州的一张文化名片。

　　这些也许正是贝聿铭这位建筑大师的苏州园林情缘吧，成为他创作灵感的不竭之源。

　　　　　　（本文作者周苏宁，笔名远山，苏州市风景园林学会第八届理事会常务副理事长。此文原载于《苏州园林》2021 年第 4 期）

·陈从周·

中国古建、园林学家

陈从周（1918—2000），名郁文，字以行，晚年别号梓室，自称梓翁。原籍浙江绍兴，生于杭州。中国园林一代宗师、著名古建筑学家、同济大学教授。1942年在之江大学国文系毕业，获文学学士学位，先后于杭州多所中学任国文教员，并师从张大千学画，承教多位国学大师，打下坚实基础。1948年在上海举办首次个人画展，其花鸟画作有"一丝柳一寸柔情"的美誉，蜚声沪上。受圣约翰中学聘为国文教员兼总务主任。与建筑系主任黄作燊结识，其对建筑学的探索，令黄惊诧，深为赞赏。即受聘为圣约翰大学教员，讲授中国建筑史。后由陈植先生推荐聘为之江大学副教授。1952年调整到上海同济大学建筑系，又受苏州美专之请到苏兼课，主讲中国美术史。在苏州授课之余，他对苏州古建筑、古典园林和民居建筑进行考察，写出了首篇古建筑论文《杨湾庙轩辕宫的考察研究》。1956年编著《苏州园林》（图1），在这本书中提出了"江南园林甲天下，苏州园林甲江南"的著名论断。1958年参与编著《上海近代建筑史稿》，1963年著《扬州园林》。"文化大革命"中受到不公正对待，但仍参与多处古建筑修复工程。粉碎"四人帮"后，又恢复正常工作，大江南北的园林和古建筑留下他的足迹，贡献巨大。1977年冬在上海接待美国纽约大都会艺术博物馆顾问方闻，就该馆如何陈列展示中国明式书画和家具问题，对答应配明式建筑。由于他的推荐，以网师园殿春簃为蓝本的"明轩"工程于1980年远涉重洋，在美国纽约大都会艺术博物馆落成，开创了第一个中国园林出口工程。自此，苏州园林走出国门、走向世界。

图1　陈从周著《苏州园林》
（上海人民出版社2012年版）

陈从周著作甚丰，先后有《中国民居》《绍兴石桥》《中国厅堂（江南篇）》《园林谈丛》《中国名园》《书带集》《春苔集》《帘青集》《山湖处处》《世缘集》《随宜集》《梓室余墨》等。其中，《说园》一书影响最为深远，最早发表于《同济大学学报（建筑版）》1978年第2期，之后陆续发表二说、三说，直至五说，犹感其意未尽。该书是陈从周积几十年研究的心得和总结，也是针对当时不重视园林、风景名胜的社会现象的评说和呼吁，强烈提出"还我山河""还我自然""先绿后园"等主张。1985年，同济大学将其五篇文章综合整理，请书法家蒋启霆楷体誊录，由同济大学出版社影印出版，题书名为《说园》（图2）。《说园》问世之后受到国内外普遍好评，日本有六家出版社同时翻译出版。之后，该书又被译成英文、法文、意大利文、西班牙文等多种文字出版，影响所及遍于世界各国。

图2　陈从周著《说园》（同济大学出版社1984年版）

陈从周多才多艺，除园林艺术外，于文学、诗词、书画、篆刻以及徐志摩研究等，无不精擅。他的一生，集学问、个性和风采于一体，留下许多逸闻趣事，令人追思和怀念。

（本文摘自《苏州园林风景志》一书，由苏州市园林和绿化管理局编，文汇出版社2012年9月版）

陈从周：中国园林的文化标杆

居易

陈从周，原名郁文，别名梓室，自称梓翁。浙江省杭州人，祖籍绍兴。早年学习文史书画，后专门从事古建筑、园林艺术的研究教学，曾任同济大学教授、博士生导师，是中国著名的古建筑专家、书画艺术家、园林艺术大师。

不过，享誉至高的"园林艺术大师"，于陈从周而言，其实未必实至名归。

因为尊者如"园林艺术大师"者，古代即"造园家"也。而中国古代的造园活动及理论，上溯春秋秦汉，历经隋唐宋元，到明清臻于成熟。其间，造园家理论纷呈，名家辈出。明清以降，即有计成、文震亨、张南阳、李渔、李斗、石涛、戈裕良等诸多名家，且均所谓卓有建树，影响深远。

计成之《园冶》，堪为中国园艺开山之作，所提出的"虽由人作，宛若天开""巧于因借，精在体宜"等核心理念，为后世的园艺研究和园林构建提供了极其重要的理论体系和借鉴范本。

文震亨之《长物志》，从环境布局、琴棋书画、家具服饰、花木文玩入手，系统感性地阐述了园林艺术、园林家居的情感体验和审美意趣，所谓"石令人古、水令人远"，不啻于中国园林美学思想的专业破题。

李渔"园必隔，水必曲"之隔园法，"开窗莫妙于借景"之借景法以及"山石之美者俱在透、漏、瘦三字"之选石法，历来为中国园林构建之圭臬。

石涛以中国画一代宗师之尊，构园如画，融画理寓园艺，创"峰与皴合，皴自峰生"之叠石法，对后世影响巨大，至今有号称"人间孤本"的"片石山房"存世。

古代造园家于"造园"之洞入精微，固不待言。从一园一筑、一石一池，乃至花厅琴台、文房雅玩，无一不文思悄然，寓意高远，融诗情画意于一体。其著书立说、亲力亲为所倡导之理念技法，传之后世，已然经典。即便如此，而当今如陈从周者，若与之相提并论，仍不免失之偏颇。

中国古代园林的发展，主要经历了一个从皇家园林到私家园林和文人园林的发展演变。其中，私家园林尤其是文人园林的兴起和鼎盛，是促成造园家名家辈出和造园理论体系基本形成的关键时期和关键要素。文人与造园家合作，或文人亲力亲为直接为造园家，既催生了古代造园业的成熟，也全方位地强化了造园过程的文人情结和文人意趣的丰富和表现。一部古代园林的构园史，实质也就是一部中国古代文人山水情结和审美意趣的寄情史。明代尚书文学家王世贞构建"弇山园"之说，最足佐证。王世贞以为"第居足以适吾体，而不能适吾耳目，计必先园"。因而与当时之造园高手张南阳合作，在苏州太仓城里兴建了号称"东南第一名园"的"弇山园"。"足以适吾体，而不能适吾耳目"——可谓"一语中的"。不但高度概括了古代文人士大夫构园的宗旨与意趣，也自然而然地说明和强调了造园家的

造园思想、造园理论和价值取向。所以，古代的造园家、造园主及其造园理论，概而括之，是"就园论园""以我论园"，即所谓"有我之境，以我观物，故物皆著我之色彩"（王维《人间词话》）。进一步论，则是造园家或造园主个人学识、品位、抱负、意趣的产物，是其个体特质的自我化、人格化的情结体现。

陈从周不然。他选择了一个前所未有的鸟瞰视角，集"天下园林"于一体，跳出了千百年来造园主和造园家的时代局限和认识与感受的窠臼，立于社会和大众的审视，化"小我"为"大我"，开创性地提出了一系列中国园林传承创新及建设发展的观点、理论和方式方法。

其一，以史学考证研究园史园迹。陈从周以古建筑专家的学识与眼光，以史学考证研究的方式方法，数十年奔波大江南北，潜心考察考证中国园林的史脉、现状、遗迹，包括人物及理论技法，乃至一园一筑、一石一池，探究其渊源历史，剖析其风格流派。历代园林之变迁，南北园林之差异，包括中外园林之比较，悉数掌控。从而天下园林，了然于胸，堪称当今中国园林史学研究之集大成者。陈从周有言："述古可以为今，继往可以开来""不究园史，难以修园，休言造园"。

其二，以文化渊源解读园艺技法。中国古代造园的理论技法，虽都一定程度的带有不同时代特征的"小我"特质，但在陈从周看来，实质都是殊途同归，归根结底都源自博大精深的中华文化的背景渊源。"宛若天开"的理念，"诗情画意"的表现，与"诗书画""儒释道""天地人""风水时令"等中国传统文化都有着千丝万缕的密切关联。所以陈从周"说园"，离不开"说诗""说画""说文""说曲"，包括"说天""说地""说人""说情"，乃至"说影""说景"……千百年来林林总总、千姿百态的中国园林，在陈从周的"文化说园"中聚气、丰满、升华了起来，形成了一个整体性的独立于世界园艺之林的文化经典。

其三，以哲学思维诠释园林体系。陈从周"文化说园"的过程，也是其开创性地提出和构建中国"园林哲学"体系的过程。他提出的"虚实相生""形神兼备""水随山转、山因水治""大园景可泄、小园景宜引"等造园技法，以及"阴"与"阳"、"动"与"静"、"露"与"藏"、"造"与"借"、"有限"与"无限"、"有形"与"无形"等园艺思想和理论，既是古往今来中国园林艺术的高度概括和提炼，也是中国园林文化艺术的核心精髓和精神实质。正是在此基础上，富于中国文化思维特质的中国"园林哲学"的纲要体系得以基本形成。

其四，以人文素养定论品园、游园、造园。陈从周提出的"品园、游园、造园"一体说，跳出了传统造园理论和技法的老框框，走出园林看园林，把园林与现代社会的开放特征和公众参与结合了起来，本身就是对中国园林理论的一大创新和贡献。"能品园才能游园，能游园才能造园"，其实质并非对"品园、游园、造园"之限制，而恰恰相反，是着重揭示并强调了园林艺术的社会属性和文化品位，是集园林艺术与社会整体人文素养于一体并予以全面提升的时代命题。陈从周颇具时代特征地指出："园林是一个提高文化的地方，陶冶性情的地方，而不是吃喝玩乐的地方"。

其五，以中国特色倡导造园、复园、改园。陈从周"说园"，与中国传统知识分子的"坐而论道"有着本质的区别。他的许多观点、理论，不仅富于实际，具有针对性，更有着极强的操作性。他提出的"造园、复园、改园"三分法，既是对当下园林建设的一个运作指导和富于操作性的概念定位，更是对园林建设之中国特色的倡导和坚守。"造园言意境，复园重考证，改园讲资用"。三者错位，不但劳而无功，浪费财富，甚至愧对祖宗。特别是在当今西风大进之际，中式园林的指导思想和发展观，就是必须强调文化自信，崇尚坚守有道。好在陈从周参与的建园、移园、保园的诸多运作，以及面对文化无知的痛心疾首的愤慨和呼吁，如今已潜移默化地逐渐成为业界保护和传承中式园林文化的共性认知。

由此可见，陈从周与古往今来的造园家确有不同。特别是在中国园林文化的倡导和建树方面，细细品味，两者在一定程度上还存在着相当的差异。

造园家表现的是一种文人情结，是一种个性特质的文化素养和文化品位的物化与彰显。这当然是中国园林文化的一个内容，甚至可以说是一个要素，但终究不是中国园林文化的本质和主体。

陈从周展现的是一种文化境界，是着眼于博大精深的中国传统文化的一种追本溯源的认识和提升。这首先就从理论上确立了中国园林与中国传统文化的体系关联，从而得以构建出中国园林文化的基本体系，并奠定其厚实基础。

"中国园林"自陈从周起，再也不是单一的"造园技法"，再也不是单一的文人"情结"和"作品"，而是一种"文化"，一种以"园林"为特定载体的中国文化的特定组成。在此基础上逐渐形成的中国园林的评价、建设和发展体系，"文化"已成为其最核心的指导思想和价值观。这就极大地挖掘和提升了中国园林的民族文化价值，展示了中国园林作为人类文明体系重要组成的永恒魅力。所以，从这个意义上说，陈从周不但是"中国园林文化"的倡导者，也是"中国园林"文化传承和发展的导向与标杆。

陈从周在我国当代知识分子中有"完人"之称，这是因为他在中国园林领域历尽沧桑、穷其一生，集知（理论创建）、行（实践运作）、道（坚守信念）于一体，功德昭昭，誉满天下。"虽不能简单的说，他是因园林而生，却可以肯定的说，他确然是因园林而死"（刘梦溪：《陈从周研究》）。他一生孜孜不倦的讲学、著述、项目运作所留下的丰硕成果，为中国园林文化宝库增添了一份靓丽而独特的光彩。

陈从周著有《中国民居》《绍兴石桥》《江浙砖刻选集》《岱庙建筑》《装修图集》《上海近代建筑史稿》《苏州园林与住宅》《漏窗》《扬州园林》《扬州园林与住宅》《园林丛考》《梓室余墨》《园林谈丛》《中国名园》《说园》等专业学术专著。其中《说园》，最具成就，是一部独具陈氏风格的系统论述中国园林的理论著作。谈古说今，文字清美；情景交融，意境深远。影响之大，远及日本、俄罗斯、英国、美国、法国、意大利、西班牙等地。出版以来，已译成英、法、德、意、俄、葡、西、日等十多种文字。叶圣陶先生为之高度评价："从周兄熔哲文美术于一炉，以论造园，臻此高境，钦悦无量。"

陈从周在承担繁重的教学著述任务的同时，还参与了量大面广的园林古建的项目运作。例如苏州网师园、曲园，吴江同里退思园，泰州乔园，杭州郭庄、西溪，宁波白云庄，潍坊十笏园，蓬莱慈云庵等。经他主持设计或筹划设计建造的项目有宁波天一阁的东园、上海豫园的东园、富阳依绿园、昆明安宁楠园、江苏如皋水绘园等。他把苏州网师园殿春簃小院的精华部分，以"明轩"的形式移建到了美国纽约大都会博物馆，成为使中国园林艺术"惊艳"世界的第一人。对这些亲力亲为的园林项目，陈从周曾作有自我评价："纽约的明轩，是有所新意的模仿；豫园东部是有所寓新的续笔，而安宁的楠园，则是平地起家、独自设计的，是我的园林理论的具体体现。"

陈从周多才多艺，早年师从张大千学画，又从古建筑学家梁思成、朱桂辛习中国建筑学。擅长文、史，工诗词、绘画，善昆曲、金石，而散文、绘画之成就，已然大家。早在

1948年，他三十岁时即在上海开办个人画展，以"一丝柳，一寸柔情"蜚声海上画坛。中年以后，所绘兰、竹，评家称为"意多于笔，趣多于法，自出机杼，脱尽前人窠臼"。到了20世纪80年代，他的画名已蜚声海内外，其画作被列入国宝行列，禁止出国。陈从周的散文、杂谈、诗词歌赋先后编辑出版，有《园林谈丛》《书带集》《春苔集》《帘青集》《随宜集》《山湖处处》《书边人语》等专辑存世。

陈从周于2000年在上海逝世，墓园筑于浙江嘉兴南北湖"陈从周艺术馆"，实现了陈从周生前保护修复南北湖并祈"魂归南北湖"的夙愿。"陈从周艺术馆"又名"梓园"，1998年建，与南北湖西涧草堂为邻，占地三亩多，主要建筑是一幢具有民族风格的馆式展厅。展厅内以书画、图片、文字、实物等形式，陈列、记录了陈从周的艺术思想、艺术成就、一生历程和为保护开发南北湖所作贡献的文献资料，其中包括了陈从周的书画作品、文物藏品以及生前用品。"梓园"中有半亭一座，系陈从周为美国纽约大都会博物馆设计的中国古典园林"明轩"作品的再现。

陈从周去世后，经美国华裔著名建筑学家贝聿铭先生提议，同济大学建筑与城市规划学院设立了陈从周教育奖励基金，每年奖励优秀的教师和学生，以纪念和弘扬陈从周的学术精神和道德风范。

（本文作者居易，教授，苏州市政府专家咨询团成员。
此文为居易著《从园冶到说园》（上海人民出版社（2021）一书中的一节，
曾刊于《苏州园林》2018年第4期）

经典的诤言
——重读陈从周《说园》系列

刘郎

作为影视专业的编导,我竟然也渐渐地融入了园林艺术的领域,应当说,一个重要的途径,是得益于一些园林大家的著作。计成的《园冶》就不必说了,现当代的园林名作对我影响也很大,这里面,自然就包括陈从周先生的《说园》系列。只要说起陈从周,1999年拍摄《苏园六纪》时,我认真点读《说园》的情景,便恍如昨日。犹记得在本书的后面,我还作了一段短小的题记,并特别地写道"这才是真正的园林理论家"(图1、图2)。

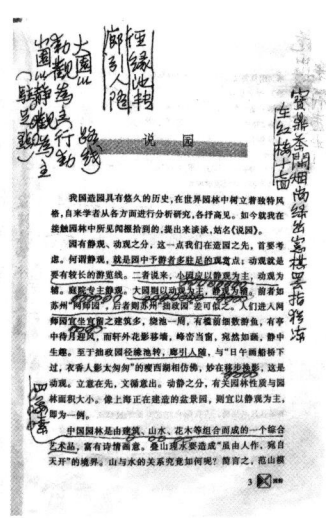
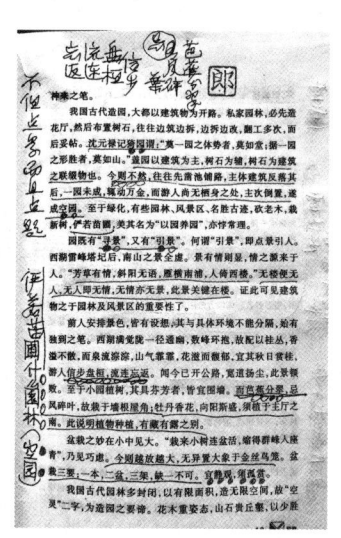

图1　刘郎读《说园》批注之一　　图2　刘郎读《说园》批注之二

不过,陈先生说园的文字,虽然是从根子上讲述园林美学原理的,但他却完全放下了理论的架子,而是以随笔的语调,娓娓道来,就像一位长者话家常,让人读着读着,便不由地念出声来,加上文字也优美,让人好受用。为文之道,语调能够从容,表述尤其舒展,这从来就是极高的境界,但这要有真功夫。

然而,《说园》给我印象,最为深刻的一点,还并不是它将园林理论通俗化,而是文字里时不时跳出来的关于园林的诤言。

《说园》系列写成于1978年至1982年,共五篇,就其历史背景而言,既是改革开放之初的年代,也是园林事业正在全面恢复的时期,作为著名的评园大家,陈先生的文字在此时出现,无疑是"文化大革命"之后园林领域的雄鸡一唱。

众所周知，就其本质而言，园林的恢复与修整其实是一项十分复杂也十分考究的艺术工程，而恰恰由于人为的失当，又最容易将园林中原有的经典部分，修整得不伦不类，使它失去了原构的美学精神，所以，"修旧如旧"的主张，便成为那一时期园林领域里一些有识之士极有针对性的共识。

对于一些地区、一些园林错误做法的批评，在当时，陈从周先生应当是最先的发声者，即使是面对一些非常著名的景点，他也同样敢于直陈弊病，例如在1978年写成的第一篇《说园》里，他就非常具体地批评了杭州的西湖景区与扬州的瘦西湖景区在整修过程中显有失当的做法。同样，对于他特别钟情的苏州园林，也为后来的续建与整修有失水准而深感惋惜，陈先生甚至说，"狮子林增添了大船，与水面不称，不伦不类"，"拙政园水池驳岸，本土石相错，如今已无寸土可见，宛若满口金牙"，如此等等，不一而足，以至于针砭时弊的语言，在整个《说园》系列中，几乎有通贯全篇的感觉。

因为职业的关系，我们会经常参加一些艺术作品的论证与研讨。就个人的体会而言，我以为参会者的意见无论有多少条，其实也只是分为两大类，一类是美言，另一类是诤言，那些建设性的意见，不过是这二者的过渡。对作品有些美言，只要实事求是，当然也好，但是，我仍然觉得还是对于作品的诤言最可贵，"难得是诤友，当面敢直言"，与会者中，能有敢于发出诤言的人，这会议才有含金量，而那些发出诤言的与会者，又往往是最真诚地希望作品更好的人。

陈从周先生对于园林艺术的热爱程度，就如同他关于园林美学的造诣一样，恐怕也非常人所及。在1978年写成的《续说园》里，他写道："'池馆已随人意改，遗篇犹逐水东流。漫盈清泪上高楼。'这是我前几年重到扬州，看到园林被破坏的情景，并怀念已故的梁思成、刘敦桢二前辈而写的几句词句，当时是有感触的。"试想，如没有对中国园林刻骨铭心的挚爱，面对传统文化的断井颓垣，他绝不会潸然流下沉痛而怜惋的一掬老泪。所以，陈先生所有的诤言，哪怕在当事人听起来非常刺耳，他也是一如《论语》中的那句名言——"爱之欲其生"。

"经典"这个词，这些年特别流行，好多过去很是平常的东西，现在动不动都被称为经典。其实，经典不经典，关键还要看价值，由此我便可以说，陈从周先生在《说园》系列里那些有针对性的诤言，便是"经典的诤言"，或是"诤言的经典"。

白云苍狗，光阴匆促，已经过去这么多年了，我却感到，陈先生的诤言完全不过时，你看，陈先生当年批评的"古建筑居然西装革履"，"古迹之旁，新建筑往往喧宾夺主""风景园林商店化"，这些现象，时至今日，不是还在许多地方，仍大行其道吗？

在蔚为大观的十三卷《陈从周全集》中，《说园》系列，只能算是一组寓意相衔的短篇。但是，既然是经典，就不能以篇幅长短计，而其论及的主题、指出的时弊，也会在不同的时期具有一定的现实意义。

《长物志》中的名句大家都熟悉："一拳则太华千寻，一勺则江湖万里"。重读《说园》之后，至少在我的理解中，这五篇说园的锦绣文章，既是园林理论的一潭深水，也是园林美学的一座高山。

（本文作者刘郎，中国电视纪录片资深编导，苏州市风景园林学会第八届理事会顾问。有《苏园六纪》《西湖》等多部园林风景名胜电视艺术片。

此文原载于《苏州园林》2018年第4期）

难忘的美学映象

——纪念陈从周先生百年诞辰／试论其园林小品的审美特征

金学智

陈从周先生是我国著名的风景园林学家、古建研究家、美学鉴赏家、旅游家、小品文家、画家、诗人。其人多才多艺，令人心仪；其文，沁人肺腑，涤人心神，让人口齿留香，久久难以忘怀。

以往，我写美学论文特别是写园林论文，最爱征引的美文有两家，一是宗白华先生，二是陈从周先生，两家都贵有诗心画眼、幽情雅韵。我写文章之喜爱引宗、引陈，这从 20 世纪 80 年代就开始了，陈先生于 1980 年第一本问世的文集《园林谈丛》（图 1），就是我必备的案头书。

图 1　陈从周文集《园林谈丛》（上海文化出版社 1980 年版）

中国人重十重百，今年，是陈先生百年诞辰，应该写文章来纪念这位美文名家了。怎么写？我只能拣出自己的老本行——分析其文的审美特征，以为最诚挚的纪念。

粗略地概括，陈先生的美文（以下或简称"陈文"）有如下几个特征。

随笔小品的形式；诗话画论的文脉

随笔小品，这是就体裁而言。回眸历史，中国古代散文的体裁众多，《文心雕龙》所列专篇就有诠赋、颂赞、铭箴、谏碑、史传、诸子、论说、章表……可谓林林总总，令人目不暇接。唐末又出现了小品文，如皮日休、陆龟蒙以短文干预现实，为鲁迅所称道；到了明代，更形成高峰，如三袁、江盈科、陈继儒、李流芳、刘侗、张岱……他们寄情山水，遁迹园林，写来不拘格套，独抒性灵，文笔轻松，短小清新。陈文正是上承了晚明小品传统又有新的发展，就看其随笔性短文，如《绍兴行脚》《泰山新议》《水乡南浔》《桐乡行》《满身云雾上狼山》《端州天下闻》《水边思语》《秋水》《湘游散记》《宣城志古》《闽游记胜》《翠螺出大江》《梁山留迹》《皖南屐痕》《半生湖海，未了柔情》……从文题看，即可知其体裁是游记式的随笔小品，而绝非长篇大论。

古人说，"读万卷书，行万里路"。陈先生正是如此，他半生湖海，足迹遍天下，很多文章均从"行万里路"上来，俊得江山之助，故能给人以一卷在手，宛同卧游之感。我爱读陈先生的园论、游记随笔小品，它让我获益匪浅，对我的写作也深有影响。回望我的大半生，除了写系统的学术专著外，也试写了大量的艺术随笔、美学小品，这些附骥效颦之作，多数收在我文集《苏园品韵录》中的"园蹊屐痕""园缘散叶"栏里。

陈文的集名，也很有意思。明代文人的诗文集，高启有《凫藻集》，袁宏道有《锦帆集》，李流芳有《檀园集》……而陈先生则有《书带集》《春苔集》《帘青集》《随宜集》《世缘集》等，均寓寄一定文化意味，有书卷气，雅洁隽永，它们作为小品集名，确乎名副其实。

愚以为真正要研读陈文，既须因枝以振叶，从显态联系于明末小品，又应沿波而讨源，由隐态寻求其理论文脉——诗话、画论。我国的诗话，品类繁多，形式不一，它们虽具有"书"的形式，其实大多是由一则则短文编纂而成，其各段之间的联系往往不十分紧密，次序的先后也并非不可调动，而且这样的调动，几乎不影响其篇章结构的整体，就历代论述型的诗话来看，宋代姜夔的《白石道人诗说》，明代徐祯卿的《谈艺录》、王世贞的《艺苑卮言》，清代王夫之的《姜斋诗话》等均如此。至于画论，如明代董其昌的《画禅室随笔》、清代恽格的《南田画跋》、方薰的《山静居画论》等，也都是由一段段短文连缀起来的。中国诗画理论的这种载体形式，其源盖可上溯至先秦，作为经典的《论语》就是如此，以后的《孟子》《庄子》等，其篇内各段之间也呈这种松散结构。

陈先生的论述型美文，极有类于传统的诗话和画论，其代表作《说园》五篇最是适例，每篇均由一则则短文连缀而成，每一则短文就是该篇的一个段落，而每篇中的绝大多数段落都是可以互换的，甚至是各篇之间的多数段落也可以相互交换，其结构的松散若此，或者可以这样说，其每则亦即每段之间与上下文无甚紧密联系，相反是留有空白，所以读来轻松，有思索品味余地。这里不妨具体品析其《梓室谈美》（图2）一文，可见其更像诗话。全文共九则，文末缀曰："挑灯偶读，掇拾一二，聊供夜谈而已。"这就令人想起网师园殿春簃书斋曾有一联："灯火夜深书有味；墨华晨湛字生香。"又想起《兰亭序》"取诸怀抱，晤言一室之内"的美言，把人们带到了古代挑灯夜读、对坐夜话的书斋，与人娓娓而谈……这里试引其中一则：

> 唐人张泌寄人诗："别梦依依到谢家，小廊回合曲阑斜。多情只有春庭月，犹为离人照落花。"此真写庭园建筑之美，回合曲廊，高下阑干掩映于花木之间，宛若现于目前。而这一"斜"字又与下句"春庭月"相呼应。不但写出实物之美，而更点出光影之变幻。就描绘建筑言之，亦妙笔也。余集宋词有："庭户无人月上

阶，满地阑干影。"视张泌句自有轩轾，一显一隐，一蕴藉一率直，而写庭园之景则用意差堪拟之。

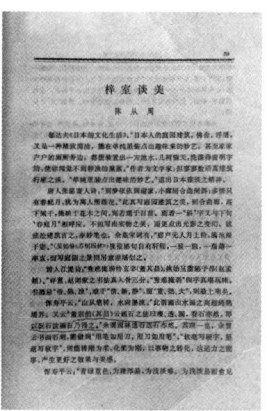

图2 陈从周随笔集《梓室谈美》书影（收入蒋孔阳主编
《中国古代美学艺术论文集》上海古籍出版社1981年版）

此则置于古代诗话中，可谓毫无逊色。细析此文，其发现全凭作者的一双慧眼、一支妙笔；其形象，让人如见庭户曲阑、花木掩映，光影斑驳；其意韵，则如同空谷幽兰，清香蕴藉而略闻微漾；其写法，是先拈出古人语，然后用三言两语加以生发，既引到主旨，又点到为止，绝不啰嗦，这让熟悉古代诗话的读者倍感亲切。

别具只眼的识见，辩证互补的内核

陈先生有关美学鉴赏的文章，眼识独具，见解精辟，言简意赅，往往一语中的。如《留园小记》的开篇落笔："江南园林甲天下，苏州园林甲江南。"其旁自注："前人未曾说过，是我的概括。"此语十四个字，不但是他的个人发现，而且精辟地写出了国人的共识，它早已成了众口相传、广为流行的谚语。

该文继而描述道："这些亭台处处，水石溶溶的名园，争妍斗艳，装点出明媚秀丽的江南风光。园以景胜，景以园异，如拙政园以水见长，环秀山庄以山独步，而留园则山石水池外，更以建筑群的巧妙安排与华丽深幽著称。"寥寥数语，高度概括了苏州园林共同的美和各自的美。多少年来，多少旅程中唯知轧闹忙的人来游苏州园林，往往看了几个就感到差不多，认为都是老一套，但在行家里手的陈先生看来，却差得很多，他不但发现了园园殊致，而且要言不烦，一语点出拙政、环秀、留园独特的美。此外，其《苏州网师园》赞该园为"苏州园林之小园极则""以少胜多的典范"。此评也是一锤定音，广为识者所援引。《苏州沧浪亭》一文则如此描述这个面水的古园："古树芳樨，高树长廊，未入园而隔水迎人""园林苍古，在于树老石拙……而堂轩无藻饰，石径斜廊皆出丛竹、蕉荫之间，高洁无一点金粉气"。以风格美学的鉴赏视角切入，拈出"苍古"二字，也就是揭出了沧浪亭的独特个性，陈文句句围绕此二字而展开，识见高卓，言辞典雅，堪称确评。

《三山五泉话镇江》一文析镇江的风景名胜，通过比较以求区别："三山景色之美，各有

千秋：焦山以朴茂胜，山包寺；金山以秀丽胜，寺包山；北固山以险峻胜，寺镇山。"这是对镇江三山之美的高度提炼，三句话更精准凝练，达到了一字不可易的程度，可谓片言明百意，堪视作浓缩了的经典镇江游览指南。

陈文泛论园林，不仅形式上与众不同，而且内容上颇多令人心折的高论，不妨从其代表作《说园》五篇中各选一则以见一斑：

山贵有脉，水贵有源，脉源贯通，全园生动。（《说园》）

小园树宜多落叶，以疏植之，取其空透；大园树宜适当补常绿，则旷处有物。此为以疏补塞，以密补旷之法。落叶树能见四季，常绿树能守岁寒，北国早寒，故多植松柏。（《续说园》）

江南园林叠山，每以粉墙衬托，益觉山石紧凑峥嵘，此粉墙画本也。若墙不存则如一丘乱石……（《说园（三）》）

园林与建筑之空间，隔则深，畅则浅，斯理甚明，故假山、廊、桥、花墙、屏、幕、槅扇、书架、博古架等皆起隔之作用。（《说园（四）》）

钟情山水，知己泉石，其审美与感受之不同，实与文化修养有关。故我重申不能品园，不能游园；不能游园，不能造园。（《说园（五）》）

第一则，四句短语，语语皆至理，揭示了园林中山水构成的要谛，或者说，是归纳出园林意境生成的"气脉连贯律"；第二则，概括了大园、小园不同的花木配置要求，"以疏补塞，以密补旷"八字，思致周密，臻于哲理的高度，然而无不是从江南、北国的造园实践中来，至于落叶见四季，常绿守岁寒，更不只是阐前人之所已发，而且是扩前人之所未发；第三则，揭示了叠山与粉墙的主、衬关系，前者有了后者，则能对待互生而增值；第四则，阐释了"隔"的功能，我在《中国园林美学》里归纳园林意境生成的"亏蔽景深律"，即引其为重要的书证；第五则，说明了园林审美离不开主体的一往情深——引山水泉石为知己，这和计成《园冶》中的"深意图画，余情丘壑"一样，均指出了审美活动中主客体二者的须臾不可离。以上五条，虽从不同视角出发，但无不体现了陈先生的独见之明。

还应指出，以上识见，或隐或显地体现为辩证思维的积极成果，如疏与密、隔与不隔、主体与客体……正因为如此，故其论特有深度。《说园（三）》还明确说："静中见动，动中寓静，极辩证之理于造园览景之中"。这可看作是夫子自道。这类辩证互补的思维，大量散见于陈先生《说园》诸篇：

画家讲画树，要无一笔不曲，斯理至当，曲桥、曲径、曲廊，本来在交通意义上，是由一点到另一点而设置的。园林中两侧都有风景，随直曲折一下，使行者左右顾盼有景，信步其间使距程延长，趣味加深。由此可见，曲本直生，重在曲折有度……（《说园》）

白色非色，而色自生；池水无色，而色最丰。色中求色，不如无色中求色。故园林当于无景处求景，无声处求声……（《续说园》）

假假真真，假假真真。《红楼梦》大观园假中有真，真中有假……有作者曾见之实物，又参有作者之虚构。其所以迷惑读者正在此。故假山如真方妙，真山似

假便奇……造园之道，要在能"悟"。(《说园(三)》)

第一则论曲与直。曲径能使游人"左右顾盼有景"云云，是指出了它能有效地拓展园林的有限空间，而"曲折有度"的提醒，更有助于造园家对"度"的把握，从而避免路径过直或过曲之弊，这与清人刘熙载的"直而有曲致，曲而有直体"(《艺概·书概》)属同一哲理。

第二则，论有色与无色乃至有声与无声的辩证之理，这更适用于粉墙黛瓦的江南文人园林，但也普泛地适用于北国皇家园林，又通于《老子》中的"有无相生"(二章)、"大象无形"(四十一章)的渊深论述，还契合于白居易《琵琶行》中的"此时无声胜有声"的形象描写。

第三则，是拈出了园林中真与假这对相反相成的重要范畴。其《园林清议》还进而说："有时假的比真的好，所以要假中有真，真中有假，假假真真，方入妙境。园林是捉弄人的，有真景，有虚景……因此，我题《红楼梦》的大观园，'红楼一梦真中假，大观园虚假幻真'之句，这样的园林含蓄不尽，能引人遐思。"这都是从本质上阐发了艺术与现实的美学关系，指出"假山如真""真山似假"，风景园林就能臻于奇妙之境。"造园之道，要在能'悟'"一句，更具普遍性，是对一切艺术创造和审美品赏的最好启导，再看陈文中，种种精湛的感言悟语在可见，于是倍增其文的含金量。

文学艺术的融通，如珠似玉的语言

陈从周先生卓然成家，著作等身，同时也得力于他在众多艺术领域里涉猎多，造诣深，交游广，从而博综之，融通之。王栖霞(西野)在《〈园林谈丛〉跋》中说："我友陈从周教授，治古建园林之学久。其早年从事文史，研习绘画，对人物、山水、花鸟，各有高深造诣。中年以后，所绘兰竹，意多于笔，趣多于法，自出机杼，脱尽前人窠臼。以词境画意相参，探求园林技法……(其文)就笔墨言，清新隽逸，如记游小品；引景抒情，如无韵诗篇……"密友的知音之言，言之不虚！试翻开陈先生的《书带集》(图3)，一连串文题即琳琅满目地映入眼帘：《蜀道连云别梦长——忆张大千师》《记徐志摩》《往事迷风絮——怀叶恭绰先生》《马叙伦先生论书法》《〈姚承祖营造法原图〉序》《〈长物志·注释〉序》《〈杨宝森唱腔选〉序》《跋唐云竹卷》《园林美与昆曲美》……真是门类众多，内容丰繁，体裁不一，几乎是一篇一个领域，一篇一种写法。

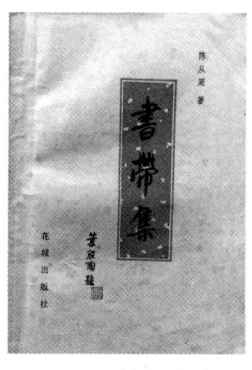

图3　陈从周著《书带集》扉页书影（花城出版社 1982 年版）

陈先生《说园（三）》有一句众艺相通的悟语："造园之理，与一切艺术，无不息息相通。"对此，陈文的论述甚多，略掇拾如下：

> 古代造园多封闭，以有限面积，造无限空间……以少胜多，须概括、提炼。曾记一戏台联："三五步，行遍天下；六七人，雄会万师。"演剧如此，造园亦然。（《续说园》）

> 恽寿平云："元人园亭小景，只用树石坡池随意点置以亭台篱径，映带曲折，天趣萧闲，使人游赏无尽。"此数语可供研究元代园林布局之旁征，故余曾云，不知中国画理，无以言中国园林。（《梓室谈美》）

> 联对、匾额，在中国园林中，正如人之有须眉，为不能少的一件重要点缀品。苏州又为人文荟萃之地，当时园林建造复有文人画家的参与，用人工构成诗情画意……因此山林岩壑，一亭一榭，莫不用文学上极典雅美丽而适当的辞句来形容它，使游者入其地，览景而生情文……（《苏州园林概述》）

> 造园综合性科学也。且包含哲理，观万变于其中……晦明风雨，又皆能促使景物变化无穷……（《说园（五）》）

第一则，以造园与演剧的类比悟入，推出"以有限面积，造无限空间"的园林美学原理，令人服膺；第二则，引出清人恽寿平一段画论，不但以绘画证园史，而且推出"不知中国画理，无以言中国园林"的不易之论；第三则，指出堂构的匾额、对联，是文学参与园林建构的重要方式，拙政园的远香堂、听雨轩，就撷自《爱莲说》"香远益清"之文句和李商隐"留得枯荷听雨声"之诗句，它们典雅美丽而适当，足以使游人"览景而生情文"，从而意兴无穷；第四则，造园又综合了科学、哲学，并寓千变万化的天时于其中……综而述之，戏曲、绘画、文学乃至科学、哲学，这些不同的门类、学科，或者与园林异质而同构，可以互参，或者是直接加入，并指导园林的创造与欣赏，足见它们之间无不息息相通。

陈先生论园善于修辞，巧于以诗文绘画取譬设喻，从而启人智慧发人联想。这些片段，可谓累累然妙语如珠，读来不禁让人拍案叫绝！如：

> 园之佳者如诗之绝句，词之小令，皆以少胜多，有不尽之意，寥寥几句，弦外之音犹绕梁间。（《说园》）

> 中国园林的树木栽植……要具有画意。窗外花树一角，即折枝尺幅；山间古树三五，幽篁一丛，乃模拟枯木竹石图。（《说园》）

> 看山如玩册页，游山如展手卷；一在景之突出，一在景之联续。所谓静动不同，情趣因异，要之必有我在，所谓"我见青山多妩媚，料青山见我应如是"。（《说园（三）》）

> 恽寿平论画又云："潇洒风流谓之韵，尽变穷奇谓之趣。"不独画然，造园置景，亦可互参……韵乃自书卷中得来，趣必从个性中表现。（《说园（四）》）

一段段短文，均不过数十字，握管下笔，或明喻，或隐喻，或拟人，或排偶，或引用，无不是信手拈来，十分妥帖，真可谓自然天成、妙手偶得，给人以隽永不尽的美感。最后一则，还点出了"韵""趣"的由来，前者从"读万卷书"中来，后者则从主体聪慧潇洒的个性中来，对照以上一则则、一段段，无不是由"韵"与"趣"二者交响互渗而成。再看《烟花过了上扬州》中的一段妙文：

> 游罢瘦西湖，舍舟登岸，缓步到了小金山的"月观"，望"四桥烟雨"，我已由动观的游境，到了静观的小休，我们啜着香茗，那竹影兰香，与窗外鸟语桨声，在一抹斜阳的返照中，室内现出香。影，光，声的变幻，神秘极了。贝多芬创作那举世闻名的《月光曲》，亦正是记下了在那微妙的瞬息间，可惜我的拙笔，又怎能描绘她呢。

文中的"动观""静观"是理论，但其行文命笔却葩采齐发、情韵欲流，最突出的是将作为审美主体的自己融和了进去，情与景会，景与情合，故而潇洒风流，韵趣横溢。

陈先生第一本文集——《园林谈丛》，是 1980 年由上海文化出版社出版的；1999 年，该社又给他出了一本《园韵》（图4），分为"说园述要""名园鉴赏""观园心悟""旅中景语""园史拾粹"五个栏目，这对陈从周先生一生所撰良金美玉般的文章来说，其分类大体上可说是比较恰当，而书名的这个"韵"字，则可谓精准之极！这些美文，借用王西野先生语而推导之，确乎是有形之哲思，"无韵之诗篇"。

图 4　陈从周著《园韵》（上海文化出版社 1999 年版）

注 1：诔：lěi，哀悼死者的一种文体，主要列举死者的德行，即今之致悼辞。

（本文作者金学智，教授，中国园林美学专家，苏州市风景园林学会顾问，首届苏州风景园林终身成就奖获得者。苏州市风景园林学会第八届理事会顾问。此文原载于《苏州园林》2018 年第 4 期）

陈从周与苏州园林

苏园子

陈从周与苏州园林有着太多太多的故事，至今回忆起来，依然感人至深。

园林情结

陈从周的名字在中国园林界可以说是众所周知。然而，他并不像其他大专家是"园林科班"出身，他是以自己的聪明才智和好学精神，从文学历史而跨界，由爱好而入道，抓住了二十世纪四五十年代在苏州教授古建筑时的机遇，开始对苏州的古典园林和古建筑、古街坊进行调查研究，从此一发不可收，最终以其硕硕成果，成为享誉国内外的园林大家。在整整半个世纪里，他为宣传、保护、修复和管理苏州园林做了大量的工作，可以说他对苏州园林倾注了所有的爱慕之情，也因此与她结下了不解情缘。

陈从周先生的生平，说来有点传奇和神秘的色彩。1934年，他毕业于杭州之江大学文学系中国语文学科，先后在杭州省立高级中学、上海圣约翰附属高级中学任国文、历史教员，后合并入同济大学（图1）。在此期间，他因爱好古建筑，自学梁思成的《清式营造则例》。1950年，在苏州美术专科学校讲授中国美术史，不久又因苏南工业专科学校之邀兼授中国建筑史（图2）。该校是苏州历史上创办最早的一所工业学校，又有名学者教授，培养了大批工程人才，正是在这里他结识了著名古建筑专家刘敦桢。1953年，他随刘教授去曲阜考察孔府、孔庙，又受江苏、浙江文管会之邀，对连云港、苏州虎丘塔、双塔，以及浙中古越的古建筑、古遗址进行考察。那时，他的课是周六上午，每周五晚他从上海来苏州，住在观前街九胜巷的远东饭店。周六下午及星期天的上课之余，就考察调查一个个古园林和古建筑。逐渐地，越来越迷恋于园林，并深深地陶醉其中。

1956年，他先声夺人，出版了他自认为正式写成的第一本书——《苏州园林》，这是我国当代较早出版的有关园林专著。以后又陆续出版了《苏州旧住宅参考图录》《漏窗》等，在中国园林界声誉鹊起，但这倒是掩盖了他在文学、绘画方面的特长。然而正是这些特长，使他在园林

图1 陈从周与张大千（1948年）

图2 20世纪50年代时的陈从周

的研究方面独具慧眼，成就瞩目，东瀛称其为"中国园林第一人"。

中华人民共和国成立初期，人民政府拨款修复了一些艺术价值较高的古典园林，并向人民群众开放。陈从周先生一直关注着整修的情况。1953年整修留园时，他认为"建设大山大池，树木本是慢的，植物一定要尽量保留"。当时留园内有不少古树，虽然许多建筑坍塌严重，但正是这些古树成了华东局、苏州市领导决心修复留园的主要依据。1958年，他呼吁抢救网师园，苏州市园林处报告市政府，得到批准后仅三个多月就修复了（图3）。竣工后邀请了陈先生来苏州看看网师园。陈先生看后，十分满意，给予充分肯定，并称其为"小园极则"，同时也指出了一些不足之处。同年，他听说苏州要拆城墙，用城砖砌小高炉，便和金经昌教授等人竭力想保住这座已有2500年的古城。此举在当时的形势下必定是没有效果的。之后，他十分惋惜那些古城墙。此前梁思成反对拆北京城墙，是年北京批判"中国营造学社"，梁思成作了检讨；而陈从周这个"中国营造学社"的外围分子，也因反对拆苏州城墙、出版《苏州园林》而遭到批判。然而，他心胸坦荡，今天，历史已经对这些往事作出了正确的结论。

图3　网师园月到风来亭修复中

陈从周先生对苏州园林情有独钟，只要有机会，他都愿意去走走看看，关心对它的保护和管理情况。党的十一届三中全会后，苏州加快了历史名园的修复工作（图4）。陈先生获悉要整修艺圃，就积极地为负责设计施工的陆宏仁工程师出谋划策。20世纪80年代初，他认为苏州曲园具有非同一般的文化含量，便联络叶圣陶等八位老先生联名提出修复晚清著名学者俞樾故居曲园的要求，这一要求得到了苏州市政府的重视，后曲园开始立项修复，并由他的高足、后任苏州市园林管理局副局长的邹宫伍负责，而依据就是他当年测绘和收入《苏州旧住宅参考图录》的图纸。1984年后，由苏州市区文管所负责二期工程的花园部分修复；1990年，他与著名版本目录家顾廷龙重游曲园，看后他感到"住宅部分总算修得差强人意，看了花园部分，令人惋然，与我50年代测绘时所见，面目全非了"。

图4　20世纪80年代，陈从周先生在研究古典园林

1991年初，他重游同里退思园，以前他誉退思园为"贴水园"，称其为"江南华厦，水乡名园"。游后认为，"华夏完整，园林如画，相配得很是可人、宜人，可惜园外有一座水塔，借景变成增丑，不知何日能够迁走呢？"值得欣慰的是，苏州市园林局在苏州古典园林申报世界文化遗产过程中，对园林的经营、展览活动、外环境进行了全面整顿、清理和规范，还园林历史原貌。退思园外的水塔，已于1999年拆除。苏州园林，最终没有让陈先生失望和遗憾。

陈先生以其研究中国园林和苏州园林方面的成就而显著，由他筹划、主持、设计修复的园林、古建筑遍布大江南北，成为中国当之无愧的一代园林巨擘。然而，令人遗憾的是，在他钟爱的苏州却没有留下能载入史册的作品和痕迹，只是有过一次与之擦肩而过的机会。

那是1976年的事。那一年，拙政园征得紧靠北面东侧围墙的9.8亩农田，拟作为拙政园东花园的扩展部分。当时市有关部门在苏州的规划设计部门广泛征求了意见和方案，并组织了一次研讨会，并把陈从周也请来了。陈先生经过思考，做出了一个可行性方案。但后因多方面的原因，扩建的设想被搁置一边。时至1987年、1988年，苏州市园林局常去上海陈先生的家登门请教。时任苏州市园林局副局长柏传儒表示了请陈先生做拙政园东花园改建的方案，以求得与中部花园风格的基本一致。陈先生不假思索一口答应，但同时提出了一个条件：设计、改造方案，一切由他说了算，不允许领导们划圈定调。这一点应该说是很重要、很关键的，但在当时环境下是很难做到的。回首往事，这件鲜为人知的轶闻，已成为苏州园林一个永久的遗憾。

文章千古

作为一位学者，陈从周先生早在20世纪50年代到苏州苏南工专兼职时就开始了对古典园林和老住宅的调查研究。或许是天意，那时，苏南工专的校址正好在宋代名园沧浪亭内。陈先生自己回忆道：

"……第二天清晨去沧浪亭该校上课。午梦初回，我信步园林，以笔记本、照相机、尺纸自随，真可说：'兴移无洒扫，随意坐莓苔'……次日煦日初照，叩门入园。直至午阴，嘉树清园，香茗佐点，小酌山间，那时游人稀少，任我盘桓……"（《帘青集》同济大学出版社）

从这段话中可以看出，陈先生那时不仅对园林怀有一股挚爱，并已自觉地承担起一个学者的责任，用自己的学识，对苏州的园林进行理论的研究，并将之汇集，传之后世。

就这样，陈先生利用在苏州兼课的时间，走街串巷，甚至是逐户逐户地调查，终于在20世纪50年代古建筑和园林还不被重视的时候，就出版了《苏州旧住宅》《苏州园林》两本书。这两本书对苏州的旧住宅和园林作了详细的记载，特别是在论述苏州老宅和园林时，对它们的文化风貌和历史内涵尤为注重。六十多年过去了，当年的著作，现已成了可贵的历史资料。今天，当园林、老住宅重新被视作是我们先人的杰出创造时，当人们对自己曾经走过的历史路程重新珍视时，被破坏的历史遗存又一一显现起来。回头看看陈先生的两本著作——有识之士六十年前就已真正地认识了它们的价值了，而今，这两本著作已成了苏州园林、老宅修复工作的经典参考书。

改革开放后，陈先生厚积薄发，不，应该说是厚积喷发，数十年来积累的对园林艺术的热爱，对传统文化的挚爱，使先生一鼓作气地写了《园林谈丛》《说园》《中国园林》《书带集》《春苔集》《随宜集》《世缘集》《梓室余墨》等，并主编了《中国厅堂·江南篇》《世界文化遗产·苏州古典园林》等大型图书。《园林谈丛》《说园》等著作早已成了中国家喻户晓的园林专著，苏州的园林工作者也都在这些书中获益匪浅。其中《中国厅堂·江南篇》（获国家图书奖）、《世界文化遗产·苏州古典园林》（获江苏省"五个一工程"奖）两本大型画册的编辑是直接或大部分在苏州进行的。

《中国厅堂·江南篇》是陈先生继《中国民居》成功出版后，与几位挚友研究后出的又一重要选题，由上海画报出版社担纲出版。由陈先生亲自担任主编，时任苏州市园林管理局副局长的邹宫伍和同济大学路秉杰教授担任副主编。此时，陈先生已经常性地卧床休养，他对画册的编辑意见常由他多年的挚友金宝源先生及路秉杰教授转授。工作一开始他就明确，中国厅堂重点在苏州园林，只要把苏州园林厅堂拍好编好，画册的半壁江山就竖起来了。之后，编辑人员严格地遵守这条意见，扎扎实实地"蹲"在苏州的各个园林中，从早春一直到飘着雪花的冬天，数不清他们到苏州园林来了多少次。

画册主编的知名度和严谨的编辑方案引起了各方面的注意，经典性的图片和丰富的资料被香港三联出版社看中，最后，由香港三联和上海画报社共同成功地在沪、苏、港同时发行。令人悲喜交加的是，陈先生的得意门生和多年的工作伙伴邹宫伍未及画册出版就因病逝世了。据说，陈先生后来始终没有提起过邹宫伍，有人说，曾看到陈先生在听到他人谈起邹宫伍时淌泪了。他心里明白，他不愿意听到自己的学生先他而去的消息，但背着人，这位曾经是多么开朗、坦荡的老人却在默默地怀念着与他一样痴迷于苏州园林的同道后辈。

1999年，苏州古典园林已被列为世界文化遗产。联合国专家说，苏州有这么多的园林，应该把它们一并都列进遗产名录。一句话，苏州园林人备感任重道远，在进一步展开对其他园林整治的同时，决定与苏州古吴轩出版社合作，出版一本大型图书《世界文化遗产·苏州古典园林》。谁担当主编呢？编辑小组的眼光一致投向了陈从周与罗哲文。罗老接到邀请，一口答应；可陈先生此时已是重病在床。最后，苏州园林人请金宝源先生向陈先生转达了这个愿望。陈先生答应了！原因可能只有一个——他太爱园林了，可以说，他生命的相当一部分是与园林紧紧地连在一起的（图5）。

图5 苏州市园林局派代表周苏宁（左一）、周峥（左三）、会同同济大学教授路秉杰（左二）、中国摄影大师金宝源（左四）看望陈从周（摄于2000年）

那是一个下着倾盆大雨的初夏。古吴轩出版社的领导和苏州园林人一起冒雨来到陈先生的病榻前。看到苏州人来看他，陈先生伸出了他那瘦弱的手，古吴轩出版社的领导将聘书递送到他的手中，他高兴地露出了久违的笑容。其时，陈先生已不能再亲自为心爱的苏州园林写下一字一笔，由他的挚友金宝源先生亲自为图书选片、看稿，编辑小组又在他的著作中精选了《中国诗文与中国园林艺术》中的一段文字作为画册的序言。这篇文章虽然早已为读者所熟稔，但置于图书之首，仍给人画龙点睛之感：

……中国园林，名之为"文人园"，它是饶有书卷气的园林艺术。所谓"诗中有画，画中有诗"，这就是中国造园的主导思想。

在这篇不足千字的短文中，陈先生提到了众多的苏州名园：

……我曾以宋词喻苏州诸园：网师园如晏小山词，清新不落俗套；留园如吴梦窗词，七室楼台，折下不成片段；而拙政园中部，空灵处如闲云野鹤，去来无踪，则姜白石之流了；沧浪亭有若宋诗；怡园仿佛清词，皆能从其境界中揣摩得之……

短文对苏州园林的深层理解和极贴切高雅的比喻，令人叹为观止；字里行间流露出的对苏州园林的一片深情，令人唏嘘不已。这段文字后被众多的园林著作引用，由此也可见陈先生对园林的见解已广泛地被学界接受。

还是1999年，苏州有线电视台与苏州市园林局联合摄制电视系列片《苏园六纪》，总导演是著名的刘郎先生。刘郎先生为了拍好这部片子，反复研读苏州园林浩瀚文献，对陈从周更是投以倾慕，他说片子里不能没有陈从周先生。于是，苏州园林人及其摄制组成员又一次来到了同济校园，准备拍摄陈先生。正是酷暑之时，但陈先生的精神却出奇地好，原来就在我们来的前天，贝聿铭先生前来探望过陈先生。这次，陈先生能坐在藤椅上，意识也很清晰。但不能久坐，过一会儿头就搭下了。摄制组尽力拍摄了一组镜头，但制作时，总编导刘郎看到镜头中的陈先生脸色苍白，说："实在不忍心让人们看病中的陈先生"，最后忍痛割爱，将这组镜头删去了。这部电视片赢得了中国电视星光奖一等奖的殊荣。在片中，我们不仅能看到包括陈先生在内的老一辈园林艺术家早年独到的园林见解在新时期的弘扬，还能看到陈先生几乎等身的园林著作，看到路秉杰教授对陈先生园林理论的阐发……略为熟悉园林的人都会隐约看到陈从周先生的身影。

述古还今

1978年以后，陈从周先生总爱用"晓色云开，春随人意"这两句古词来抒写心怀，对苏州园林柔情未了，至老钟情。他自称是发挥余热，其实，他始终口传笔书，身体力行，为园林这一文化瑰宝呕心沥血。

苏州园林能够走出国门，以至于20世纪末在世界范围内掀起一阵又一阵的造园热，直到进入联合国教科文组织的《世界遗产名录》，是凝聚了许许多多专家学者和保护管理工作者的心血。其中，苏州人不会忘记，陈先生为中国第一个整体园林出口项目"明轩"而倾注的心血。美国纽约大都会艺术博物馆收藏着一批中国明代的书画和家具，为了增强这些文物的展出效果，美国的文物博物家们一直苦苦地寻求一种完美的方式。1977年冬，美国博物馆代表团首次来华访问，大都会艺术博物馆的特别事务顾问、普林斯顿大学东方美术系主任方闻教授在锦江饭店与陈先生会面，当方闻先生刚说明来意时，陈先生就脱口而出，"这好办，造个园林！"并给予具体建议。立即得到了方先生的赞同，原来，大都会艺术博物馆的董事、出资人阿斯特夫人也曾有在纽约造一个中国园的夙愿。经过美方在中国多地考察，最后，决定以网师园的殿春簃为蓝本设计。

这里附带说几句。纽约的中国庭院是造在博物馆二楼的平台上，面积是400多平方米，正好与殿春簃面积相仿；殿春簃虽小，但有山、水、屋、廊和亭台，中国园林的各要素都具备；还有一个，陈先生后来在评价时说，"编新不如述古"，如果凭空设计，按当时国内惯例，等商量起方案，初步设计，评论探讨，修改后又如此轮回一次，不知要弄到什么时候。殿春簃小巧玲珑，却是古人留给我们的园林珍品，沉淀的文化很深厚，是理想的蓝本，以此设计建造，较容易得到各方面的认可。

其实，陈先生看似举重若轻的评说，来源于多年的苦心积累，多年的思考总结，来源于对苏州园林烂熟于心，以至于一切是那么顺理成章。经国家有关部门批准，中美双方最后商定，以苏州网师园的园中园——殿春簃为蓝本，完全按苏州园林的风格，建造成一处独立的庭院，并起名"明轩"。

在国家建委城建总局的直接领导下，由当时的苏州市园林管理处为主成立了工程班子，陈先生担任技术顾问。1978年11月，陈先生与园林管理处领导和工程技术人员携带模型赴纽约进一步确定方案，"明轩"的设计图纸和模型得到了美国大都会博物馆方面和阿斯特夫人的好评。12月，合同正式签订，此后，在国内制作同比例的实样。1979年5月，在中美正式建立外交关系不久，阿斯特夫人亲访苏州，观赏了"明轩"实样。次年5月，"明轩"在纽约大都会艺术博物馆正式落成。

"明轩"是以苏州园林为代表的中国古典园林第一次以整体形象出现在西方世界,而且进入了文化艺术的殿堂。它的成功开创了中国园林史上辉煌的一页。今天,在五大洲已经有许许多多的中国园林落成,可以说,在这一页的显著位置上,将永远留下陈从周的名字。

除了将苏州园林推向世界舞台,苏州人不会忘记,陈先生为保护园林而发出的广博精辟的见解和付出的殚精竭力的努力。

那是在百废俱兴的20世纪80年代,环秀山庄和艺圃的修复工作先后被提上议事日程。陈先生对环秀山庄一向酷爱有加,他语破惊天:"造园者不见此山,正如学诗者未见李杜。"环秀山庄除了假山基本维持原状外,其余的建筑多年来都已经毁坏,有的甚至只剩了基础。所幸童寯先生和刘敦桢先生分别于20世纪30年代、50年代进行过详细的测绘,拍摄过大量的照片,也有一些旧资料、老照片可供参考,但一些细部仍需重新设计。担任设计项目的是毕业于同济大学的高工陆宏仁。回忆起陈先生对修复环秀山庄的贡献,陆宏仁眼圈红了:陆宏仁也是科班出身,对陈先生十分崇敬,虽然没有亲耳聆听过陈先生的课,但仍恭敬地执弟子礼。环秀山庄的修复图纸,他几乎每张都要请先生过目。对当时修复时发生的事,至今陆宏仁记忆犹新,如按早先的资料,边楼外侧开有一排空窗,陆宏仁设计成传统的半窗。陈先生却说,半窗以竖线条为主,这不好,在视觉上与大假山不协调,会造成山势变矮,最好改成和合窗,横线条,有延伸感。最后,按他的建议重新修改,果真观赏效果协调了许多。环秀山庄修复后,陈先生还专门为其撰写了长联"流水曲桥通,帘卷风前,山翠环来花竹秀;涵雪高阁起,遥闻月下,灯红留向画阁看"。不仅将环秀山庄的山、水、桥、楼细细描述,还写出了山庄的意境,真是,不是爱园人,哪有此真情。之后,陈先生又四处奔走,向社会各界推介环秀山庄。1988年,在他和一批文化前辈的推介下,环秀山庄终于以"独步江南"的声誉升级为"全国重点文物保护单位"。

艺圃的修复,也有着相似的情况。该园是明代苏州文震亨的园林,清初著名画家王石谷有艺圃图传世,图上的园景与当代状况有很大不同,主要是水池面积比目前要大得多,临水建筑前面有平台,水中有岛,岛上建亭。所以,在讨论修复方案时,有一种意见认为,园中水榭跨度之大在苏州园林中绝无仅有,但平直的线条很单调,应该把它往后退缩,前面建造临水石平台,这样,更接近艺圃的历史旧貌。更多的人不同意这种做法,因为修旧不是新建,艺圃虽历经修缮,但基本风格没有改变,不应随意在结构上按当代人的理解调整,况且文人画本身往往带有一定的写意性,不具备建筑修复工程上的科学性。陈先生看了陆宏仁的图纸后说,修园不是改园,假古董是没有说服力的。他还反复询问,园西侧的响月廊那么直,浴鸥小院的墙那么高,是不是原来就这样的。总之,他告诫修复者要力求以"旧"为主。

艺圃修复了,这应该是件大好事,但陈先生还有不满意的地方,他说,艺圃好就好在始终与宅园连在一起,光修园不修宅,不算全面修复!苏州园林人一直记着、努力着,十多年后,2001年,终于全面修复了艺圃住宅,恢复了宅园一体的历史风貌。

环秀山庄的设计,获得了江苏省城建系统优秀园林设计一等奖、苏州市优秀设计一等奖,艺圃修复工程则获得了国家建设部设计和修复三等奖、江苏省优秀设计奖。如今,这两处园林都已列入《世界遗产名录》。

1985年,陈先生受聘担任苏州古典园林建筑公司的顾问,他欣然为公司题写了"述古还今"四个大字(图6),要求继承和发扬并重,他认为继承与革新两者并不矛盾,没有继承,何言革新。他始终关心着古建公司的成长发展,关注着传统的古建技艺能否后继有人。他说,古建筑工作者的最大责任,是保护古建筑,修理古建筑,切不可改行去搞假古董。尽管在他的晚年,由于身体的原因,行动很不方便,几次想来苏州,都未能如愿。但公司领导每次去探望他,他总是问长问短。可以告慰先生的是,经过二十年来的锤炼,古建公司始终继承苏州造园修园的真传,以传统的技艺为国家赢得了一项又一项荣誉。

图6　陈从周题字

昆曲知音

作为园林艺术家的陈从周先生,不仅能诗善画,而且拍曲儒雅,是一位很传统的知识分子。他与苏州园林结下了不解之缘,也与苏州的昆曲难分难解。昆曲和园林,清幽淡雅,表现了中华民族传统文化的精致和优美,两者都产生于苏州,其艺术意境有着几乎是"同根生"的血缘关系。在这样的艺术环境中,古代一些士大夫既通曲,又懂园,集戏曲造园于一身,如清代的李渔。陈先生继承了这个传统,成为当代精通昆曲的园林艺术家。

众所周知,陈先生是位昆曲迷。20世纪50年代他在苏州教书、研究之余,只要有机会总要去听听昆曲。后来,由于工作关系,再后来由于身体欠佳,他到苏州的次数越来越少,但他对昆曲的兴趣依然,当然大多是在上海的园林里拍曲了。但即便如此,他仍魂系苏州,每每论及园林与昆曲,便情不自禁地举出了苏州园林和昆曲的例子。而平日谈话,说起苏州园林与昆曲,更是如数家珍,其意其情,溢于言表,充满了痴情。

在赏心悦目的园林中听曲,他确实很忘情,很投入。熟悉陈先生的人都知道,他酒量不大,却嗜黄酒,更喜问酒拍曲,他不止一次地说:"在园林里面,喝喝黄酒,听听昆曲,乃人生一大清福也!"陈先生曾毫不掩饰地写道:"老实说,我爱好园林,是在园中听曲,勾起了我的深情的……"(《园韵》229页,上海文艺出版社1999年版)。可见昆曲对陈先生这位园林艺术家的影响有多深!

20世纪60年代，昆曲大师俞振飞有感于自己童年在苏州拙政园完成昆曲启蒙的艺术实践，特邀陈从周先生给上海戏剧学校昆剧班的学生讲古典园林艺术。陈先生心领神会，把"园境与曲境"说得惟妙惟肖，如"曲师知园，园师懂曲，园中拍曲，曲中寓园"，真是生动而奇妙！他更强调要学生到苏州园林中去体味古典戏剧的意境之美，去感受"游园""惊梦"中一招一式的艺术源泉。在陈先生看来，不身临苏州园林境界，不懂古典园林的意境美，是唱不好昆曲的。

陈先生还要求建筑系的学生去听昆曲，这可谓是中国高校建筑专业的独创了。而陈先生看来，在昆曲中进行艺术沐浴，能提高艺术修养水平，提高对园林设计的理解。陈先生把昆曲作为建筑系专业学习的辅导课，园林研究生的必修课，相当于现在的素质教育，可谓用意深远。那时，"崩嚓嚓"风靡一时，流行歌曲漫天飞，昆曲很受冷落，陈先生为了让学生去熏陶熏陶昆曲艺术，一次又一次地自掏腰包买票恳请学生去听昆曲。据陈先生的研究生、十三弟子之一的现任苏州科技大学（原苏州城建环保学院）建筑系副教授雍振华说："当年，陈先生为了鼓励学生去听昆曲，自己买了票送给学生，让学生去感受什么是艺术意境。现在想来，先生真是用心良苦！我们这些搞建筑的那点艺术细胞，确实有点昆曲的韵味，受益匪浅。"

1986年，陈先生陪同世界建筑大师贝聿铭游览苏州园林时，在狮子林安排了一次观赏昆曲活动（图7）。贝聿铭是"昆曲门第"出身，其叔祖贝晋眉先生是昆曲大师，曾向"传"字辈艺人传授技艺。因此，贝聿铭亦深通曲道，虽在国外几十年，拍曲的雅好始终不减。一场小型的昆曲表演，倾泻了贝大师多年积聚的雅兴。共同的雅趣，使一位世界建筑大师与一位中国园林艺术家的深厚友谊更有了一种默契，有了更亲密的往来。

图7　20世纪80年代初，与贝聿铭先生合影

在这次听曲活动中，陈先生听说原先实力很强的苏昆剧团，经费难以为继，很多演员改了行，剧团已是"风雨飘摇"，他难以抑制胸中忧郁，生发出抢救昆曲的强烈之心，当场就向作陪的苏州市领导大声疾呼"救救昆曲"。他为此还忧心忡忡地撰文说："园林、刺绣、昆曲应该算是苏州三宝，它们有着内在联系。说也可怜，如今苏州从事昆曲的专业人员，

大部分转业了……快临灭亡的危境。"那时,"文化大革命"虽然已经结束,但有些人还习惯用极左的眼光看待昆曲,对陈先生的行为很不以为然,因此,与其说陈先生是一位名副其实的昆曲知音,不如更准确地说陈先生是一位昆曲艺术的忠实保护者。他像保护苏州园林一样,不断地为抢救昆曲而奔走呼吁。

"事贵寻源"。陈先生更多的是以一个学者的眼光欣赏苏州园林和昆曲,在欣赏昆曲中研究园林,在研究园林时品味昆曲,从它们的文化渊源、艺术特征、表现形式,找出它们的内在关系和艺术共性,最后概括出"园境即曲境"之说,将这两种精雅艺术比喻为中国传统文化宝库中的"姐妹花",并在他那篇写于1981年的《园林美与昆曲美》一文中预言:"如今国外自'明轩'建成后,掀起了中国园林热,我想很可能昆曲热,不久也便会到来的。"

二十年后,历史果真应验了先生的预言。发源于苏州被称为百戏之母的昆曲,继苏州古典园林列入《世界遗产名录》后,于2001年5月被联合国教科文组织选入《人类口述和无形遗产代表作》。消息公布不久,《苏州日报》在9月19日的"园林专版"上,全文转发了陈先生的名篇《园林美与昆曲美》,还配了编者的话。这篇以苏州园林与昆曲为论据的美文一经刊出,立刻引起了苏州读者的极大兴趣和由衷的赞叹。他们在为"双遗产"感到骄傲的时候,重温陈先生关于"园境即曲境"的论说、"昆曲热"的预言,深为先生的卓越学识而钦佩。是啊,先生为后人留下了仅止是一篇美文一句哲言,而是一把打开文化宝库的金钥匙!

君子之"骂"

来自内行的"骂",是尖锐的批评,也是珍贵的指点,无形中促成了苏州园林的保护。

陈从周先生早年因研究古建筑而身浸姑苏,便与苏州园林结下不解之缘。后虽沧桑巨变,但他对苏州园林的柔情之梦依旧,时时牵挂。因此,身在上海,心在苏州,每年总要来几次,旧地重游。然而,在20世纪80年代,对"一生最爱园林与昆曲"的陈从周先生来说,每次来苏州几乎都会留下几多"骂声",这让很多人费解。

他喜欢在园林里面指手画脚,快人快语,从不掩饰,好的一般也不表扬,不好的却不留情面地坚决批评。例如,他看到古典园林的维修不按传统法式和规则操作,他毫不客气地说:"不懂园林的人,不要乱指挥,更不要乱动园林的一草一木,否则弄得面目全非,有玷祖宗,贻误子孙!"又如,他看到园林的匾额楹联不甚合格,他嗤之以鼻,毫不客气:"文不文,诗不诗,都这种水平,长此下去,苏州园林的诗情画意就荡然无存了!"这些话真是很刺激人!许多人也许会觉得奇怪,一个痴迷园林的专家,为什么总是骂声不休?以致弄得当时一些人对他敬而远之!

20世纪80年代,改革开放之初,园林的管理与现在有很大的不同。那时刚刚从"文华大革命"阴影中走出来的古典园林,一下子迎来了禁锢后的第一次旅游热,园林成为来苏旅游者首选甚至是唯一的旅游项目,冷清了许多年的园林一下热闹起来。不仅游客络绎不绝,各种商家也纷至沓来。一时间,园林里的许多厅堂轩榭都开起了小商店,特别是几个热点园林,如拙政园、留园、狮子林、虎丘的外宾接待室也开起了手工艺商店;还有各种各样的展览活动、游艺活动,园林里到处都是张灯结彩,挂彩灯,立彩人,真是热闹非凡。

1986年,应苏州市政府之邀,陈从周陪同贝聿铭走访苏州,工作之余,两人散步于小巷、古园之间，小游小憩，体味着"寻园"的滋味。但他看到一些问题，心里就很不是滋味，忍不住就要批评。1988年秋，苏州园林局委托他审核即将开放的"苏州古典园林艺术陈列室"，他顺便考察了艺圃、环秀山庄、拙政园等处。回沪后一周，他在《解放日报》发表了《苏州园林今何在？》的文章，曰："苏州能有这样一个园林展览室，是可喜的，对中国文化起着很大的宣扬作用，园林局做了一件大好事，亦平添北寺塔公园一个游览区"，但接着就是批评："旧地重游的几处名园，古典园林里办游艺场，连拙政园外宾接待室，也开了手工艺商店，满园挂彩灯，立彩人，俗不可耐！苏州园林是秀雅的美人，乱添内容，弄得丑陋不堪，俗不可耐！是对传统文化的破坏！园林局不是商业局，园林不是商场，园林经商，是政府失职！这个问题应该提到日程上来。"这篇文章让他的好友、园林局顾问王西野先生和苏州市园林局领导很尴尬。

他也知道"别人不爱听"，但他改不了这脾性。

经济发展往往与园林文物保护发生矛盾。陈从周先生来苏州时总会对苏州的园林文物工作者说"有什么需要我为你们赤臂上阵的，尽管说。"苏州的同志诉说了诸多困难，他果然"赤臂上阵"，特别是对上一级领导不留情面。苏州的古城墙从20世纪50年代起就不断被拆，他曾多次对市里提出批评。

修缮孔庙，一位市领导想改变使用功能，他当场否决："这是孔庙，老祖宗住的地方能随便动吗？"弄得这位领导面红耳赤，下不了台。

修复环秀山庄，一位设计者把园门开在中间，被他看到了，毫不客气地说："这叫外行！不懂苏州园林！"一直争到把门开到边上，他才罢休。（江南传统宅门、园门有特别讲究——编者注）

修复曲园，他看到池塘的形状不合设计式样，立刻板起脸骂了一通负责修复工程的一位副局长。等他骂完，副局长低声对他说："我好歹也是个副局长，老师您给点面子嘛！"他回敬道："要面子就把园子修好，否则我就不给面子！"

对领导、工程师这样，对其他人也不留情面。一次，他在网师园听见一位导游在说："这个殿春簃就是移植到美国去的明轩蓝本，做这个工程的陈从周赚了我们苏州三百万美元呢！"他忍不住了，走上去更正："我就是陈从周！我一分美金也没拿过！"天下就有这么巧的事！

由于他爱批评人，一些人对他便敬而远之，一些事情也有意回避他。他事后知道了，也不计较，还很诚恳地解释"我无坏心，拳拳之意而已"。

其实，在那个刚刚开始走入商品经济的十几年中，他不仅对当时的苏州园林种种保护管理问题提出尖锐批评，对国内其他地方，如杭州西湖、扬州个园、北京颐和园等名园亦是如此，都留下了他的"骂声"。也正是在不留情面的诤言声中，古典园林的特色保留住了，保留越彻底的园林，其价值就越珍贵无穷，魅力永恒。（图8）当人们从历史、文化、艺术角度看到苏州古典园

图8 陈从周工笔花鸟作品（李秋君题）

林的世界遗产价值时,才恍然一惊:陈从周的句句诤言是他的拳拳之心啊!

如今,陈老先生已经仙去多年。回味他的"骂声",依然感到掷地有声,鞭辟入里,给人激灵,给人情谊。可惜,现在我们已经很少能够听到这种"骂声"了!也很少有人愿意挨"骂"了!

这不由让人想起"君子坦荡荡"的格言,为了苏州园林,我们多么需要这种君子之言啊!

陈从周先生丰富的学问和独到的智慧,早已深深地浸润进山水清嘉的苏州园林之中,时间愈是久远,就愈发显得珍贵。苏州、苏州园林人将永远铭记他留下的这笔丰厚文化遗产。

（此文初由周苏宁、周峥、沈亮等人撰写,
周苏宁、周峥统稿后刊登于《苏州园林》杂志 2003 年第 1 期。
此后周苏宁又撰写了《君子之言,掷地有声》一文,
刊登于《苏州园林》杂志 2008 年第 4 期。
值此陈从周诞辰 100 周年之际,苏园子特将两稿合并,
并作必要增删和修改,以飨读者,原载于《苏州园林》2018 年第 4 期）

终生教诲　传世珍宝
——忆陈从周先生

雍振华

  2018年11月27日，是著名的中国古建筑、园林艺术家陈从周先生100周年诞辰。因先生在古建筑与古典园林方面的非凡造诣，以及在社会上的影响，所以各地纷纷举行与之有关的纪念活动，以缅怀先生，研讨先生在为传统建筑、古典园林保护与发展方面所作的贡献。作为先生的入室弟子，在这样的时刻，当然也应该和大家分享一下从先生处获得的教诲与受益，以及自己时时的怀念（图1、图2）。

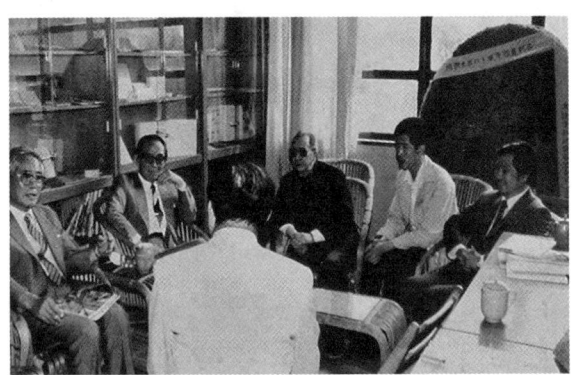

图1　陈从周先生与日本同行的交流（雍振华为翻译）

图2　陈从周、校领导、日本友人及昆曲界人士

（一）

我正式被先生收入门下，进入研究生学习阶段，正值先生的事业最为鼎盛的时期，不仅各地的园林建设与保护部门的人员常常会前来求教，甚至还有国外学者、专家的时时拜访，所以我们已不能像往届师兄那般经常面谒先生，聆听他的教诲。那时，我们与先生商定，大约两周到先生家中去一次，汇报学习进程、讨教学习中的困惑（图3）。

图3 研究生同学为陈从周先生70岁祝寿

但凡听过先生讲课的，都会留下他谈吐风趣、言辞幽默的印象。其实若能细细品味，其中除了先生拥有深厚的文化底蕴、广博的文史知识之外，还有对专业问题的细微观察与深刻的思考。之后与人谈起听先生的讲课，时常会告诉他们，听先生的课需要竖起耳朵，悉心辨识和思考，所说的每句话都在阐释要表达的主题，而非活跃气氛的手段。

譬如一次在讨论苏州园林的精美时，忽而将话题转到了餐饮之上。说是苏州菜肴之所以清淡，主要由于当地食材丰富。人们在品味时，希望感受到其本身的特点，发现与相似食材间细微的差异，这就需要将其他调味作料的添加量降低到最低限度。若一味地"浓油赤酱"，不仅难以品尝到食物的本身特点，甚至连是否新鲜也被掩盖了。如果只将这看作课间调节气氛似乎亦无不可，所说也十分精辟，堪称餐饮文化中的高见，但若能够用心，即会发现其实先生并未游离主题。因为苏州园林的精美确实呈现在其本真之上，仅以园林建筑上的窗棂来看，其图案纹样十分简洁，通常都仅用曲、直不同的小木条相互搭接而成，少数添加花结，用量也极少，点到为止。正是这样的处理，木条看面是否饱满、线脚是否挺拔也就显露无遗，在高超的匠人手中，简洁的窗棂显示的是一种精致与大气。反观其他地区一些传统建筑，窗棂满铺雕饰，其图案或许也非常优美，但其中即便有刀法的粗漏，也常常为整体的图案所掩盖。所以先生经常要我们牢记，园林并不仅仅是"工程"，它是一种文化，在中国文化的大背景下，园林与包括餐饮在内的所有中国文化都有一种若有若无的联系。

跟随先生的那段日子，和我们说得最多的是"做学问犹如小河里抓鱼，要将河水抽干，把小鱼小虾一网打尽。唯有如此，在学术上才有机会发声"。进入师门之前，自以为看了不少的书，但在入学面试时就将"性喜读书，不求甚解"的毛病暴露无遗。先生开始问了几

本该读的书，尚且能够大致应付，但当继续追问其中细节时，渐渐就难以应对了。心想可能没有希望了，所幸先生还是收了我。记得后来先生要我看看明人张岱的《夜航船》，不久在书店找到该书。的确，张岱在其中提到，即便是世间最浅显的学问，也须做深、做透，不能"只辨口头数十个名氏，便为博学才子矣"。自此，不仅在求学期间尽可能地大量阅读，到苏州工作后即便在古建筑或园林的考察中，也时时留意资料收集和整理。今天之所以能够对古建筑和园林形成自己的观点，应该也是与先生教诲之后逐渐养成的习惯有着密不可分的关系。

珍惜时光也是先生常常提到的话题。研究生阶段的学习，不会、也不该像中小学那样，时时由老师盯着来完成作业，导师的作用只是知道研究方法，传授研究经验，所以即便也开列书单，但能看多少、理解与否完全都要靠自觉，所以时间的把控就完全取决于个人了。正是先生这样的教诲，使自己开始摆脱各种诱惑，渐渐地养成大量阅读、刻苦钻研的习惯。

（二）

陈先生与园林结缘，始于苏州。

先生对于苏州有着深厚的感情。1950年，先生受聘于苏州美术专科学校，主讲中国美术史。同年秋，执教于圣约翰大学建筑系，讲授中国建筑史。次年受聘于之江大学建筑系，不久又应邀在苏南工业专科学校兼授中国建筑史。由于先生出生于书香门第，自幼受到良好的传统文化教育，又拜张大千先生学习书画，所以对于苏州园林及古建筑的理解会高于常人，往往形成自己的独到见解。在此期间结识古建筑专家刘敦桢先生，由此开始了古建筑的教学与研究，授课之余，先生开始了苏州古建筑与园林的考察与调查，也为苏州园林及古建筑的修复、保护提出过许多有益的意见，并陆续发表了其研究成果。从1953年在《文物参考资料》杂志上发表《吴县洞庭东山杨湾庙》之后，又有《漏窗》《窗修集录》《江浙砖刻选集》《苏州园林》以及《苏州旧住宅参考图录》等著述相继刊行，自此奠定了他在苏州园林及古建筑研究方面的地位。

当年苏州市对于园林修复十分重视，先生也曾积极参与，并提出了不少有益的建议。如1953年整修留园，陈先生认为，留园虽建筑坍塌严重，但仍存有不少古树，使园林格局基本完整，古树名木一定要保护，而建筑的修复为时不会太长。正是这些建议，促成了相关领导修复留园的决心。又如陈先生在考察时，看到了网师园的特色，但当时网师园已被单位占用，经其呼吁，苏州市园林处提出报告后很快获得批复，并开始了抢修工作。

20世纪60年代起，特殊的政治环境令苏州园林的保护与修葺工作中断，但就在疾风骤雨式的运动逐渐趋于停歇之时，先生的园林、古建筑研究又重新开始。先生不仅对大江南北的园林与古迹作了深入的调查，其寻访园林、古迹的足迹远达山东，甚至遥远的湘西，正因有了如此广泛的游历与深入考察，又结合了对传统文化的深入思考，以至在1976年开始先生在为上海园林界举办的讲座中，能够将园林、建筑融于中国传统文化之中，结合苏州及其他地区古典园林，阐述传统园林、古建筑艺术及其设计方法，用独到视角与精妙的文学语言讨论了"立意""组景""动观""静观""叠山理水""建筑栽植"等问题，不仅让聆听讲座者耳目一新，之后由同济大学结集出版，更是引发了社会强烈的反响，这就是专论我国古典园林的经典《说园》。之后，先生会常常前往苏州，对于园林的保护和管理提出自己的意见。

20世纪70年代后期，随着社会上对古典园林、传统建筑价值的重新认识，修缮活动逐渐频繁，艺圃整修期间陈先生曾为负责设计、施工的陆宏仁提出了不少建议。苏州曲园虽规模有限，但因其为晚清著名学者俞樾故居之故，文化意义非同一般，所以陈先生联络叶圣陶等8位老先生联名提议修复的重要性，终于获得市政府及相关部门的批准。之后对环秀山庄的修葺、对同里退思园的修整也都给予了许多建设性的意见。

1980年，中国第一个园林出口工程"明轩"，其最初的推荐者，据我的老师说，1977年末，美国纽约大都会艺术博物馆特别事务顾问、普林斯顿大学东方美术系主任方闻教授，正为如何更完美地展示其馆藏的一批中国家具及书画而发愁，就去询问贝聿铭先生。经贝先生介绍，方闻专程来上海与陈从周先生会面，初步确定了建造中国园林的设想，又经几番周折，最后拟定以苏州网师园的殿春簃为设计蓝本。经国家有关部门批准，展馆采用苏州园林的风格，以一处独立庭院形式布置，并取名为"明轩"。这后来的很多故事，特别是与陈从周有关的故事，在很多人的回忆录中都有比较详细的述说。我一直认为，这不是一个简单的园林出口工程，而是一个具有历史意义的文化项目，因为当时中美两国还没有建交，苏州园林落户到美国，其实是文化交流的成果，架起了中美文化交流的桥梁。20世纪80年代后，随着社会上急功近利情绪的蔓延，人们日益关注经济效益，园林中也难免沾染商业气息，对此先生常常会提出尖锐的批评。而此时，先生又较之前更为忙碌，前往苏州的次数也逐渐减少，但对于苏州园林的关注却一点也没有降低。我虽然出生在上海，但此时已在苏州成家，经常往返于苏州与上海之间，所以每当拜见先生，总会问及苏州园林、苏州古建筑保护，以及一些熟人、朋友的境况。有时他还会讲讲网师园、艺圃及曲园修复前后的轶事，以至于自己常有"余生亦迟，不能亲见"的感慨。我毕业后在苏州工作，先生身体也大不如前，终于再未前往苏州，而我每次回沪，前去探望先生时，依然会聊起苏州园林的各种细节，当听说有些园林将经营场所移出、另一些园林某些局部得到整修时，其欣喜之情即会溢于言表。

可以说陈先生对于苏州园林倾注了所有的爱慕之情，也因此与之结下了不解情缘。除了有关苏州的学术专著之外，其散文集诸如《书带集》《春苔集》《帘青集》《随宜集》《世缘集》《梓室余墨》等著作中也可随处见到对于苏州园林的叙述。

（三）

先生一生著述极丰，尽管每一本都浸润了先生的心血与智慧，但个人以为其中《说园》五篇在论述造园最为深刻与全面，对自己的影响也最大。因为引导我从事古典园林研究的正是《说园》，而成就自己今日成就的，也是《说园》。

初读《说园》，就被其中那隽雅的文词，以及以古人诗文与画论来论述、描绘园林所吸引，激起了自己对传统园林的兴趣与向往，因为自己十分喜爱中国古典文学。及投身先生门下，常常告诫，"学建筑、园林，先要了解文化史""写论文一要观点性，二要资料性""要找一手资料，不要炒回锅肉"，于是开始大量阅读古代文献，后以《中国古典园林的造园思

想》为题撰写了学位论文。而毕业之后，授课之时，尤其是讲授《造园史》以及《中国建筑史》时不仅常常援引先生的《说园》；在指导学生设计或自己做一些项目，甚至进行相关研究时，也会想到《说园》中的一些原则。

有人以为，先生的《说园》因其谈景言情，文笔清丽，可以被当作文学小品来看待，这有一定道理。但作为从事建筑、园林的专业设计人员，《说园》何尝不是一部不可多得的造园理论著作。如书中所谓"园有静观、动观之分"，其实是阐述不同大小的园林其整体布局需要不同对待；"水随山转，山因水活""引水须随势，栽松不趁行"则是叙述园林山、水、花、石的构成关系；"园林景物有仰观、俯观之别"，论述的是园林设计中因视角的不同需要做出相应的调整。至于书中诸如立意、组景、动观、静观、借景、掇山、理水、建筑、栽植等方面的描述，如果细细体会，所说都是今天园林设计教学或实践中时刻需要解决的问题，只是《说园》运用的是传统文化的语言，以至于会让一些习惯于"空间""尺度""比例"等语言的专业设计者感到陌生。

或许，正是对《说园》的反复研读，领会到了隽永的语言背后的设计要义，因而将其作为自己授课的重要参考书。对于本科学生，常常以此来讲解园林设计；更要求研究生在认真阅读之后撰写读书笔记，也希望他们能把握我国古典园林的精髓，以至于常常在授课过半时，学生要求能否到园林中予以实地讲解。

先生已经远去，但他的音容笑貌仍常常浮现。今天我们纪念先生，除了敬仰这位前辈、师长之外，其实还有如何用他的智慧来为今天的古典园林保护与发展作出自己的贡献。

（本文作者雍振华，苏州科技大学教授，苏州市风景园林学会第八届理事，此文原载于《苏州园林》2018年第四期）

追寻大师陈从周
——园林名人档案征集纪实

包兰

"江南园林甲天下，苏州园林甲江南。"此言为陈从周先生对苏州园林的美誉，他的一生都在为中国园林事业奋斗。

园林，是我们古人的智慧结晶，是中国对全世界的杰出贡献。

园林，也是人与自然的高度和谐，人类诗意的栖居地，完美的生活环境，安放心灵的理想家园。

苏州园林档案馆是全国唯一（当时）的园林专业档案馆，成立于 2000 年，为苏州市园林和绿化管理局下属的专门机构，专职从事园林风景绿化档案的收集、整理、保管、研究、利用工作。目前有各类园林专业档案 15000 余卷，专业图书文献期刊 2 万余册，主要有园林史料和园林基础资料、风景园林建设、城市绿化建设、园林综合管理、园林科研等大类。具体涵盖各类园林史志、文稿、抄本、园主家谱、名人档案、园林门券、说明书、导游图、园林家具、匾、对、字画、挂（摆）件、碑刻、石刻、书条石等，园林建筑图、测绘图、景点布置图、监测数据，名贵树木盆景、奇花异草名录及变更情况，古迹遗址调查、保护、统计图文，各类新建、改建、扩建的园林建设工程项目及重大维修项目，城市绿化规划和建设工程，园林机构设置、领导变更，园林门票调价审批、入园人次统计，各类园林科研项目及课题成果报告等，包括文书、录音、视频、胶片、照片、底图、碑拓等多种档案载体。

泛黄的相片、手写的图表、墨香依然的园林碑拓、鲜艳轻巧的塑料门券、黑白色调的老纪录片、岁月凝痕的玻璃底版、存世稀有的古籍善本、独特别致的纪念徽章、不同语种的园林书刊……这些形形色色的实物档案无不被完好、用心地保存着，安静地伫立在密集架上或防磁柜中，与苏州园林相伴而生。

园林是中国传统文化的综合艺术载体，故而园林大家必定既是专家又是杂家，上至天文下通地理，既懂建筑又善绘画，而陈从周先生正是这样一位文理兼修、博学多才的园林古建筑专家、园林艺术家。

他与园林结缘，他给园林添彩，他对园林的挚爱，他在园林的印记，我们必须保存下来。这是园林档案的名人卷宗。

早在 1980 年 5 月 18 日，陈从周先生就和顾颉刚、谢国桢、叶圣陶、章元善、俞平伯等专家名流联名致书国家文物局牟峰局长，呼吁修复开放曲园。而在曲园的修复过程中，陈老又是亲自督导，严格要求，做得不好他就着急上火，甚至严肃批评。他的学生邹宫伍先生当时负责曲园维修，因为没有达到陈老的要求，没少挨批。但是大家都理解陈老的爱园心切。

　　1983年4月，陈从周先生应邀参加苏州市城市建设总体规划鉴定会议，在会上向大家作了"谈谈苏州"的报告，他从历史文化名城的形成和发展、自然环境、人文风貌、园林建筑以及文化、艺术、书画、医学、菜肴、食品、工艺等各个方面讲述了苏州独特的风格，这对于改革开放初期苏州规划建设风景旅游城市，注意保持文化历史名城的特色并充分发挥其优势以很大的启发和帮助。

　　苏州古典园林1997年成功列入《世界遗产名录》，从此全世界都知道在东方水城苏州有美丽的拙政园、留园、网师园和环秀山庄，之后又增添了沧浪亭、狮子林、艺圃、耦园和退思园，而退思园是唯一在苏州古城区外的一座古典园林，它的入选让更多的人了解到苏州郊县的水乡古镇同里，这座小巧的贴水园是如何保留至今的呢。

　　2013年，为了收集世界文化遗产园林档案，我来到同里古镇，找到年近八旬的原同里镇老镇长蒋鉴清先生，就在退思园里他向我讲述了20世纪80年代陈从周先生指导他们修复退思园的情景。

　　往事历历在目，我把蒋老先生的回忆讲述录制成了园林口述视频档案，永久保留在苏州园林档案馆，成为一段珍贵的名园名人档案，告诉后人退思园的往昔岁月和修复过程，也让我们永远记住这些保护园林的功臣。

　　苏州职业大学金学智教授是《中国园林美学》的作者。20世纪80年代末书稿完成准备出版，金老师去信陈从周专门讨教相石法中"漏""透"之区别，陈老亲笔回信解答，并十分谦虚地说自己学识"浅陋"，"请批评指正"，金教授十分感动。1990年《中国园林美学》正式出版，书中引用陈从周先生很多精彩论述，金教授寄赠陈老留念，大师又给他回信道："阁下力学，能为苏州园林做点好事，应该支持你的。"他的鼓励一直让金老师感念在心。二十多年过去了，陈老给金教授的亲笔信他一直用心保存着，前两年捐给我们档案馆，这次在苏州园林博物馆一并展出。

　　香港中文大学的冯仕达教授在20世纪80年代中期曾到内地专门跟随陈从周先生学习中国园林造园理论著作《园冶》，也是陈先生为数不多的海外学子之一。他和我谈起当时在陈先生家里跟他学习，陈老在白纸上写下《园冶》章句文字，然后边解说边画图，帮助他更好地理解中国古代造园思想，又用通俗易懂的中文写给年轻的悉尼大学建筑学博士冯先生，并且夸奖他"还有一点中国人的味道"。到现在冯教授还保留着陈从周先生三十多年前的解说草稿纸笺。

　　美国纽约大都会博物馆明轩是中国园林出口海外的第一个项目，是陈从周先生大力举荐的结果。其里程碑式的历史意义不言而喻，到今天，在世界各地包括五大洲都有中国园林的芳踪倩影，中国优秀传统文化的影响辐射到地球更多的地方。而当时建造明轩的相关文件、双方合同、设计图纸、人员名单、报道宣传成套资料都已存档永久保管。

　　2018年是陈从周先生100年诞辰，为更好地举办陈从周与苏州园林展览，收集更多的文献资料，我们在《苏州日报》刊登了档案征集公告。毕业于苏州苏南工专的高级工程师祝纪楠先生联系我，展示了他精心保存的一份纪念册。在这本已有十八年历史的《苏州工业专科学校建校九十周年纪念册》里（图1），印有陈从周先生的书法一幅："半醉半醒萦客梦，亦痴亦慧说维扬，自惭笔墨非名迹，收拾残篇续画舫。"并且还为学校校友会会刊《沧浪刊》题词："沧浪水清　英才永誉"。

图 1　苏州工业专科学校建校九十周年纪念册

作为该校曾经的老师，陈从周专门写了一篇《我与苏南工专》的文章（图2），他深情回忆道："我是每周星期五于同济大学政治学习后，乘傍晚的火车去苏州，在观前新苏旅馆（法式建筑——编者注）住一夜，次晨到沧浪亭讲课。上午课毕，下午我就踏查苏州古建园林与住宅，晚间在友人顾公硕姻兄家聊天，谈古说今，都是涉及苏州的。"并且在周末星期天，陈老仍然继续工作，教诲学生，直到夕阳西下，他才"缓步上火车站，携一些苏州土产到家，子女倚门以待，老妻亦含笑以迎。"

图 2　《我与苏南工专》陈从周撰（写于 1991 年）

而就在陈从周到苏州兼课的这段日子，他不仅在课堂上讲课，还完成了《苏州园林》《苏州旧住宅》《江浙砖刻选集》《装修集录》《漏窗》等书与若干篇古建筑调研报告，硕果累累，收获满满。最让他高兴的是居然找到了老前辈姚承祖的《营造法原》手迹图，并且由同济大学印行问世（图3）。

图 3　姚承祖《营造法原》（陈从周作序）

陈老认为，在苏南工专虽然任教时间不长，但"用造园林的话来说，是以少胜多了"。可见他与苏南工专及师生们的深厚情谊。

陈从周先生不仅是园林建筑学家，也是文人、诗人、作家、画家，他早年跟随张大千学画，后又与著名画家交游切磋，并且收徒教授弟子画画，成绩斐然。

我委托苏州百年旧书店文学山房店主、版本目录学家江澄波老先生代为征得陈从周先生画作两幅，弥补空白，丰富馆藏。其中一幅为罕见的六尺大幅水墨国画《洞庭东山枇杷图》，浓淡相宜，用笔潇洒，气韵生动。陈老题图"一树枇杷梦江南，壬戌之年从周写，时距洞庭之畅游有时矣，薄醉挥笔并记。"尤为难得的是，该画共钤五枚印章：右上两印"墨奴"和"梓翁九怪陈从周"；左下有三印，分别是："江南石师""陈从周""我与阿Q同乡"，充分表现了陈老性情中人，率真幽默，实在可爱。

另一幅《兰花图》，题款"东风第一枝，朝玉夫人命吴臻持新东遗栽为赠，据其写之。庚午从周于谷音涧"。钤"陈从周手稿"印。一笔兰叶飘逸，兰花幽香，线条流畅，画面简洁，文气十足。

陈从周与苏州园林的故事还有很多很多，我的备忘录中还要去采访先生的亲人、世交、挚友、同事、学生、弟子、画友、文友、曲友，还有参与曲园、豫园、退思园、拙政园等园林修复的老领导、老技师、老工匠，不断寻觅、采集、拾遗、补充，完善陈从周先生的档案文献，分类整理，立卷归档（图4）。以让后人永远铭记这位真正的知识分子和园林大师。

图4　园林口述档案——陈从周与苏州园林

这是园林人、档案人的神圣职责。档案文献印证陈从周大师与苏州园林、苏州古城千丝万缕的联系，亲密真挚的情感及其不可磨灭的巨大贡献！

向陈从周先生致敬！

（本文作者包兰，时任苏州园林档案馆副馆长、研究馆员。
此文原载于《苏州园林》2018年第4期）

·罗哲文·

中国古建筑学家

　　罗哲文（1924—2012），四川宜宾人，中共党员，中国古建筑学家，国家文物局古建筑专家组组长，原中国文物研究所所长，曾任中国文物学会会长、全国历史文化名城保护专家委员会副主任、中国长城学会副会长、中国紫禁城学会名誉会长。中国人民政治协商会议第六、七、八届全国委员会委员。

　　1940年考入中国营造学社，师从著名古建筑学家梁思成、刘敦桢等。1946年在清华大学与中国营造学社合办的中国建筑研究所及建筑系工作。1950年，先后任职于文化部文物局、国家文物局、文物档案资料研究室、中国文物研究所等，一直从事中国古代建筑的维修保护和调查研究工作。七十二年岁月，他服务中国文物保护事业，初衷不改，老而弥坚，矢志不移，巧思笃行，俨然如文博苑中一工匠，尽心呵护，为中国古建筑和文化遗产保护事业做出了卓越贡献。

　　其主要著作有《中国古塔》《中国古代建筑简史》《长城》《长城赞》（已录入北师大版小学课本中）、《长城史话》《中国帝王陵寝》《世界文化遗产苏州古典园林》等。

罗哲文：苏州虎丘塔抢险加固工程的卓越领导者

潘千里

2012年5月14日，是一个十分悲恸的日子，年高八十八的罗老和我们永别了。

罗老在古建研究方面的造诣、在文物保护方面的贡献、在工作与治学方面的认真严谨，在待人接物方面的谦逊温和，都令人敬仰与爱戴。

很荣幸，能与罗老有过多年的交往，特别是1978年5月至1982年5月，为了苏州虎丘塔的抢险加固工程，我们经常在一起集会讨论或个别沟通。与罗老接触越多，越让我深深地感到：罗老不仅是一位德高望重的良师益友，更是一位杰出卓越的领导者。

苏州虎丘塔，始建于五代末期后周显德元年（959年），是我国现存最古老的砖塔（图1、图2），于1961年3月4日由国务院公布为全国第一批重点文物保护单位。苏州虎丘塔建成以后曾修缮过几次。彼时塔高47.63米，塔顶向北偏东偏移达2.34米，南北向塔墩墩脚标高相差达45厘米。1976年6月2日，因虎丘塔险情加重，特别成立了苏州市虎丘塔维修工程领导小组，下设办公室。1978年4月，虎丘塔不断出现险情，国家文物局于1978年5月10日收到了呈递的紧急报告。

图1　虎丘塔出土文物：金涂塔

图2　20世纪50年代的虎丘塔

国家文物局收到苏州市的紧急报告后，身为国家文物局文物处副处长的罗老，肩负着全国文物保护的重责，亲自到国家建委建筑科学研究院找了刘祥祯和我。当时刘祥祯是分管"建筑理论与历史研究室"的领导，我是"建筑结构与地基基础情报研究室"的负责人。罗老要我担当起虎丘塔的抢险加固工作，我很感谢罗老对我的器重和信任，深感这项工程的责任重大，建议罗老再去建委请一位在结构方面的资深专家来考虑有关上部塔身的加固问题。随后，罗老去国家建委请来了设计总局的总工程师陶逸钟，又去故宫博物院请来了古建部的付连兴，组建了一个"三人小组"来协助他，做好苏州虎丘塔抢险加固工程。

对于"三人小组"，罗老首先是教育大家懂得文物保护的重大意义，认识到承担苏州虎丘塔抢险加固工程的重大责任。三人认定：在国家文物局的领导下，在罗老的具体指挥、指导下，一切从工作出发，坦诚相待，团结合作。塔体的加固由陶逸钟多考虑，塔基的加固由我多考虑，事务性工作由付连兴多考虑，重大事项请示罗老，重大场合由陶逸钟代表"三人小组"出面。

在罗老的领导下，我们三人还认识到：苏州虎丘塔抢险加固工程不仅是一项十分重要的政治任务，也是一场十分严峻的技术考验。抢险加固千年古塔是历史责任，只能成功，不能失败。要本着科学态度，实事求是，要稳妥可靠、切实有效；既不能墨守成规，要有所创新有所突破，更不能凭空臆想而标新立异、哗众取宠以混淆视听。

当时代表苏州虎丘塔维修工程领导小组办公室和我们进行经常而密切联系的、协同我们进行工作的办公室秘书翁惠成，在他写的《回忆录》中，写了这样一段话："1978年6月，国家文物局十分重视，委托国家建委派陶逸钟总工程师及建委情报研究所潘千里工程师以及故宫博物院古建部付连兴工程师，由文物局文物处罗哲文处长组成北京专家代表团参加苏州会议。修塔经费全部由国家文物局负担，修塔工程技术由陶逸钟总工程师领导，潘千里工程师主持，付连兴工程师辅佐并直接总管苏州修塔办的行政、财务、工程全部事务。行政领导由罗哲文处长负责。"

1978年6月，罗老率领陶逸钟、付连兴和我，还邀请了刘祥祯和社科院考古研究所的杨鸿勋一行六人去苏州，参加了6月5日至9日为期五天的"苏州虎丘塔抢险加固工程讨论会"。这次的与会人员，除我们从北京去的六个人之外，还有江苏省、南京市、上海市的有关领导和专家。会议讨论了有关塔心临时加固、塔基永久加固、开挖塔基探槽、进行塔体观测等一系列问题。（图2）出发前，我根据初步了解到的有关虎丘塔的情况，考虑出了几个抢险加固工程技术方案（桩排式地下连续墙、灌浆、树根桩），着重考虑了桩排式地下连续墙加固塔基这个技术方案。我是援用俞调梅教授1956年提出的在塔基四周打设钢板桩的思路，提出桩排式地下连续墙方案的。地下连续墙，是当时在国外已经成熟而国内还没有尝试过的新技术，是我于1973年首先撰文介绍，于1974年、1975年后陆续在全国各地，配合高层建筑和地下工程的发展，进行推广的新技术。

我以上海采用钢板桩建成当时上海第一座高层建筑（上海国际饭店）的成功实例，说明地基土在钢板桩围墙内，不仅因其处于有侧限状态下可防止土的侧向移动，而且因其处于三向受力状态下可提高地基土的承载能力。桩排式地下连续墙，是采用一系列人工挖孔桩构成的一道地下连续墙；采用人工开挖，既不用机械钻进成孔，也不用泥浆护壁成孔，不会使塔基土体受到什么危害，不会影响塔的安全。桩排式地下连续墙，由一系列嵌入基岩的桩体紧密排列组成；建成后，一方面形成了一道截水防渗墙体，阻截了地下水的渗入，防止了地下水对塔基土体的溶蚀；另一方面构成了一道抗滑墙体，加强了塔基土体的整体稳定性，加强了塔的抗地震能力，有效防止塔的滑移。陶逸钟、付连兴都表示赞同，罗老也首肯此方案。

6月5日至9日的会议上,我陈述了对塔基状况的推测,建议开挖探槽以摸清塔基的确切情况,并着重提出了桩排式地下连续墙加固塔基的工程技术方案,与会人员绝大部分都表示赞同,俞调梅教授也表示赞同,并无一人反对(当时有会议发言录音)。我把随身带去的几部日本介绍地下连续墙技术的短片,在苏州城建大礼堂放映给全体会议代表和苏州市有关科技人员观看,大家都十分认同这项新技术。翁惠成在他的《回忆录》中,形容当时的情景为"极一时之盛"。尽管如此,罗老还是为了充分发挥专家学者的作用,要求大家多开动脑筋,多提方案。

6月5日至9日会议结束后,我根据会议要求提出了探槽的具体位置和探槽的开挖方法(在对塔体实施监测的情况下进行开挖,由远及近,用考古的方式摸清塔基的确切状况),经罗老同意后,向虎丘塔维修工程领导小组办公室作了交代。于是,当年的10月,在塔的西南处(塔身倾斜方向的反方向上)开挖了一号探槽;11月,在塔的东南处开挖了二号探槽。探槽开挖是从塔体之外逐步开挖到塔体。当时,不少人都怀有很大的顾虑,罗老以领导身份,承担了这个风险。探槽开挖期间,我们以罗老为首的四个人在北京,对苏州开挖现场常常是一日数问,在那些风雨交加之夜,我们几乎是彻夜不眠。

1979年9月,在塔的东北处,就在塔身倾斜的方向上,开挖了三号探井。这主要是对桩排式地下连续墙的实施,做一次可行性试验,进行一次工程施工预习。三号探井开挖时,罗老派付连兴自始至终在现场进行监管,还让我在开挖中途到现场加强指导。罗老的勇于承担责任,善于运筹指挥,令人钦佩。尽管桩排式地下连续墙技术已被证实可以实施,罗老还是广开言路,虚怀若谷,倾听各方声音,接纳各种建议,从不杜绝交往,从不阻塞言路。我们先后接收了王树声、李生林、宋培建、柳和生、俞调梅、朱庆林、陶义等人的信函、建议和方案。

1980年3月19日至23日,在苏州市乐乡饭店召开了"苏州虎丘塔加固工程方案会议",这是在1978年6月5日至9日"苏州虎丘塔抢险加固工程讨论会"之后的一次重要会议。参加人员除以罗老为首的四个人之外,还有江苏省建工局、南京大学、上海同济大学、华东电力设计院等27个单位46人。罗老指示,会议不定调子,畅所欲言。会议讨论了塔身倾斜的原因、塔身和塔基的加固方案、塔体的扶正问题、塔体的观测问题以及要抓紧研究的问题。会议最后由陶逸钟作了归纳发言,概括了大家的意见:"下面地基要搞,上面塔身也要搞,防水地坪也要搞;条件成熟的先搞,条件不成熟的应该积极准备,创造条件来搞。"当年3月31日,苏州市虎丘塔修塔工程领导小组办公室印发了《虎丘塔加固工程方案会议简报》。简报指出:"会议圆满结束。目前根据发言记录和书面方案,进行最后综合。准备首先对塔身外圈砖墩的临时性加固和地基永久性加固作出设计方案,以便及早报请国家文物局审核批准后施工。对塔身长期性加固问题,准备继续搜集资料和进行必要的试验工作,以便提请有关专家进一步研究考虑,作出较为理想的方案来。"

在罗老的领导下,根据这次会议的要求,我和付连兴于1980年8月正式绘制了桩排式地下连续墙加固塔基的设计图纸(桩柱平面图、桩柱详图各1张)。罗老安排翁惠成去南京、上海,向有关部门、专家学者征求意见。大家都表示认同,没有异议,只有江苏省建筑设计院的李树勋担心挖桩距离塔体太近,怕有危险,不太同意。苏州市于8月27日召开了一次会议,由苏州市委书记主持,王华杰副主任负责,会议一致通过桩排式地下连续墙方案,决定按图自行施工,确保安全,确保质量,修好古塔。

1980年9月17日,苏州市虎丘塔工程指挥部将桩排式地下连续墙加固塔基的设计图纸，邮寄给罗老，呈请国家文物局进行审批（由翁惠成经办寄出）。1980年10月22日，江苏省文化局向国家文物局上报了采用"桩排式地下连续墙"加固塔基的方案设计，呈请国家文物局进行审批。1981年2月19日，国家文物局批复江苏省文化局"同意苏州云岩寺塔的基础加固方案，请即按此方案组织力量施工，在施工中注意工程质量和节约开支，并密切注意对塔身的观测，如有变化及时研究处理，如有重大情况及时请有关部门和专家研究处理，以确保塔身和施工安全"。

有些人提出不同的方案建议，未通过专家认可，之后将其变为私人矛盾转嫁在我们身上。在罗老的教育下，我们对此不予理睬，没有半句怨言。为了做好苏州虎丘塔的抢险加固工程，我们对任何人的意见，无论在什么样的情况下，无论采用什么样的表达方式，都充分讨论、认真研究，只要有一点可取之处，一定接受；对于不合适的意见，无论是谁，我们都会坚守原则。吾爱吾师，吾更爱真理，吾可撤职，决不失职！罗老深知此情况，常以亲切的笑容、温和的话语给我们以安慰、鼓励。罗老的笑容、话语，至今犹历历在目……

1981年3月，有一位专家教授为推行另一没被认可的方案而提出意见：如果做了桩排式地下连续墙，他就无法设计塔身加固方案。罗老在这个压力下，并没有放弃应该付诸实施的桩排式地下连续墙方案。同年6月初，武汉地基基础处理中心派出八人到苏州进行考察，随后提出"托底纠偏"方案。苏州市修塔领导小组办公室召集苏州市有关专家就此方案讨论了两次，大家提出了很多疑问，没有一个人认同这个方案，大多数人仍表示"桩排式连续墙"是更加稳妥可行的，向国家文物局汇报后，国家文物局也认为该（托底纠偏）方案太冒险。

1981年7月10日，武汉地基基础处理中心致函苏州虎丘塔修塔领导小组，指称"连续墙"方案"不仅无用尚会有碍"，并声称"各地对该方案均有不同看法，分歧很大"，建议"重新召开全国专家会议审议"，甚至要求"以苏州修塔机构为基础，由中央指派一个强有力的班子，负责修塔工作"。1981年10月下旬，罗老派陶逸钟、付连兴和我到苏州具体研究"连续墙"的开挖施工事宜；同时与有关单位、有关人员讨论了"托底纠偏"方案，大家一致认为该方案不够具体，不适合虎丘塔的抢险加固工程。最后认定，仍按国家文物局批复的方案进行施工。1981年11月22日，武汉地基基础处理中心发出《急件：报告》，直呈国家最高层领导并广泛抄报抄送到很多政府部门、高等学校、科研单位、设计单位、施工单位及媒体等26个单位。报告直指罗老与我们其他3人："得悉国家文物局与国家建委有关部门三位人员最近在苏州对虎丘塔的决定和做法，感到很不妥当。关系该塔命运的重要问题，就这样由这三人如此拍板处置，不够慎重"，并指责"北京有关单位所提方案未对症下药恰到患处，对塔的治理不仅无用尚会有碍"，要求"重开全国专家会议审议，择优选用"。对于《急件：报告》，罗老始终泰然自若，丝毫不为其所动，并以高度的原则性和高度的责任感，排除一切纷乱干扰，做出了明智决断！

"桩排式地下连续墙"终于在1981年12月18日正式开工了。

工程完成后，虎丘塔得到了有效的加固。虎丘塔抢险加固工程是我国采用"地下连续墙"新技术的首个成功范例。随后，在我国的第二个成功范例是我国现代建筑物中唯一被指定为"文物保护单位"的广州白天鹅宾馆。1986年8月，虎丘塔抢险加固工程由国家文物局副局长庄敏、罗老以及有关领导、专家进行了竣工验收，对工程作了充分肯定，认为"工程设计科学，施工稳妥，质量优良，效果显著"（图3、图4）。1990年12月，工程获江苏省文化厅1990年度科技进步一等奖。1991年3月，获国家文物局1990年度科学进步三等奖。

工程所取得的良好效果，不仅充分证实了桩排式地下连续墙方案的优越性，给一些无端异议者一个有力的回答，也充分显示了罗老高度的原则性、高度的责任感、明辨是非和知人善用的领导品质。如果没有罗老掌舵，真不知会出现什么情况。罗老是虎丘塔抢险加固的卓越领导者！

工程竣工之后，罗老曾几次要我负责编写一本有关虎丘塔抢险加固工程的总结，罗老要求不仅要写地基加固，也要写塔身加固、第二次抢险加固工程，还要写第一次抢险加固，写成后由他送文物出版社出版。

图3　1986年11月22日，罗哲文先生（前排右三）在虎丘塔维修加固工程验收仪式上的合影

图4　罗哲文代表国家文物局签字验收

1985年后，我有很大一部分时间在国外，虽然我不时地和罗老通电话，时而也说起总结的事，可我始终没时间动笔。2000年11月，我去罗老家里，罗老从书架上取下一本《青海塔尔寺维修工程报告》给我，要我把总结写成这样一本书。我说这任务很重要也很艰巨，

怕一个人力量有限，罗老安排我去苏州博物院找钱玉成同志，请他协助我完成这项任务。罗老认为我们二人应向苏州市有关领导单位、江苏省有关领导单位呈递书面报告，并转呈给国家文物局，使这项工作得到国家文物局的支持、帮助。同年12月，钱玉成同志根据我的要求草拟了一份报告，我也作了些修改。本当将此报告随即呈交苏州市有关领导单位的，但由于我一直频繁出差、工作太多，把这事耽搁了下来。

2012年6月，我到北京，知道罗老刚刚过世，感到十分悲痛与内疚！

罗老曾经说过："我一直在不断呼吁，并向领导建言，所有的古建维修工程都要有一个工程的总结报告，积累经验，改进工作，并为这一文物保护单位积累历史档案资料，流传后世。特别是重大的工程还应当出版专书，记载维修的过程，勘察设计、方案研讨、设计施工的情况。这也是我国历代营造、土木之功的优良传统"。罗老的话鞭策着我，我当尽力回忆，尊重科学、尊重事实、尊重历史，总结点儿经验、记述些事物，供大家参考，并借以告慰罗老的在天之灵！

我们有那么多时间和罗老在一起，时而侃侃谈论，时而絮絮细语，大都是议论工作，很少涉及生活琐事。我深知罗老擅长书法，我深知罗老喜爱照相，我也多次起念向他索求一张墨宝、和他共拍一张合影留作纪念，可每次都是忙于工作，来去匆匆，心想下次有机会再说……可现在，很遗憾，很遗憾……罗老已过世，已没有什么"下次"了……

我从抽屉里拿出一张白纸，摊铺在桌上，写下了下面的文字，以托对罗老无尽的思念：

"罗老，罗老／这就是你送我高挂在墙上的墨宝／'厚德载物''天道酬勤'／这就是你和我在虎丘塔前的合影／巍巍古塔，崇高身影／谁说是张白纸／我又看到你雄劲秀丽的字迹／我又看到你亲切温和的笑容／我又听到你真挚贴心的话语／罗老，你永远永远活在我心里！"

图5　2019年12月26日，潘千里为缅怀罗老，专程重去罗老北京寓所，在罗老像前同罗老夫人杨静华女士合影留念（罗老1924年出生，罗老夫人杨静华女士1927年出生，潘千里1930年出生）

（此文作者潘千里，教授、高级工程师，曾任中国建筑科学研究院 研究室主任，此文原载于《中国文物报》2013年4月19日第3版，转载于《苏州园林》2013年第2期）

文化遗产事业一面光辉的旗帜

开拓，奠基，领军人；宗师，泰斗，守望者……
——无限思念忆罗公

郭旃

2012年5月14日的夜，是一个不眠之夜。

十点多的时候，我还在和一位协助照料罗哲文先生住院就医事宜的同志，沟通老人家第二天要调换病房的事情，忧虑老人家的病情。没想到，十一点多，就接到罗老家里的电话，家属被全部召唤到医院。

心，顿时揪起来了。

很快，噩耗传来，人没了，老人家走了。

尽管早有不祥的预感，但突如其来的事变还是让我难以承受。半夜了，我把信息逐一发给关心着罗老的老友和晚辈们。辗转不能入睡，泪浸衣枕。

1976年，大灾之年。唐山大地震之后，还在余震不息的日子里，刚刚结束北京大学考古专业的学业，我就来到了罗老身边。我被分配到了国家文物局下属的文物保护科学技术研究所，实际工作是担任国家文物局文物处直接运作的"地震考古组"副组长。组长是20世纪30年代就投身革命的文物处老处长陈滋德，罗老是顾问。那时，老同志们还都称罗老为"小罗"。我们这些晚辈几乎没称呼他几天"老罗"，便都恭恭敬敬地尊称起"罗公"来，一直作为最亲近的称谓。自那以后，没有离开过他的言传身教。

最初见到罗公的印象，就是和善与专业。不多言不多语，就能让人感受到他的厚道和善心。而且，除了对人的善良，他的眼里、心里好像都是他手头的工作，兴趣都在观察和收集资料，心思都在专业分析和归纳。总在拍照、记录、琢磨。出口三言两语，就给人启发，引人思考。当时，我们的任务就是在大地震之后，通过对古建筑位移、损坏情况的调查和统计，对古籍文献相关资料的查找和研究，对照现代技术条件下对地震震级和烈度的测定和现场惨状，推断、分析历史地震的相关参数和危害程度，从而为研究首都周边的地震规律和现象，为推进地震预报研究，提供参考资料；使文物考古为当代国计民生和科技进步做出独到的贡献。为此，我们跟随罗公跑遍了京、津、唐大地震现场，也查遍了大江南北的古籍书库。

一进到文博队伍，就听到一个又一个关于罗公的故事。印象特别深的诸如：

"文化大革命""揭发、打倒当权派"呈急风暴雨之势，在那谁不追随，就会面临政治危机的年月，罗公和国家文物局极少数几个人硬是坚持说老局长王冶秋同志是好人，并且敢为之作证、辩论。因此，王冶秋同志复出之后，特别信任罗公这位更老一辈眼中的"小罗"——血雨腥风之中高压摧残之下，极其难能可贵的患难之交。

罗公酷爱摄影。北京城，乃至全国各地，陆续被拆除的古建筑照片，他都留有照片，而且拍照技术不逊于专业人员。

罗公痴迷业务。在那突出政治、越左越光荣的时代，他和文物局的几位同事，变着法儿地顺应时代，只为保护文物。真是如此！1976年夏，天天和他在一起，就没听他提起过身边的政治运动，总是一座座古建筑的历史、意义、价值，如何的"了不起"，如何说服当地主管者保护的话。再就是新中国文物保护史中讲不完的佳话、趣事、名人。当然，也有辛酸。

老一辈都戏称"小罗"是个"迷糊"。他的心思总不在生活琐事上，当然，更不在官场和人际关系上。他20多岁时，测绘塔时退至边缘从半空摔下，亏得落在柴火堆上，捡回一条命，但从那留下腰疾。以后又多次因拍照而高空遇险，所幸未酿成大事故。

有趣的是，罗公每年至少都会丢一顶帽子，眼镜丢得也不计其数。有一次在宁波考察，汽车开出几十里地了，老人家忽然发觉，刚才拍照换镜头时，换下的镜头放在佛爷身后忘拿了……

可是，任何时候，谁要是想找什么已无处查询的文物资料，只要找到罗公，在那外人看来因为挤满书籍几无立足之地的房间和文献堆中，用不了多长时间，他马上就会给你找出相应的文字资料，还有珍贵的图片。其中的日期、地点、细节，记载得一清二楚。

他还心灵手巧。抗美援朝时期，有钱的出钱，有力的出力，支援前方艰苦的战争。罗公呢？他竟然用自己学会的修表手艺，为抗美援朝辛勤地募集了点滴可贵的资金。但平时，帮同事们修表，他从来不收任何费用和酬谢，完全作为一种义务服务和业余享受。

罗公入党是在"文化大革命"之后，没有任何功利念想，恰恰还是在人们的信仰复杂多变的阶段；也是在他如果不是共产党员，而只是一位党外德高望重的专家，反而会有更多、更长久的社会地位和名誉的时刻。年过六旬，才实现了自己几十年的愿望。他只是把入党和自己对事业、对民族、对祖国的情感连接在了一起。当时，他曾激动地以一首古体诗感慨这种情怀。有幸，我担任了罗公的入党介绍人（图1）。

图1　郭旃在考察文物遗址途中

初出茅庐，刚从学校毕业到国家最高的文物主管部门，身处于已在苦海中奋斗、几十年的文物、考古、博物馆界的前辈和师长之中，我这毫无工作资历的年轻人却被指定为由老处长领衔的地震考古组的副组长。其中，罗公的支持和帮助是重要因素。我逐渐体会到，对晚辈、后学、中青年人的期待、爱护、鼓励、举荐、扶持，乃至宽容和等待，绝不是仅对我一个人，它贯穿罗公的一生，不知有多少人深受其恩。而这一切，都为着事业，也源于罗公的善心。

一幕幕的感怀，罗公活在我们心中（图2）。

图2　1983年罗哲文先生（前排右二）和国家文物局文物处同仁合影，后排左二为郭旃

开拓，奠基，领军人

罗公和谢辰生谢老先生是中华人民共和国成立之前就投身文化遗产事业，并伴随和参与了新中国文博事业至今为止全过程的仅有的两位功勋卓著的领军人和见证人。很多今日已蓬勃繁荣的事业，他们都是最初的参与者。

罗公在1949年前就追随古建筑大师梁思成先生开始了自己的文化遗产研究和保护生涯。在中国文化遗产界的摇篮和圣地——四川宜宾的李庄，1940年，还是个16岁中学生的他投考因战乱迁址于此的中国营造学社。因自幼聪颖，且喜爱画画，他成为几十名考生中唯一被大师们相中录取的有志青年。本名罗自福的小青年，常被大家玩笑称作美国总统罗斯福，不久后由梁思成先生为其改名为罗哲文。从李庄开始，罗公师从以梁思成、刘敦桢等先生为杰出代表的一批中华民族文化遗产界的精英，直至自己也逐渐成为这个队伍的领军人。

新中国文博事业中，留有罗公很多创始的印记。

我看到过罗公怀抱自己创作的图案和参与中华人民共和国国徽、国旗设计的各位大师的合影。

今日已达百亿元计的文物保护资金，20世纪50年代初设立的时候，只有几十万元。罗公还存有他当年亲笔起草的上报公文稿。

新中国的文物法规、业务规则，无一没有罗公的参与。重大的文物古建筑维修工程，都有罗公的身影。长城、十三陵、布达拉宫、天安门……

全国重点文物保护单位的设定，历史文化名城、名镇（村）工作的创设，乃至各个省、市、自治区的相关工作，都回响着罗公的声音。其中，第一批二十四处当时最过硬的历史文化名城的设定，罗公在其中起了主要的、最为关键的作用。

罗公还特别具有前瞻性，思想特别开放，与时俱进，具有国际视野。他是"文化大革命"后放眼看世界，广泛、深入、实际地开展国际交流的先驱。如今，国内外热度不减的世界遗产事业在中国也已日趋辉煌。而1985年，全国人大通过签署《保护世界文化与自然遗产公约》，就源于罗公和其他四位专家共五位全国政协委员的建议书（图3）。

图3　罗哲文先生（中）和建设部城市规划专家郑孝燮（左）、
中国世界遗产专家谢凝高（右）考察江南水乡古镇

中国同行参加当今世界上最权威的非政府文化遗产研究、评估、咨询组织——国际古迹遗址理事会（ICOMOS），得益于罗公的促进。这对中国的文物工作和世界的文化遗产事业都起到了重要作用。第一任中国国家委员会（ICOMOS）的主席曾酝酿请罗公出任，因故未果。罗公毫不介意，在他心里，该办的好事做成就行了。

以国家名义参加当今世界唯一的政府间国际文化遗产研究、保护、培训机构，设在罗马的联合国教科文组织——国际文化财产保护与保存研究中心（ICCROM），罗公也是最初的参与者。我还记得罗公在罗马斗兽场被抢劫的惊险事件。所幸除了财产损失，人身未受伤害。那时，远赴意大利斡旋中国入会事宜的罗公已是七旬高龄。

可以说，在新中国的文化遗产事业中，罗公无处不在。老同志们回忆起罗公介入过的文化遗产项目，数不胜数，只能说，太多了！

就连我们身边已家喻户晓、不可分离的日常事务，都常常能追寻到罗公最初始的付出。例如，国内外访客人人必到的八达岭长城，最初是罗公等一批开拓者骑着毛驴踏察，又竭心尽力按照梁思成先生的嘱托和确立的古建筑维修原则修整的，那始于1952年。

宗师，泰斗，守望者

罗公师从梁思成大师，的确如有的媒体所说，主要不在课堂，而是在实践中，言传身教。除了扎实的古建筑功底，也包括做人和事业心。他对年轻人的奖掖和扶助，就包含着他对先辈师长恩德和风范的感怀。

罗公是自学成才、刻苦钻研、不断进取的典范。他看似"迷糊"，实则是真正的大智若愚。

涉及保护文物，没有一件事"迷糊"和退让，哪怕权势咄咄逼人，哪怕极端孤立，他的坚持都是极其明确的，也是非常固执的。北京古城、万里长城、西藏文物，乃至天涯海角的遗产项目，几乎都有他力争的记录。

他被尊为"万里长城第一人"；他著有《中国古塔》《中国帝王陵寝》；他组织编写了《中国古代建筑教材》《中国世界遗产》；他还擅长书法，能作诗……

摄影是罗公令人称羡不已的专长，不仅技术精湛，艺术水平高超，而且记录着跨世纪六七十年历史的变迁，是文化遗产的档案（图4）。

从一个普通的农家子弟成为大师，罗公靠的是毕生的勤奋、热情、执著和忠诚。他的勤奋令人望尘莫及。一起出差，连年轻人都承受不住劳累和疲倦的时候，他老人家总在整理资料和照片，在查证、思索和探究。他特别不耻下问，体察实情。因此，文物的事情，他总比一般人了解得多，知道得深。

和他出差，大家都已筋疲力尽的时候，提出宁可晚休息，也要再去补看新发现的文物点的，总是罗公。

一次在金山岭，大家都要吃饭了，遥望登山在拍长城的老人家在山巅伫立不动。有同志上去催问，罗公痴迷地说，"我在等那片云……"

罗公是"不是教育家"的文物教育家。文物行当的文物培训活动，最受大家重视的一个项目就是罗公的参与和讲授。从整体概念的遗产保护，到规划、设计、传统技艺，罗公无所不通。他在文化遗产界门生满天下。国内企盼追随罗公门下为弟子的晚辈仍代代相连。他还有日本的弟子、韩国的学生，还有举不胜举慕名而来的国际友人，来自瑞士、美国、英国、法国、国际机构……

图4 罗哲文出访时在美国皮波迪伊塞克博物馆收集到的1860年前的虎丘塔照片

一个人以始终不渝的挚爱和热情献身于一个事业70余年。勤奋好学、德艺双馨、身体力行；为人师表、言传身教、教诲无边，既重方针大计和理论实践，又顾人才队伍和基础工作。其间，足迹遍天下，声播海内外，涉猎跨学科、跨行业，还有那数不清的独特的趣闻逸事。要想回忆和记录这样的罗公一生所有的成就和善举，那是不可能的事情。只能留下一串串省略号，等待老友、熟人、同事、知情者和受益者不断地补充、后续。

大家都知道，罗公有一副慈悲心肠。文物保护的事，没有他不鼓励的；想做文物研究和保护的人，没有他不同情、不举荐、不扶持的。我们甚至常说罗公心肠太软，太好说话了。一些我们认为一时还不该同意的文物评议项目，或不该满足的一些个人要求，只要求到他，他都会热心支持。但我们都理解他。在他心里，文物是保护得越多越好；他对于设立和颁授各种文化遗产保护项目和称号相对比较宽松，为的是能更加引起公众和相关政府部门的关注和爱护。他对人不讲门派，不计恩怨，只希望热心文化遗产事业的人越多越好。尤其对中青年，兴趣或早或晚，相识或亲或疏，只要是有志、有意于研究和保护文化遗产的，他都帮忙说话，挚诚地期待遗产保护队伍尽快壮大，并能普及于社会，走进普通人的心中。

罗公留给人们的形象，总是一副笑脸，忠厚、慈爱、和善、喜像，还有就是胸前总是挂着一架或者两架相机，在观察，在琢磨。即使已到高龄，他也从不让别人帮着提包。

他的朴实、敬业、平易近人、热爱事业和实事求是，是真正的大家风范。

罗公的人缘好得出奇。原因主要是两条，一是对文化遗产事业一往情深的赤诚和杰出贡献；二是因为他是文博界出了名的大好人，心善如活菩萨。

罗公也偶有着急上火的时候。那是一件不大不小的事，也算是一桩公案。当年为平遥古城是否和丽江古城一起作为第一批古城类文化遗产申报世界遗产的时候，文物局内部开会讨论申报方案，因为对保护管理问题的分歧，我们曾考虑暂不申报平遥。罗公找到我，少有地、严肃地告诉我郑老郑孝燮先生为此着急了，平遥是座极具代表性的古城，申报世界遗产势在必行，越早越好，绝不可以缓报。事后，也是在罗公和郑老的关心和帮助下，成功地实现了平遥和丽江同时被列入《世界遗产名录》。

对待人事，罗公有时也会坚持得面红耳赤。那只是几次为了对年轻人的举荐遇阻的时候。但他从不议论人非。哪怕是对他有误解、有亏待的人，我们也从没听他说过对人家的不满和抱怨。

我们这些后生、晚辈，在罗公面前可以无拘无束，可以放肆地发表不同意见。他老人家总是憨憨地笑着，耐心地听，偶或和我们辩论几句。涉及对人的态度，他总是提醒我们多看人的长处和对事业积极的一面；涉及专业观点，他老人家也很坚持，但从不以势压人。我们常常争论如何认定文物的原状和现状，如何对待文物的真实性和重建。有不同意见，他从不以为忤。有人提起时，他还笑眯眯地说，"哈哈，我们有学术观点分歧。是好事啊！"而我们也都懂得，他的观点全都出于对民族文化的尊崇和热爱。

罗公的厚道还体现在他对友情的珍视和忠贞上。正因为如此，他有那么多的至交好友和敬仰他的门生。有一位曾受他大力举荐和支持，少于他而长于我们的老同志，常年担任文博界的各种领导职务。因个别人为一己私利到罗公面前进了不实之词，一度在两位几十年的故交之间造成误会。今年最后一次春节到家拜会，我只向罗公简单解释数语，罗公顿时释然，并深情地回忆起几十年的交往和情谊。罗公遽然辞世，我把消息报告他的那位老友，他在震惊和悲痛之余，唯以此为欣慰。

座右铭

1979 年，罗公鼓励我报考了恢复高考之后的研究生。1982 年毕业，又是罗公找我谈话，并在国家文物局推荐和协调，要我回到文物队伍工作。1976 年从学校直接被分配到国家文物局的时候,恩师俞伟超先生曾语重心长地告诫我:"郭旃,记住,大机关毁人啊!"再回文物局,到了罗公一生的家——文物处,他嘱咐我三件事,一是不要忘了做学问,二是要搞好处内的团结,三是要善待各地来的同志。

在后来的实践中,我才逐渐体会到这些话的分量。没有学识,坐机关的人一旦成为"墙上芦苇,头重脚轻根底浅;山间竹笋,嘴尖皮厚腹中空",是何等的张狂、可笑、可悲和可怜;搞不好团结,很快就没有是非可言,陷入无休止的恩恩怨怨,烦恼不断,事业受限;而那些到了上级机关谦卑有加,甚至死磨硬缠的各地同行,竟多是一心想提升文化遗产的地位、为文物保护项目奋争不屈的饱学之士,有时他们来京的长途汽车票回去还报销无门!

而所见有些大机关或多或少存在的门难进、脸难看、事难办的现象,甚至是一些占据了权位的人错觉自己的人格、权威与知识都高人一等,或不屑一顾,或颐指气使,或名利熏心,不学无术,玩忽职守,甚至视公权为己物,索贿受贿,行为放纵。有的单位内部分帮结派、纷争不已、以私废公、害人害己……看到这些现象,就更深切地从另一面体会到大师们的感悟和教诲。

回味身边很多人的是非成败,凡追随文化遗产界前辈能获成功者,无不契合他们的至理名训。而困扰、挫折之时,大多正是由于无知或恰是忽略了大师前辈们的警示的时候。

因而,我把罗公的三句哲言当做座右铭,常常讲给机关年轻一代的才俊们。

去年年底,国际古迹遗址理事会(ICOMOS)的大会期间,日本德高望重的文化遗产界老前辈,也是罗公的老友伊藤延男先生,经本国ICOMOS委员会推荐,国际同行公议通过,被授予ICOMOS三年一届的世界文化遗产最高奖项和荣誉——嘎佐拉奖(the Gazzola Prize)。在现场为伊藤先生高兴的同时,我就失悔,因为事务繁忙,加之顾虑到办事的难度,没有及早争取也把罗公郑重地推荐给ICOMOS总部。后学不肖,办事不及时、不得力,竟成终生憾事!

罗公自己还有很多计划没有实现,还有很多特别想做的事情没有完成。其中,大运河申报世界遗产是被老人家列为与长城保护同等重要的项目,每次见面都要提起。他还一再说,为修建了维系中华大一统祖国血脉的大运河,也应该给隋炀帝"翻案"。

他念念不忘创立和完善中国特色的文化遗产保护体系(图5)。

图5　1998年4月中旬罗哲文(左)考察苏州盘门水陆城门,右为时任苏州市园林局副总工程师黄玮,后排为时任建设部城建司副司长王秉洛

格外让亲友和同行们痛心的是，无限关注事业、关爱家人和亲友的罗公，因病势转化突然，陷入昏迷多日后再未醒来，临终竟未能留下只言片语的嘱托。

2012年3月，他最钟爱的唯一的孙女头一次离家，远赴美国留学。临行前，一贯支持年轻人闯荡天下的罗公却满心的不舍。不知老人家是否有什么预感？这一别竟成永诀！

遥记20世纪80年代，随同美称为文物保护和名城界"三驾马车"的单士元、郑孝燮和罗公三老，应时任徐州主管副市长汪光焘之邀，去考察徐州国家历史文化名城申报项目。三老中最年轻，但也已年过六旬的罗公当时意气风发地谈起新的年龄观，笑称自己是"六十小弟弟"。倏忽近三十年过去，大家都认为可以高寿上百、乐观豁达、从不进医院的罗公如此意外地离我们而去。这格外刺痛和震撼了每个人的心！

罗公是历史传奇"营造学社"最后一位离世的成员。我们说，罗公，您回营造学社了。一路走好，去会聚您的师长、先贤、老友。

先贤大师们开创的事业已誉满中华，融入世界，兴旺发达。

今后的岁月里和征程中，我们会永远思念着罗公，并期待着他那双守望、睿智的眼睛继续关注我们，伴随我们；他那不变的心、宽厚的胸怀和坚韧的意志继续包容、佑护着我们。

（本文作者郭旃，国家文物局原巡视员，中国古迹遗址保护协会副理事长兼秘书长，中国世界遗产研究会会长。此文原载于《中国文物报》2012年6月1日5版，《苏州园林》2012年第2期）

仰望那尊楷模

沈亮

2012年5月15日中午时分，罗哲文先生的入室弟子、中国文物学会世界遗产研究委员会秘书长丹青神色肃穆，急匆匆来到我们办公室，还来不及招呼，就哽咽地说道："昨晚罗老走了！"

罗老，是我们多年来人前人后，对罗哲文先生的习惯称呼，这个"老"字，不仅在于他在年龄上是我们的长辈，或是他在学术上的崇高地位，更在于他的道德文章和人格魅力！

罗老走了，那个精神矍铄，不知疲倦，脸上总是挂着浅浅笑意，可敬可爱的小老头就这样永远离开了我们……

罗老真的走了吗，他带走了什么，又给我们苏州古城、苏州园林永久地留下了什么？

无疑，他的离去，使中国古建筑研究、维护领域失去了一位行家，使中国文物保护事业陨落了一位奋斗了七十二年的泰斗。随着罗老这位中国营造学会最后一名会员的逝去，今后人们只能从文字上去阅读中国建筑学人走过的那段汗水与血泪交织的艰苦岁月，那一路心力交瘁的情感历程。

但是，这些损失，都远远不如他为中国文化遗产走向世界所作的贡献更为珍贵：1972年，联合国教科文组织成员国倡导并缔结了《保护世界文化和自然遗产公约》，公约规定各国可自行确定国内的文化和自然遗产，并向世界遗产委员会递交遗产清单，由世界遗产大会审核和批准列为世界遗产。1985年3月，在第六届全国政治协商会议上，罗老和城市规划专家郑孝燮先生、历史地理学家侯仁之先生、生态学家阳含熙先生4位全国政协委员，向大会递交了《建议我国政府尽早参加〈保护世界文化和自然遗产公约〉》的提案。当年11月，提案就获全国人大常委会审议并通过。自那时起，中国的一处处遗产文明才正式出现在世界遗产的名录中，中国的文明历程才真正让世人瞩目，从这一点来说，他更是中国文化遗产保护事业的开拓者和先行者——而我们每一个人，都从中受益。

因此，可以说，罗老的离去，也使我们也失去了心中一面高扬的旗帜、一位历史开创者的身影、一个遗产守望者的象征。

但是，我们这些后来的遗产工作者一定会永远记住老一辈开拓者为保护中国文化遗产所做出的非凡努力，记住他们在历史长河中闪亮的人生轨迹，记住在跟随他们工作、聆听他们教诲时留下的点点滴滴的片段。

高山仰止，景行行止，永不磨灭！

早在20世纪50年代，罗老就和苏州古城、苏州风景园林结下了不解之缘。在他的著作《中国古塔》里，虎丘云岩寺塔被放在一个很重要的位置进行详细阐述。

罗老每次来苏州，都被苏州丰富而独具风格之文物古迹、风景名胜所吸引。古城、水乡、园林、古塔、苏绣、评弹、昆曲、土特名产、风味饮食、民俗风情……看不尽、听不够，依依不舍，流连忘返。

20世纪80年代初，为顺利过渡苏州地市合并的一系列工作，罗老参加了国务院组成的十部委联合调查组，专门研究文物古迹、园林名胜的保护，以及与促进旅游事业发展，推进经济开发之间的关系。那次来苏时间较长，除了古城，苏州城外的山山水水罗老也大多涉足。回到北京以后，罗老欣然命笔，写下一组诗词《姑苏十唱》，其中一首"望江南"对苏州园林赞道："姑苏好，天下甲园林。叠石漏窗频换景，池廊亭榭逐幽深。花树四时春。"抒发了对苏州园林的深切关爱之情。

改革开放以后，中国开始进入一个翻天覆地的变革期。文物保护也开始向文化遗产保护理念过渡。苏州园林就是为了抓住这个历史机遇，力争进入联合国教科文组织的《世界遗产名录》。

但是，苏州古典园林准备申报世界遗产的工作刚一启动，就碰到了两个几乎难以逾越的难题。一是我国自1986年的长城、故宫等六处遗产列入《世界遗产名录》以后，国家文物局已经实行了世界文化遗产预备清单的制定，但由于信息渠道不畅，尽管苏州园林名气很大，却在国家的世界文化遗产预备清单中榜上无名。二是即使能够列入预备项目，但全国已经有三十多个项目早就开始进行申报，而每年至多向联合国教科文组织申报2~3个项目。如果按正常工作顺序排队等候，苏州古典园林大概还要等到10~20年——当时，还没有料到以后的《凯恩斯决议》会更为苛刻：一国一年一项！这就是说，苏州似乎已经在起跑线上输了举足轻重的一步，怎么在进程中把这一步给追回来，在20世纪90年代信息不发达，要想突破和跨越，在很多人看来，似乎是绝无可能的。

正是罗老，在苏州园林申报世界遗产的关键时刻，给我们的申报工作加了一把推力！

作为国家文物局古建筑专家组组长的罗老，在多次行政会议和专业会议上大声疾呼："苏州古典园林在中国和世界独树一帜，完全有必要申报世界文化遗产。"罗老还亲自指导申报文本的撰写起草，介绍国际组织对该项工作的开展情况，申报工作应该注意哪些细节问题，林林总总，不厌其烦。对我们来说，正像是打开了一个探视世界的窗口，一个色彩绚烂的百宝箱。在苏州锲而不舍的进取、罗老不遗余力的倡导、国家部门的全力支持下，1995年6月15日，建设部、国家文物局、中国联合国教科文组织全委会在北京召开中国世界文化遗产专家组会议，国家专家组成员一致同意苏州古典园林列入中国世界文化遗产预备清单（图1）。

图1　罗哲文先生考察苏州园林申遗工作与本文作者合影

　　1996年5月11日，以罗老领衔的全国专家再次聚首苏州，召开苏州古典园林申报工作验证会。罗老代表专家组对苏州古典园林的多重价值作了充分肯定，认为这个申报项目的工作程序已经完备，条件成熟，完全符合国家要求和国际标准，以及推荐的理由。会议一致同意决定将以拙政园、留园、网师园、环秀山庄共4处为典型例证的苏州古典园林作为中国申报项目之一，报送联合国教科文组织。

　　十天以后，申报办周苏宁主任和我带着修改完成的申报文本和筛选的照片资料前往北京罗老居处，听取罗老对最终定稿的意见。多年来，罗老一直住在安贞里一个小区陈旧的公房里。敲开罗老的家门，第一个印象就是书！铺天盖地的书几乎占据了罗老家每一寸空隙，而把房屋主人挤压到连转身都困难的地步，我们要不断地跨绕过一摞一摞的书堆，仔细寻找落脚点，才能勉强在他的旧沙发里就座。罗老在仔细看了我们的材料后，对申报文本表示赞许，对文本印刷提出印制精美、质量上乘的要求。从申报工作技术上考虑，罗老说，送交的照片不宜过多，过多反而可能会横生枝节，只要挑选最能反映苏州园林价值、最精彩的就可以。最后，我们选定了20张图片制成幻灯片，作为文本附件，递交联合国教科文组织。事情的结果果然如罗老所料，这些精美的图片深深"震住"了国外专家。在此后迎接联合国教科文专家实地考察的准备工作中，我们和罗老之间建立了"电话热线"，发现或想到什么问题，第一个念头就是"问问罗老"。鉴于在过去的几年里，国内已经有一些单位万事俱备，只欠东风，在专家实地考察这一关上功亏一篑，导致申报失败，造成永久遗憾。在罗老的指导下，我们为应对专家可能的咨询、疑问、要求等，设想了几十个预案，力争无懈可击。例如，苏州古典园林建筑类别众多，但由于历史原因，大多数楼层陈设布置不到位，也不对外开放。如果专家要登高望远怎么办？我在电话里将这一情况向罗老汇报后，罗老提出，与其被动应付，不如主动顺势，在考察路线中专门计划安排一座或两座楼宇。果然，当实地考察的国际专家哈利姆博士登上拙政园见山楼，俯瞰满园秀色时，被苏州园林的美景深深折服。

　　北京时间1997年12月4日凌晨，在意大利那不勒斯召开的世界遗产委员会第21届会议上，苏州古典园林顺利通过列入《世界遗产名录》，为苏州园林走向世界跨出了坚定的一步。当天，我们就收到了罗老发来的贺电，原来，罗老也和我们一样，度过了一个焦急等待和激动人心的不眠之夜。

　　四个月之后的1998年4月8日，苏州市园林管理局举办了世界遗产保护管理培训班，罗老和联合国教科文组织全委会、国家文物局、建设部、东南大学等国家部门和单位的知名专家应邀前来讲课。也是以这次培训班为契机，罗老不仅提出了对苏州古典园林要继续深入研究，按世界遗产要求提高管理水平，更提出了扩大申报成果，让更多的苏州古典园林进入《世界遗产名录》的大胆设想。正是受他的启发，苏州园林紧锣密鼓地开展了扩展项目的申报，三年后，又有沧浪亭、狮子林、艺圃、耦园和退思园等五处古典园林被增补进《世界遗产名录》（图2）。

　　在遗产保护工作上，罗老多次提出"眼光要远"，这个远，他的意思是包含了时间和空间两个范畴，在时间上，要看到将来，认清下一步的目标；在空间上，要学习新的国际理念，了解更多的国内外信息，学习掌握先进的技术措施。

　　罗老治学严谨的态度，更使我们受益匪浅。他多次说，对一个古建筑的断代、评论一定不能主观臆断或道听途说，做考证必须重实据，要重第一手材料。

图2 罗哲文先生为世界遗产苏州古园林揭碑

苏州名园狮子林，是由元代高僧惟则和尚及其弟子所建，至今已有六百多年。惟则的师祖高峰大师，在浙江西天目山狮子岩下结庐面壁，足不出岩，凡十八年，称为死关。圆寂后即埋骨殖在此处，为一正六边形、以青石为基础的石室。惟则的师父中峰和尚，以及惟则早年都在西天目山苦修。所以惟则有了自己拥有的丛林道场后，为表示狮子岩衣钵的一脉相承，也因佛教有"狮子吼"之意，取名"狮子林"。六百多年过去了，当年狮子林的园貌，现在只能从传下的古画中去揣摩，园内许多遗存的不解之谜，也有待后人逐一破解。而在狮子林假山围绕的卧云室南山坳中，有一处青石围成的正五边形石基使狮子林的管理者长期困惑，从外表看，似乎是一个建筑的基址，但从所处位置和面积看，可能性并不大。会不会是因为纪念天目山"死关"而设的呢？或者是元代狮子林"禅窝"的遗存？正好趁罗老有次来苏州，狮子林管理处为此特地征询罗老看法，罗老在听了详细介绍后，执意要到现场踏看，这可难坏了我们。狮子林的这处遗址虽然不大，但正好处在假山群南侧的死角，到达那里必须先要穿越盘旋曲折的假山道，石基两端一边是一条磨得光滑的磴道，另一边是一个黝黑的山洞，万一有个闪失，那怎么得了！但罗老的态度极其坚决，无奈，大家只能紧紧扶住他，挤进假山洞。经过详细观察，罗老认为，对这个基址，要谨慎对待，不轻易下结论，务求考证扎实准确，更不宜随便去改动或"修复"它。对他这种一丝不苟的科学态度，不仅让我们深深敬佩，而且也大有收获。

我多次随同身背二三个相机的罗老在园林中考察，罗老从来不要我帮他背包，因为这几个相机，一个装的是黑白胶卷，一个是彩色胶卷，还有一个装的是反转片，分别挎、挂在他身体的左、中、右侧，看中什么，随时"咔嚓"一张，所以不愿离手。为了拍到好的照片，罗老不惜爬上落下，全然不像一个老人。往往是大队人马走远，他还为了拍照远远落在后面，为这，我没有少挨领导的批评：让你照应好罗老，你把他带哪里去了？

苏州园林曲径通幽，小路崎岖，每到路面不平时，我都会下意识地去扶他一把，其实大部分只做到了虚应故事而已，因为罗老健步如飞，根本不需要别人去扶他，但随着他年事日高，再次相逢就渐渐感觉手上有了他的体重，望着他一次比一次显得苍老的面容，抑制不住内心会涌起一阵酸楚。

罗老到老仍保持一颗纯真的心,罗老孙女出生的时候,罗老年已古稀,对于这个孙女,罗老是由衷的喜爱,还给她起了个与众不同的小名,叫闹闹。有一年春节,他用闹闹的照片印制了很多贺年卡,也给我们办公室的同事每人寄了一张,让大家分享他的快乐。舐犊之情,溢于言表。

或许是中国营造学社长期的简朴作风,也可能是平时工作中养成的习惯,罗老对生活条件从不挑剔,简朴随意,常年穿着旧中山装。餐间喜欢喝几盅小酒,也不求什么菜肴,有花生米就好。边喝边和大家天南海北侃大山,作为四川人,摆龙门阵或许也是他的生活乐趣之一吧!罗老也喜欢抽烟,一烟在手,妙语如珠,此刻的罗老,越发显得和蔼可亲。

罗老早年上过旧学,练过书法,写得一笔好字(图3、图4),还专门赠了一幅墨宝给我:"欲穷千里目,更上一层楼。沈亮同志共勉。"与其说这是一件礼物或纪念品,更可以从中领会这位前辈专家对后人的勉励、提携、期望之拳拳苦心。我把它裱制成了一幅立轴,时时激励自己要不断努力。

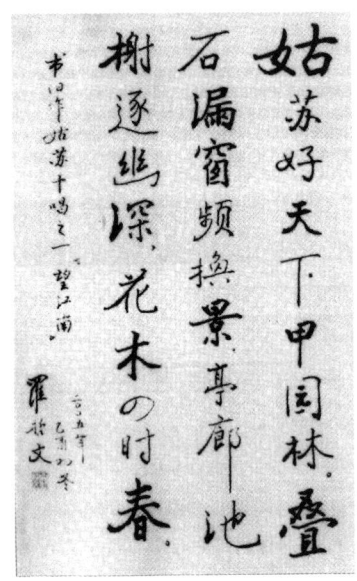
图3 罗哲文先生遗作

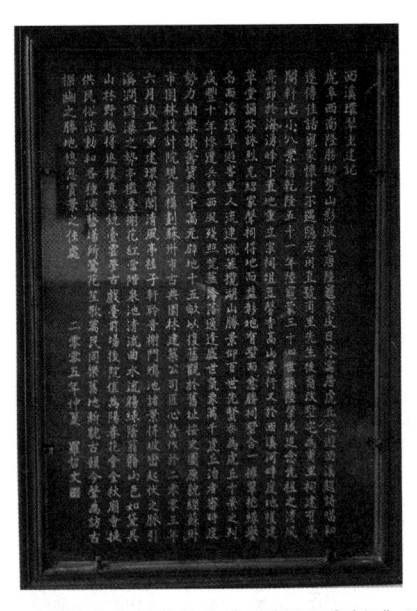
图4 罗哲文先生撰书虎丘《西溪环翠重建记》碑文

行文至此,罗老吐着烟圈、笑意吟吟的形象如在眼前,不由令人潸然泪下。

哲人已逝,英名长存。

五年前(2007年),在纪念苏州古典园林列入《世界遗产名录》十周年时,罗老曾给我们留下几句话语,我想,作为这篇怀念文章的结尾,并把这些话牢牢记住,付之行动,该是对罗老最好的缅怀和纪念吧!

"时代赋予我们这一代人很多很多。它给了我们机遇、梦想与实现梦想的可能。我常常在思考,什么是我们应该留给时代的,什么是我们时代的文化遗产工作者应当留下的。'铁肩担道义',我们的道义是高举文化遗产保护的旗帜,把这一项利在当代,功在千秋,惠及亿万民众的事业进行到底。我们的肩膀也是血肉之躯,在还不平坦的、还充满着各种矛盾

的文化遗产保护之路上，还需要我们共同铸就出坚强的肩膀，肩负着历史的责任，回报祖国的重托。只有靠我们和你们一代一代的努力，中华悠久的历史文化遗产才会散发出璀璨的光芒。"

姹紫嫣红花开遍，满园春色常忆君，从来不知疲倦的罗老停下了他矫健的步伐。天堂路远，怀念至深，罗老永恒的印象，将永远留存在苏州园林的楼台烟雨、良辰美景之中！

（本文作者沈亮，苏州世界遗产古建筑保护研究会副秘书长。此文原载于《苏州园林》2012年第2期）

·周瘦鹃·

现代杰出作家、中国盆景大师

周瘦鹃（1895—1968），原名周国贤，江苏省苏州市人。现代杰出的作家、文学翻译家，被誉为"盆景大师"。曾任第三、四届全国政协委员、江苏省人民代表、江苏省苏州市博物馆名誉副馆长。家贫少孤，六岁丧父，靠母亲的辛苦操作，得以读完中学。中学时代即开始文学创作活动，第一篇作品《爱之花》（剧本）发表在《小说月报》上。毕业后不久，即以写作和翻译为职业。1916年至1949年间，在上海历任中华书局、《申报》《新闻报》等单位的编辑和撰稿人，其间主编《申报》副刊达十余年之久。还主编过《礼拜六》周刊、《紫罗兰》《半月》《乐观月刊》等。抗战前夕，上海文化工作者积极呼号御侮，他和鲁迅、郭沫若等数十人发表联合宣言。

解放后，他一边写作，一边以相当大的精力从事园艺工作。他在自己的庭园里栽花培草、种植盆景，开辟了苏州有名的"周家花园"。被评为"中国盆景大师"。周恩来、叶剑英、陈毅等党和国家领导人都曾多次前往参观，许多外国朋友也不断登门观赏。

周瘦鹃的作品，主要有：抗日战争时期写的意在唤起同胞，奋起抗敌救国的短篇小说《亡国奴日记》《祖国之徽》《南京之围》《卖国奴日记》《亡国奴家里的燕子》等。新中国成立后写的散文集《行云集》《花花草草》《花前琐记》《花前续记》等，散文《我的心拴住在中南海》《初识人间浩荡春》等。他还是中国较早的文学翻译家之一。于1916年翻译、1917年集印的《欧美名家短篇小说丛刊》，介绍了包括高尔基《叛徒的母亲》在内的欧美二十多个作家的作品，鲁迅先生赞扬说它是"昏夜之微光，鸡群之鸣鹤"。还出版了《世界名家短篇小说集》。

新中国成立后，他历任苏州市园林管理处副主任、苏州市文物古迹保管委员会副主任、苏州市市政建设规划委员会副主任以及江苏省文联委员等职，并被选为苏州市、江苏省人大代表和全国政协委员，参加了江苏省第一届人民代表大会以及全国政协第三届第一次、第二次、第三次会议等。被评为第一届中国盆景大师。

周瘦鹃和他的盆景艺术

谢孝思

周瘦鹃是 20 世纪 30 年代就蜚声海上文坛的文学家，又是一个擅长盆栽艺术的园艺家。

我和瘦鹃相识在 1946 年，那时他已息影苏州十几年，徜徉于他的"紫罗兰庵"中，自比陶渊明、林和靖。1949 年 4 月苏州解放，他参与新中国建设活动。1956 年中国民主促进会苏州组织成立，他和我以及他的老友范烟桥、程小青、蒋吟秋诸同志一道参加这个民主党派。从此，紫罗兰庵成了我们经常集会之所。特别是我和他家邻近，更得经常往来，饱览他的盆栽艺术（图1）。

图1　周瘦鹃的盆景

紫罗兰庵是新中国成立前瘦鹃多年卖文积蓄经营的一所园林式的住宅，也可说是一所私家园林。之所以名"庵"寄寓他遁世隐居之志，之所以名"紫罗兰"，据他说，缘于他的一段风流韵事，且园中也种了一些紫罗兰。地在"王长河头"，是靠近名胜"双塔"一处比较僻静的所在。占地不过四亩，围以短墙，中间平屋数间，满陈法书、名画、金石古玩，两三亭榭点缀于假山池树之间，极清幽雅静之致。几百盆大大小小美丽多姿的盆景疏密错落地安置在室内室外，蔚为大观。紫罗兰庵不愧为苏州住家中的"人间天堂"。我们尽可以写一篇全面报道紫罗兰庵的好文章，但现在仅就他的盆栽艺术作一番介绍（图2）。

瘦鹃从事花木盆栽，早在中年时候已负盛名，昔在上海比赛，胜过日本专家。他在此道上付出的劳动是惊人的。他数十年如一日，每天清晨起来，着一身劳动短服，两手污泥，蹀躞园中，浇水、施肥、剪枝、修叶，安石造景，全神贯注进行制作，以求每一件制作品达到富有诗情画意的境界。许多朋友称他为当代盆栽艺术大师是当之无愧的。

图2　苏派盆景代表作之一：秦汉遗韵（1985年首届全国盆景展特等奖）

瘦鹃的盆栽艺术大致为"盆植""盆栽""盆景""水石"四类。当然，这中间有些作品是不能截然区分开的。

"盆植"，一般说来，只是把应时的四季普通花草树木，如月季、兰、菊、山茶、杜鹃之类种在盆里，主要取其花繁叶茂，供一时陈设欣赏，本来没有什么艺术讲究，但出自瘦鹃之手，往往与众不同，总有许多画意。

"盆栽"在紫罗兰庵里是他最宝贵也是最丰富多彩的作品，这些盆栽种在桩头，姿态稀奇古怪、富有画意。中间有树龄超过二三百年的，至于几十年、十几年的那就更多了。能够把种活在盆子里，让它们长叶、开花、结果，这也就颇不容易。瘦鹃很虚心谨慎，在掌握这一关上，有时还向老花工、种植高手朱子安（后成为苏派盆景代表人物）商量合作；至于修枝剪叶，盘根错节，达到入画入诗的意境，此艺术家本领，则是瘦鹃亲手为之。我曾见他为了修剪一株百年老榆的枝条，思考端详了两天才下手。他家小山上有一株自然生长高七八尺的"鸟不宿"，他久欲大加修剪而计筹难决。一日，从上海召回他的大儿子（继承瘦鹃盆栽艺术且有较深造诣）共同商量，于是动了大手术，剪去十分之七、八的枝节，成了一株极其奇古的作品，他引为一大快事。

瘦鹃常以松柏不畏严寒的本性象征人们的高尚品德。在他的盆栽中，松柏占了相当多的数量。他仿苏州光福司徒庙中称为"清""奇""古""怪"的四株汉柏，集四株百年以上的老柏制作"清奇古怪"四盆栽，作为紫罗兰庵的冠冕，放置在松柏盆栽丛中的突出地位，就像儿孙罗拜祖宗似的。凡来紫罗兰庵参观的人，瘦鹃必要引到此地介绍一番，讲说清、奇、古、怪和松柏高尚的节操，使客人在艺术欣赏中启示做人的道理。

瘦鹃酷爱梅花，在园中小山上建"梅屋"，窗棂作大树梅花图案，壁上刻苏州顾氏"过云楼"所藏宋代杨补之四梅花卷；窗外种野梅数株，任斜枝穿入窗内；阶前种"可园"接来的宋代铁骨红梅，每当花开时，瘦鹃坐卧于梅屋藤榻上，自谓神仙之乐。他的诗"合让

幽人住此中，敲诗写30韵对梅丛；南枝日暖花如锦，掩映湘帘一桁红"便是写照。

他的盆栽中，梅桩不少，老的过百年，少的亦二三十年。举凡绿萼、玉蝶、朱砂、胭脂、送春、照水诸品种样样俱全。其中如悬崖倒挂的玉蝶梅、盘屈如铁的朱砂梅，不仅枝干奇古，品种亦佳。而他最宝贵亦富有历史价值的盆栽则是由晚清苏州名画家顾鹤逸亲手种植，名曰"鹤舞"的百年绿萼老桩。这盆梅桩枯干虬枝乱劈柴，而年年着花，香飘特远，这盆梅花幸不为波折所毁，闻现置虎丘"万景园"中。

花果树寿命不长，蓄老桩盆栽，颇不易得，紫罗兰庵有一盆桃花老桩，姿态奇崛，二十多年，犹开花结果；西府海棠一桩妖娇盘屈，繁花似锦，称为奇品。

藤本花木作桩头盆栽，最难培制，在紫罗兰庵中则大有妙品。给我印象最深的：一盆百年以上的枸杞，长可尺五，粗可盈握，种在一高约工尺的天青古瓷盆中，妖娇曲扭，倒挂出盆外昂首向天，垂下几枝长条，满结红光耀眼的杞子，间以垂黄的叶片，绚丽美妙，令人叫绝！一盆银藤，几股盘绕、结成桩头，高不过几尺，倚斜欲倒，从顶上撒下雪白花垂十余串，上覆几条嫩绿复叶，极尽素雅之美，瘦鹃标曰"洛水神仙"。一盆金银桩头近二十年不过鸡蛋大，种在门径不过五寸的浅底盆中，居然发春开花，有金有银，浓香扑鼻，真奇品也。"爬山虎"本下品草木，可蔓延十余丈，亦曾收入紫罗兰庵桩头小品中，别饶佳趣。

瘦鹃姓周，喜宋代理学家周敦颐，《爱莲说》称道莲花"出污泥而不染，濯清涟而不妖"的名句，象征做人的节操并继世代传下的堂名，匾所居正屋曰"爱莲堂"。为了体现他爱莲的感情，因莲花、莲叶高大挺直不宜盆栽造景供养陈设在爱莲堂中，他在堂的四壁悬挂苏州画友所作的莲花屏（中有我的一幅），堂中陈列的花盆形制尽量采用莲花式样。他养在缸里、种在池中的莲花种类繁多，有层台、洒金、并蒂、白玉、绿荷、千叶观音等名种。卢彬士老人是种碗莲高手，能在小小的碗里种莲花，花开如杯口大，玲珑可爱。瘦鹃得其道法。

瘦鹃的盆景艺术更是他的绝技。我们当夸奖他说：中国古来文学艺术大家有诗圣、草圣、塑圣之称，他可算得盆景艺术的圣手。前面说过，瘦鹃能诗文、精鉴赏，风流清雅、不同凡俗，所以他的盆景最富有诗情画意。

他的盆景制作的灵感源泉很多：或描绘前代诗人歌咏自然的名篇秀句；或摹拟前代丽家的名迹；有的还出于他的梦境，千姿百态，变化无穷。这些盆景，有的纯以树石花草构成，而多数则以自然风光为主景，装点一些建筑、人物、禽鸟之属，使其小中见大，假中求真。他为此收罗的物质资料丰富非常，即如陶、泥、木、石刻作的各种建筑、人物、禽兽、陈设器物这些小点缀品、小玩意儿，从南北各地民间收集而来，可说应有尽有。他像小孩儿似的，以一片天真的童心，运以艺术家高超的手法，根据主题思想，把这些小玩意儿非常谐和地安置于美妙的自然景色之中，成为富有诗情画意又有生活气息的艺术品。他在制作过程中，往往为一件作品费了几天的辛勤劳动，自觉不满意便翻倒花盆重来。

瘦鹃的盆景是美不胜收的。回忆我和他家住在邻近的那几年中，他每制作一件得意的盆景，必定拉我去欣赏品评。我欣赏之余，每每对景速写，归来画成大册页便赠送给他（先后约一二十页），可惜后来都遗失了。犹记其中有仿元代赵孟𫖯画本的《枯木竹石》、仿倪云林画本的《平远山水》、仿明代沈周画本的《枫林策杖》；有诗人韵事的《孟浩然踏雪寻梅》《林和靖梅妻鹤子》《竹林七贤》；仿古文名篇陶渊明《桃花源记》的《桃花源》、苏东坡《赤壁赋》的《赤壁游》；纪风景名胜的《香雪海》《小孤山》《鹤听琴》（苏州怡园有

"石听琴室")……这些作品幽雅美妙的形制、韵味至今还深深印在我的脑海中。

犹记得他创作《赤壁游》的过程,那是一次在他和我,还有范烟桥、程小青、顾公硕、蒋吟秋几位老朋友同游天平山时,他在路边一堆废弃的石块中拾到一片带赭红色的石块,既不玲珑,也不顽丑,他惊喜地叫起来:"得之矣!"我们都笑他"莫名其妙"。第三天是我们这几位同志在他家"爱莲堂"中学习毛主席著作的日子,他非常得意地端出一盆水石盆景供赏玩,原来就是以那片红色石块为主材,加以苔草、水、石、人物、器皿精心装点制作的《赤壁游》,大家赞叹不止。摄影高手顾公硕当下对这件佳作和我们拍了一照。接着周夫人捧出大盘西瓜,她对我们说:"他堆这盆东西,为了你们来欣赏,连吃饭睡觉都忘记了。"引得大家大笑。今天回忆,往景如昨,而人物俱亡,不胜悲感!

瘦鹃收罗的花盆洋洋大观,不少名贵之品。他最珍爱的是明清以来的砂质石盆,如明代的铁砂盆,由清代杨彭年、尚韶明、钱炳文、陈文卿……诸名手制作的紫、白、红砂的古盆,还有一些晶莹瑰丽的古瓷盆,这些花盆都是他半生节衣缩食换来的财富,他视为传家的宝贝。

用什么样的盆儿,放什么样的盆栽、盆景,在什么气候环境之下,陈设在什么地方,方称妥帖,瘦鹃于此非常考究,这也是他盆栽艺术中讲求的学问。

"苏州园林甲天下","紫兰小筑"这座以盆栽艺术特别闻名的私家花园,在苏州园林中别具一格,可以说是"天下无双"。瘦鹃庵门常开,成为国内外宾客参观游览的胜地,敬爱的周恩来总理和朱德、陈毅……许多革命前辈都曾来欣赏留题,周瘦鹃引以为荣。不料"文化大革命"期间,瘦鹃惨死,紫兰庭院荒芜空虚,瘦鹃毕生辛勤培养的大量盆栽艺术,至今还能得见者,唯从劫难中幸存的二三盆栽和一二电影、照片及几张印刷图片而已。

瘦鹃爱花成癖,自谓"深入骨髓,死也戒之不掉"。犹记三十年前,我们这几个经常在他家聚会的同志受苏州园林管理处的邀请,计划虎丘修整建设,在虎丘花神庙中,我们对瘦鹃开玩笑说:"若你百年归天,必定接花神之位,那时当为你在庙中塑像立牌位啊。"事有凑巧,前些年苏州园林管理局就在虎丘原来花神庙所在方扩而大之,修建一所精工雅丽的"万景园",取名"万景山庄",汇集苏州数以千计的盆栽精品,陈列其中的就有瘦鹃的作品,瘦鹃有知,当含笑九泉吧!

(本文作者谢孝思,苏州市政协原副主席,苏州著名文化学者。
此文原载于《苏州园林》1995年第2期)

缅怀中国盆景大师——周瘦鹃

茅晓伟

今天，我们在这里集会，纪念我国近代著名的作家、翻译家、盆景艺术家周瘦鹃先生诞辰110周年，缅怀他对苏州园林和对盆景事业所作出的贡献。首先，请允许我代表市园林和绿化管理局，向这位苏州园林的老领导、老前辈表示诚挚的敬意。

周瘦鹃先生一生坎坷，但是成绩卓著，是载入我国文学艺术史册的名人。他的大半辈子是在上海从事新闻、文学编辑工作，可谓蜚声沪上，颇具声誉。他的后半生，也就是抗战爆发、移居苏州后，潜心研究盆景花卉和园林管理，尤其是在盆景方面，他更是大名鼎鼎、享誉海内外盆景界，为苏州盆景的继承、振兴，推动中国盆景艺术的发展作出了重大贡献。

新中国成立后不久，党和政府十分重视苏州古典园林的保护，市政府就拨款整修拙政园。1952年10月，市政府成立了市园林管理处，周瘦鹃为第一任副主任，负责园林管理工作。那时，经历了抗日战争解放战争创伤的私家园林，到处是断墙残垣、破烂不堪，不堪重负的园主便把花园赠送给人民政府。1953年，以谢孝思为主任的整修委员会应运而生，由此留园、狮子林、怡园、沧浪亭、环秀山庄、北塔等及时得到了整修，并向社会公众开放。1959年7月，苏州市政府重新成立园林修建委员会。作为具体负责园林管理以及园林修建委员会副主任的周瘦鹃，尽心尽职，做好分管工作，提出合理的意见和建议，苏州古典园林保护能有今天的辉煌业绩，也倾注了他的一份心血。

周瘦鹃对园林的贡献主要体现在盆景艺术方面。第一，早在20世纪30年代的上海，他在写作之余，喜爱摆弄盆景，并于1939年、1940年间，选送古朴玲珑的小盆景四次参加西方国家在上海举办的中西莳花会，竟有三次夺得锦标赛的总冠军，使盆景在花卉展上独领风骚。那时的上海，十里洋场，是外国列强的天下，周瘦鹃的盆景夺冠，使中国人扬眉吐气，为中国盆景史上增添了一段爱国主义的佳话。

第二，20世纪40年代，他在苏州与朱犀园等人发起组织成立了苏州盆景爱好者的团体——含英社（又称"兰社"），开我国盆景协会的先例，对弘扬苏州盆景，提高技艺起到推动促进作用。

第三，中华人民共和国成立后，他深入生活，创作了一批反映农村现实生活的盆景。他运用明代中叶苏州形成的"吴门画派"的画理，以历史名画为蓝本，取其诗情画意，如沈石田的《鹤听琴图》、唐伯虎的《蕉石图》，以及《饮马图》等，把从山间地头觅到的"老树桩头"按照六分自然、四分人工的要求，采用"以剪为主，以扎为辅"的"粗扎细剪"的方法制作盆景，再布置各种陶质人物与亭、台、楼、阁、塔、船、桥梁、茅屋等小摆件，形成别具一格的人文气息浓郁的盆景作品，如《田家小景》《听松图》《梅月图》《紫竹林》《竹林七贤》《枯木竹石》《孤山放鹤图》《枫林雅集图》《归樵图》《田家小景》《陶渊明松菊犹存》等，这些作品实际上就是现在的树石盆景，又称作"水旱盆景"，改变了过去单一树木盆景的传统形式,丰富了盆景创作的领域。尤其是他的作品充满了文人气息,提高了观赏性,给人以耳目一新之感。如《放牧图》:在一只红色长方紫砂浅盆中,栽种一高一矮两株小榆树,盆画铺以青苔,配上几块山石,放置两个牧牛的摆件,整个画恬静,别有一番野趣。这件《放牧图》后经周瘦鹃的好友秦新东在保持周瘦鹃制作意趣和风格原貌的基础上重新布局,以马代牛,易名"饮马图"。(图1)

图1 盆景《饮马图》周瘦鹃、秦新东作

第四,他撰写了《盆栽趣味》及许多关于盆景和花木方面的文章,如《盆栽趣味》《花前琐记》《花前续记》《花木丛中》《拈花集》《园艺杂谈》等盆景、园艺著作。其中《盆栽趣味》一书,为继承和弘扬中国盆景艺术,形成苏州盆景地方特色和风格,对盆景艺术及其技艺做了阐述,为我国现代盆景理论奠定了基础,作出了重要贡献。

第五,重用、培养盆景人才。我国著名盆景艺术大师朱子安就是他引进园林专事盆景的人才,他们于20世纪40年代就已结成一对艺术挚友,相互切磋技艺。朱子安不负厚望,他的专业技能在园林得到了充分施展,他采用山野挖取野桩为素材,改变了过去用小树培养盆景的传统方法,走出了一条速成培养盆景的捷径。同时,他还在20世纪50年代末至60年代初为园林盆景工讲课,包括北京林业大学的学生和朝鲜留学生,为培养我国盆景人才言传身教,不遗余力。周瘦鹃为中国盆景艺术的发展所做的一切,得到了国家主管部门的充分肯定,1989年,建设部追认授予他首批"中国盆景艺术大师"荣誉称号,同时朱子安也获此殊荣。首批"盆景十大师",苏州独占2席!是苏州的骄傲!

周瘦鹃在盆景艺术方面的造诣是首屈一指的,他对苏派盆景艺术的贡献是有目共睹的。在他和朱子安、叶菁等一批前辈的创造和指导下,苏州盆景取得了长足的发展,并且形成地方风格,成为我国盆景艺术的主要流派之一。在苏州市城市化发展迅猛的当下,盆景爱好者有增无减,一批企业家收藏盆景、建盆景园已成为一种时尚,有力地推动了苏州盆景的发展。值得一提的是,在苏州盆景界有德艺双馨之誉、在国内盆景界声名鹊起的李为民,就是周瘦鹃的外孙,他热爱盆景,以盆景为业,对艺术精益求精,曾两次获得全国展的金奖。周瘦鹃的在天之灵看到这些,是会感到欣慰的。今天,我们在缅怀周瘦鹃对苏州盆景作出

的业绩的同时,结合虎丘、拙政园、留园三个盆景专类园盆景管理的现状,社会盆景发展的势头,面对国内各地盆景的蓬勃发展,苏州盆景在中国盆景中所处的地位现状,深深感到,我们园林部门担负着继承、弘扬苏州盆景艺术的历史重任,并且已经在这方面做了一些工作。未来要做的还有很多。一是,我们还将继续努力,为盆景的创作和艺术的提高提供更加宽松的环境和条件,重点抓好传统技艺的经验总结,吸取兄弟流派的长处,取长补短,鼓励创新。二是要适当发展山水盆景和观花、观果类盆景,体现树种和艺术的多样化。三是要注重专业人才的培养,在理论和实践的结合上下功夫,在机制上为业务尖子创造条件。四是定期组织交流观摩,为新人新作提供机遇和平台。五是要加强舆论宣传,提高苏州盆景在国内外的知名度。总之,我们将担负起政府行政主管的职能,团结社会各界盆景爱好者,和大家一起为继承发展苏州盆景艺术,开创苏州盆景艺术的新局面而共同努力。

(本文作者茅晓伟,

苏州市园林和绿化管理局原副局长、调研员,

苏州市风景园林学会第八届理事会理事长。

此文原载于《苏州园林》1995年第2期)

饮马葑溪　鹤舞人生
——写在周瘦鹃先生诞辰110周年纪念日

周峥

2005年，是周瘦鹃先生诞辰110周年，苏州市政协要举行一次周瘦鹃先生诞辰110周年纪念活动，因在园林工作，即要我写一篇纪念文章。受命后心中惶惶，因为我从未见过周先生。

1966年，那时的我尚处懵懂无知的年龄，一张放大的黑白照片引起了我的注意——一位老者戴着一顶绒线帽，双手撑握着拐杖坐着，双眼呆滞地向前望着。这就是我对周先生的第一面"印象"。

真正知道周先生，还是爱上中文，从事园林工作后。那时，常听老一辈说起周先生，说得最多的是他的盆景。盆景艺术大师朱子安是园林的耆老，仅他那头白发就令人肃然起敬。他那手绑扎、修剪绝活当之无愧地掀起了"苏派盆景"的旗帜。后来得知，朱子安曾长期跟随周瘦鹃先生学习盆景，无怪乎，朱大师的盆景大气不失精巧，造型也极具画意——这正是苏州文人盆景的特色。

说来惭愧，看到周先生的盆景，只是在纸上。我曾有幸看到过周先生于20世纪60年代初出版的盆景明信片，有两盆给我留下了深刻的印象，一盆是梅桩"鹤舞"，一盆是"饮马图"。枝干苍凛的梅桩，仅剩几条梅枝，枝头上零星点挂着几朵梅花……初看真是惊咤，短短一截梅桩斜栽在盆中，由于重心在前，梅桩整体也像是正在向前俯冲而充满着动感；几枝疏条又似被劲风所吹而向后飘摇——我用心感受着这盆盆景，它并没有仙鹤舞蹈的具象，也许周先生是看到它充满着动感，看到它疏条舞动的潇洒，才给它题取了这个给人以想象的带着诗意的高雅名称吧。"饮马图"只两株瘦小的榆树枝干，一高一低，一直一斜，斜枝下，两匹陶马似正悠闲地在休息，不知道为什么，看"饮马图"，总会想起元人笔下关于天涯旅人的小令。从此，我懂得了什么是真正意义上的文人盆景……

20世纪80年代中期，建设部委托上海园林局胡运骅局长责任编辑《中国盆景精品集》，胡局长又委托著名摄影家金宝源先生到苏州查访周瘦鹃先生的遗作。我陪同金先生走进了紫兰小筑（图1~图4），遗憾的是，他家人告诉我们：没了，全没了……。在周先生外孙李为民的小院中，我观赏着这唯一继承祖业的后代的作品，我又从地上捡拾了几颗周先生在书中提到过的红豆，作为到过紫兰小筑的纪念。

图1　周瘦鹃在紫兰小筑

图2　紫兰台

图3　紫兰小筑陈设

图4　紫兰小筑陈设

2001年7月,捷克斯洛伐克共和国驻华文化参赞夫人、捷克斯洛伐克共和国中友协主席何德佳女士应建设部邀请,率本国盆景艺术代表团到苏州参加全国盆景艺术展。其间,她带领代表团一行来到了紫兰小筑,瞻仰大师遗踪,寻沐大师遗风。周家蕾、周家全两姐妹热情接待了远道前来的欧洲故友,带领他们参观了周家花园。何德佳女士还特地提出要参观"爱莲堂",在早已成为杂物堆放间的"爱莲堂"故址,何德佳女士久久伫立无语,何女士是在想象着当年这位名闻中外的园艺家的清癯的风采,还是在对当年一堂春色而今满屋蓬尘的"爱莲堂"抒表无言的遗憾?

周瘦鹃先生是一个从旧社会走过来的旧知识分子,20世纪30—40年代,虽说他的才华也得到了辉煌的展示,但毕竟时局不定,他常常不得不带着他的家人颠沛流离。最后,和很多当时的知识分子一样,他选择了苏州这方水土定居了。他们在苏州大多过着笔墨生活,日积月累,逐渐地在苏州积淀起带有时代特点的新"隐士"文化。这批"新隐士"的选择再次证明了苏州这方水土的丰腴,证明了苏州人文环境的宽厚、包容。不妨想象一下,如果没有一批一批的文化人到苏州定居,没有他们对数千年的文化积累的不断补充,苏州文化会有今天的厚度吗?

生活在苏州是幸运的,因为我们不仅享受了苏州丰富的物产,我们还享受了无数前人留下的丰厚的文化遗存,每感受到这些,我崇敬之意油然而起——这之中有我从书上、从周围环境中解读到的园艺大师——周瘦鹃。

(本文作者周峥,苏州市风景园林学会第七届理事会副秘书长,《苏州园林》原主编。此文原载于《苏州园林文化》2005年第2期)

弘扬大师遗愿 振兴苏州盆景
——纪念周瘦鹃诞辰110周年

左彬森

周瘦鹃先生是我国著名的文学家、园艺家,尤其是在盆景艺术方面的造诣,其名声甚至超过了他在文学方面的声誉,而且称得上是中国当(近)代盆景第一人。这是他从事盆景艺术四十年中所取得的卓著成绩,确立了他在中国盆景界无可替代的地位。值逢纪念周瘦鹃诞辰110周年之际,笔者以此文缅怀这位足以使苏州感到骄傲的盆景大师。

图1 20世纪60年代初盆景大师周瘦鹃在紫兰小筑

20世纪30年代,周瘦鹃在上海《新闻报》《申报》任编辑,笔耕之余喜欢玩乐小盆景。20世纪40年代初移居苏州后,致力于盆景艺术的研究,填补了这一时期的中国盆景史空白,创造了中国盆景近代史上值得载入史册的事件:1939—1940年间,以古朴玲珑的小盆景四次参加上海的"中西莳花会",夺得三次总锦标赛冠军;20世纪40年代初,在苏州与朱犀园等人发起成立了我国历史上第一个盆景爱好者的社团组织——含英社;20世纪50年代中期,与其长子周铮合著《盆栽趣味》,开近代盆景专著之先河;1958年,上海科教制片厂以他为顾问,以他的作品为主,拍摄了一部科教片《盆景》。笔者以为,周老对盆景的贡献涉及方方面面,而其最突出的贡献是理论及其创作思路两个方面,不仅是在当时,即使是现在,仍然能从中受到启迪(图1)。

在盆景理论方面,周老有他独特的见解,在他的《盆栽趣味》及有关散文中作了极为详细的叙述:"盆景的构成,是将老干或枯干的花树、果树、常绿树、落叶树等一株或二株种在盆子里,抑制它们的发育,不使长得太高太野,一面用人工整修它们的姿态,力求美化,好像把山野间的树木缩小了放在盆子里一样。"他还把盆景分为简单化和复杂化两种,所谓简单化的盆景,实际上就是日本及世界各地所称的"盆栽";对国内来讲,即上面所述的上了盆、人工整了形的老干、枯干树桩,也就是现在的树木盆景。"那么怎样才是复杂化的盆景呢?这就须更进一步,制作比较细致;倘以绘画作比,等于画一幅山水或一幅园林,又等于在盆子里制成一个山水或园林的模型,成为立体的实物",周老进一步说:还可辅以亭桥、寺塔、舟车、人物、禽畜等。这实际上就是现在的山水、树石(俗称水旱)盆景。他还指出:"过去传统的风格,总是把树木扎成屏风式、扭结式、顺风式和六台三托式等,加工太多,很不自然,并且千篇一律。也显得呆板而缺少变化。"说明当时的苏州盆景已经摆脱了传统的约束,造形趋向自然。关于盆景的整形,他认为"盆树的整姿定形,一定要有充分的艺术修养和灵巧的手法,我以为应该六成自然、四成加工。而这四成中又应该以修剪占二成半,扎缚占一成半,才不致因加工过度而成为矫揉造作,落入下乘"。这可以说是对苏州盆景"粗扎细剪"技法的肯定和总结。

关于盆景创作的问题,周老也是独辟蹊径。他的创作思路主要来自两个方面:一是反映祖国的大好河山和现实生活;二是以历史名画为蓝本,取其诗情画意。他认为"凡是制作盆景高手,必须胸有丘壑,腹有诗书,多看古今名画,才能制成一盆富有诗情画意的高品""一是经常外出游山玩水,从岩壑、溪滩、山野、村落,以及崇山峻岭之间,可以找到不少奇树怪石……平日还要经常观摩古今名画,可以作为盆景的蓝本……我曾经利用沈周的《鹤听琴图》、唐寅的《蕉石图》、夏仲昭的《竹趣图》、王烟客的《新蒲寿石图》、齐白石的《独树庵图》等,依样画葫芦似的制成几个盆景,像这样的取法手上,不用说是更饶画意了"。显然,他的名作《田家小景》《饮马图》《放牧图》等属于前者。苏州市政协原副主席谢孝思曾写过回忆文章:"周瘦鹃的盆景是美不胜收的。只就回忆我和他家住在邻近的那几年中,他每制作一件得意的盆景,必定拉我去欣赏品评。我欣赏之余,每每对景速写,归来画成大册页便赠送给他(先后约一二十页),可惜都遗失了。犹记其中有仿元代赵孟頫画本的《枯木竹石图》、仿倪云林画本的《平远山水》……记风景名胜的《香雪海》《小孤山》……。"周老的盆景创作思路及其作品,充满了诗情画意,独具文人气息,在20世纪50年代,对推动中国盆景事业的发展起到了很大作用。

周瘦鹃的盆景理论及其创作理念,可以说是中国盆景走向繁盛的序曲,对于我国盆景事业的传承起到很大的促进和推动。在他逝世二十一年后的1989年,建设部追授他"中国盆景艺术大师"的荣誉称号,充分肯定了他对中国盆景所作出的贡献。半个世纪过去了,重温周老的教诲,是那么亲切、准确,给人以启迪。时至今日,依然十分贴切、实用,尤其是对盆景创作,如何继承传统、开拓思路、创新作品等方面有一定的现实指导意义,对此笔者深有感触。

1964年,笔者参加园林工作,学的是花卉,看到的第一本专著就是《盆栽趣味》。1982年后,因工作关系与盆景结下了不解之缘,对苏州盆景的过去和现状有所了解,应该说,苏州盆景在周瘦鹃、朱子安、叶菁等老一辈的倡导下,不受传统制约,成为全国主要流派之一;近二十年来,尤其是进入21世纪,盆景发展势头迅猛,在技艺上更趋成熟,造型更加自然;山水、树石盆景新人新作频出,别具风格;更有一批企业家建盆景园、收藏上品盆景已成时尚,这些均增强了苏州盆景的可持续发展。然而,也存在一些不足,如对盆景理论的探讨,对地方风格的继承和发展;对传统技艺的总结,对创新技法的研讨应用;对培养新人如何提供机遇,对保持苏派盆景特色采取何种措施……这些问题在纪念周瘦鹃诞辰110周年之际,苏州盆景界要缅怀大师,也应深刻思考如何继承周瘦鹃的盆景理论和创作之路,并使之发扬光大。笔者以为,做好这两点,就是对周瘦鹃先生最好的纪念。

(本文作者左彬森,苏州市风景园林学会第七届、第八届理事会副秘书长。此文原载于《苏州园林文化》2005年第2期)

·顾廷龙·

中国著名版本学家

　　顾廷龙（1904—1998），字起潜，号匋誃，苏州人。著名古籍版本学家、目录学家和书法家，上海图书馆原馆长。长期致力于古典文献学、版本学和目录学的研究。

　　1931年毕业于上海持志大学（上海外国语学院前身），获文学学士学位。1933年毕业于北平燕京大学研究院国文系，获文学硕士学位。之后即投身于图书馆事业，先后担任燕京大学图书馆采访部主任、上海私立合众图书馆总干事、董事。解放后，历任上海图书馆筹备委员会委员、上海市历史文献图书馆馆长、上海图书馆馆长、上海图书馆名誉馆长。曾任华东师范大学兼职教授，《中国古籍善本书目》主编，《辞海》编委和分科主编，文化部国家文物鉴定委员会委员，国务院古籍整理出版规划小组顾问，中国图书馆学会第一、二、三届副理事长，中国书法家协会名誉理事等职。著有《说文废字废义考》《章氏四当斋藏书目》《顾廷龙书法选集》《吴愙斋年谱》《古匋文昚录》《尚书文字合编》等。

顾廷龙与苏州园林

董寿琪

当代书坛泰斗顾廷龙先生于1904年农历十月初四诞生在苏州城东一条僻静的小巷——混堂巷内。他自幼刻苦读书,青年时代到外地求学,以后一直在京、沪两地工作。现在开放的众多园林,他在年轻时候几乎很少光顾。但是到了晚年,顾老却心系故土,为苏州园林书写了大量的匾额。顾老高超的书艺和清澄的人格力量为苏州园林增添了不少光彩。

园林是苏州的骄傲和象征。历代优秀的造园家和能工巧匠,在有限的空间里构筑出一座座"虽由人作,宛自天开"的城市山林,让人不出市廛,也能享受到大自然的野趣,这是苏州园林能够倾倒无数游人的根本原因。由于文人、画家积极参与造园,把文学、书画艺术带进了园林,蔚成了园林中形式多样的人文景观,使苏州园林在艺术地再现自然山水的同时,更凸现出高雅脱俗的情趣和深邃的文化内涵(图1、图2)。

图1 顾廷龙(右)与中国园林学家陈从周先生(1988年)

图2 顾廷龙(右)与苏州文化学者王西野切磋书法艺术

装点在园林建筑物上的匾额题刻就是园林人文景观中的一种重要样式。从北宋年间著名学者李格非撰写的《洛阳名园记》中可以看到，早在一千年前，园林中亭台堂阁已多有题名，以后逐渐发展成题额这种独特的艺术样式。题额的内容丰富多彩，有的摹写建筑特色，有的着眼于环境情调，有的属意于声影色彩，总之，经过文人的巧思妙想，把优美的园景凝聚在片言只语之中，使览者在会心之余，更加深了对园景的审美感受。所以匾额不仅仅是园林景观的说明书、园林建筑的装饰品，更是升华园林意境、揭示景点优美意蕴的点睛之笔。也有一些匾额的内容表面上看似与园景无关，却反映了园主的生活理想、情操和审美追求。

正因为匾额有这样的作用，明、清以来，造园家在构园时都把它作为一种不可或缺的陈设，以此提高园林的文化气息。从游园角度来看，品赏匾额、楹联、碑刻、书画是游览活动中不可遗漏的重要内容，是一种源于园景，又逸出园景之上的高品位的文化享受。品赏匾额，除了文字内容外，书艺本身是极为重要的因素，所以匾额一般都由书法高手书写，其中不少人还是负有盛名的书家。

近十几年来，苏州市对园林和文物古迹进行了大规模的整修，其中包括在园林风景区恢复和新添了较多的匾额。在这些新布置的匾额中，有相当一部分出自顾廷龙先生的手笔，这些匾额因书艺出色、分布数量众多而格外令人瞩目。

顾老四体皆工，尤其擅长楷书和篆书。早在 1963 年，他就作为中国访问日本代表团的成员，前往东京等地交流书艺。如果能在各园林风景区逐一欣赏顾老的墨宝，作一次专题的文化旅游，必当获得丰厚的艺术享受。苏州园林在明、清兴盛时期，有数百处之多。中华人民共和国成立后，政府抢修和保护了一大批名园，迄今为止，苏州开放、修复、保护的大、中、小园林和庭院有七十余处，所以苏州这座"城中园、园中城"的花园城市本身就是一座规模宏大的园林博物馆，而设在拙政园内的苏州园林博物馆可以看成苏州这座大的园林博物馆的序馆。顾廷龙先生积极支持苏州园林博物馆的创建，在 1992 年欣然题写了馆名。鼎鼎大名的虎丘始盛于春秋时代，是我国现有城市园林范围内最早的风景名胜园之一，素有"吴中第一胜迹"之称。山上大殿东，有祠堂一座，堂名"五贤堂"即为顾老手书。顾老精于正体，但往常见到他写唐楷，此匾以魏碑体出之，可以说仅此一例。

沧浪亭在苏州四大名园中历史最为悠久。明道堂是园内主建筑，高大宏敞，1984 年整修时，顾老为之重写了匾额。

狮子林是江南现存唯一一座始建于元代的名园。建园伊始因淡静幽旷的风格吸引了许多一流大画家为之作图，使狮子林名声大噪，其中以倪云林画的《狮子林图》最为脍炙人口，后人遂把狮子林和倪云林连在一起，顾老为狮子林书写的"云林逸韵"匾额，指的就是这件事。倪云林是元末四大画家之一，他的绘画艺术在审美上被誉为逸格的顶峰。过园门，越过石板天井即为大堂，此堂原是贝氏家祠。顾老书写的"云林逸韵"匾，高悬其间。四个擘窠大字，俊朗秀逸，和园景风貌融洽呼应，名园、名画、名书相互映发，堪称园林史上的佳话。

进留园园门，首先映入眼帘的是顾老手书的四个鎏金大字"吴下名园"。留园以空间布局曲折幽深，建筑陈设华丽典雅而著称。当前，苏州古典园林正向联合国教科文组织申报世界文化遗产，留园作为四个代表性的园林实例之一，具有重要的地位。体现名园的价值是多方面的，特别是从世界文化遗产这一角度来看，更少不了像顾老这样的文化名人的参与。

《红楼梦》大观园中有一座藕香榭,但建在池中,四面荷花,有竹桥接岸,和苏州怡园的藕香榭格局不同。怡园的藕香榭为全园主体建筑,坐落在水池南岸,顾老在1986年为此厅补书了"藕香榭"匾额(图3)。

图3 顾廷龙题书怡园《藕花榭》匾额

曲园是晚清学者俞樾的宅园,建于清光绪二年,有堂二座,一为乐知堂,一为春在堂。乐知堂原为彭玉麟书额,原匾已毁。1986年曲园修复时,俞平伯先生对此匾的恢复非常重视,反复考虑补书者的人选,最后还是决定要由顾老书写。乐知即乐天知命之意。

北塔公园在原北寺旧址内,是苏州最大的寺庙园林,园内的北寺塔,高峻雄伟,是苏州城的标志之一。原北寺的藏经楼,位于高塔的北面,顾老于1989年书写的"含真藏古"匾额高悬楼的底层。塔东的观音殿,建于明代万历三十二年,是苏州现存最完整的明代建筑之一,因以楠木为殿柱,故名楠木观音殿。殿内原来供奉高数丈的观世音像,以七宝米和泥而成,端庄妙丽,不需拂拭而莹净明洁,故称不染尘观音,可惜在"文化大革命"中已遭焚毁。现在殿前悬挂顾老书写的"一尘不染"匾额,为这座庄严的梵宫填补了空白。

飞英堂是后花园的主体建筑,堂内隔扇屏门上,悬挂顾老书写的"飞英堂"匾额。在堂南、堂东有不少花木,不独花时烂漫醉人,落英缤纷亦富有诗意,堂名"飞英",即取意于此。

石湖风景区以吴越遗迹和江南水乡田园风光见长。南宋著名田园诗人范成大晚年隐居于此。范成大原来的别墅——天镜阁,1982年后陆续进行了修复。由顾老书写的"天镜飞来"匾,现高悬渔庄内。"天镜"二字取自李白的诗句"月下飞天镜"。

盘门是我国现存最为完好的一座水陆并存的古城门,是苏州建城2500年的历史见证。顾老客居京华,但常常思念家乡,为古城门书写了"水陆萦回"匾。

天平山,古称白云山。1.36亿年前的造山运动,构成了天平山独特的地貌。山上一块块垂直指向的巨石,森然耸立,远远望去犹如古代大臣上朝用的记事板——笏板,无数的笏板组成了一幅壮观的画面——万笏朝天,这是天平山的标志,也是天下绝景之一。天平山之所以有名于天下,除了自然景色奇异外,还因为这里是北宋名臣范仲淹的祖茔所在地,有许多和范氏有关的胜迹(图4)。

图 4　顾廷龙为《苏州园林》题写的刊名（1998 年）

范仲淹倡导的先忧后乐是中国传统文化中极富积极意义的思想。1989 年，作为范仲淹的家乡，苏州市举行了隆重的纪念范氏诞辰 1000 周年的活动。为弘扬范氏的高风亮节，市政府在天平山麓范祠前用花岗石建起一座精美的"先忧后乐"牌坊。坊额上镌刻着千古传诵的范氏名句"先天下之忧而忧，后天下之乐而乐"，这闪光的十四个字，即由顾老书写。

当年主事者在确定由谁书写这十四个字时，曾经费了一番推敲。虽然八年前还没有像现在这样流行招标的方式，但苏州书家数量众多，有意"投标"者不只是一、两个人，书家们的热诚也合于情理。然而主事者考虑到这座牌坊意义特殊，首先明确了对书写者不付酬金；其次，出于对范氏的崇敬，按惯例书者不落款；第三条要求颇严，即书者必须是书品、人品俱佳的德高望重的长者，而且要楷书优良者。兼此几项条件，最终的结果，自然确定了由顾老来担此重任。今天，当我们瞻仰这座牌坊，观赏到那浑厚挺拔的十四个大字时，不由得会赞叹当年主事者的选择确实是富有眼力的。

顾老出身书香，他的父亲竹庵公是当时苏州有名的书法家。顾老早年习书，主要仰承家学。他在青年时代有机会亲炙名书家王同愈，得益殊多。为了研究文字演变史，他广泛临摹各种书体，把习书和学术研究结合起来。数十年的临池功夫和深厚学养的浇灌，使他的书法脱尽行气，卓然特立。他真、草、隶、篆样样皆能；大到榜书，小到蝇头小楷，件件擅长。其楷书体态平和，筋骨内含，点拂之间流露出优美潇洒的韵致，上承魏晋六朝而归结于隋唐；篆书线条紧涩厚重，气势雄浑苍茫，用笔方圆兼施，熔金文诸体于一炉，韵味高古而婉丽多姿；行书结体宽博，气度雍容典雅，直窥东坡堂奥。顾老的书法，除了体现功力和学养外，也展示了他高尚的人品，正如前人所言："品高者，一点一画有清刚雅正之气"，这也是大家喜欢他的书法的原因。

顾老首先是一位学问家，他的第一岗位主要是研究古文字和古籍的版本目录。学术上众多的建树使他享有崇高的声誉，是公认的现代最有成就的版本目录学家之一。顾老长期担任上海图书馆的领导职务，为新中国的图书馆事业做了大量的工作。20 世纪 70 年代，尚在"文化大革命"内乱期间，他排除干扰，勇敢地挑起了周恩来总理交托的编纂中国善本书总目的任务。近两年来，他虽已属九十高龄，仍然不辞辛劳，领衔担负了《续修四库全书》的编辑工作。《续修四库全书》是建国以来规模最大的古籍整理项目，也是对近二百年间的学术文化进行一次新的归纳和总结的宏大工程。这项工作在海内外产生了广泛的影响，

具有十分深远的意义。

  书法对顾老来说是第二岗位的事，慕名求书者接踵而至，顾老总是善解人意，尽量满足，特别是因公而书写的许多作品，他从不提出索要报酬。他绝不摆名人架子，和人交往，不论贵贱，一视同仁。他有那么大的成就，但没有一丝傲气。友人们提到顾老时，总是赞不绝口，这样的好人，真是踏破铁鞋无觅处。

  总之，顾老一辈子的事业全在一个"书"字上。上海市委、市政府高度重视精神文明建设，把建设上海图书馆新馆的工作列入市政府的实事工程，文化事业上这样的大手笔在全国尚属少见。1996年12月20日举行了隆重的新馆开馆仪式。由中国书法家协会、上海书法家协会、上海图书馆联合举办的"顾廷龙书法展"也和新馆同时揭幕，并于12月23日，在上海豫园绮藻堂举行"顾廷龙学术成就暨书法艺术研讨会"。这两项活动不但是艺苑盛事，也是社会对顾老数十年辛勤笔耕的最好评价。顾老是地道的苏州人，他的成就也是家乡人的骄傲，他在苏州园林留下的墨宝，和园林一样具有永久的魅力。"典籍纂辑，巨帙良多；金石健笔，一枝独秀"，谨以此联遥祝顾老金石寿[注]，吉而康。

（本文作者董寿琪，苏州文史学者。
此文原载于《苏州园林》1996年第3、4期合刊）

注：此文写于顾老生前，故以金石寿遥祝顾老——本文作者注。

·孙传哲·

中国著名邮票设计大师

孙传哲（1916—1995），浙江宁波人。中国著名邮票设计大师，新中国第一位邮票设计家，新中国邮票事业的开拓者。北京市第七届常委、民革北京市委委员。

1933年毕业于上海美术专科学校画画系，1936年毕业于南京中央大学艺术系，1947年作为绘图员开始了他绘制邮票生涯。1952年至1985年，先后担任邮电部邮票发行局设计室主任、邮票设计师、高级工艺美术师。参与设计了新中国第一套纪念邮票（张仃、钟灵草图设计，孙传哲版图绘制）、第一套特种邮票、第一套普通邮票、第一套航空邮票、第一套欠资邮票、第一套"军人贴用"邮票、第一套"八一"邮票。

从他设计新中国第一套纪念邮票《中国人民政治协商会议第一次全体会议》起，三十多年里孙传哲共设计了100多套邮票，占新中国三十年里邮票发行总数的近1/4。他设计的《中华人民共和国开国纪念》《梅兰芳舞台艺术》《中国科学家》《黄山风景》《台湾风光》《金鱼》等众多邮票作品在全国评奖中获奖。

获得诸多国际荣誉，1981年赴奥地利参加WIPA国际邮票展览会，获大会授予的荣誉证书。1985年，应联合国国际和平大会邀请，代表中国参加为1986年国际和平年设计宣传画的活动，荣获三等奖。经邮电部推荐，先后为联合国邮政总局设计了世界人口年邮票、海洋安全年邮票、和平与发展邮票。

方寸之间名园奇
——记中国著名邮票设计大师孙传哲与苏州园林

姜晋

中国著名邮票设计大师孙传哲（1915—1995）已离开人们近十个春秋了。这位从事邮票绘画设计四十余年，妙笔中曾诞生过无数邮艺奇葩的大师，对苏州园林可谓情有独钟。在他专注于新中国邮花的设计生涯中，苏州园林一直是他人生的诗境和梦境主题（图1）。怀揣着这样一个梦境，孙传哲终于有一天好梦成真，亲手揽得名园的奇秀美景，一展于他那心中的方寸天地之间。

图1　新中国第一套纪念邮票（纪1）《中国人民政治协商会议第一次全体会议》

苏州沧浪亭、狮子林、拙政园和留园，分别代表着苏州宋、元、明、清各历史时期建筑风格特色的私家宅园，被誉为苏州四大名园。在孙传哲的心里，苏州这四大名园是苏州人秀雅的容颜，是水乡人清丽的衣衫，也是苏州向世人挥手之间亮出的一张古城名片。作为同是江南人的孙传哲，虽不是生于苏州古城，但江南这方同是山温水软的水乡泽国，孕育了孙传哲的灵慧，也滋润了孙传哲这支欲泼墨点彩的人生画笔。

情牵姑苏

孙传哲的画笔与苏州园林有缘，这似乎是一种天意。1915年生于浙江宁波的孙传哲，在宁波这座日闻螺号、夜枕潮声的海滨城市里，他似乎自幼就迷恋于家乡宁波古城世代相袭的传统文化风韵。宁波那闻名于世的报国寺、天一阁藏书楼，还有那林木葱郁的天潼、阿育王寺和奉化溪口的青山绿水间，都是孙传哲年幼时魂牵梦萦的一方桃源。

宁波这处开放口岸的很多名胜有着和苏州园林同样的浓郁人文气息氛围。以至岁月倏忽数十度春秋后，孙传哲首次来到苏州，看了这些世人梦境中的苏州园林以后，曾一回回心动地与他家乡的报国寺和天一阁相互比之。虽然两地园林名胜各有不同，但在孙传哲的心灵深处，苏州与宁波的园景就像一条纽带系着的两颗翠珠儿，同样给人以回味无穷的迷人魅力。

自幼就喜欢在自然山水间涂涂画画的孙传哲早年就读于宁波一中，后以优异的成绩考入上海美术专科学校学绘画。两年后由副校长王济远推荐，转到南京中央大学艺术系深造，师从著名的绘画大师徐悲鸿、潘玉良等，从此奠定了坚实的艺术功底。抗战爆发后，孙传哲全家从宁波逃难到上海，生活无着落。在1936年，他只能靠画广告和卖字画为生。同年，在上海沙洛斯基画室任助理画师时，孙传哲首次承担了国营招商局75周年纪念邮票的设计。也许就是有了一次这样的设计经历，孙传哲日后才得到人生的一次重大转折。1947年他报名参加了旧交通部邮政局驻沪供应处仅招收一名邮票设计人员的考试，结果幸运地被录取，进入南京邮政局驻沪供应处任专职邮票设计员。从此，孙传哲的绘画与邮票结缘，开始了他的邮票设计生涯直至终生。

新中国成立后，孙传哲作为中国第一代邮票设计家的翘楚人物，为邮票设计写下了璀璨的一笔。1949年上海解放，他就为华东邮政管理局设计了"中国人民解放军建军二十二周年纪念"邮票和"毛泽东像"普通邮票。而后，他参与设计了新中国第一套纪念邮票，并设计了新中国第一套特种邮票、第一套普通邮票、第一套航空邮票和第一套欠资邮票。40年来，孙传哲设计或参与设计的邮票达150余套，在1980年评选出的建国30年最佳邮票中，由孙传哲设计的占了三分之一以上，其中《开国纪念》《梅兰芳舞台艺术》《中国古代科学家》《黄山风景》《台湾风光》《金鱼》《熊猫》《金丝猴》和后来的《苏州园林——留园》《苏州园林——拙政园》等邮票，在国内外邮坛上享有盛誉，深为集邮者所青睐。1981年，孙传哲以中国高级邮票设计师的身份，首次代表中国赴奥地利参加维也纳WIPA国际邮票展览会，荣获大会授予的荣誉证书（图2）。

图2　孙传哲在工作中

说起将苏州园林搬上方寸天地的事，建国后邮票设计工作，虽有过百花争艳的丰繁，但也有过清一色"红色脸谱化"的面目。改革开放后，中国的邮票设计和选材重焕生机，注重其艺术表现力与思想内容和传统文化的有机结合了。从20世纪70年代后期开始，我国邮票的选材和设计都日趋丰富和精美，好票佳邮屡见不鲜，像《庚申园年·猴》《云南山茶花》《奔马》《长城》《台湾风光》《西游记》等一批邮票让人耳目一新，春华永驻。孙传哲作为邮票设计家，又让这百花争春新的年代重新激发起了热情和才情，他再操画笔，精心设计出一批诸如《台湾风光》《鉴真大师》《月季花》《紫貂》《国际档案周》等令人拍案叫绝的佳邮。就在20世纪80年代前后，孙传哲逢得了他人生邮票设计生涯的又一春。其中，苏州园林邮票是他心仪已久的题材。他记得，早在建国前自己就曾来过苏州，想游一游苏州私家园林，诸如留园、拙政园、狮子林、网师园等名园。但是那时苏州这些园林或是大门紧闭，或是荒颓败落。有些园子虽景物佳秀，但由于长期受战争和动荡岁月的劫难，也日显萧疏苍凉。苏州园林的绰约风姿实际上是自建国后在党和政府的关注下一步步重振起来的。孙传哲留下了年轻时来苏州未能一睹苏州园林风采的遗憾，带着一种憧憬和渴望，他想将心中神往不已的苏州园林通过自己的画笔烙在中国的名片上。

彩绘留园

1980 年，已过花甲之年的孙传哲欣逢了人生两件喜事，一件是建国 30 年最佳邮票评选揭晓，孙老是该次盛况空前的评选中第一个受奖者，且 30 年佳邮中的三十套邮票有三分之一是他设计的。第二件喜事则是他正在设计着一套《苏州园林》邮票，其中包括苏州拙政园、留园、沧浪亭和狮子林。

擅长以中国工笔彩绘笔法结合西洋绘画的孙传哲设计苏州园林，应该说在绘画上是中西相得益彰的一个尝试。苏州园林精雅秀巧，于有限的天地间尽展亭轩池阁、山峦奇峰及曲廊幽径之美。将园林天地美景通过设计绘作浓缩于方寸之中，其中意趣及审美品位亦不亚于大幅的摄影画册及那些无数风景照片等。作为邮票这样一种方寸之间的微观艺术，它主要以精湛细致的绘画给人以情趣和艺术感染。而邮票艺术的某些方面也正与园林构建艺术有着相近和相互融合之处。设计前大量的案头工作准备就绪后，孙传哲并不满足手头拥有的大批苏州园林的图文资料。古人云："搜尽奇峰打草稿。"要画好苏州园林，必须胸中有园林，所谓意在笔先，才能笔下有物，笔下有神。于是这位年届花甲的老人踌躇满志地从北京一回回收拾起行囊，三下江南来苏州园林实地写生。

孙传哲所设计的四套苏州园林邮票中，《留园》是最先动笔的（图3），这可能是因为色彩绚丽、秀雅的留园最适合于他擅长的中西绘画结合的特点。确实，留园从选景到绘画设计以至最后的印制发行，无不展现了该邮票上中国画和西洋画结合的特色，用西洋画的色彩、中国画的线条，既把苏州园林的精巧秀雅表现出来，又把四季景色的变换鲜明地再现出来。孙传哲来留园写生时，最先听到的是留园这座清代园林向有建筑山石之美。留园园内曲径蜿蜒、环廊迂回、亭轩互映、厅堂宏丽、山石婀娜、古木参天，不愧是一座有着好山、好水、好建构的名园。留园的诸多佳景缤纷乱眼，却总又让人赏心悦目。由于整个园内环廊绵延曲折处处相连，于是留园有了"雨天游园不湿鞋"的美誉；又由于留园的厅堂馆阁众多且宏伟，也有了留园以建筑美见胜的赞叹；还有留园有江南第一峰的假山太湖石冠云峰和众多百年古树等，留园应该说是占尽了园林的风光。孙传哲在写生时面对众多佳景，经反复考虑后终于将留园最具特色的"春夏秋冬"四季景色构成这套邮票的主体。四季园景即：春到曲溪楼、远翠阁之夏、涵碧山房秋色、冠云峰晴雪。说到留园中那峰太湖巨石冠云峰被搬上"邮花"，孙传哲在构思设计方案时，是听取陪同参观的园林专家建议设计邮票的。冠云峰是北宋花石纲的遗物，以瘦、漏、透、皱而称绝于世，它和杭州西湖的"皱云峰"、上海豫园的"玉玲珑"、南京瞻园的"仙人峰"同称为江南四大奇石。

图 3 T56 苏州园林——留园

孙传哲在设计中为了充分展现留园特色，首先采用了他最擅长的传统中国画的勾线法进行绘制，画面上曲溪楼畔池水明净如镜；远翠阁旁粉墙漏窗相映成辉；涵碧山房楼阁廊房富丽堂皇；冠云峰边冰雪莹莹。精细的线条再加上西洋绘画中瑰丽又浓重的色彩，将留园那布局紧凑而富于变化的景色表现得淋漓尽致，体现了苏州园林高深、曲直、虚实、分合、明暗等强烈对比的特色。

留园邮票是我国反映园林庭院题材中难得的一份精品佳作，也开创了我国单独整套邮票展现中国名园的先例。而在此前，只有在《北京风光》等极少数邮票中零星展示过诸如颐和园、北海等皇家园林的风貌。苏州留园与拙政园一样是中国私家园林的典范之作，精湛的园林建筑艺术通过方寸精美的邮票，展现了其风貌的独特魅力。邮票作为一种微观艺术形式受到全世界邮人的青睐，另外，邮票作为一种通信工具传播甚广，任何一件物品或一处名胜景观能登上邮票应该说其宣传广告效应是无限的。苏州留园邮票由于设计者孙老的精心打造，加上印制效果也不错，发行后即受到广大邮迷的珍爱，以致数十年后该邮票依然价格高涨，并被邮人们奇货可居而不愿轻易抛售。记得该套邮票发行后的第三年，孙传哲再次光临苏州，在工人文化宫为他设计的留园邮票纪念封和邮折等签名售票时，文化宫内的大草坪前的道路被各地来的邮迷挤得水泄不通，长长的队伍沿着周边的道路绕了十多个大圈，这在 20 世纪 80 年代初期，甚至任何一个时期，这种求购现象都堪称轰动。这说明了广大集邮者对孙传哲设计的这套园林邮票的肯定和钟爱。同时，也是苏州留园自身的魅力焕发了孙传哲无限的创作激情。

画境神韵

继留园邮票设计之后，孙传哲即着手苏州园林第二组——拙政园邮票的设计。为了能在这方寸之地完整地表现这座明代古园的风貌，他在设计时一改留园邮票的表现手法，采用了中国传统的鸟瞰式画法，在方寸画面中表现出更多的园林景物和各景物间的位置、距离以及主次园景的布局排列等。这样能使画面充满立体感，恰到好处地体现拙政园"大中求小""小中求大"的特点。邮票的用色采用了素雅的淡色为基调，欲使这套邮票更符合拙政园古色古香、朴素开朗、平淡雅洁的风格。

中国四大名园之一的拙政园是江南古典园的代表作。这座于明正德四年、由官场失意还乡的御史王献臣拓址建成的园林，疏朗秀丽，有"不出郛郭，旷若郊野"的意境。拙政园以它独具一格的造园特色名闻遐迩，从古至今受世人崇仰。孙传哲自设计留园邮票时，就早已在胸中一同酝酿拙政园邮票的构图与布局等方面的事了。他曾多次来到这座早在建国前就心仪已久的江南名园，看到拙政园中的厅堂楼榭、环池曲廊和满池绿荷等，感受到园中疏朗畅怀的景致确实让人心旷神怡。

拙政园的面积比留园疏旷许多，而景致与名胜古建却各具特点。那满池绿荷映衬中的远香堂；那园中别有洞天的枇杷园；那飞虹凌波、远近皆景的小沧浪水院；那回廊曲折有致的宜两亭与倒影楼等都撩动了孙传哲视线，并被他写生选景时一一记录在了画笔下。孙传哲是个对苏州园林特别有情且又有心的绘画设计家，他知道，同样是这苏州的两座古典名园，如何在其中"同中求异"，除了它们本身固有的建筑风格和造园艺术的不同特色外，作为两套苏州园林邮票，在绘画设计上也应各有特点。故而他不采取那种照相式的透视画法，而采用我国传统的描画山水和亭台楼阁的鸟瞰式画法。其与透视法不同的长处是在一幅画面上展现许多景物，并散点透视出各个景物的位置与距离。这种鸟瞰式的画法既有别于留园邮票的设计，又能全面地展示拙政园中各部分的景致（图4）。

图4　T96 苏州园林——拙政园

这套拙政园邮票印制发行后，著名作家、教育家叶圣陶老先生还特意为其写了一篇长文，文中有一段话读来让邮迷们欣慰："现在知道我国邮电部发行了一套拙政园的邮票，共计四枚，我已经看过设计图样，心里异常高兴。我国从古到今，各种各类的艺术品非常丰富，园林是造型艺术中一大部门，苏州园林又是这一大部门中的重要项目，确乎有画上邮票、供全国人民和全世界人民共同观赏的资格。"

拙政园邮票的印制采用雕刻和影写版套印，意在表现苏州园林的精巧秀致。其四枚邮票分别为：宜两亭前倒影楼、枇杷园景物、小沧浪水院、远香堂与倚玉轩。这四处景致也代表了拙政园中最具观赏性的部分，虽然与留园邮票不同，未采用四季园景的方式，但其中的季节特点也较鲜明，如春末的枇杷园，仲夏的远香堂与荷池，以及初秋时节的小沧浪水院可从小飞虹廊桥上远眺见山楼等。由于留园邮票是采用影写版横票幅画面的形式，拙

政园邮票的样式也为了避免重复和雷同，特意采取了竖式画面以及影写和雕刻套印的版式。这套邮票由于采用鸟瞰式的俯视画法，画面表达的内容比平视画法要丰富和广阔得多，并用雕刻、影写版套印，意在更好地表现苏州园林的小巧、精致的自然景色。要说构思和想法俱佳，但后来使人感到有点遗憾的是，等邮票印制成后，孙传哲才发现这组邮票还没有将设计时的原意表达出来。他和印刷厂的雕刻师们认真分析，找出了因雕刻力度、深度不够，因而印制时版模吃墨不深，引起颜色稍显灰暗，缺少了些雕刻版邮票应有的艺术效果。为此，孙传哲一直引为心中的一件憾事。

但不管怎么说，拙政园的邮票还是以它雅致的品位和精巧的艺术设计给邮人留下了比较深刻的印象。如今看来，与以后相继出现的园林、书院类题材邮票，如《岭南庭院》《中国四大书院》《网师园》等邮票相比，拙政园邮票仍不失细腻雅致特色，具有独特的艺术魅力。这与孙传哲擅长细腻、清晰的绘画设计特点有关。由于孙传哲数十年来担任邮票设计工作，他的绘画找到了一种与邮票特点最为融合的表现形式。这种形式在绘画上一般来说就是线条感与块面感。邮票是一种微观型的艺术品，清晰流畅且有力的线条，加上不同色彩与块面，能使邮票在方寸天地间尽显风采与神韵，苏州这两套园林邮票的成功设计也给以后的同类题材邮票的拓展提供了一个成功的典范和借鉴。

（本文作者姜晋，苏州《消费者周刊》资深记者。
此文原载于《苏州园林》2003年第3期）

·金宝源·

中国著名摄影家

金宝源（1926—2002），上海市人。1946年开始从事摄影工作。1952年起专门从事戏曲连环画的拍摄工作。1955年起先后供职于上海新艺术出版社、少年儿童出版社、上海科学技术出版社等新闻出版单位，历任摄影记者、摄影编辑室主任、副编审等职位。1980年加入中国摄影家协会。1991年任上海市摄影家协会荣誉理事，上海市文学艺术界联合会委员，上海市文史研究馆馆员。

从事摄影工作六十余年，热爱中国文化，足迹遍踏全国，在摄影艺术上有很高的造诣，拍摄了大量优秀的摄影作品，留下了许多弥足珍贵的图片资料，众多作品曾参加国内外各种摄影展获得数十项摄影奖，众多摄影画册获得国家级优秀图书奖。在摄影界颇有影响。其重要的奖项有：1978年获"全国科学大会"科研成果奖，1984年获美国《传艺》杂志第25届设计年展"优异奖"及本人被授予"个人摄影奖"。

大象无形
——摄影家金宝源与苏州园林

周苏宁

金宝源是我国著名的风光摄影家,年轻时背着相机几乎走遍了中国的山山水水,认识他的人都称他为金老师(图1)。

图1 金宝源

金老师也是上海著名的老编辑,曾多次参与策划、拍摄、编辑大型画册。他参与策划并担任主摄影出版了一批具有文献价值和艺术价值的大型画册,如《中国岩溶》《中国蝶类图谱》《中国服饰五千年》《中国民居》……其中一些画册获得了中国图书最高奖项。

金老师与我国著名园林艺术家陈从周是挚友,他们曾合作编辑出版过多本画册,如《中国民居》《中国名园》《中国厅堂·江南篇》等。为此,他俩曾一起在绍兴的舢板上荡舟,也曾一起在闽西崎岖的山道上行走,陈从周曾戏谑道,他和金宝源是纽扣和纽襻的关系。或许因为这种关系,金宝源很早就关注苏州和苏州的园林了。从20世纪70年代末起,金宝源身背相机,流连忘返在苏州的大街小巷。无论是拙政园、留园、网师园、狮子林等名园,还是一座座深藏在古巷里的小庭院;无论是场面恢弘的园林主景,还是一个个不为常人注意的街头小景,都成为他拍摄的对象。随着对苏州的了解,随着对园林认识的深化,他认为,苏州园林不仅仅是一个"美"字,它还包含着苏州独有的历史背景和人文精神,要拍好园林,首先要了解这些历史,要用心去体会其中的人文内涵。

拍摄苏州园林,似乎遇不到在大自然中或会遭遇的惊险,也似乎无须头顶烈日或脚淌险滩,但凡拍过苏州园林的都知道,要拍好苏州园林更能熬磨人,更能体现一个人的文化修养和精神素质。能拍园林的人很多,但能拍好园林的人并不多,金老师背着那架尼康相机和摄影包在园林中徘徊了二十多年,也实实在在地熬磨了二十多年,无论是在晨曦中还是在寒雪里,经常为了一个佳景,一转就是几小时。他常常并不急于按快门,而是眯着那双富有经验的眼睛左右上下审视,选择最佳视角,等待最佳光线。又常常因为角度、光线不理想无功而返。他说，苏州园林要用"水磨腔"，细细地看，慢慢地"磨"，才能"磨"出好片子。就这样，二十多年来，他慢慢地积累起上万张苏州园林的片子（图2）。

图2 金宝源为《中国厅堂》拍摄园林，与苏州园林工作者在拙政园

注：左起第4人为时任苏州市园林管理局局长张良正，右起第3人为金宝源先生

金老师虽然积累了这么多苏州园林的片子，但除了一些专题书籍所需外，他并不急于发表。1999年，苏州市园林管理局和古吴轩出版社联合编辑出版大型画册《世界文化遗产——苏州古典园林》。当时，因任务重、时间紧、图片的需求量大，编辑们很是发愁。当编辑抱着试试看的心理向金老师征稿时，金老师一下子拿出了自己的家当，使编辑又喜又愁，喜的是这些片子基本满足了画册的需要，愁的是一本书只需要400余张反转片，而金

图3 林泉耆硕之馆（金宝源摄）

老师的片子几乎张张令人爱不释手。如留园林泉耆硕之馆，是一座典型的鸳鸯厅建筑，由于体量大，中间又有屏板、圆光罩，以往将其全貌反映在一张片子的摄影作品都不理想。而金老师拍的鸳鸯厅，正将"鸳鸯"两侧都拍了进来，而且曝光准确，厅的南北梁架、窗框、铺地、陈设都悉数表现出来。再如拙政园卅六鸳鸯馆，大多数摄影师拍摄它的正面和前面的庭院，如只是看摄影作品，很难了解它"东西有廊，四角为耳房"的特点，金老师则拍了一张走廊的"透视"照，将廊和耳房、厅堂的关系清晰地反映了出来（图3）。

这样的例子几乎举不胜举，网师园万卷堂前蓝天映衬的玉兰、环秀山庄贴山而筑的"壁山"、狮子林古朴苍劲的古松、沧浪亭阳光勾勒下的洞门、艺圃闲适的老人喝茶场景，更不用说那些不被常人注意的满地金粟、墙角上高高昂头的凌霄、累累的木瓜、垂首的天竺……这些作品视角独特，构图简练，无须剪裁就可编排。面对着这些片子，编辑真是为难，最后只得忍痛割爱，挑选了300多张（图4）。

图4　金宝源在园林里捕捉镜头

一位哲人说过，生活中不缺少美，缺少的是发现美的眼睛。可以说，金老师就具备着这么一双眼睛。他拍的片子往往有着自己的特点，一个业内人士看了金老师所拍的沧浪亭惊叹：拍得真"野"！他拍的拙政园小飞虹清晰如画，虽然已被上海三联书店用作过画册封面，但在出版"20世纪·中国世界遗产"邮资明信片时，编辑挑选再三，还是选用"它"作为拙政园的封套。他的作品最大的独到之处——宁静。静，是苏州园林的一个特点，也是金老师的性格特点，不知是有意追求还是无意的显现，在几百张数个摄影师的照片中，你能一眼看出那几张：厅堂一角，高几上数叶兰花；圆洞门外，花台里独枝横斜；漏窗前，景致若隐；素壁上，藤萝低垂……就是那些高昂轩畅的园林厅堂也同样是静——留园五峰仙馆、沧浪亭明道堂、狮子林燕誉堂，无不高昂轩敞、庄严静穆。

宁静的画面，反映出的是金老师淡泊宁静的心境，宁静的心境显示出的是对古典园林文化内涵的理解。这是更高层次的美，发现这种美的不仅是眼睛，不仅是心境，更需要深厚的文化功底，需要对美的对象的执着追求。

金宝源年轻时就有人要他专攻艺术摄影，但蹉跎几十年，他还是从事了写实摄影，他曾说，他想用相机为人类作一些文化积累。这使我想起他家中墙上挂的著名书法家苏局仙专为他题写的"怀抱人间同快乐，俯仰天地畅游情"的对联，还有那幅著名画家顾振乐画的《松柏》，不仅是金老师钟爱的书画作品，更是他人生的写照——用相机谱写真实的人间天地之美。

大胸怀才有大作品。他的相机曾经捕捉过纷飞的彩蝶，曾经拍摄过生动的刺绣，也曾搜罗过祖国的名山大川；一本《中国民居》把他拉在闽、浙、皖、苏等省的乡间小道上走了十多年，成书后得了中国图书一等奖；《中国服饰五千年》不仅得了中国图书一等奖，还被誉为古代服饰的经典之作；《中国厅堂·江南篇》除了大陆，还出了香港版，并且一印、再印、三印，成了大型画册的畅销书；《世界文化遗产——苏州古典园林》获得江苏省"五个一工程"奖；还有《中国书院》《东亚盆景》《江南古镇》……仅从书名就可看出这些画册的文化含量。

近几年，金老师常被邀请参加一些文化研讨会，为古园、古镇、古城的建设出谋划策。他曾参加了乌镇历史文化研讨，乌镇请他为古镇记录一些历史痕迹。他曾受邀为周庄拍摄送交联合国的资料图片，周庄专门开具了一张清单，要金老师用相机将周庄全面梳理一遍。江山市慕名请他为古风依然的二十八都小镇留影，还有，西塘、南浔、同里……都希望金老师能为地方留下资料，都希望金老师能为自己走向全国、走向世界作咨询，作策划（图5）。

图5　大象无形篆刻

不过，金老师最醉心的还是那架心爱的尼康相机，他有个愿望，要用相机和故友陈从周再一次牵手——出一本图文并茂的《说园》画册；他还想为心底深爱着的古城苏州作贡献——将陈从周的《苏州旧住宅》重新出版；他说，苏州园林是个宝藏，只要条件许可，他愿意用他的镜头为苏州园林再增添灵光……

"酒饮微醉，花看半开。"金老师不善言也不善饮，些微喝点黄酒便微醉了，但最使他微醉的还是园林。那花间萦回的暖风，那水光中的月色，那雨声里的绿叶，那斜阳下的竹影，都使他陶醉，他陶醉在如诗如画的景致中，陶醉在传统文化氛围里，他愿意用他的镜头把这些诗画传给后世……

（本文作者周苏宁，笔名远山，时任苏州市园林和绿化管理局世界遗产保护办公室主任。此文原载于《苏州园林》2000年第4期）

◎ 名师大匠与苏州园林 ◎

隐人
陈涓春
张慰风
贺

鏊鸥良辉
仲国维
匡振陶廷
蔡

东伟娣
秦新永林君
詹曹孙

伯
汪伍
邹宫学智
金陈健行

思野
谢孝刚
王西郎
木怀志
刘

夫
文敦曾恭
陆吴蔡黄

大师

·陆文夫·

陆文夫（1928—2005），江苏泰兴人，当代中国著名作家。毕业于苏州中学。1949年毕业于苏北盐城华中大学，同年赴苏北解放区参加革命。1955年开始走上文学创作之路。1956年发表短篇小说《小巷深处》一举成名。曾任苏州文联副主席、中国作家协会副主席等职。在50年文学生涯中，陆文夫在小说、散文、文艺评论等方面都取得了卓越的成就，他以《献身》《小贩世家》《围墙》《清高》《美食家》等优秀作品和《小说门外谈》等论文集享誉文坛，深受中外读者的喜爱。作品还被翻译成英、法、日等语言，畅销海外。

陆文夫与耦园

钱玉成

当代著名作家陆文夫先生日前在苏州谢世，这是一件令人非常痛心和惋惜的事。对于苏州园林来说，也是一个极大的损失，因为陆先生虽非苏州人，但他太了解和熟悉苏州园林了，他的作品多处写到过苏州园林。他之所以被称为"陆苏州"，也是因为他一生写的基本上就是苏州的人、苏州的事，以及苏州的小巷环境，而其中相当多的篇幅写的就是园林，那么陆文夫先生曾经在苏州园林生活过吗？回答当然是肯定的，记者姚萍女士在《曾住园林》（见2005年7月13日《姑苏晚报》）中说到，陆先生曾在网师园住过，为期约两个月，时间约在1958年10月，离网师园开放前不久。其实，陆先生在有关的采访中（见电视艺术片《苏园六纪》）就说过，曾在耦园住过，时间约半年，比入住网师园的时间更早。

实际上，陆先生在他的早期作品中就已经透露过这种入住园林并体验生活的信息。陆先生于1956年发表在上海《萌芽》杂志的成名小说《小巷深处》就明确写出小说主人公徐文霞住在"城市的东北角，在深邃而铺着石板的巷子里，有间屋子里的灯还亮着……"曾为生存而做过妓女的徐文霞为掩饰自己的一段隐秘而痛苦的往事，"于是，她便在这条古老的巷子里住下来，这里没有人打扰她，只是偶然门外有鞋敲打着石板，发出空洞的回响。"一段时间里，小说主人公徐文霞与恋人张俊几乎天天见面，"实在没话谈了，他们便挽着手到街头散步。苏州街上的夜晚，空气是很清新的，行人又那么稀少。他们尽拣没人的地方走。到底走了多少路，他们并不计较，总是看到北寺塔，看到那高大巍峨的黑影时才回头。"小说结尾是张俊"奔跑到徐文霞的门前……捏起拳头拼命地敲门。那性急的擂门声，在空寂的小巷子里，引起了不平凡的回响。"（以上引语均见小说《小巷深处》）（图1）。

图1 陆文夫作品选集

耦园位于苏州古城东北隅小新桥巷东端，是一座三面环水的宅园。只是西面和仓街相连，环境十分僻静，确实处于"小巷深处"。这座园林是曾任晚清苏松太道道员的归安（今湖州市）人沈秉成于同治十三年（1874年）利用清初涉园旧址重新加以构筑而成的一座宅园，与夫人严永华双双退隐于此。在建造时，一反苏州园林通常的前宅后园或园、宅分列的格局，而采用中间为住宅，东西各一园的特殊布局。园宅中构筑精美，且多形成对偶呼应的景观形式。沈氏夫妇又亲自定名为耦园，取《论语·微子》中"长沮、桀溺耦而耕"句意，寓夫妇俩伉俪情深，退隐于此的意思。园中的品题"枕波双隐""吾爱亭""双照楼""耦园住佳偶"等均显示着耦园是一座以爱情为主题的园林。其实，耦园更是一座以独特山水见长（图2）、以深厚文化底蕴为胜的经典之园。

图2　黄石假山北面

沈秉成与夫人严永华在耦园生活近10年，清光绪乙酉年（1885年）春，又奉召出外做官，先后任顺天府尹、总理各国事务大臣、广西巡抚、安徽巡抚等职，这期间他们曾分别返回耦园居住。后严永华先病逝在安庆的安徽巡抚衙署，沈秉成则于光绪乙卯（1895年）卒于耦园。民国初年，沈氏后裔先后离开耦园，宅园一度荒废，自20世纪30年代后期起，遂散为民居。耦园占地约8000平方米，建筑面积近5000平方米，建筑密集，庭院错落，闲房众多，且园主托人代管，在20世纪40年代至50年代末的将近二十年时间里，入住的人员甚多，陆文夫先生也是在这段时间入住耦园的。

陆文夫先生1944年来到苏州，起初住在山塘街亲戚处，后经亲戚介绍，入住耦园。对这件往事，陆文夫先生谈起来十分兴奋，他说："我小时候一到苏州，（那时）是十五六岁，我们家有亲眷在苏州，这以后就跟苏州园林搭上关系了。那时候，因为亲戚认识耦园的主人，因为这样的亲戚关系呢，我就住在耦园。我住在那里，那一年是来养病的，后来就整天看书。那个园子当年给我的印象简直好极了，一个幻想的世界，一个童话的世界……从那个时候开始，苏州园林的艺术就暗暗地影响了自己。"

入住园林的生活经历，深深地影响了陆文夫先生的写作风格。园林和小巷的幽静风貌，也在陆文夫先生的笔下生动鲜明、自然而然地流露出来（图3）。

如果我们对照20世纪50年代的实际情况，可以发现小说《小巷深处》的写作环境确实和耦园息息相关。小说中所写的城东北角的宅园和周边环境，只有耦园和它相吻合。从耦园出外散步，向东有城河阻挡，向西则可由小新桥巷一直经大新桥巷、悬桥巷、过临顿路后，继续经旧学前、因果巷，到达苏州城里南北主干道人民路，向北便可以远远地望见北寺塔，正如小说里描写的，"总是看到北寺塔，看到那高大巍峨的黑影才回头。"这段横贯东西的路总长1700多米，陆先生只说了个约数，"到底走了多少路，他们并不计较。"但这段路确实"空气清新，行人稀少"，即使到今天，临顿路以东这一段仍旧是恋人们黄昏后散步的好路段。

图3 耦园·花木扶疏

陆文夫先生在20世纪80年代发表的散文《梦中的天地》中写了苏州的小巷，写了小巷中的老宅，其实是对他自1944年来苏州到"文化大革命"中被下放苏北射阳前这段苏州生活的回忆和总结，也是这段时期苏州市民生活的写照，他写道："那梦中的天地却往往是苏州的小巷""青春似乎是从这些小巷中流走的，它在脑子里冲刷出一条深深的沟，留下了极其难忘的印象。"

在这些"极其难忘"的印象中，陆先生进行了生动而细致的描述：

"我擦着那方形的石柱走进了小巷，停在了一座石库门前，这里的大门上钉着竹片，终日不闭。有一个老裁缝兼作守门人，在大门堂，守门工资便抵作了房租费。这种大门堂里通常都有六扇屏门，有的是乳白色的，有的在深蓝色上飞起金花，金片都已发了黑，成了许多不规则的斑点，六扇屏门只有靠边的一扇开着，使你对内中的情景无法一目了然，我侧着身子走进去，不是豁然开朗，而是进入了一个黑黝黝的天地，一条狭长的里弄深不见底。里弄的两边虽然有许多洞门和小门，但门门紧闭，那微弱的光线是从间隔得很远的漏窗中透出来的，踮起脚来从漏窗中窥视，左边是一道道的厅堂，阴森森的。右边是一个个院落，湖石修竹、朱栏小楼、绿荫遍地，这是那种钟鸣鼎食之家，妻妾儿女各有天地，还有个花园自成体系。"

这段描述，与现存的耦园中路住宅及东侧各弄的布局、结构、形制几乎完全一致。据当年居住过耦园的人士回忆，这是对耦园当年作为民居使用状况的鲜活描述，也是对衰败后的沈公馆的真实写照，耦园的大门堂里当年也确实住着一位老裁缝兼守门人。

紧接上文，陆先生具体说到了园林：

"我曾在某个花园中借住过半年,这个园子仅占两亩多地,可以说是一个庭院,也可以说是一个花园,因为在这小小的地方却具备了园林的一切特点,这里有湖石堆成的假山,山上有鹅卵石铺成的小路,小路盘旋曲折,忽高忽低,一会儿钻入洞中,一会儿又从小桥上越过山洞……如果你行不由径,三五步便能爬上山顶。山顶笼罩在参天的古木之中,阳光洒下的全是金线,处处摇曳着黑白相间的斑点,荷花池便在山脚边,有一顶石板小桥横过水面。曲桥通向游廊,游廊通向水榭、亭台,然后又回转着进入居住地的小楼……"

前面已知,陆先生曾经借住的园林就是耦园,这段文字是陆先生离开耦园多年后根据回忆叙述的,除了耦园假山是黄石而不是湖石这一点外,对耦园景观的描写,却依然是栩栩如生。苏州的小巷、苏州的园林,深深地融入了陆文夫先生的血脉和脑海中,梦魂萦绕,终生挥之不去。

"面对着这些深邃的小巷呢,你慢慢地往前走啊,沿着高高的围墙往前走,踏着细碎的石子往前走,扶着牌坊的石柱往前走,去寻找艺术的世界,去踏勘生活的矿藏,去倾听历史的回响……"苏州的小巷和园林作为理想的人居环境,不仅成为陆先生文学创作的原料和营养,也成为其小说、散文等作品的内容和背景。由于陆先生出色的描写,使更多没到过苏州的人对苏州小巷和园林充满了憧憬。

近年来,笔者参与了一些有关耦园历史文化资料的整理工作,曾设想在耦园设置一处"耦园文化陈列",几度想拜访请教陆先生,更多了解一些当年耦园作为民居时的情况,以及耦园对其创作小说的影响等事。只是知道陆先生健康状况不是很好,便不忍打扰,期待他康复后再行,不料噩耗传来,陆先生竟溘然谢世,使我们的采访愿望终成泡影,既伤痛又很惋惜。笔者曾听主编《苏州园林》的周苏宁、周峥说过"陆文夫先生曾说苏州文化中有两朵花,一是《苏州杂志》,二是《苏州园林》",可见陆先生一生钟爱苏州,钟爱苏州园林的真挚情感,将永远感动每一个人。正如《姑苏晚报》记者姚萍女士在她专访陆文夫的文章中所说,"他魂系园林,这是确定的"。

秋风初起,园林青翠,陆苏州,魂兮归来!

(本文作者钱玉成,苏州博物馆副研究馆员。
此文原载于《苏州园林》2005年秋季刊)

• 谢孝思 •

谢孝思（1905—2008），字仲谋，贵州贵阳人。著名书画艺术家、诗人。1933年毕业于南京中央大学艺术教育科。曾师从吕凤子、汪采白、徐悲鸿等著名画家。毕业后回贵阳达德学校任教，并担任校长。七七事变后发起组织"贵阳教职员抗日救国会"，并任该会总干事。后赴重庆从事美术教育工作。抗战胜利后，随国立社会教育学院迁来苏州，此后把苏州作为第二个故乡。1949年9月他被推选为苏州市第一届各界人民代表会议代表，并当选为副主席。又担任苏州市文教局长、市文管会主任、园林古迹修整委员会主任。1955年后担任苏州市政协第一至八届副主席，市文化局长、市文联主席；1979年以后任苏州市人大第八届常委会副主任、民进中央委员及苏州市委主任委员、全国政协委员等职。主编《苏州园林品赏录》。20世纪50年代初，市委、市政府决定逐步修复苏州园林。1952年底市文教局下设园林管理处，谢孝思领导下的园林修整委员会，汇集一批专家学者和能工巧匠，在三年时间内抢救整修留园、拙政园、沧浪亭、狮子林、怡园、寒山寺、行春桥等园林名胜古迹。

名园长留心地间

——谢孝思与苏州园林

姜晋

1935年一个满街黄叶的秋日，萧瑟的苏州古城来了一位刚30岁出头的贵州年轻人，这位于千里之外慕名苏州园林而途径古城的边地青年，想不到自己的人生会与苏州结下不解之缘，并将苏州作为自己的第二故乡而终生相依相随。他就是苏州人熟悉的谢孝思先生。

1935年谢老首次来苏州只是一次短暂而匆忙的旅行。这位酷爱中国艺术的知识分子早就神往这座天堂城市和它那甲冠天下的园林名胜。一到苏州就租了辆黄包车，直奔他心中的园林而去。但他眼前的拙政园，想不到却是一片衰败零落。秋风中他循着敞开的园门踽踽独行，园内石径荒芜，亭阁半坍，杂草丛生，园墙斑驳。整个环境凄冷寂寞，很有点类似聊斋故事中狐仙出没显形的氛围，难道这就是他心中美丽天堂和秀色可人的名园形象么！拙政园的这片荒落给谢孝思带来诸多感慨，但当他继续游览来到城西北端的留园时，未遭损毁的园内建筑，亭台古木，曲廊幽池，富丽堂皇的厅堂，壁上还悬挂着文徵明、董其昌等名家的书画墨宝。这一切使谢孝思感到苏州古老的园林风采依旧，留园所幸尚有人管理，氛围确实不错，与拙政园相比要亮色多了。留园还有守门人，外来者要进园，一般都要出示名片，而且名片还要有点衔头，普通人不行。

在苏州逗留的短短两天里,谢孝思浏览了拙政园、留园、沧浪亭和狮子林这些不同年代建筑风格的苏州"四大名园"。这些园林大部分保存尚好,古色古香的氛围给年轻的谢孝思留下了难以忘怀的印象。

光阴荏苒,谢孝思第二次来苏州已是1946年深秋了,一晃十多年流逝,但这次来苏州想不到会永远客居这座古城,苏州成了他人生的第二故乡。

谢孝思在苏州任职于当时的国立社会教育学院,在学院当一名美术教授。国立社会教育学院校址设在忠王府、拙政园内。这对很早就神往苏州园林的谢孝思来说是莫大的欣慰。这时的拙政园已不像1935年时那般荒落,因为在敌伪时期这里是江苏省政府所在地,园内的建筑大都已修复,环境也经过几番整治,变得清静秀丽了些。然而与之相反,1935年谢老眼里那座印象颇佳的留园却在抗战时期,被驻扎在内养马的日本军队践踏得满目疮痍。谢老看着留园这幅残破衰败的景象,心如针扎。同时也深深体会到,如果一个民族不能自强而受外寇的欺凌,再好的文化遗产也将会毁于一旦。眼前的留园何时能重现它往日风采,这位在国立社会教育学院任美术教授的谢先生心中一直藏着一份祈祷。

但是,又使这位谢先生想不到的是,留园这座历史名园的修复任务数年后竟会落在了自己的双肩。

1949年,谢孝思所工作的国立社会教育学院由苏州迁址无锡,但谢老在那里执教了三个月又回来了。当时苏州市政府任命他为各界人民代表会议协商委员会专职副主席兼秘书长,从此,他脱离了原来的教育岗位。

1953年,谢老担任了苏州市文教局长,这份工作当时是直接与园林打交道的。20世纪50年代初的苏州,经济还十分困窘,经常需向上要经费。苏州当时属华东地区管辖,华东地区领导认为苏州经济要发展,园林大有潜力可挖。若将苏州原有的园林一一加以修复,作为游览胜地,既可为上海工人假日休息开辟"后花园",又可增加苏州的经济收入。

当时的苏州市长李芸华找来了谢老,要他负责这项工作。谢老心中没底,又与汪星伯、周瘦鹃等人一起商量。留园是当时苏州被损坏最严重的园林,修复留园是建国后苏州古城整修园林工作中的一个攻坚战。这个担子又落在了谢孝思的肩上。不过,能增添谢老勇气和决心的,除了他对苏州园林的挚爱外,苏州的汪星伯、周瘦鹃、蒋吟秋等一大批知名人士都十分关注,特别是园林建筑行业的老工人们积极性都很高。其中,当时建设局下属一个叫王国昌的老工人和另一位曾开过木器店的同行一起携手,作为谢老修复留园的骨干。

当时主抓留园修复计划的是市委宣传部长蒋宗鲁。这位领导十分开明。谢老常向他汇报,他对谢老说:你是搞艺术的,大胆干,我相信你。有这样的领导,谢老的积极性更高了。他紧紧依靠老工人们的力量,自己身体力行,和大家同吃同住同劳动。休息日也不歇手,午饭在外最多在阊门面馆里吃碗阳春面。老工人们都感觉谢老没有一点架子,于是修留园个个儿倾注了全力。

留园是一代名园,全面整修的花费可想而知。为此,谢孝思和王国昌等人在实践中提出了一个"利用旧料、保证质量"的修园八字方针,作为整修留园的主导思想,这八个字对以后修复苏州各个园林都有普遍的指导意义。自古物华天宝的苏州城,大户人家云集。风雨沧桑中,一些大户的房子颓塌了,拆建了。那些精雕细刻,如未被损毁的窗、门、椽、柱、户壁、砖瓦等,常常被当作旧料卖出。阊门有个叫莲花斗的地方,专做这类旧材料买卖。谢老常和大家去那里"淘金",此外还走乡串镇,四处淘购,用最低的价买回最好的旧材料。

楠木大厅五峰仙馆原本富丽堂皇，被日寇作为马厩后残破不堪，修复如全部用新材料一是造价昂贵，再则以新还古会大大削减原先那种幽雅古朴的氛围。谢老"利用旧料，保证质量"的八字方针应该说对修复园林是一项明智之举。五峰仙馆大厅的一批雕花落地窗就是谢老等人从苏州道前街买回的旧料。这些拆建后作为废料卖出的雕花落地窗未损未裂，十分完好，且雕刻工艺精湛。当时卖主准备卖给人家改作算盘，那岂不可惜。谢老最后花60元钱买下这10扇雕花窗门，其中4扇用于五峰仙馆，6扇用于林泉耆硕之馆。当时若选用新材料，打这样一扇窗门花100元也不够。

此外，他们还从东山旧家收到了一对落地罩，将其置在林泉耆硕之馆内。五峰仙馆、林泉耆硕之馆、涵碧山房等馆内家具陈设，也都是谢老等人通过无数个日夜一件一件从苏州人家那里收购而来，当时大多数物品都花费不高，但又都不乏精品佳作。

整个修复留园的工程，从1953年5月开始清理场地，7月份正式动工，到11月竣工，次年元旦对外开放。修复工程只用了一百天，速度之快属历史上罕见，而且质量之高亦得到众多行家的首肯。这对谢老来说是一生中最得意又最难忘的一件事。数十年后，谢老曾写过一篇《名园长留天地间》的文章，字里行间充溢着对留园的讴赞、忆恋和眷怀。

留园修复后，苏州即成立了"园林修整委员会"，继续修复其他园林。1954年，苏州又成立了园林管理处，和文管会合署办公，地点设在狮子林园内。自留园后，又先后修复了狮子林、沧浪亭、网师园等园林的工作相继展开，谢老都参与一起做了大量的工作，在此不一一赘述。这里值得一提的是，谢老在修复园林的同时，对苏州的历史文物亦十分关注。最先的文管会就是他建议成立的，不挂牌，只刻个图章，这样就可以去接收文物。当时谢老任主任，钱镛、汪星伯、黄慰萱等同志一起参与，几年中从社会上收购了数百件老红木家具，布置安放在苏州各大园林内，有效地保护了苏州历史上那些易散失的文物和名贵家具。

作为一个异乡人的谢老，他热爱自己这第二个故乡，正像他在一篇文章中所述："我不是苏州人，但我热爱苏州，热爱这有两千五百年历史的文化名城……"

但是苏州这座名城由于遭受敌伪长期的破坏，建国后为了发展经济，在城里又办了许多不适宜放在城里的工厂，遂至破坏了苏州古城风貌，影响了这些历史名园的环境氛围。谢老看在眼里，忧在心里。对于苏州古城的保护和城市性质的确定，谢老早在1957年担任市文化局长时，在市政协一次全会的发言中就着重谈了"正视苏州特点，明确苏州性质，才能很好地建设新苏州"这一问题。发言反复指出这是苏州党政领导应一致重视的大政方针。1984年，作为市政协专职副主席的谢老，又一次在政协全会上作了《谈谈我对苏州城市性质的认识》的发言，希望被"文化大革命"破坏的苏州能恢复"人间天堂"的美誉。尔后，他在参加省政协会议期间，写了《紧急制止对苏州文物古迹园林名胜破环》的提案，并把这一提案转到国务院有关领导同志，为国务院明确苏州城市性质起了重要作用。

当中央最后批准苏州为中国历史文化名城和风景旅游城市的消息传来时，谢老感到了莫大的欣慰。多少年来四处奔波为之付出的甘苦和辛劳最终没有白费，这也是热爱苏州的众多有识之士共同努力的结果。谢老热爱苏州园林，为之几乎倾注了他一生的心血和情感。无论在青年时代还是晚年，他总是抱以满腔的热忱，身体力行，全心参与，委实令所有同行产生敬意。特别是近几年，已九十多岁高龄的谢老作为苏州园林局的顾问，仍在不停地关注着园林的保护和发展，以虎丘为例便能充分体现谢老的这一种精神。

素有"吴中第一名胜"之称的虎丘（图2），林木幽深，古塔巍峨，名胜景观比比皆是。但数千年岁月沧桑，虎丘曾有过破败和衰落，建国后虎丘重焕青春。但由于种种原因，尚有一些著名景观未得以全面恢复。为此在市园林局和谢老等知名人士的不断努力下，一些恢复名胜古迹的规划正一步步得以实施。数年前曾恢复了巢云廊等景观，20世纪90年代初，谢老又提出恢复虎丘东面的平远堂和养鹤涧景观，目前这些景观有些已着手修复，有些已重现昔日风貌。想当初在20世纪50年代末，谢老为初修平远堂时和汪星伯为堂前是否设花墙争得面红耳赤。最近平远堂准备重新恢复，园林局的设计师采用了谢老的意见，不设花墙，前后景观相通。又如养鹤涧，古时候是一处颇具野趣又充满诗意的山涧。荒芜已久的养鹤涧现已恢复，从虎丘山东坡曲折而下的山涧，黄石假山错落叠嶂，涧边绿草春意盎然。望着这条具有山林野趣的养鹤涧，前来视察的谢老心中好不舒畅。想当初，自己对恢复这一景观也是再三建议，积极讨论，如今终于了却了一桩心事。

图2　谢孝思在虎丘

此外，有关虎丘山整个水系的沟通，谢老也多次积极向园林局出谋划策：可在虎丘西侧搞个泵站，引用山塘河水净化后，将其引入第三泉到剑池，经千人石石缝流到白莲池往养鹤涧假山，形成瀑布泻入山涧向北再流回山塘河。这样，水系一旦沟通，水得以净化，泉水叮咚，野趣横生。谢老的这一意见与园林局的设想不谋而合。1996年2月，虎丘风景管理处同志曾试用水泵进行过一次水循环试验，效果很不错，谢老看了也十分欣慰。

九十多岁高龄的谢老对虎丘也真可谓是情深意笃、关怀备至，一次次亲临虎丘，每次总是那般热切而认真。如近几年虎丘举办的特色庙会和花会等活动，谢老还牵线联系他家乡贵州的民间节目为庙会增色。他还积极建议搞好虎丘后山景观建设，说真正的"拥翠山庄"应该属于后山，开好虎丘北大门，吸引更多的游客。数十年来，谢老一刻也没停息对

苏州古城和苏州园林的关注、操劳,然而,他心中挚爱的名园名胜又何止留园和虎丘。最近,一本由他主编的《苏州园林品赏录》又将出版,这是他和热爱园林事业的同仁们智慧与心血的结晶。

苏州园林在历史上不完全统计有170多处,享誉五洲四海。如果能有一半保存、修复,苏州又该是怎样一番景象。这也是谢老一直埋在心中的愿望,为此,他努力了一辈子。只要生命不息,谢老还要继续努力下去,为了古城苏州和他心间的苏州园林。

(本文作者姜晋,苏州《消费者周刊》资深记者。此文原载于《苏州园林》1996年第1期)

一段珍贵历史 5万元抢修名园
——谢孝思等人口述留园整修

陈凤全

留园,中国四大名园之一,在苏州园林中,犹如一颗灿烂的明珠,引人注目。它不但具有悠久的历史与文物价值,并有很高的艺术价值。但是在抗战时期,园林遭到日伪驻军的摧残破坏,竟成了养马之所,门窗变为烧柴,厅堂成为马厩,房屋建筑、假山花木都受到了严重的破坏,到处是残梁断柱、破壁颓垣,近乎荒废。

1953年春天,中共江苏省委第一书记柯庆施到苏州,认为苏州经济要搞上去必须广开财路,苏州旧有的园林名胜很多,也很有名,并且具有民族特色。虽然这些园林的前身是封建官僚的居住场所,但都是历代劳动人民创造的宝贵财富,是劳动人民的智慧结晶,是我们国家的一份宝贵的文化遗产。同时苏州距上海又近,修复开放后,可成为这一地区劳动人民的游览场所。通过对外开放,每年搞上几万人次,就给苏州增添了财源,于是决定整修。

为了整修苏州园林,柯庆施在李芸华市长的陪同下对拙政园、沧浪亭、留园、寒山寺等大小十几处园林名胜察看了一遍。当柯庆施来到留园,看到房屋基本上已只剩屋架,楠木厅马屎遍地,足有二三尺高,厅柱被马咬成了葫芦形,屋架虽在,但已上无片瓦,只剩几根椽子,门窗挂落一无所见,建筑已岌岌可危。石林小院被一户人家养了猪,猪粪满地,假山倒在泥里,只有一棵罗汉松挺立在院子角落,建筑坍毁,眼前仅余小棚一间。冠云楼也只剩屋架。池塘中倒的是乱石,书条石掩埋在泥里,处处断壁颓垣,荒芜不堪。因留园遭受的破坏最为严重,柯庆施又专程来详细了解留园遭受破坏的情况。

经市委研究决定,对苏州园林修复方案,确定了"重点修整,一般维护,先修名园"的原则,按"少花钱,多办事,勤俭办一切事业"的方针,分别轻重缓急,进行修复。首先拨款对留园进行重点抢修。

整修工作由市委副书记蒋宗鲁亲自抓,具体工作由谢孝思、汪星伯、俞子明、郑子嘉等负责,工程设计为王国昌。采用计件包工,工料部分自办、部分包办的办法,由王力成营造厂负责整个工程。

整修开始,由于没有经验,问题困难很多。因为园林整修同时也是文物保护工作,但园林名胜本是供人游览的,又不同于其他历史文物,既要古为今用,又要保存原有的历史信息和艺术风格。由于根本找不到昔日园主的设计图纸,更缺乏完整的建筑照片,对残破倒塌之处,无法觅取原样以及其他参考资料。而园中厅堂楼榭上的匾额大部分已遗失,对原有的名称也难以确定。于是通过请教专家与走访社会人士及老前辈,获得了很多有益的知识,承他们热情帮助,有的回忆过去,介绍了昔时园林的情况;有的借出了有关书籍和图片,从而找到了历史依据,便利了修复工作的展开(图1~图4)。

图1　20世纪初的待云庵及其前花径

图2　1953年留园冠云峰和待云庵维修时照片

图3　留园曲溪楼旧影

图4　留园揖峰轩内旧影

（一）整修中的若干基本原则和方法

在施工前，通过认真研究，基本上掌握了留园的特点和造园主题，了解了其艺术风格、精华与败笔。决定对园中旧有的建筑物，即使已经残破，仍应尽可能保存原有结构，设法修复，决不轻易拆除或改变，以免影响原有风格。留园向来是以建筑结构丰富多彩为特点，但大部分厅堂、台榭都已残破不堪，例如"还我读书处""揖峰轩""鹤所"这一带，已为乞丐、难民所居，成了一个棚户区，如果全部拆除重建，不但当时的经济条件不允许，并且也缺乏参考资料。如盲目重建，必致弄得面目全非。为此，整修工作采用了"扶直加固，接补移换"的方法，尽可能保存原有的结构。

对园中部分建筑物，已经坍毁但尚留有基础的，在原基础上按照本园林的风格予以复建，因为古典园林中的建筑群是一个整体，有着相互的关系，如果随意变更，必致影响整个风格。如"涵碧山房"西首的爬山廊和"冠云台""揖峰轩""可亭"等处，在未修前均已坍毁，但基础尚存，复建时就是根据这一原则进行施工的，使原有的建筑群恢复了完整的结构，并充实了建筑内容。

对园中部分建筑物，已经坍毁，基础亦不完整，当时又无图片可资参考，难以复建，或者限于客观条件，一时无法恢复，又不能暂时搁置，只能根据具体情况，在不影响本园的风格、艺术手法的前提下，另行设计布局，适当整建。像"冠云峰"与"又一村"之间，原有过道及"少风波处""花好月圆人寿轩"等一组建筑群，结构复杂，但已全部坍毁，基础模糊，而当时财力、物力也不允许全部修复，如果暂时搁置，必致影响开放。于是决定将残余建筑物全部拆除，改建亭廊，留出基地，待今后条件成熟再予考虑重建。

对于园中残留空地新布局问题，根据当时的财力物力，结合现代文化生活的需要进行建设，但同时必须照顾到它的附近环境和整个园林风格，使其协调。如"又一村"内原有建筑久已不存，仅余荒地。考虑到它的西南是土石山枫林和花圃，其东面是改植的竹园，因而设计建造了小型建筑一处，取名"小桃坞"，采用半封闭形式，以葡萄架代替长廊，并计划在空地上种植桃杏和蔬圃，使其带有乡村风味，与附近环境取得协调。

留园素有幽深大雅、富丽堂皇的美名，当园貌基本恢复后，还要配以相应的陈设才算完璧，维修管理人员通过无数个日夜，一件一件从古旧市场、私人宅地、文物仓库中淘宝收集，为园中选配了壁上挂的名人书画，嵌八宝屏幅；几案上的鼎彝、瓷器、摆设；厅堂中的各类宫灯等；光是各种款式的精美的红木、楠木、紫檀木家具就有一二百件，之后又邀请了一流书家缮写匾额，勾刻对联。经陈设布置，一代名园终得长留天地间。

（二）整修中"少花钱，多办事"

在整修过程中，由于当时的财力、物力受到一定的限制，而古典园林的风格、手法艺术质量又要求较高，同时又要认真执行"少花钱、多办事、办好事"的原则，故修整工作必须处处精打细算、节约用材、保证质量，从而以较少的投资，达到较好的效果。主要措施是充分利用旧料，保证质量，避免返工浪费。当时园内房屋仅存梁架，倾斜腐朽之处很多，门窗挂落全部遗失，而省里总共拨款10.3万元，整修工程包括留园、怡园、西园、寒山寺、动物园五个项目。其中留园规模最大，破坏程度又极端严重，最初预算仅留园一处全部修理经费即需30万元。第二次重估，亦需15万元，最后确定为5万元。因此不得不对每一个项目精打细算。如楠木厅和鸳鸯厅等，庭柱全被军马啃成葫芦形，不能再用，就用小木嵌补和接换的办法。其他建筑，柱子一端腐朽的，截去朽木，接上一段，修复后外加油漆，仍能恢复旧观，毫无痕迹。又如"古木交柯"穿堂，梁柱腐朽倾斜，原计划仅作修补，而"清风池馆"已无法整修，必须更换新料，但"清风池馆"结构较小，经与施工人员研究，将"古木交柯"处的梁柱撤换，截去腐朽之处，长短恰可适合"清风池馆"之用，因而决定将新料和旧料互换，使两处质量均无影响，完整如故。

在整修中，遇到部分建筑物需要重建或增建时，把别处相应的建筑物移入园中，也是一个很好的节约方法。如"东园一角"的八角亭系从城内修仙巷宋宅中移来，亭子的移建费用只有170余元，不但充分利用全部旧材，而且省去配料、断料、刨光、磨细等大量人力，还大大缩短工时。又如拆除"半野草堂""少风波处"厅堂及其他旧屋时，事先即考虑到旧料的用途，像"别有天"的长廊，增建的"小桃坞"等，就是用这些旧料建成。

园内的门窗、隔扇和栏杆挂落，具有较高的艺术要求，大都需要精雕细镂。这些构件如配料新制，每一扇门窗的工料价格都需150元以上，而当时园中门窗装修一无所有，如全部配齐，数量在500扇以上，代价即需数万元，且雕刻也相当费时。为此，采纳了技术员的意见，向旧货市场和私人旧家收购了大批质量精美的旧门窗、隔扇和栏杆挂落。当时到处去买旧料，会计带了支票簿，跟着老师傅跑遍了苏州所有的旧货店，甚至赶到洞庭东山等处去访购，只要合适，当即购下，每一扇门窗的代价最低只有1元多，最多也不过10多元，像"佳晴喜雨快雪之亭"的楠木浮雕纱隔，每扇仅1.5元。楠木厅中间14扇纱隔，是在道前街上看见车上拉的纱隔，说是拿去做算盘的，便与之协商，以每扇5元购下，计70元。林泉耆硕之馆中的红木银杏精雕屏门，每扇只有14元，而馆中圆光落地罩也只有30元一个，这些都是从东山原席家"松风馆"中拆买来的。馆中"冠云峰赞"六扇屏门，当时只有三扇尚在园内，其余三扇是从附近棚户中找回来的，当时两扇在人家屋里，一扇已做了人家厕所上的踏板。"五峰仙馆"室内的天花板每块只有1元钱，也是从东山收购来

的，因图案不够统一，决定洗去，重加油漆。当时除购买旧料外，又把盛家祠堂中100多扇门窗挂落拆下，移入园中，以充修复之用。有关园内门窗的格式，当时统计有三十六种，这些门窗虽然不是原配之物，有长短宽窄，不可能完全适合，式样也不可能前后统一，但经过工人老师傅的智慧创造，短了就在上槛加个横风窗，窄了就在两边加板，长了就截去一段，加以改制，经过适当的装配，效果也很好。像"绿荫轩"中的隔扇是用4扇纱隔合并而成的，改装后也不影响美观。虽然这些旧门窗在式样方面有着不够统一的缺点，但在木料的质量和工艺美观方面，却比原计划实际有所提高。所费代价仅5000余元，节省了大量的资金，赢得了时间和速度，同时又保证了质量。

留园的整修，除计划筹备外，从1953年5月起至7月，利用社会上闲散劳力，以工代赈，每天以人民币七角一工为代赈工，进行清扫整理工作，每天用70~80工，持续3个月，把园内垃圾、瓦砾、马粪等清扫干净。然后于8月份正式全面开工，进行整修，计泥水木工近200人，按图施工，整整花了100天时间，至年底全部竣工完毕。整个留园的修整，共花去人民币4.7万元。

（三）整修中遗留的缺憾

在整修过程中，有的地方考虑不周，粗心大意，造成了一些后患，虽然事后发觉，但已难挽回。如"冠云峰"，据1953年整修留园时的工地负责人杨一村说：当时因对峰石历史不甚了解，见峰座一侧有一小块湖石断裂一旁，就随意地把它一粘，以致如今的鳌头一直歪斜。又如冠云峰与"又一村"之间，留有残余建筑群，必须拆除改建，当时意图只是想利用开放空间手法，结合现代需要，所以拆除空地后，铺种草坪，以便利群众活动，可是西、北两面大段围墙全部暴露，显得粗糙乏味，与留园曲折幽深风格不相适应，事后不得不又将草坪改植竹园，以资掩蔽。又如"半野草堂"拆除后，衔接了一段直墙，使后山显得空旷单调，这些都是不足之处。

整修园林，应逐项修成，不留尾巴，以免功亏一篑，甚至无法交待。如在拆除走马楼（心旷神怡之楼）及"少风波处"一组建筑时，由于事先没有对周围建筑、环境作仔细观察研究，地形改变后应如何改建，也心中无数，事后临时采取措施，改建曲廊、竹园，以致楠木厅后面原有走廊接通"少风波处"被切断后，留下一段"盲肠"（即今通往"又一村"的那一段）。"佳晴喜雨快雪之亭"处本来是一座楼厅（原"亦吾庐"），与走马楼相通，修整时截去上半，改建成亭，显得不伦不类，同时对于"还我读书处"北面一堵山墙，也未作适当处理，非常空旷难看。又如"还我读书处"北面山墙处原为走廊与走马楼相通，有西、北两个进出口，后来硬砌了一堵山墙，并在原走廊地段，安置了一只楼梯，从而封闭了出口，致使后来游人至此，再无去处，非得转回室外，再寻去路，造成了一个很大的缺陷，使人不满。由此认识到，拆与建必须同时考虑，而且是建重于拆，在建的考虑未成熟前，千万不能先拆，因为拆屋容易建造难，决不可鲁莽行事，草率决定，这些对于园林的整修工作是应该引以为戒的。

由于当时园林的修复工作没有前鉴可借，缺乏资料，又限于财力、物力，虽然修复工作整体是成功的，但也存在着一些不足的地方。从当时情况看，把旧社会遗留下来的一个

破破烂烂的园林，通过整修恢复到今天这样一个水平，确实是一件了不起的成就。整修后的留园焕然一新，与曲园老人《留园记》中"凉台燠馆，风亭月榭，高高下下，迤逦相属"的情景没有多大出入，从而保持了留园原有的艺术风格。

后记

本文系根据《修建园林的几点工作经验》（约1955年）、《苏州市建设局园林绿化总结》（1959年5月）、《关于旧园改造和维护的一些经验》（1962年1月11日），以及谢孝思、郑子嘉、杨一村的口叙回忆，1984年由陈凤全整理成《留园修复记》文，以记留园整修大概。谢孝思，时任苏州园林古迹名胜修整委员会主任。郑子嘉，时任苏州市园林管理处主任。杨一村，时任留园整修工地负责人。

（本文作者陈凤全，留园文史工作者，《留园志》第一撰稿人。此文原载于《留园志》文汇出版社2012年12月版，转载于《苏州园林》2017年）

谢孝思和怡园陈设

周峥

经过"文化大革命"的怡园,虽然山水骨格仍在,厅堂建筑还在,但室内的陈设都已经散失了。以匾为例,两方篆字匾张冠李戴,湖石上的题刻被凿平,主厅里空空如也,仅是一堂空架,需要恢复的太多了……

负责怡园陈设恢复的恰是谢老的一位晚辈。这位晚辈面对这样一大摊子,真正感到力不从心,束手无策。谢老教她说,不急,先摸清家底,哪里原来是什么,谁写的字,写的是什么,做到心里有数,然后,能修的修,能收的收,实在没有的再想办法补。

谢老从不因私事求人,这时竟拍起了瘦瘦的胸脯承诺道,无论需要找谁,只要是认识的,都一定帮着写信打招呼。

谢老的承诺,使那位晚辈有了底气,于是,她开始摸情况,做计划,写报告,一样一样地补充陈设。

谢老给顾笃璜打招呼了:是恢复顾家花园的陈设哦,有什么藏着的书画宝贝拿点儿出来……

顾老掏出了珍藏多年的清代吴云题书的"坡仙琴馆"匾的影印件。"坡仙琴馆"按原样恢复了,它与"石听琴室"两两相连,将怡园顾家曾在此收藏过宋代苏东坡"玉涧流泉琴"的一段传奇性历史完整地展现出来了(图1、图2)。

图1 "石听琴室"内景

图2 "坡仙琴馆"内木屏刻

谢老给陈从周写信了：帮帮苏州的忙，提供点儿什么吧……

陈从周先生拿出了一对怡园昔日的楹联勾描件："与古为新杏霭流玉，犹春于绿荏苒在衣"，落款竟是怡园园主：子山顾文彬。这幅勾描件很快制成了楹联挂在主厅北侧柱上。

荷花厅是怡园主厅，其南向历史记载原有俞樾题书"梅花听事"四字匾，但老匾早已不知去向。主厅岂能无匾！但这是主厅，按规矩总要请与园主有些往来、书法又好、学问也好的尊者书写才合适。请谁呢？谢老思考了很久，想到，如果许宝骙先生能写，倒是一段佳话（图3）。许宝骙先生是俞樾的曾外孙，从小受家庭熏陶，诗书皆能。他曾担任《团结报》总编辑、社长，全国政协文史资料委员会副主任等。能请俞樾的后人、文史专家来补书这方匾是最合适不过的了。

图3 荷花厅"藕香榭"内景

尽管谢老和许宝骙不十分相熟，但为了怡园，他冒昧请人转求许先生，把事情的原委一一告知，恳请他能重新书匾，再现怡园原貌。

北京的许先生一口应允,很快就寄来了书写好的"梅花听事",许先生还在四个大字边写了一段跋语:"先外曾祖曲园俞公怡园记中谓藕花水榭南向旧有此额今失去敬为补书",叙述了补匾的原委。就这样,恢复的是一方堂匾,积淀的却是一段园史、一段佳话。

如果说荷花厅堂匾的再次题写奠定了怡园的文化景观复原的基础,那谢老亲自撰写的《怡园记》则与"梅花厅事"匾相得益彰,使复原的基础达到了美轮美奂。

苏州园林的大体量建筑,因功能需要往往都在厅堂中部用屏门板或隔扇分隔空间,用于分隔的屏门板多在其上镌刻名人字画,主人声望越高,镌刻的书家画家名望也越高,这是一种风气,也是该园主艺术品位高下的显示。用明代文震亨的话说,就是:居住生活虽是琐事,但"夫标榜林壑,品题酒茗,收藏位置图史、杯铛之属,于世为闲事,于身为长物,而品人者,于此观韵焉,才与情焉。"所以,园主如没能邀请到当代德高望重者书写,也一定要找来古代贤达的文字绘画,以标风雅。历史名园留园五峰仙馆屏风板上的"兰亭""书谱"即是一例。

怡园建造之时,俞樾正隐居苏州。大师到苏州,自然就是江南文坛泰斗。俞樾在苏州,也与苏州的望族、名流相交往,所以,苏州很多园林都有他的文章墨宝。这是苏州的幸事。

怡园建成后,俞樾除为主厅题写堂匾外,还撰写了著名的《怡园记》,详细介绍了造园缘由和园内的景致。这篇园记还在,但刻着园记的屏风板却早已不知去向。恢复怡园陈设,主厅的堂匾和重写重刻《怡园记》是基础。匾有了,"记"请谁写?管理处又想到了谢老。

谢老是苏州的耆老,德高望重,精于书画和园林,请他撰写是最合适的了。对这样的请求,谢老当然是在所不辞,他二话不说,就开始谋篇布局起来。

时值农历六月,正是一年中最热的时候,那时没有空调,又在纸上书写,开的电扇也只能吹吹微风。谢老精心撰写,写得是汗水淋淋。开始还穿件汗背心,写到后来,干脆"赤膊上阵"。每写好一条屏,他就挂在墙上,左看右看地端详效果;当看到某字不满意就从条屏上抠下来,另外再写,直至写到满意,再把满意的字补上去。就这样,在暑气逼人的热浪中,他写成了《怡园记》行书600字。《怡园记》,每字直径约7厘米,现已刻在银杏木屏风板上,陈设在荷花厅内。

谢老在怡园的墨宝还有很多,几乎每一处都有个故事。

画舫斋是怡园的主要建筑,艺术价值很高。俞樾曾为之以篆书题写匾额"碧涧之曲,古松之阴"。但"文化大革命"后,该匾也是不知所踪了。谢老虽然也擅长篆书,但他师从吕凤子,学的是"夹雪篆",与俞樾所书篆体不完全相同。为尽量地展现原来风貌,在重新撰写时,谢老怀着崇敬的心情,特意参照历史照片上俞樾的篆书风格书写,还增写了一段跋语,说明重书缘由:"怡园画舫斋原有曲园老人篆书诗品碧溪古松句额,癸亥七月孝思补书。"

据顾家资料记载,荷花厅西侧"碧梧栖凤"前小院圆洞门上方原有清代何绍基撰写的砖额"窈窕""豚窟"("豚"下原有走之底),但时间久远,早已看不到了。20世纪80年代,管理处工作人员特意搭了梯子在原砖额部位去抠挖,竟在洞门东侧抠挖出一方砖额,一看,竟正是何绍基书写的"窈窕"二字,虽已有点残破,但字迹尚清晰。管理处当即重新修补,将这方砖额重嵌在洞门上方。但洞门西侧却没有这样的幸运,没抠挖到任何砖额。请谢老补书一方吧。谢老欣然。但谢老认为,东侧的额是何绍基大家题书的,他现在只是补书而已,砖额又小,不可能写明原委,所以,他只补书不落款。所以,现在我们看到的洞门西侧上方"遯窟"砖额，就是谢老补书的。

"屏风三叠"湖石组峰，是怡园著名一景（图4）。组峰高2米余，宽3米余，由三方精美的湖石峰并列而成。峰石上原有王山谷篆书"屏风三叠"四字，"文化大革命"中这成了"封资修"的遗存被凿去。准备刻一政治标语，然而这一"准备"就准备了十几年而始终没有刻，湖石组峰也就一直素面朝天。重书历史墨迹又落到了谢老身上，谢老并没有立即动笔，而是先找来该处描写着"屏风三叠"四字的图画，仔细揣摩，然后恭恭敬敬地尽量仿原来字迹书写了四个篆书大字。如同他一贯谦虚的作风，落款有说明：山谷老人题石语，孝思书。

图4　屏风三叠

在谢老身体力行的感召和邀约下，瓦翁老为"南雪"亭重题"南雪"，并书写了亭子建造的历史掌故；钱太初老以其精到的篆体书写了楹联；刘叔华先生为坡仙琴馆补壁了"雨竹""风竹"两幅精品；谢友苏夫妇合作制作了"怡园图"并刻之于屏风板；远在贵州的著名书家、时已八十八岁的张星槎也寄来了"拜石轩"的书法作品。

怡园的"文气"复苏了。怡园，又恢复了原来"文人园"的风貌。

（本文作者周峥，苏州市风景园林学会第七届理事会副秘书长，原《苏州园林》主编。此文原载于《苏州园林》2014年第2期）

汪星伯

汪星伯（1893—1979），原名汪景熙，苏州市人，出生于当地名门望族。对国画山水、书法、金石、文物鉴定、园林艺术等中国传统文化有很高造诣。清宣统三年（1911年）于苏州东吴大学预科肄业。民国二至三年（1913—1914年），清华学校预科肄业，原准备赴德留学，因"一战"爆发未能成行。滞留北京期间，师从姑丈陈师曾研习书、画。汪星伯妻为清末状元陆润庠孙女，祖传医书珍本，汪潜心研读，拜名医恽铁樵为师。民国十七至二十七年（1928—1938年）在苏州自行开业行医。1938—1945年，抗战期间，逃难到昆明行医，颇有名望。抗战胜利后，继续在苏州行医。建国初期从事居民工作。1952年，由苏州市文教局局长谢孝思聘任为苏州市首届文物管理委员会委员。1954—1958年，担任苏州市人民委员会园林管理处修建组组长、园艺科副科长。1956年参加中国民主同盟，1953—1965年，连续六次担任苏州市平江区人民代表。1965年7月退休。1979年6月16日逝世。

汪星伯知识面广，琴、棋、书、画无不精通。从1952年起，参加和主持苏州市古典园林的修复工作，为保护、抢救、开放园林、文物作出不朽的业绩。苏州的风景名胜区和园林，如天平山、寒山寺、拙政园、留园、虎丘、狮子林、怡园、沧浪亭、网师园、耦园的修复，多为汪星伯指导和参与，被称为"园林大家"。

园林何处不思君

——写在汪星伯先生诞辰100周年之际

毛心一

汪星伯先生是苏州著名的园艺专家，生前曾对抢救、修复苏州园林名胜倾注了大量心血，并取得了卓然成绩。我于20世纪50—60年代曾与其一起工作过，他高尚的品格、一丝不苟的工作作风及渊博的文化素养，使人获益匪浅。今年是汪老诞辰100周年，写下此文以表缅怀之情。

回忆我与汪星伯先生之相识，始于1954年春被邀出席留园修复竣工验收会上，曾有相见恨晚之感。后于1962年被市建设局借调在园林管理处近一年中，得有机缘，朝夕相处，共同参加全市各园林、名胜古迹整修工程及调查研究工作之后，更为熟悉，并有一时期合作编写过有关著述，经常往来，遂成为忘年之交。

汪老生于清光绪十九年（1893年），出生于苏州书香门第，其叔汪东（旭初）系已故市政协副主席，亦是国学大师章太炎之大弟子。星伯先生自幼勤奋好学，博览群书，广识

多才；1911—1912年在东吴大学预科肄业，1913—1914年曾在苏州考取过国立清华大学公费生，因第一次世界大战爆发而失学。便跟随姑父陈师曾（民国时期著名的美术家和艺术教育家）学艺，潜心研习金石书画，开始了他的文艺生活。陈师曾为其题诗："初从石田入，还似石溪翁。拔俗心无馁，寻师日有功。须知成浑碎，终拟到沉雄。爱汝留残稿，毋嗟爨下桐。"诗后跋云："内侄汪伏生（星伯小名）从予学画，先以石田本导之，颇能用笔。此幅浑碎处，大似石溪上人（髡残），伏生欲弃诸故纸篓中，予甚惜之，因携归，漫题四韵。乙卯（1915年）残蜡灯下，衡恪。"说明了青年汪星伯学习刻苦及陈师曾的嘉勉和劝喻之良苦用心。汪星伯潜心研究国学、诗词、书画、金石、考古等，宏览博通，并擅长篆刻、行楷书法、操奏古琴，技艺精湛，尤以水墨山水国画为最，在江浙沪一带已崭露头角。

抗战前，因不善经营，家境清寒。以其家藏有祖传医书珍本，自学成医，又拜沪上名医恽铁樵门下研习中医。之后，行医小有名气，远闻云南昆明，蜚声一时。1945年抗战胜利即返回苏州，在东北街故居开设诊所。那时他的生活状态是"隐于医，游于艺"，除了开诊所外，汪星伯游艺在琴棋书画，金石篆刻及收藏之中。建国初期，汪老当选为平江区首届人民代表，并被聘任为市文管会首届委员。后即毅然放弃收入颇丰的中医职业，推掉了江苏卫生厅的邀请，弃医从艺，在市园林管理处担任园艺科科长之职，直至1963年秋退休后仍任顾问之职，继续关心园林建设工作，并在闲暇之时整理资料，著书立说。1979年6月汪老因病逝世，享年八十又七高龄。

汪老生前悉心致力于苏州园林保护、建设工作，并作出了重大贡献，其大量感人事迹，使我辈敬仰不已，也足以追述一番。早在新中国成立初期，汪星伯就很有创见地提出古典园林的修复要执行"修旧如旧"的原则，他主张古典园林色调要古朴、淡雅，确定古典园林的木构颜色为广漆荸荠色，水作为白墙灰瓦的基本色调。这些都是古典园林修建一直所遵循的原则。如留园修复，他亲自去苏州东山收购旧材料，运回来安装，既省钱、省时间，又非常美观适用。这一办法在修建其他园林时也得到保持和发扬。

他对所有园林修复工程，都极花精力，记得我曾跟随他先后参加过虎丘山、网师园、耦园、东园、苏州公园等整修，亲眼看到他不辞劳苦，整天在现场，动脑筋，出主意，指挥施工。例如在将东园里城河对岸的一长段旧城墙废墟改成土山并植树造林工程，时值严寒季节，汪老先生不顾体弱，迎着朔风寒流，精神抖擞地带领工人在工地上一起栽树植林，改造地形，模仿真山，累土叠山，力求变化多端。今天，东园的这段城墙废墟已成了高低起伏、有支有脉、逶迤葱茏的一座"真山"了，又保护了古城墙遗址。

汪老对假山艺术颇有研究。在他的指导下，完成的有拙政园东部兰雪堂后缀云峰等三峰、兰雪堂西北的"翻转划龙船"假山、秫香馆对岸假山驳岸、倚虹亭前拱桥的假山驳岸，拙政园中部见山楼、听雨轩的黄石假山驳岸，玉兰堂北池边假山。1953年修复留园时，全部假山都是在他的指导下整修的。他亲自领导参与了网师园"云岗"、沧浪亭等几座大假山的修复，积累了不少实践经验，并写成一部近两万字的《假山》专著，堪称园艺佳作。尤其是在虎丘山道紧靠"试剑石"、真娘墓后边一段挡土墙重砌黄石驳岸时，他曾亲自监工，与假山工韩十八子昆仲和我，共同反复研究如何堆叠成苍劲古拙、陡峭挺拔、能混于真山之中的石驳岸。经过不断探讨、实践，甚至现场操作，这片石驳岸达到了不失自然险峻之势的效果，十分成功，为虎丘山岭增添了一道新景观。

环秀山庄等假山修复，也是在他的指导下完成的。

1963年，刮起了一股"破旧立新"风，汪老曾提出"缓兵之计"，对园林名胜古迹先作全面调查，再决定破除其中具有"封建迷信意识"陈旧部分，其余加以整顿改造，正确分别对待。于是，经市级领导批准：由园管处组成一个调查研究小组，他与副处长陈涓隐和我三人，先后至各园林、虎丘、天平山等地，进行了为期两个月的实地查看，之后以汪老为主，汇编成一部《苏州园林名胜资料》调查报告，共近六万字，其中包括拙政园、留园、狮子林、沧浪亭、怡园、网师园、耦园以及虎丘山、天平山、石湖别墅等历史资料、堂构名称、匾额、对联、书条石、碑记、摩崖、石刻、建筑装修、陈设布置等详细资料，并逐一作出注释。此一文献迄今已留存不多，弥足珍贵，成为后来园林修志及编撰园林史的重要参考资料。

　　后来就"极左"思潮愈演愈烈，汪老及时建议对各园中廊壁上的书条石及碑刻，加上玻璃框，并覆盖毛主席诗词书法、国画，以宣传画廊方式展出，籍得隐藏历史文物，得以完好保留下来。又如虎丘山"试剑石""古真娘墓""二仙亭"以及天平山"接驾亭""御碑亭""御书楼"等古建匾额石刻，亦同样采用隐蔽方式，予以保存。后在"文化大革命"中，这些文物、景物幸均未遭到破坏，今天看来，仅此一举，汪老便为保护园林文物作出了无法估量的贡献。

　　在实地查看中，汪老主张不能"走马看花"，而必须仔细核对，防止遗漏。记得去天平山访古，二人合住木渎石家饭店多日，每天来回，早出晚归；曾要我三次从"一线天"一直攀登峰顶"上白云"高处，将沿途所见摩崖石刻之诗文及题跋等，一一摹录下来，发现有字迹不清疑点、再度上去补全。在考查园林"书条石"时，留园一处，数量最多，计共300余块，他必亲自检点之其中内容篇首，先由我逐一记录下来；按次编成细目，再交他分类加以注释，汇编成专辑。在搜集上方山、石湖别墅历史资料中，也同样如此。在工作交往中我发现他家中桌上堆满古书、文集、词典等，他非常严谨地考证调查来的原始资料，认真参阅，找出典故，反复探讨，再整理出来。汪老这种一丝不苟、高度负责的工作态度，以及对我的教导及奖掖等，所留印象极为深刻。

　　星伯先生不仅是一位忠于社会主义事业的好同志、好干部，还是一位正直无私、意志坚强的人，这种高贵思想品质实在可嘉。值得一提的是，在1957年反右斗争运动中，他曾一度无辜地蒙冤受屈。记得他曾就市工人文化宫建造大门入口处在壁面盖上红瓦之事，在会上发言，认为严重破坏附近沧浪亭园内淡雅朴素之幽静气氛，并阻碍"看山楼"上远眺近郊诸山视线。此一正确意见，后竟然被无限上纲，汪老当时异常气愤，但仍能坚持原则，未曾屈服，拒绝接受"大会批判"。他又一再表示：个人委屈并不在意，坚信党是实事求是的，只要对国家对人民有利，就应如实反映意见，决不听之任之。

　　他还注重理论研究，曾撰写《关于旧园改造和维护的一些经验》《复廊》《园林堂构名称解释》《园林景点说明牌稿》《苏州各园林资料汇编参考材料》和《苏州园林中的书条石》（与人合写）等文，对苏州园林的保护管理作出了重要贡献。

　　汪老生前仪容，迄今记忆犹新，历历在目：其身材厚实、脸庞饱满，目光炯炯有神，严肃中带慈祥，缄默中又善健谈，和蔼可亲，平易近人。汪老生前的一言一行，刚直严正，但对中青年一代却总是循循善诱，诲人不倦，耐心指导，情真意切。

　　在汪星伯先生百岁诞辰纪念之年，相信他的生前友好、熟悉者，定会与我一样，认为这位曾为苏州园林、名胜古迹的保护修复建设诸方面作出过卓越贡献的园艺家前辈，诚致

永远怀念、崇敬。我与汪老所结下的深厚情意,可谓泉石知己,谊兼师友,难言其尽,又不可不记。今天,每当踏入苏州园林名胜,盘桓在水池假山、花影扶疏之间,往往会触景生情,引起遐思,缅怀这位老人,他的音容宛在眼前,正是:

　　回头往事如春梦,故友精神今尚留。
　　惆怅天堂人去后,林泉痛不再同游。

　　　　　　　　　　　　(本文作者毛心一,建筑工程师。
　　此文原载于《苏州园林》1993年第2期,刊发时作了必要修改)

追记汪星伯先生导游苏州园林

张英霖

有客自北京来

1963年的夏天，当时我在苏州市政协工作。时任全国政协常委、北京大学副校长的著名化学家傅鹰先生来苏州度假，他提出要看看慕名已久的苏州园林。傅先生虽是一位精通化学的科学家，但对我国传统文化也有很深的修养，如果只陪他到园林走马观花地转一趟，显然是不能满足他的要求的。于是我商请在市园林局工作的汪星伯先生作陪，在得到汪老的欣然应允后，便开始了那次令人难忘的苏州园林之游。

如今回忆起来，跟随汪老游园实在是一种高品位的文化艺术享受，在他的带领下一连三天遍游苏州诸名园。每到一处汪老都实地讲解，历数掌故。他深入浅出的解说和精辟独到的评点，博得了傅鹰先生连声的赞赏，可惜当时未能笔录，现在只有凭回忆追记了。好在自那次听了汪老讲解之后，凡有客人来游，我即按汪老导游的路线和讲解如法炮制，久而不忘。只是限于我的水平，能否完整表述就不敢自许了。甚望熟识汪老和听过他谈园的同志能给以补正。下面所记是汪老讲的一些重点内容，其余有关园林的一般历史和掌故，可于他处查得者，兹不赘录。

放论拙政园的风格特点

汪老导游的第一个园林是拙政园，用汪老的话说，"拙政园堪为苏州园林之代表"，故而在那里逗留的时间最长。为领略"曲径通幽"的意境，汪老特别安排从拙政园老门入园，沿着两壁夹峙的长弄，他且行且说道："江南园林和北京的园林有所不同。一个是粉墙黛瓦，古朴淡雅；一个是金碧辉煌，宏伟壮丽，这不独是色彩风格上的差异，更是私家园林与皇家园林两种场面、两种气派的区别。"汪老讲到这里，傅鹰先生即插言道："您这一点拨很重要，我虽尚未得其中三昧，然而甫入此园已觉心目清静了许多，不像在北京，步入园林便叫人只想到皇帝。"汪老听了含笑说："皇帝的权力莫大焉。普天之下，莫非王土，率土之滨，莫非王臣。所以皇家园林极尽豪华铺张之能事，他可以在任何他愿意的地方建立宫苑，承德的避暑山庄就是建在真山真水之中，而私家园林就难以随心所欲了。"接着，汪老就私家园林产生发展的社会背景作了简要的阐述，他说："园林是对自然山水的模拟，大自然是真山真水，而园林是具体而微的假山假水。何以要搞假山假水？从根本上说这反映了人们对大自然的热爱和依恋。但从造园的主人来说，他们多是富有者，居住在远离山水之秀的

城镇，虽也向往自然之美，但难以占为己有，即令可以部分购得之，也因治安、交通等种种关系，不能就山林湖滨建造庭园而居，于是便于闹市建园林模拟之。特别是私家园林造的也特别多。所以，居闹市而欲得山林之趣，可以说是园林建造的一个动因。造园的主人有了这样的动机，能工巧匠才有用武之地。当然，这又是在整个社会生产、科技和艺术高度发展的基础上进行的。"听了汪老的论述，傅鹰先生极表赞同地说："您的话十分辩证，把问题讲透了。'袖里乾坤''胸中丘壑'只有中国的哲学和中国的艺术才能产生中国的园林；也只有苏州经济繁荣和人文荟萃的优越条件，才能产生出这样多和这样好的园林。"傅先生说罢便与汪老相互谦让着步入园中。

汪老先引至远香堂，顺便讲起拙政园内亭阁轩堂的取名。他说："苏州园林十分讲究取名的艺术，每处建筑的题名和所悬联句，不仅充满诗情画意，而且蕴含着很深的哲理。景物经过一番题写，既有了文学的意境，又有了思想的境界，这赋予景物以精神品格的本事，说明了我国造园艺术的高超，说明我们民族传统文化的深厚。拙政园有许多典雅的题名，一向为人所称道。如远香堂、荷风四面亭、留听阁，这都是围绕'出淤泥而不染'的莲花而题的，非抄袭或随意杜撰。又如玉兰堂、听松轩、梧竹幽居亭等，均是从所植花木而得，体现了拙政园浓郁的田园气息；而这些花木又都被认为具有高洁的品格，游赏栖息其间，自然如入君子国了。所以，我们在园林观赏之中又可陶冶情操，所谓'赏心悦目'者也。"

谈话间到了远香堂外的平台上，面对池北岸土阜上的亭子，汪老讲起了拙政园的风格特点。他说："拙政园的建筑风格特点可以概括为两个字，就是'扁'和'平'。何谓扁、平？就是这里的建筑不是拔高，而是放低。如远香堂和对面山上的亭子，屋面都以平缓坡度处理，屋脊尽量压低，不是高耸飞动，而是朴实平稳，令人如入唐宋古画中。不仅厅堂亭阁是扁平的，桥也是扁平的，拙政园的桥不是拱桥而是石板桥（东部一座小拱桥是后来移建的），这是平；桥栏杆用石梁，高不过膝，与桥面形成一个扁平的长方形，显得极其古朴轻巧。不追求高耸、华丽，而追求平稳、朴实，这和那个时代的建筑风格有关，也和园主人的'灌园鬻蔬，以供朝夕之膳，是亦拙者之为政也'的建园意旨有关。虽然园中建筑历经变迁，但园的中部仍可见到昔日它的某些风貌，扁平就是外在形式上的一个重要特征。"

接着汪老引大家在荷风四面亭一带看了四周的景色，然后过曲桥来到沟通中西两园的圆洞门前，此为"别有洞天"，他指着东面的水面说："拙政园的水不是局促于一池，而是迂回于全园，颇具江南水乡之貌。各种建筑物大多临流而筑，充分地利用了水的柔美。看拙政园的水以此处最为壮阔，放眼水上似有一望无际之感。其实水面宽不过十数尺，长不过十数丈，所以产生这种视觉效果，与建筑物的疏朗、扁平固然有关，但更重要的是与水上的两座石板桥有密切的关系。水位低时，水岸为桥面所遮；水位高时，水岸又被桥栏所遮，石桥在这里被巧妙利用，与水达到了最佳配合，这应是造园者匠心独具的地方，绝非随意之笔。"

进入圆洞门便到了西花园，汪老讲了中西两部分割的历史之后说："私有制之下，一个园林常常难免被分割的命运。好端端一个园子被人为切成两个部分，中间打起一道厚墙，还有什么景观可言！然而，能工巧匠自有神妙之笔，在这里建了复廊。墙东是走廊，墙西则于水上砌出回廊，高低曲折，错落有致，竟然又成了一处景观，真可谓运用之妙存乎一心了。"

西花园与中部分隔后，照汪老的评价，成功之处自多，但败笔也不少。例如为了兼收

中部景物，在假山上建起的宜两亭显得高了。鸳鸯馆体量过大，假山亦非中部的土山等。讲到鸳鸯馆，汪老说："苏州园林中的鸳鸯厅甚多，几乎每座园林中都有，但以此馆最别致。其他园林中的鸳鸯厅多从建筑形式上追求变化，例如狮子林的燕誉堂和留园的林泉耆硕之馆，南北两半厅的柱子和柱础，如一面为圆形，另一面便做成方形或别的什么形，椽子、门窗也多有变化，力求其对称而异样，即所谓一鸳一鸯。但是三十六鸳鸯馆不是从形式上求变化，而是适应园主人冬夏两种季节不同的需要在功能上做文章。冬天活动于向阳的南半厅，厅外植有十数株山茶花可供观赏。夏天移入北半厅，其时这一半是水榭，可见成群鸳鸯双双戏于水中。厅的四角各建有方亭，既可在那里观赏厅外景物，又是饮宴时储备食品饮料和艺人演出休息待命的场所，如此设计应是非常周到和考究的了。"

离开西花园复入园中部，汪老领大家穿土阜而过，一种行来如置身郊野水乡，尘嚣之气尽消。在通向东部花园的倚虹亭前，又观赏了北寺塔的借景，但见远塔与园中景色合于一体，构成一幅绝妙的图画，不禁使人对造园者的精巧构思由衷叹服。

在东部，汪老讲了修建缘由。他说："东部是归田园居旧址，早已废为田地和空场了。解放之初，古典园林与众多的群众活动场面不相适应，遂有东部之建。当时要求为青少年集体游园提供充分的空间，故留有大片草坪。分散在四处的亭台是备游园活动时文艺演出之用的，就连东大门入口处的假山，也是供儿童攀登的。因此，这里不挂'禁止攀登'的牌子"。说着汪老竟然步上假山，用脚着力地登踏假山石，以证明它的牢固性，并露出了颇为满意的神色。可知他对东部的建设是付出许多心血的。不过，从现在的眼光来看，当时建设东部的指导思想虽无可厚非，但古典园林毕竟不是文娱体育活动的场所，如何重建东部，恢复记载中的归田园居旧貌，使之与中部相协调，已经成为一些园林专家们议论的课题。相信汪老若在世也是会如此考虑的。

狮子林里说假山

结束了拙政园的观赏，便到了狮子林。对于狮子林，自然要讲到它的假山。汪老说："狮子林的假山与别处不同，别处假山多供观赏，不能攀登穿越，而这里的假山，上有盘曲山道，下有蜿蜒洞穴，人行其间，如入迷宫。其山石多类兽形，尤以狮子为多、皆在似与不似之间，既有雕塑之美，又保持了太湖石瘦、透、漏、皱的自然形态，没有高超的堆砌技巧是难以奏效的。更奇的是假山之上的古木，于石缝中盘错而出，不知根生何处，也不知是先植树后垒石，还是先垒石后植树，可称得上是苏州园林之谜了。"

汪老非常欣赏环绕狮子林西部和南部的回廊，认为是观赏狮子林景色最佳路线之一。他说："沿此廊缓缓而行，可以居高临下，鸟瞰掩映于树影花丛中的狮林景物，别有一番情趣。其实这回廊的意义所在就是假山。它与园中的假山相呼应，与园中池水相对照，有了这座环绕半园的假山，园中的假山才不感到孤立，园中的池水才显得更深幽，园北部的楼堂建筑才有所映衬。所以，狮子林可以说是一园假山，有的假山延伸到厅堂阶下，成了进出的踏步，叫它'假山之园'亦无不可。"说到这里汪老又概述了苏州各园林假山的特点："拙政园是土山，辅以黄石，我们已看过了。黄石假山以网师园最佳。留园的假山实际上是湖石佳品的陈列，把一块块玲珑剔透的湖石布置成一幅幅立体图画。当然最好的假山是环秀山庄叠山名家戈裕良筑的那一座，可称绝品。"

从假山又说到园林的空间处理，汪老说："狮子林面积不大，可称弹丸之地，然而却布置得有山有水，重要的手法就是有效地利用空间。在这里（他指着回廊）围墙没有了，变成了回廊；而回廊又是登山之道。假山复有高低层次，又极尽蜿蜒曲折，似乎空间被扩大和延长许多。山重水复尽在尺幅之间，简直是一种绘画艺术！"原来汪老也是一位画家，真是三句话不离本行。然而，又有哪一位园林家不精通绘画呢！

在步出狮子林的通道上，经过一处小院落，院中堆有形似狮子、老牛和螃蟹之类的假山石，这就是俗传建园工人嘲讽园主不懂得园林艺术而砌造的"牛吃蟹"（即外行的意思）。汪老也讲到这个传说，他说："这是流传，很可能是人们的附会，不足为据。不过，狮子林确有修坏了的地方，例如它的建筑体量都很大，园池中的旱船、湖心亭和拱桥都给人以充塞感。还修了铁栏杆、玻璃棚、水泥地坪等，更是洋味十足，已非砖木土石结构的传统面目。这些不协调的地方有损狮子林的固有风格，类似的情况其他园林也有存在，解放后在维修园林时已开始注意并着手加以逐步纠正了。"汪老说完便和傅先生一起走出狮子林，第一天的游园便在傅鹰先生连连道谢声中结束了。

留园的"空""透"观

第二天首先到了留园。进入大门，汪老在"古木交柯"前停下来说："昨天说到拙政园的建筑风格特点是扁、平，留园也可概括为两个字，叫作'空''透'。何谓空透？"汪老并不作答，只是引大家沿着通向楠木厅的走廊前行。但见朝向园中心的一面墙上，一连开出一些空窗，有长的，也有方的。四边有的镶着水磨青砖，很像没有装上书画的镜框。汪老当即指着这些空窗说："这就是'空'。造留园的匠师是聪明的，胆子也大，他不采用惯用的漏窗，索性把墙体成块地砌空，让园景一无障碍地透过空窗进入游客眼中，犹如一幅幅图画。妙在这些空窗是静止不动的，而人是游动的，步移景换，园景不断变化，好似过电影一般。所以，逛留园千万不可放过这些空窗！"于是，大家便照汪老的话注视着空窗中的景物。果然，留园变成了一幅流动的画卷，并且可以任游客进退或选取最佳景点，加以"定格"，真是美不胜收。傅先生看得高兴，连声称妙。

穿过楠木厅的时候，汪老提醒大家说："昨天我讲留园的假山是湖石佳品的陈列，现在可以实地看到了。此厅是留园主厅，名'五峰仙馆'，是因厅南庭院中五座湖石峰而得，再过去是'揖峰轩'，树立着一块又一块的湖石、石笋，各具姿态，是缩小了的巨峰。最后面的'林泉耆硕之馆'等一组建筑，更是为了观看冠云、岫云、瑞云三座大型湖石而建筑的。"说话间已走入揖峰轩前的回廊中，汪老说："这回廊的两面墙上都开了空窗，庭院被回廊分隔成若干小区，峰石林立，无论从哪个角度去看，视线都可穿过廊墙上的空窗或花窗，见到峰石翠竹、芭蕉等一幅幅'绘画作品'。'空'在这里变成'透'，剔透的'透'，留园无处不透，唯此处最透！这里的建筑简直就像是雕刻出来的。"

出了揖峰轩，看过三座峰石，汪老领着客人朝后园"又一村"一带而去，待到登上西部的假山，汪老指着分隔中西部的那道女儿墙说："隔墙在这里变成了荷叶边式的女儿墙，高低起伏，与山势相衬托，令人不觉得高墙的呆板和局限，应属妙手。"接着，汪老讲到了

苏州园林中的墙,他说:"墙在园林中是大有考究的,或高或低,或空或漏,悉依赏景之需要而定。最难处理的是墙角,但留园的墙角都作了精心安排,一丛绿竹,一峰山石,点缀得生意盎然,可谓一丝不苟了。"

在园的外围部分周游一匝,最后到了园的中心景点,顿觉池广树高,豁然开朗。汪老说:"留园的池水胜过他园,周围依水而建的涵碧山房、明瑟楼、曲溪楼形式不一,大、小、高、低均处理得恰到好处,是典型的近水楼台。如果于皓月当空的清明之夜来游,伴以丝竹之乐,恐怕叫人流连忘返了。"

山在寺中是虎丘

游罢留园直去虎丘,汪老在头山门前用了两句话概括了虎丘的特点,他说:"普天下之寺皆在山中,唯虎丘是山在寺中。"汪老的话简洁而形象,令人立刻了解了虎丘的特点。前人也讲到了这一点,如宋代方仲荀诗云:"出城先见塔,入寺始登山。"有"老僧只恐山移去,日落先教锁寺门"的诗句,但都是就虎丘论虎丘,缺乏横向的对比。汪老的两句话第一句讲了天下之寺的共性,第二句突出了虎丘的个性,使人印象深刻。接下来汪老对虎丘的性质特点作了进一步分析。"白居易任苏州太守时,'一年十二度'到虎丘还嫌不够,苏东坡曾叹说'到苏州而不游虎丘,乃是憾事',为什么虎丘如此吸引人?一是因为它'古',其历史可追溯到春秋,与辟建苏州古城的吴王相联系。二是因为它'真',绝岩耸壑,茂林深篁被尊为'江左丘壑之表',其中泉石奇诡,皆自然造化之功,非人力所可及。合起来就是'含古藏真',这是前人说过的。依我看还有一个是'近',距城不过数里,自白居易开河筑堤以来,形成了一条由阊门直达虎丘的山塘街和山塘河,方便了前往游览的城中居民和过往旅客。再一个是它有雅俗共赏的内容,为广大群众所乐游。佛寺的存在、名人的题刻、众多的古迹,特别是有许多神话传说与山中文物和景观结合得天衣无缝,更增加了游人的兴味。这就是虎丘的优势,是城中园林所不具备的。"

在上山的路上,江老指着路旁的山石说:"虎丘是真山真水,维修虎丘要本着'真'字行事,要'弄假成真''以假乱真',不可丝毫马虎。这路边的石头有的叠得好,有的叠得差,衡量的标准就是一个'真'字。"到了剑池,他指着"风壑云泉"之上的一层层岩石说:"这里叠得最好,达到了逼真的程度。岩石的颜色、岩缝的走向都与虎丘固有岩石毫无二致。"经汪老指明,傅鹰先生仔细观看了一番,不住地啧啧称赞说:"汪老不说破,谁也不知道是堆上的。苏州园林和名胜维修保护得这么好,说明苏州的重视,区区几块石头,处理得如此认真,可谓细处见功夫了。"

游虎丘自然要讲起许多脍炙人口的故事传说,试剑石、千人石、点头石、二仙亭、真娘墓、憨憨泉等,汪老认为这些流传已久的故事是虎丘名胜不可分割的组成部分。他说:"自然景物给人以美感,但不能给人更多的联想,只有当景物与历史(神话、传说、名人轶事等都含有历史的成分)相联系,才能使人发古之幽情,而两者结合得如此之好,内容如此之丰富,虎丘应是比较突出的一处。"

看过云岩寺塔,又到后山转了一趟,傅鹰先生对后山的清幽十分欣赏。当时后山仍是一派田野风光,生活在闹市里的人一到那里,便有一种说不出的舒适感。听到汪老说后山

还要建设时，傅先生说："后山的清静要保持，现代化的城市中最难得的是一份清静，这是有钱难以买到的，虎丘后山是一块宝地啊！"至此，第二天的游程便告结束，遂下山驱车回城。

水是沧浪亭的灵魂

第三天先游沧浪亭。涉桥而过就是大门，进得门来有一座东西向的假山横亘着，只得向东沿复廊前行。没走几步，一片水光映入眼底，令人顿觉心旷神怡，方才进门后的壅塞之感已不复存在了。汪老说："这水不在园中而在园外，但有了这复廊，却使园外之水与园内之景似隔非隔，若即若离，这种借取水景而并不把水面圈为己有的处理方式，是古人超尘脱俗的地方，而历经变迁仍能在城市中保留此一泓池水，也是很不容易的。可惜的是水面逐代在缩小，如果没有这片水，沧浪亭就不复为沧浪之亭了。"接着，汪老又讲到沧浪亭的护岸，他说："有水必有岸，园林中的水岸以沧浪亭最为壮观，是模拟太湖滨山湖岸而造的，湖石用在这里最为得当，与水相得益彰，既保护了堤岸，又造出了景观，故而由园外看沧浪亭最为相宜。可惜与其东的罗马式建筑整齐的护岸石墙相邻，显得很不协调。无锡蠡园也有这样的湖石水岸和复廊，虽比沧浪亭的还要长，但相比之下仍是这里堆得自然得体。"

看过了沧浪水，复寻沧浪亭，岂知这亭早已迁到山上。汪老说："苏子美《沧浪亭记》写得明白，'构亭北埼'，'埼'是曲折堤岸的意思。现在这个地方是康熙年间重建的，既不在岸边，也非原物，大失其趣。"出了亭子，即循山路西行，这是一座东低西高的一字形山岭，迈步于林木葱郁的山径上，似已不在城市。行至西端，见山下有一方广不过二丈左右的小池，汪老说："这池的存在是为了衬托这座山，有了这座池，山才觉得更高。"果然，立于山顶俯视或由池边上观，都觉得山增高了许多。原来池水距岸沿尚有数尺的距离，遂使人产生池深山高的感觉。

下山之后穿过山南一处处结构别致的厅堂亭阁和庭院，最后到了见山楼，令人遗憾的是，见山楼之南建起了屋面为红洋瓦的大楼，像一列火车一样阻挡了视线，见山楼已不能见山了。记得此事曾引起各界人士的非议，素以耿直闻名的范烟桥先生反应尤其强烈，说不如将"见山楼"改称"见屋楼"。他的意见虽引起了当时领导的重视，但木已成舟，无可奈何了。于今回顾，在城市现代化的过程中，见不见山的问题实质上是一个城市的空间保护和景观保护的问题，人民需要衣食住行的现代化，也需要一个美好安静与自然亲近的生活环境，这两者的统筹兼顾，对于苏州古城来说，实在是太重要了。

好一个网师隐处

离开沧浪亭，最后到了网师园。在以池水为中心的主景点，汪老说："此园值得一看的是它的黄石假山。黄石不是湖石，线条轮廓比较单调，全靠精巧组合，能堆叠得如此自然、干净、无雕砌之痕是很难得的。假山的分布、体量与池水、花木和各个建筑都十分协调，已到了多一分不得、少一分不可的程度，给人的感觉可用'耐看'二字概括之。"

在周游园中各处建筑时,汪老介绍说:"苏州园林中功能结构保存最完整的首推网师园,布局规整有序,院落分隔合理,东部为家居部分,自南而北,分做三进、为门二重,是我国封建社会中典型的富家住宅。围绕园池的建筑可分南、北、西三组,南部为饮宴之区,设有琴房等;北部为书房、画轩;西部有一安静之小院落,亦可供读书作画憩息之用。此园以'网师'为名,是由其前身宋代万卷堂又名'渔隐'而来。有隐逸之风,其影响十分深远,苏州园林之取名多含有此意。园主是否'网师'姑置不论,但这里确是环境比较优雅的居处,难怪昔日许多文人雅士如叶恭绰、张善孖、张大千、曹聚仁等乐居其中了。"在园中休息的时候,傅鹰先生对汪老说:"三天的游园,以拙政园始,网师园终,使我对苏州园林留下了美好而深刻的印象。俗话说,'百闻不如一见',然而如果没有汪老的引导和讲解,不可能获此丰收,真是听汪老讲解胜读十年书呀!"晚餐时,二老相谈甚欢,直到夜幕降临才依依惜别。

"园林何处不思君"

以上所记随汪老游园的事已经过去三十年了,汪老谢世也已将近十五个年头。斯人已远,但他的音容笑貌仍不时浮现在我的脑海里。人称汪老是园林专家,这当然是名副其实的。不过我觉得汪老尤其在维修园林方面是大家,造一座园林自是不简单,但维修一座长期失修的园林,要比造一座新的园林困难得多。没有丰富的历史知识,不谙熟园林建筑艺术,不善于体察前人造园的立意,不把握好各个园林的特点,是难以做好的,而汪老则愉快胜任,游刃有余。可以说苏州每一座园林,都有他的一份心血和汗水。记得与汪老共过事的毛心一先生曾写过一篇回忆汪老的文章,题目叫作《园林何处不思君》,在结束本文的时候,让我套用这个题目,以表达我每过园林吟思汪老的心情,并作为对他的真诚纪念。

(本文作者张英霖,苏州市博物馆原馆长。
此文原载于《苏州园林》1994年第1期)

汪星伯、陈涓隐的二三事

张慰人　吴琛瑜

汪星伯与陈涓隐两位先生，都是我的老师。我一直感觉，他们为园林做了很多工作，却都默默无闻，所以很值得写写（图1）。

图1　汪星伯与张慰人合影

先说说汪老，汪老跟我的关系非常好，我跟着汪老没多少年，但我当时比较主动学习。我们有着共同的爱好，那就是画画，我也学过画，懂一点西洋画。汪老跟我说，他是个杂家。这点在他的身上表现得非常突出，他最有本事的是中医，擅长看伤寒病，他说那时候逃难逃到云南，因为看病出了名，所以人家写了"汪一帖"来称呼他。抗战胜利后，就是一路看病一路回苏州的，有一段路还坐了飞机。

汪老出生于苏州世家，据说他爱人是苏州末代洪状元的亲戚，所以他受到了非常好的文化熏陶。他精通古琴，家里有三四张非常好的古琴，懂乐律。第二是他懂书法，他会画中国画，"明四家""四王"的，他都会。他给我画过一幅扇面，还题了字，非常好的（说着，张总拿出一把扇子，正面是一幅山水画，上题"一九六五年七月画为慰人老弟，汪星伯时年七十三"，背面是汪星伯小楷书《毛主席登庐山·七律》诗）（图2、图3）。他擅长小楷，他还收藏碑帖，家里有不少好的碑帖，但是他说他对建筑并不太懂。汪老是可以写一写的，应该记上一笔。

陈涓隐先生，是很有名的漫画家、民主人士。他在政治上一直是平平安安，没有受过冲击，人可爱极了。他跟我讲，他在上海画漫画，当时跟张乐平学，还有两个学生（名字不记得了），一共四个人本来都是要去延安的，但是因为陈先生是家里独子，所以家里人把他抓回去经营旺山边上的永安公墓。后来陈先生改画国画，生活很清苦。《苏州日报》上曾有专门写陈涓隐先生的文章，但是少有提及园林，他这么长时间在园林处当领导，不说说他对园林的贡献真的很可惜。

图2　汪星伯赠张慰人扇面照片（正面）

图3　汪星伯赠张慰人扇面照片（反面）

我感觉，汪、陈二人是不大好分开讲的，也分不开。两个人水平都很高，也谈得来，都是民主人士，对业务都很钻研，我主要经历的园林修复是1958年修网师园和1959年后修耦园。

汪老跟我们说过，他自己不是研究园林出身，完全是靠后来自学的。相比之下他对古建筑不是太精，但是他对假山研究得特别好，这跟他一直从事园林修复工作是分不开的。他跟我讲，苏州的假山修复他参与了绝大多数，开始他不懂叠山技法，但是他懂中国画，特别是中国的山水画，他说他懂画石头，画理与造园是相通的。修拙政园东园时，他每天就拿个小凳子坐在拙政园假山的边上，跟假山师傅商量着做，用画理指导叠山，能够得心应手，了然于胸。因此，他领我们去看假山的时候，他能说出每一块石头，哪一块石头原来是怎么放，为什么这么放，现在怎么放，他都能讲得非常精确。他还可以说出，这一段假山参照了中国画的哪张名画上的哪一段。他研究得非常细啊。这是一个例子。

第二个例子，环秀山庄的假山。20世纪50年代的时候，假山破烂不堪，要塌了，汪老跟陈涓隐先生，还有另外几个老先生，一天到晚就拿着凳子坐在那里。就是这几位老先生跟韩良顺父亲韩步本，在修理过程中逐步了解了堆假山的奥妙，怎么把小块堆成大块，怎么把大块堆成大的造型，所以环秀山庄的假山修得非常好。汪老说，如果那时候我们一拆，就没有办法修复了。那时候，他们在实践过程中不耻下问，跟假山师傅联合起来，相互切磋。可以说，环秀山庄的假山修复，汪、陈二老功不可没。后来，汪老带我们去参观的时候，说起过这些事情。

第三个例子，是20世纪60年代修耦园。耦园有个建筑"山水间"，现在离水平面比较低。当时修复的时候，刘敦桢先生提出要高于水平面。汪老则坚持说不能高，应该矮，贴近水面。争论了好长时间。结果，刘老还是尊重汪老的意见，降下来。当时刘老讲，当地的干部专家对园子的理解可能比我们只去看过几次的人要强。

第四个例子，20世纪60年代初期，汪、陈二老带着我去济南，济南趵突泉现在的假山就是他们两个当时策划的，后来叫韩良顺去堆的，堆得很好。从那时候起，济南的假山很多是苏州人去帮忙的，而最早的策划和规划正是汪、陈两人。那时候，我也不大懂，就跟着看着。济南原来跟我们苏州的关系非常好，就是从假山上面开始的。接下来洛阳市委书记出面，通过苏州市委市政府，请他们二老去做人民公园的规划，我也跟着去了。我印象特别深，还去看了汉墓和龙门石窟，那时候的人民公园没有几棵牡丹。

通过实践和积累，以及艺术的触类旁通，汪老给我们留下了《假山》这篇文章，总结了假山艺术理论，这也是苏州最早的一本假山专著了，书里面的所有插画都是我配画的（说着，张总哈哈大笑起来，感觉很自豪）。

我跟着他们，觉得他们最大的优点就是没有架子，人很随和。汪老在业务上肯讲、敢讲，而且亲自带我们年轻人。他说，我把我所知道的都讲给你们听。这在当时是很不容易的。他专门给我讲拙政园讲了3次，还说不要从东面进去，从中部小弄堂进去，那是经典的游览线。在1976年前后，他过世前，园林系统的导游培训也去找过他，请他讲园林。他擅长历史，擅长艺术欣赏，能讲出好在哪里、美在哪里，特别能讲园林跟中国画的关系。他还要带我到虎丘、留园和网师园，讲给我听。所以这两位老先生是我的老师，他们对年轻人的培养应该说是毫无保留的。

他们两位对园林陈设，特别是诗词、对联的布置和研究，也是功不可没的。陈涓隐先生是管园林文化艺术方面的，汪老则是参与具体工作。诗词匾额、对联的鉴定以及具体挂在哪里，都是二老决定的。汪老对园林的诗词匾、对联特别熟悉，他在退休之前和陈涓隐先生、毛心一先生以及另外的一些同志，做了一件很好的事情（说着，张总拿出一本资料），1965年编了《苏州各园林资料汇编参考资料》，把当时园林里有的东西都记录下来了，成为"文化大革命"后园林修复是最好的资料。现在园林系统的人都知道这本书，但是并不知道是谁做的。当时我还不在园林，汪老特别给我留了一本。

网师园修复的最大特点，就是用最少的钱全面恢复起来，也做到了。陈涓隐先生告诉我，网师园修复时所有的门窗都是从东西山老宅中收购来的，材料好，你仔细去看，不配套的，有的是一堂只有五扇，只能放五扇，现在还是五扇。当时的经济条件有限，不能新做，不能重做，只好利用旧的东西，却保留了一些旧的好东西，应该算是功劳吧。网师园里面门窗、摆设、匾对等的确都是好东西。现在说起这些好东西，就应该提到这么一帮人。还有一位擅长小件的方正是网师园的技术员，喜欢玩小盆景、小摆设、小摆件等；还有画家孔昌石，也在网师园；还有美工范其恢，后来成了苏州著名漫画家。还有一个叫张什么，现在在澳大利亚等。园林修复的时候，这些美工都派过不少用处。

还有就是1964年汪老主持的《拙政园志》，我不懂什么是修志，那时我们约好每星期天到他家，他已经排了目录，也写了一部分，还叫我去收集了一些材料。可惜，那时候我被抽调走，没能继续跟着他。这部分的手稿还留在博物馆，我跟博物馆的工作人员说，这是汪老的字，你们保留好。在当时政治生态环境并不利于做这些工作，汪老依然带着几个年轻人在默默地做这些文化研究和资料积累工作。

（张总指着另一份资料）这个材料，几乎是在20世纪50年代跟刘敦桢先生他们做园林普查的同时，陈涓隐先生做的。材料没有名称，但是写的是苏州园林，包括苏州历史沿革、调查、园林历史、园林建筑、园林设计布局、装饰、假山、理水、花木等都谈到了，后来也没有出版，作为内部资料。（张总感慨）当时能看到的园林文献资料可怜得很，我都是从汪、陈二老那里得到的。这些工作就是要有人去做，才能给园林留下这些财富。

我还知道（停顿会，喝口水）陈涓隐先生画过100张花卉，我没有看到过，但是我听说"文化大革命"前展览过，好像叫百花谱。他送给我一张裱好的人物画，我问怎么不送花卉画呀，他说这个好，公秤，人要做得公正（说着，张总又哈哈大笑）。

陈从周是我的老师，汪星伯是我的老师，陈涓隐也是我的老师。还有古建公司的几位老先生。那时候，他们就一边喝茶，一边说，我就一边记下来，哪里是第一落，哪里是第二落……我在学校上建筑系的时候没有人教这些的，都是他们教的啊！

苏州有这么一帮人，有搞理论的、有搞历史的、有搞施工技术的、有搞历史文化的，就是有了他们，才能保护我们现有的物质财富。苏州园林的保护与修复，并不是纯粹个人的功劳，那都是很多人一步步走过来的，都是在他人的肩膀上积累出来的。所以，我们应该尊重历史！尊重前辈！让更多的人知道历史！

后记

2014年6月14日早上9点刚过，苏州园林设计院的张慰人总工程师如约而至。一踏进我们办公室，满头银发、身姿矫健的张总，便给我留下深刻印象。之前，在电话中听说我们正在策划"追忆园林工作者"专版，其中有汪星伯的内容，他便一口答应接受我们的采访，还强调说，除了汪老，还有陈涓隐先生也很值得写一写。当天的采访一直进行了三个小时，从20世纪50年代汪、陈等人修复网师园、耦园说起，到怀念汪、陈二人对园林假山修复做出贡献的几个事例，再到汪、陈等人在园林陈设、诗词对联等园林文化研究和园林资料整理等方面的成就……采访中，在与园林局遗产处周苏宁处长的交流时，张总边回答边回忆，就有点儿激动，便停下来喝口水，还强调"他们都是我的老师""他们没有架子，待人很随和""他们总是默默无闻地做事""他们应该记一笔的"。采访结束的时候，张总说，你们不问，有些事情还真就这么过去了。我们跟他约好，未来还将陆续地采访他，回忆、追述、整理他所了解的园林历史与园林人物。

（本文为张慰人口述，吴琛瑜整理。
张慰人，教授级高级工程师，苏州园林设计院原院长。
吴琛瑜，博士，苏州市网师园管理处主任。
此文原载于《苏州园林》2014年第2期）

汪星伯与苏州园林

熊珉　周峥

他出生于苏州望族，家学渊源，师从陈师曾，潜心研习金石书画，有幸常与吴昌硕、俞语霜、赵古泥、王一亭等先辈谈文论艺，其金石书画深为沪上名家钦服。

他是沪上名医恽铁樵的入室弟子，善于辨诊施治，名重一时，有"汪一帖"之美誉。抗战时期避难于昆明，挽救了"云南王"龙云之子的性命而名噪昆明。

他没学过园林建筑，但因其精于金石书画及文物鉴定，在解放初期被举荐修复苏州园林。他力推"修旧如旧"的理念，以园林修复"比作装裱古画，不容有丝毫的改变"的严谨态度，在经费极其有限的情况下，或主持或协同，修复了留园、怡园、虎丘、西园、沧浪亭、拙政园、网师园、天平山等一大批苏州古典园林，其中由他主持设计的拙政园的门楼被称为一种创造（图1），协同他人用一百天修复一度已是"一片瓦砾"的留园，被誉为苏州园林修复史上的一个奇迹。

图1　汪星伯在拙政园留影

他就是苏州文人汪星伯，一个对于年轻人来说有点陌生的名字，但他生前的努力给苏州烙下了深深的印记。而他在医道、金石书画、古琴、收藏、园林方面的造诣，让我们"仰之弥高，钻之弥深"。

一世琴缘

汪星伯是个收藏家，藏有传世书画、笔、墨、历代碑帖等，也是琴界知名的收藏家，曾拥有多架传世名琴，并收录在《中国古琴珍萃》中。"文化大革命"期间担心文物遭遇不

测,便主动把古琴和书画等收藏捐给博物馆。"文化大革命"结束后陆续还回了一些藏品,其中就有三架古琴,分别是"老龙吟""风雷"和"虎啸"。

但从古琴拿回来的那天开始他就坐立不安,因为自己虽然有九个子女,但真正懂琴棋书画,并随其身边的唯有长子汪伯高,可惜当时已先于父亲而去了,其他子女均不精通古琴。为了不让宝物流入外行之手,他便托人联系了行家,将几架古琴仅以三十元的价格"送"走了。

"风雷"和"虎啸"现均由古琴家吴钊收藏。"风雷"是明代古琴,纯鹿角灰胎,通体细密蛇腹断。琴背有邓石如刻的篆书"风雷",署"石如"和"完白山人"方印;龙池下刻有何绍基的四言古诗;下面刻有一方印"坡仙琴馆",是怡园主人的印,显然这架古琴传承有序,十分难得。

2011年中央电视台新闻频道播出了一条《宋元名琴亮相 绝世佳音千古流芳》的新闻,片中展示了两架宋元古琴,由吴钊弹奏。其中"虎啸"为宋代古琴,正是汪星伯的旧藏。这是一架丝弦琴,其悠远的琴声让人回味无穷,和今天金属弦的声音完全不同,该琴以传统工艺八宝灰作为漆胎,以及以黄金、白银、玉石、珍珠、玛瑙、珊瑚等多种珍宝研成粉末与生漆和合而成,十分罕见。而且历经千百年,这架古琴还能演奏出美妙的音乐。

修复园林

建国后,由于经历过长期战乱,文物破坏非常严重。当时百业待兴,但各级领导还是非常重视文物的保护和修复。1952年苏州开始组织人员着手园林修复工作。因为汪星伯精于金石书画及文物鉴定,所以经汪东推荐,汪星伯进入苏州市园林修整委员会工作。为了这项工作他放弃了几十年的中医职业,参与文物的保护,开始了园林的修复工作,倾其后半生精力。

他认为园林是文物,虽然不同于字画,但主张对于文物的保护该要像修复古画一样要"修旧如旧"。"原封不动的保存它的原貌,把它比作装裱古画,不容有丝毫的改变。这是保护文化遗产,不同于创建,创建可以破旧立新,而整修则必须如旧。"他在1964年"四清运动"的检查中这样写道。

首批修复的园林有留园、怡园、沧浪亭、虎丘和大公园五个园,这就涉及经费问题,当时主要由汪星伯来做预算。由于园林破坏严重,尤其留园是以建筑群为主体的,当时园内几乎没有一个建筑是完整的,光留园一个园子就要耗费大量经费,所以最初的预算要三十万元。由于当时国家困难,经费有限,因此要求把预算降下来,但缩减后的预算也要十三万元。最后知道上级只拨给五万元,只能在这个经费中精打细算。

"由于留园的残破最为严重,其余较次,因此,修整重点以留园为主,经费占百分之五十。留园占地面积较大,结构复杂,建筑物无一完整,有不少建筑坍塌、破坏,加以门窗全无,装饰和家具陈设也一无所有,其他如假山、路面等也大部分损坏……修复困难重重";"留园被破坏的情况,可以用一句话来讲:一片瓦砾……最突出的是鸳鸯厅、楠木厅,这两个地方是反动军队养马的场所,柱子被马啃得像葫芦一样,马粪、臭泥堆得很高,修理时挖泥约有两寸多厚""在这种情况下,要用五万元加以修复是非常困难的。当时以谢孝思为主,把负责具体工作的人员召集在一起,共同商定了一个方案,决定集中主要力量先把全园的主要建筑群尽可能地加以修复,而把花费最大的门窗装饰放在一边,留一小部分的经费收购旧窗和屏门挂落……坚决不做一扇新窗。目的是可以节约大量木材和人工……经过市领导的同意照此进行,用了一百天的时间完成了任务……"他在汇报材料中如是写道。

他们采取了扶本加固、接补移换的方法,尽可能保存了原来结构。而且充分利用旧料,做到材尽其利、物尽其用,既节省又保证质量。

对园中部分建筑物,已经坍毁但尚留有基址的,在原基础上按照本园的风格进行复建,因为古典园林中的建筑群是一个整体,有着相互的关联性,如果随意变更,必将影响整个风格,对于当时已经坍塌无法复原的地方其处理手法为"比如……'又一村'……我们考虑到在它西南是土山枫林和花圃,在它的东面是改建的竹园,因而设计建造了小型建筑群一处,采用半封闭形式,以葡萄架代替长廊,在空地上种植了桃杏和菜圃,使其带有乡村风味,与附近环境取得协调,作为接待外宾的场所"。

修复后的留园与当年俞曲园《留园记》中所描述的"凉台燠馆、风亭月榭、高高下下、迤逦相属"的情况,没有多大出入,从而保持了留园固有的风格。

汪星伯认为古典园林的艺术特点就是诗情画意,他利用自己丰富的历史知识和艺术审美,在收购门窗以及配置家具、联屏字画时,力求古色古香,他回忆道:"在门窗装饰方面力求精雕细刻,古雅大方,收购时都由我亲自加以选择。在陈设方面,室内摆的是红木家具,墙上挂的是旧字画,竭力追求古色古香。总之一切以恢复旧观为目的……"在业务方面他总是坚持自己的原则,有时会与同事争得面红耳赤。比如耦园:"……某某建议临水的一座小阁拆建降低,水阁一定要接近水面,这座建筑过高,不符合艺术要求,所以必须降低。我当时坚决反对。"为此他和当时的领导、专家发生了争执,他提出的理由是:"(1)各园有各园的独特风格,不可能强求一律,耦园水面不大,又不是以水景为主,没有降低的必要。(2)园林的建筑群是一个整体结构,有相互的关联,一处降低,必然要影响到其他建筑和周围环境。(3)为了降低,必然要大拆大改,费用相差太大,不符合勤俭节约的原则。"最后领导还是"把水阁进行拆建,柱子截短了 30 公分,石础截短 40 公分,仅这一个项目就多花了数千元。由于水阁的单独降低,暴露了和周围环境不协调的弱点,于是又把东面的走廊和水闸,以及附近地面和假山驳岸也相应降低,耗费了更多的人力、财力(图2)。"

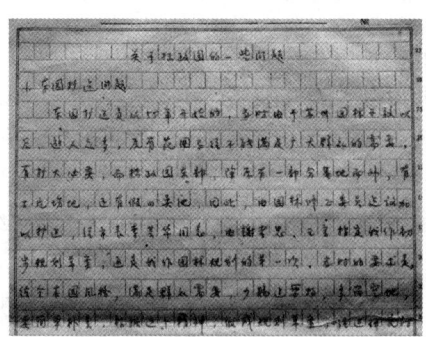

图2　汪星伯修复拙政园时的手稿

拙政园东园改造前比较荒凉,后来分别修建了天泉亭、秫香馆、芙蓉榭等,秫香馆当时定为食堂,"原来打算把动物园的建筑移过来的,后来上级要求要能容纳150人的大食堂,又能开舞会,原来的体积嫌小不能用了,不得不另行设计。于是我和陆子安、钟田纯共同设计了一个用人字木屋顶的五间大厅,外形保持民族形式,内部不用柱子,上面用天花板遮盖,四面配上精雕细刻、全本西厢记的旧窗。"非常漂亮,很有特色。

拙政园中部有个园中园"枇杷园",月洞门的门额"枇杷园""晚翠"是汪星伯的亲笔题字。解放前,柳亚子先生曾在拙政园办过学堂,月洞门正中所见的亭子叫"雪香云蔚亭",因为是汪星伯子女们在此读书时常聚的地方,所以被戏称为"汪家亭"。

拙政园大门的设计

拙政园是1955年开始第一阶段工程的,"在这一阶段征用了土地和民房,扩建了围墙,挖通了两个鱼池,留置了一个大草坪,在草坪北部堆置土山,草坪南部修正了假山,并在假山南面利用旧料,建造了一座小厅和一段花墙"。

1960年他继续主持拙政园东园的扩建,拙政园从前的园门是旧门改造的,由于进门以后要经过一条狭窄的弄堂才能入园,节日人多,拥挤不堪,因此决定在东面另辟一个大门。而苏州的旧园大门都附属于住宅,没有正式的园门可资模仿,必须另行设计。为了突出民族风格和地方风格,追求美观,他设计了由牌坊、照壁、石库门三者结合的形式,设计了一个图样,经领导审阅,基本同意,"但市领导的意见,要求园门内要有一个停车场,汽车要能开进园门,原设计的尺寸太小,汽车无法开进门内,于是就放大了尺度,就成了现在的东园大门。"汪星伯说。由于当时收集的砖料都是民宅拆迁时拆下来的旧料,拆除的砖细照墙,所以整个门楼看上去就像是原来就有的,非常古朴大气,犹如明式建筑。那大门上"拙政园"三个大字也是汪星伯的亲笔题字(图3)。

图3 拙政园新大门

由于淡泊名利,他没有署自己的名。其间他不惜将自己私宅中的名贵树木移植到拙政园,又献出祖传整套红木家具作为园林的陈设,并说服族中亲戚,让出与拙政园东部毗邻的老宅西花园,以融入拙政园东部,使拙政园东园入园后不显局促。

假山堆叠

　　拙政园东园的"兰雪堂"北面有座高耸的假山石叫"缀云峰",其形态自下而上逐渐变大,如蘑菇云状,岿然屹立。其实早在1943年此峰已经坍塌,在扩建东园时,对假山艺术颇有研究的汪星伯将"缀云峰"进了重新堆叠。由于没有坍塌前的照片可以参考,他便利用前期修园积累的叠石经验,采用山水画中的山石造型和自己独到的审美观,创造性地堆叠了"缀云峰",给东园增添了意想不到的效果。

　　苏州园林设计院原院长张慰人总工程师的回忆文章中,深情地讲过汪老叠假山的故事,汪老参与了苏州园林多处假山修复,能用中国画的技法来指导园林叠山,他善于"相石",就是选石,每天在工地上,一个小凳子,一杯茶,坐在那里,与假山工们一起选看石头的大小、形状、纹路,然后指点堆叠,反反复复,一直到满意为止,所以他后来给别人当"导游",讲起假山,甚至每块石头,都是如数家珍。

　　毛心一先生也曾这样写道:"在虎丘'试剑石'后的一座大假山重修时,也是他亲临指导,利用虎丘山上的旧石料使假山混于真山之中,苍劲古拙,陡峭挺拔,不失自然险峻之势,浑然天成。他集自己修园的经验著有一部近二万字的《假山》专著,对相石、选石、分类、垒土、叠石、堆叠、刹垫、拓逢等法的技术要点均有详述,1979年被清华大学《建筑史论文集》作为论文发表。"

门窗楹联选配

　　我们现在看到的园林里,许多楹联匾额并不是"原配",有的是请当时的名家写的,有的是汪星伯用他深厚的文化功底,按照亭台楼阁的位置和意境及典故,从当时的旧货市场上挑选回来的,其中不乏名家手迹。拙政园"荷风四面亭"上的对联"四壁荷花三面柳,半潭秋水一房山",是描写一年四季景色的。当时汪星伯和陈涓隐一起去采购时,在旧货市场一眼就看到这是郑板桥的字,是清朝《老残游记》里描写大明湖景色的,甚是惊喜:这副对联怎么会跑到苏州来了?!但非常对应"荷风四面亭"周边的景啊!随即购买回来挂上了。

　　"雪香云蔚亭"上的一副对联"蝉噪林愈静,鸟鸣山更幽"也是被他们看到后觉得非常适合"雪香云蔚亭"所处的位置,有一种山林鸟鸣的野趣,于是欣然购回。

　　又如网师园的"濯缨水阁"中的濯缨出处是《孟子》,而对联"曾三颜四,禹寸陶分"中含有四个典故,是郑板桥的字。当时也是他们在旧货市场看到了这幅对联,觉得这四个典故与"濯缨水阁"很相应,于是就买了回来。而此后的人们一直以为是郑板桥为网师园所题,其实不然。

保护书条石

　　"书条石"就是在各个园林中常能看到的嵌在墙上的石碑,非常具有文化特色,通常是

当年园主家藏的历代碑帖、拓本和名人卷册、书札真迹及少数名画，由著名工匠摹刻上石。因此除了装饰墙壁以外，它本身还具有较高的艺术价值，也是一种文化遗产。

1963年，为了保护文物，时年七十的汪星伯主动要求先对苏州园林、名胜古迹作实施调查，再决定破除属于封建的东西，加以改造整顿，起到了缓兵的作用。于是由他与陈涓隐和毛心一三人组成了一个调查研究小组，先后到虎丘、天平山等地进行了为期三个月的实地查看，汇编成《苏州园林名胜调查资料摘要》，将七个名园（拙政园、留园、狮子林、沧浪亭、怡园、网师园、耦园）以及虎丘、天平山、石湖别墅等历史资料、堂构名称来历、匾额（包括砖刻）、对联、碑记、书条石、摩崖、石刻以及建筑装修、陈设布置等，比较全面和详细地记载下来，并加以逐一考查注释，进行分析研究。在留园一处所收集书法碑帖三百余块，自晋代二王至唐、宋、元、明、清，莫不俱备。

汪星伯是反对在古典园林中张贴宣传画和标语的，觉得园林不是一般的休闲场所，而是追求诗情画意的地方。在"文化大革命"时期，为了保护艺术价值较高的"书条石"，汪星伯提出将各园林中廊壁上的书条石和碑刻等加上玻璃镜框并覆盖以宣传廊方式保留了书条石。这样，这些具有历史、艺术价值的文物得以保存至今。毛心一说过："虎丘山上的'试剑石''二仙亭''古真娘墓'以及天平山的'御碑亭''接驾亭''御书楼'等古建筑也得以保存下来，同汪老有极大的关系。"

由于苏州园林众多，涉及修复和保护的形式很多，在此不能一一列举。园林整修结束后，汪星伯作为主持修复的主要人员对整个修复工作做了总结，并写有《关于旧园改造和维护的一些经验》。总结了园林整修过程中，如何少花钱、多办事、办好事；如何保持古典园林中的艺术要素；如何采用各种修园手法，以较少的投入，收到较好的效果，也总结了修园中存在的问题和一些教训，对之后园林的修复工作有一定的参考价值。

1964年"四清运动"和后来的"文化大革命"，他因为园林修复中主张的复古和崇尚传统文化等观点而遭受责难。汪老还因复杂的家族关系，受到了冲击和批斗，为此留下了大量的检查和笔记。即使这样，在这些检查和笔记中，他依然如实地写了自己对修复园林的认识和观点，如今都成了考证当年园林修复工作的重要资料，也是反映他园林修复观点的最好佐证。

苏州园林被人们称为"文人园林"，充满着诗情画意，是文人的写意山水。它体现了人与自然的和谐，是"城市山林"。园林中的每一处山、石、亭台楼榭、匾额、楹联、书画、雕刻、碑石、家具陈设、各式摆件等，无不体现出中国古代文人士大夫高超的审美情趣和艺术造诣。如今，苏州园林作为中国园林的代表，被联合国教科文组织列入《世界遗产名录》，这样的辉煌也是因为有像汪星伯这样一批中国传统文化人不懈的坚持和努力。

汪星伯晚年息隐吴门，心甘淡泊，致力于书法碑帖之考证与书画文物的鉴别，与学生研究医学领域里的疑难杂症，并义务为人治病。他一生致力于传统文化的业集、保护、传承及发扬，其书画、金石代表作有《拟玉石谷笔意山水》《江山竹石园》《阳春白雪图》《秋山图》《墨松》《江山无尽》等，著有《学书一得》《假山》《关于旧园改造和维护的一些经验》《复廊》《园林堂构名称》《园林景点说明牌稿》《苏州园林资料汇编》《苏州园林中的书条石》等。

本文作者熊珉（苏州文化学者），
周峥（苏州市风景园林学会第七届理事会副秘书长）。
此文原载于《苏州园林》2015年第4期

汪星伯与苏州园林的几件事

杨君康

因为战乱，苏州私家花园至解放前夕，都已破败不堪。这些花园献给国家后，首先就要花大力气修复，再向公众开放。

为了确保按历史面貌修复好这些园林，20世纪50年代初，苏州市文管会聘请汪星伯为委员，参加古典园林的修复工作。据文献记载，汪星伯参与修复的园林有拙政园、留园、虎丘、网师园、沧浪亭、寒山寺、天平山、耦园等，是20世纪50—70年代苏州园林修复工作的学者型专家，在苏州市园林管理处园艺科科长任上退休后，还长期受聘为市政府园林和文史顾问。

热心捐献

汪星伯虽然出身名门，又多才多艺，但并不孤傲，而是一个爱国和热心公益的人。

汪家私宅西花园与拙政园东部毗邻，为服从拙政园东部修复计划，汪星伯带头并说服族中亲戚让出西花园，融入拙政园东部，使拙政园东部园界完整、整齐。他还将自己书房前小花园的名贵树木移植到拙政园，将祖传的整套红木家具献出，作为古典园林厅堂陈设。

当时有人赞赏这些义举，他总是谦逊地说："顾公硕顾家把整座怡园都献给了国家，我这点儿算不了什么！"以现在的眼光看，汪老义举也很了不起，不过当时苏州很多大户人家都是这样，他们把新中国看成是民族的希望，从内心热爱新社会。把园林献给国家的还有钱三强夫人何泽慧，何家献出的网师园，实业家刘国钧献出的耦园等，如果当时他们把这些园林都变卖换成金钱，也许当代人就再也无法欣赏到这些珍贵的世界遗产了。

自告奋勇

汪星伯精通医道、书画、古琴、园艺，有很高的艺术修养和广博的文史知识，是典型的传统文人，加之他从小到大经常出入各大小花园，那些园林一山一石、一草一木都详熟在胸，而且，他还熟读计成、文震亨等人的古典造园论著，所以对他来说赏园、修园是轻车熟路。

汪的好友谢孝思深情回忆过："1954年计划修复拙政园东花园，星伯自告奋勇，愿意担任假山的修复工作。拙政园东园原为明代'归田园居'旧址。其中的假山特为佳妙，相传为当时个中高手陈似年所作，星伯自荐此任，可见他胸有成竹。"

东园假山的设置，主要以进门正中的一座土包石的山头尤为要紧。但是，那时山头的峰石仅有盈丈的两座孤立在山之下角，其余皆倒塌于蔓草之中。星伯指导工人，一一妥适地安置于山头周围上下，中间小径环绕在杂植的松竹树丛之间，确得土丘自然之趣。但星伯觉得从远处看假山还嫌平淡无奇，最好要得一座高大石峰耸立山头，以见巍峨秀幽之致。星伯一拍胸口'这座峰我来造！'

于是他先观察地形，绘好草图，以为可以之后，就起早贪黑，指导工人用一块块大大小小的太湖石叠缀起来。经他精心指挥，有时还亲自动手移动山石，以得峰峦最佳形态。经过一个多月，终于缀成一座高两丈、玲珑天骄、俨如黄雀山樵云头皴法的奇峰，星伯自认为是一得意之笔。"确有元代王蒙山水画的意境，这就是现在的拙政园正门入口处，绕过兰雪堂抬头所见的"缀云峰"（图1）。

图1　20世纪50年代修复后的拙政园缀云峰

汪星伯的假山多运用传统手法，又融入自己的艺术创造。他以沈氏皴法，采用黄石叠缀拙政园中部假山，丰富了中部景色，识者无不赞为绝佳。在虎丘重修"试剑石"后面一处大假山时，他与工人反复研究，利用本山顽石，使假山融于真山之中，做到苍劲古朴，陡峭挺拔，不失自然险峻之气，为虎丘增添了景色。

为使自己经验传于世、指导后人，汪星伯著有《假山》一文，详述重土、相石、选石、分类、堆叠、刹垫等方法。20世纪50—60年代，洛阳、徐州等地都曾邀他去指导园林修建，一些院校还请他去讲课。

拙政园东部大门的设计也值得一提。旧时园主怕显山露水，园门设在又小又窄的腰门出入。对公众开放，腰门显然不适应这一要求。汪星伯根据上级部门要求，在东部另设计大门。他在传承中创新，设计建造了一座既古典又符合现代需求的大门：这是一座巍峨的牌楼，中开三洞挺直细腻镶边的方形石柱大门，门楼上嵌砌着从苏州几处荒废的会馆收集来的精细砖刻。它打破了苏州私家花园大门的传统程式，当时褒贬不一。但从当今黄金周蜂拥而至的游客来看，这一不拘一格的设计是有远见的一笔。

智答诘难

20世纪50年代末，波兰园艺代表团考察了日本庭院后来到中国，在苏州参观了古典园林，后又进行了座谈。

会上，波兰代表团团长提问："日本园林受佛教影响很深，中国园林是否也受佛教影响？"

问题提得突然，一时很难回答。说不受影响吧，著名的狮子林就是元代僧人天如禅师所筑；说有影响，中国园林与日本园林岂不混为一谈？

众人面面相觑，汪星伯见状，不动声色，呷了一口茶，从容地说："提出这个问题，是因为不太了解中国园林史，中国园林从春秋战国就开始营造，那是两千多年前的事，佛教还没有传入中国。以苏州为例，纪元前五、六百年，几位吴王就营构苑囿别馆。西汉、东汉、三国时期，园林普及到士大夫阶层，这都是有案可查的。东晋的顾辟疆园名冠吴中，说明中国园林艺术在那个时期已经非常发达，而当时佛教在中国的影响是很小的。中国园林美学理论是借鉴了中国绘画理论和文学理论形成的。隋、唐、宋、元园林艺术几经兴衰，明清两代园林艺术进入了全盛时期。如果要说受宗教影响，主要受儒教和老庄哲学影响更大。儒教老庄哲学与佛教是两回事。前者讲仁义忠孝、清静无为，所以失意的士大夫、退隐的官宦和富有的商贾营造园林，是要在城市中享受山川林泉之美；后者要求清心寡欲，这对大多数园林主人来讲是不能接受的。日本园林是隋唐时期从中国传过去的，文化上中国是源，日本是流。至于怎么变了味，这正应了一句古话'橘生淮南则为橘，生于淮北而为枳'。"

一席话翻译过去，波兰代表团团长和其他代表连连点头，都由衷地佩服汪老。

笑谈"病态"

20世纪60年代的一天，汪星伯陪同朝鲜园艺代表团游览拙政园。看罢拙政园的盆景（图2），年轻气盛的朝鲜园艺代表团团长对汪星伯说："我看这些盆景有些病态美。"言下之意是一种否定。

图2　苏派盆景

汪星伯一听就知道对方对于盆景艺术的认识很有限，哈哈大笑，说道："中国有句古话'仁者见仁，智者见智'，盆景'以小见大'，是自然景观的缩影，是立体的中国画。试想，

自然界有完全直横直竖的东西吗？什么叫浓缩？掘来几百年，甚至上千年的树桩，栽入盆中，老枝发新芽，几经修剪、盘扎，形成铁干虬枝、苍劲古朴的造型，我看是老当益壮，给人以阳刚美的享受。水石盆景则一峰成匡庐千仞，一勺为江湖万里，何来病态？至于盆景的章法，布局大有讲究，不是一朝一夕能讲完的。苏州有位专家周瘦鹃，他有这方面的专著，你们可翻译了看看。"

一番话使朝鲜代表团团长似有所悟，连连点头。

（本文作者杨君康，苏州竹刻艺术家，汪星伯外甥。
此文原载于《苏州园林》2018年第1期）

· 秦新东 ·

秦新东（1925—1988），江苏沭阳人，1939年加入中国共产党。20世纪五六十年代，先后任苏州市园林管理处副处长、处长。秦新东在负责苏州园林工作期间，十分注重园林保护、修复和文物的收藏，先后修复了网师园、耦园、畅园、拙政园东园等项目，收购了大量古典家具和陈设摆件，成为苏州园林的宝贵财富。他十分关注盆景事业的发展，注重园林古建筑工匠、盆景技术人才的培养，花费了大量心血，克服重重困难，采取有效措施，为苏州园林事业在20世纪80年代以后的腾飞奠定了扎实的基础。

阅尽沧桑更思君
——秦新东与苏州园林

陈积方

1997年12月4日，在意大利那不勒斯召开的联合国教科文组织世界委员会第21届会议上，苏州古典园林顺利通过列入《世界遗产名录》。从此，中国这一文化瑰宝走向世界，为世人所瞩目。直到现在，每当人们回忆欢庆这一伟大历史时刻时，我都能清晰记起在20世纪80年代末逝世的原苏州市园林管理处副处长秦新东同志追悼会上的一副挽联：

平生热爱园林追思抢救网师作出贡献尚有几人能记；
全心投入事业纵教横加非议无亏大节惟留我辈相知。

这是苏州文化老人王西野先生撰写的挽联，让我们记起对修复保护苏州园林作出过贡献的众多人群中，已逐渐被人所遗忘的一名逝者——秦新东。他离开我们竟已23年了，但这朴实无华、真情洋溢的挽词言犹在耳。多年来，他为保护苏州园林做出的点点滴滴，一直深深地印在我们的心中。在这个充满声色喧嚣、利益诱惑的世界，我特别怀念秦新东同志，格外珍惜他留下的那一份朴实无华，以及曾一度被人们争议的人格的纯净。

秦新东同志生前，我有机会近距离地和他接触，特别是在"文化大革命"的非常时期，从批判他所谓的在苏州园林中复辟封资修"罪行"的材料里，反而能作证当年他在保护修复苏州园林时作出的不朽贡献。回望他渐行渐远的身影，我们需要从深化历史认识的角度出发，为其作出公正的评价。在和他直接或间接接触的回忆中，会不断浮现出这样一些片段。

他好学敬业、踏实苦干。1938年参加革命，1949年渡江南下，1957年调至苏州园林管理处任副处长。"文化大革命"中惨遭迫害，1980年调常州市园林管理处任副处长，1988年7月29日病逝于苏州。在他一生的革命历程中，为苏州园林保护修复、园林人才引进培养、苏派盆景传承发展、苏州绿化事业振兴等工作中都有骄人贡献。

秦新东从 1958 年 1 月至 1967 年先后任苏州市园林管理处副处长、处长。这期间还曾经与市建设局分合数次，之后又在"文化大革命"中被"打倒"，改革开放后恢复工作。

他担任园林处领导时，正好经历了大跃进、经济困难和"文化大革命"几个历史时期，园林工作的发展起伏不定。在 20 世纪 50 年代末园林修复时，厅堂陈设布置物品残缺不全，红木家具也不配套。秦新东为解决这个问题，组织刚调入园林工作的旧货古玩行家赵国贞（1904—1967，又名赵阿龙）等，在社会上大量收购家具、字画对联、挂屏摆件等，以每斤 3 分钱的价格，收购旧红木家具两万斤左右。1958—1966 年，先后动用 25 万元收购红木家具、房屋旧料、门窗挂落、飞罩地罩、挂屏、书画楹联等，用于完善园林修缮。如耦园水阁山水间鸡翅木地罩，网师园梯云室中的鹊梅雕刻图案落地罩等，就是当时以每斤 6 分钱或每套 12 元收购来的。还接受了上海戏曲家徐凌云捐赠给园林的红木、黄杨木小摆件精品两箱 20 多件。

他负责抢修网师园、耦园、畅园、拙政园东园等项目时，深入一线，虚心听取专家学者、工人师傅、行家里手的意见良策，高质高效地完成任务。特别值得一提的是，在 1958 年他负责抢修网师园园林时，为更大限度地恢复该园林的历史风貌，他邀请上海同济大学古建筑专家陈从周教授，会同苏州周瘦鹃、顾公硕、汪星伯、陈涓隐等文化名人，谋划整修方案，会集了一大批集木作、水作、砖雕、木雕、石雕、假山等多种工匠为一体的苏州香山帮匠人，精心组织、精心施工，通过工人、专家和领导三结合修建队伍的共同努力，历时三月余的努力，一座精致典雅的苏州园林修复开放。陈从周教授曾这样颂网师园，"我誉为苏州园林之小园极则，在全国的园林中，亦居上选，是'以少胜多'的典范"，古典园林专家刘敦桢教授称网师园为"苏州中型古典园林的代表作品"。网师园是一座宅园并存的古典园林（图 1、图 2），各种古建筑要素、园林元素汇集一体，要能精准地重现昔日风貌，秦新东处长力主提出"修旧如旧"的修复原则，各种厅堂型制格局、室内陈设布置、字画匾额楹联、花草树木盆景等都要尽量尊重历史原貌。修建中有一例可见一斑，修复时大厅正面是用的隔扇屏风很是华美，但当厅堂陈设行家赵阿龙（本名赵国桢或赵国贞，时称苏州两个半"旧货鬼"之一）提出这不符合大厅形制格局时，秦新东处长经多方咨询考证，毅然决定拆除屏风，重新换制白缯平门，致成现今苏州园林中特有的经典格局。凡此种种在整个修复过程，他力主的"修旧如旧"原则都发挥到了

图 1　50 年代修复前的景观：引静桥－月到风来亭

极致,当然这也成为他在"文化大革命"中被狠批大搞复古复辟的"滔天罪行"。但该园特有的文化内涵和艺术魅力为中外人士所倾倒,因此当 1980 年美国纽约大都会博物馆要建中国明清家具馆时,陈从周教授就向美方力荐以网师园"殿春簃"为蓝本的"明轩"方案被美方所接受,开创了中国古典园林工程出口国外之先河,而当时引进的各工种香山工匠,也成为日后建造古典园林不可或缺的基干力量。

图 2　修复后的网师园

　　秦新东非常重视盆景的发展,他脚踏实地、亲力亲为地为发展苏派盆景奔走。苏派盆景是苏州园林的一个重要元素,秦新东到苏州园林管理处上任之初,整个园林中只有盆景 50 余盆,苏派盆景正陷于没落衰退之际。他在走访苏州盆景专家周瘦鹃等人之后,不仅感到盆景清供是园林中的重要元素之一,也是园林工作者陶冶情操、提高专业水平的重要途径。于是他在园林中提出振兴苏派盆景的号召,提倡园林工人都要学习制作盆景,园林干部每人要搞十盆盆景的"试验田",秋后进行展览评比。

　　他亲自带队去购盆挖桩,修剪绑扎。他发动并带队工人学徒到苏州东西山、浙江天目山、安徽黄山等地挖掘盆景树桩;他组织人员赴苏北南通、扬州和苏州东西山收购当地旧时地主资本家留下的旧盆古盆;在 1958—1960 年三年时间里,他组织盆景大师傅朱子安等 20 余人翻山越岭挖掘树桩,进行嫁接栽培上盆。他身体力行一起上山,吃住在农村,共计挖到各类树桩 3 万棵左右。

　　他派人到周瘦鹃、叶菁等盆景行家家中测绘精美古盆、旧盆的款式,并到宜兴定制紫砂盆;成立了慕园专业盆景园等。经过大家的共同努力,全园林系统的盆景数量发展到 2 万余盆,为苏派盆景创作、发展和提高作出了努力,并为成为中国盆景四大流派之一奠定了基础。1959 年苏派盆景首次被拍成电影。现在苏派盆景在国内外获得极佳声誉,和当时大搞盆景之举不无关系。

他识大体，顾大局，服从工作需要，干一行，爱一行。尽管他对古典园林、苏派盆景刻骨铭心的钟爱，但当组织上决定让他抓绿化工作时，他同样以无比的热情和专注的精神大抓城市绿化，投入了很多精力。早在1961年，就组织400多人，在现东园处挖土几万立方米，绿化植树。

当时，苏州绿化尚在起步阶段，公共绿化基础薄弱，缺乏完整的绿化规划，苗木缺少，影响了苏州城市绿化的发展。

他从基础抓起，为保证绿化的物质基础，先着手发展苗木生产，提出口号"寸尺必争"。先后组建了虎丘苗场（图3）、留园苗圃等苗圃场，在光福和农村合作建立代育苗木基地，为城市绿化贮备充足的苗源。据我所知，那一时期，园林系统就先后征用和建成瑞光塔附近土地100多亩，留园苗圃100亩，千红苗圃（网师园月季花圃）130亩，城东公园（现东园）300亩，上方山四二区200亩，虎丘苗圃200亩。

图3　20世纪60年代，在秦新东主持下，虎丘苗圃生产绿地得到发展（苏州园林档案馆提供）

他一方面调整城市绿化布局，大抓苏州主要道路如虎丘路、人民路、苏浒路的树种调整，一方面大搞群众绿化，贯彻"见缝插绿"方针，发动群众在城区街巷的边脚空地、废城墙和市区土丘等空地上绿化种树。这和现在绿化大手笔相比可视为小儿科之举，但在当时财力不足、可用于绿化空间极少的情况下，也不失为一种创业精神。另一方面，为了园林建设后继有人，秦新东还采取园林里各工种的老师傅自带子女学技术以及招收自费学徒等措施，先后培养技工三十多人，在园林建设发展中发挥了作用。凡此种种，都能显示出一个共产党员的敬业品质。

不管是在"文化大革命"中被打成"老牌修正主义分子"也罢，在逝后被誉为苏州园林修复有功之臣也好，俱往矣，如今风流云散，化作青山永伴江河，他虽然已经离我们而去了，但他留给后人的一切是不该也无法忘怀的。陈从周教授1990年在他的《书缘集》

一书中这样写道:"余交新东四十年,好友若兄弟,知其人也。新东有侠气,能以肝胆照人,制盆栽婉转多姿能出新意,奇男子也。弱冠投身革命,建国后一意于苏州园林之振兴,与余同抢救网师园,以三月之力修复、其后园得扬名海外,新东之力也,而今知者少矣,此仅于苏州诸园一功耳。新东负责苏州园林事业,非徒发号施令,能亲身力行,富才智,无论山石布置、建筑修整等皆有卓见"。得此称颂,新东足也。

(本文作者陈积方,苏州市园林和绿化管理局原经营处处长、法治处处长。此文原载于《苏州园林》2014年第1期)

·仲国鋆·

仲国鋆（1922—1992），江苏常熟人。1940年加入中国共产党，跟随新四军谭震林、任天石同志转战大江南北，并以行医为掩护职业进行地下工作。1949年后曾任苏州专员公署办公室主任、苏州市人民委员会副秘书长等职。1962—1964年，以及"文化大革命"结束后的1978—1981年，两度担任苏州市园林管理处处长职务。在任期间，仲国鋆重视园林绿化事业发展，积极建议市政府对苏州市区古建筑、庭院和园林组织力量进行调查，有计划地实施修复工作。主持组建园林苗场，整修寒山寺、灵岩山殿堂、北寺塔、耦园东部，建设苏州公园儿童乐园，开发石湖、盘门三景等风景名胜区。他还根据社会经济发展需要，主持组建成立了国内首家专业园林建设单位苏州古典园林建筑公司。为配合旅游发展需要，成立了苏州园林旅游服务公司。他尤其重视人才培养，积极引进专业人才；重视园林保护管理业务研究和培训，专门组织全系统干部职工开展园林知识业务讲座，他亲自搜集资料备课授课，有关研究园林历史、文化、艺术、设计、构筑的资料笔记多达70余本。在他主导下，园林工作人员的业务水平得到了很大提高，为"文化大革命"后拨乱反正、促进园林绿化事业的发展起到了积极作用，为改革开放后园林绿化工作的快速发展打下了坚实基础。

永不能抹去的寄托和思念
——纪念爸爸仲国鋆逝世20周年

仲丹勋

　　二十年了，离别爸爸二十年了。
　　寄托和思念仍然深深地印在我的心里。每当触景生情，每当忌日拜祭，也许不再会是泪水盈眶、也许不再会是悲痛沉重、也许不再会是哽咽难语，但是我的心仍然这么痛。人间事事随着时间云淡风轻了，而我心中留下的伤痕却总难以抚平。
　　"爸爸"这个称呼之所以对我来说是非常亲切和珍贵，是因为在我不到九岁时，就被无情地剥夺了叫"妈妈"的机会。我的妈妈在那个黑白颠倒的年代里被迫害致死。没有了妈妈，爸爸对我来说，是我的天，是我的地，是我的空气。几十年中，我常常担心爸爸出意外，害怕爸爸也离我而去了，时有在梦中惊醒。只有听到了爸爸的声音，看到了爸爸的身影，我才能感到踏实（图1）。

图1　仲国鋆与小女儿仲丹勋在嘉兴南湖烟雨楼

不管是在我孩提时还是步入社会中,爸爸从来没有责备过我,或迁怒于我,总是给予我完全的信任。每个人都有爸爸,但是我的爸爸与众不同。这样的爸爸天下不多。并不是说爸爸特别宠爱我,而是父与女之间在患难之中双方建立了非同一般的情感。爸爸将父爱与母爱集于一身关怀着我,而我特别特别地珍爱和关心爸爸。我努力着尽到女儿的孝心,不做让他操心的事,说他爱听的话,讲他想听的事。我愿意在他见到我时,总是欣慰的、舒心的;他对我所做的事总是赞扬的、满意的,能不让爸爸烦心成为我最大的满足。对爸爸的爱,对爸爸的尊敬是难以用语言来表达的。我懂得珍爱爸爸,尽量多地为爸爸料理日常生活,我尽了一份发自内心的孝敬。同时,我也太理解爸爸的经历是常人难以担当的,在革命战争潜伏中他能坚持到四次被捕出狱,一次再一次地证明"清白",再一次一次地得到"解放";同时,既当爸又当"妈"地要把子女一个一个地培养成才,这是多么不易啊!

记得,在一个大热天的傍晚,与爸爸一起在屋外纳凉,蚊子叮得我哇哇叫,可爸爸一次也没被蚊子叮到。我说"奇怪了,怎么不叮你啊?"爸爸笑着说"我吃的苦太多,血都变苦了,苦得连蚊子都不要叮了。"当时,我就彻底感受到了,虽然爸爸口中从没有说过"苦",但是他心中的苦是难以形容的。的确,爸爸一直在承受着非常沉重的压力和负担,有着非常苦痛的经历。

爸爸很疼爱我,我是爸爸的偏怜小女,这是我们周边人人皆知的事,可是,我深深地挚爱爸爸,他对我是何等的重要,恐怕连爸爸自己也未必知道。我爱爸爸,是觉得他真是如同泰山顶上一棵青松。他的思想、品德、意志、才情、涵养、医术,既令我敬佩,也是我的楷模。在我记忆中最多的,是爸爸他总在房间里抽着烟孜孜不倦地写着他的文章,那是一盏不夜的灯。他对物质生活从没有要求,无须山珍美味、不求奢华表面,脚踏实地,一步一个脚印,忠实于事业,无愧于自己。爸爸被誉为"江南才子",与普通人的区别就在于他承担着重要的责任,贡献着他的才智,努力实现他的理想,而对他人却无所求。

爸爸把自己当作人民的公仆,鞠躬尽瘁,爸爸就是这样的身体力行。他观察、思考、总结,一次又一次主动"找苦",争取更正那些被他发现的错误,但绝不求任何功利。乐在

其中，是生命的价值。我们能感受到爸爸从工作中迸发出来的生命能量，爸爸是有思想、有意志、有抱负、有理想的人，他用一身正气，脚踏实地书写了他人生的篇章。什么是生活、做怎样的人——于无声处胜有声，爸爸以他的实际行动告诉了我们。

记得爸爸常说他是条"机帆船"，后面挂了六条"拖船"。他的辛苦也是可想而知的。当这六条拖船变成有动力的船时，他却享受不到其中的天伦之乐。对我唯一的安慰是，在爸爸生命的最后几年中我尽心尽力地孝敬他了。我终身遗憾的是没能做到让爸爸再多过三十年。

记得，爸爸和妈妈合葬的前一天晚上，在常熟吴市老家，做法事中要一边烧着纸钱，一边不停地喊着爸爸和妈妈，我真切地呼唤了整整一个晚上。有个老乡对我说："阿六，你真孝。"而这一声声的呼唤，出自我的肺腑。我是真心诚意地希望我们的爸爸和妈妈在天堂中过着愉快和美好的生活。

在这漫长的先没有了妈妈，后没有了爸爸的日子里，哪些事情让我们兄妹悲伤，哪些事情让我们兄妹欣喜，哪些事情是我们兄妹不会放弃的，我们兄弟姐妹很清楚。我们团结友爱、相互帮助、一路走来，还会一路走下去。爸爸和妈妈相信我们将会做得更好。我们兄妹们会把多年积蓄的手足之情、生活的知识和经验，在人生的道路上，用平常之心，携手前进，直到永远。

如今，我们兄弟姐妹六人都已成家立业，有了七个下一代，且也有快作爷爷、奶奶、外公、外婆的了。对爸爸和妈妈的爱就是我们个个幸福、家家和睦，过着既平凡又有亮点的生活的原因。这肯定是爸爸和妈妈在冥冥之中对我们的希望和祝福。

其实，爸爸和妈妈似乎并没有离开我们，因缘果报。只要有一点儿事，总是想到有爸爸和妈妈的佑护。爸爸和妈妈也一定总在守护着我们。这已成了我们兄弟姐妹每家生活中不可缺少的一部分。

我们的下一代也是如此。我的两个女儿昊昊和旻旻虽然出生在美国，长在美国，也没见过外公和外婆，但她们很熟悉这个称呼。当每年祭奠外公和外婆的时候，她们端菜送茶、磕头祈祷，甚至考试前也要告诉外公和外婆以得到精神庇护。她们坚信外公和外婆是爱她们的，她们也是爱外公和外婆的，外公和外婆伴随着她们成长。这足以表明，爸爸和妈妈在我们的每个小家庭中是何等的重要。爸爸和妈妈，小女儿丹勋能告慰你们的是：

我骄傲，因为我是你们的女儿。

我幸运，因为我有五个从来不对我说"不"字的哥哥和姐姐，以及关爱我的五位嫂嫂和姐夫们。

我幸福，因为我有相濡以沫的丈夫与两个聪明、可爱、健康的女儿。

此外，特别要感谢的是你们给了我一位在生活上长期照顾我的奶妈嬷嬷——王淑英。

爸爸和妈妈永远活在我们心中，爸爸和妈妈也必定永远伴随着我们的每一个家庭。

2012年1月9日写于美国堪萨斯家

（本文作者仲丹勋，苏州市留园管理处原美工，仲国鎏女儿。此文原载于《苏州园林》2012年第1期）

潜心笃志的园林管理者
——记仲国鎏先生

沈伟东

20世纪70年代末至80年代，仲国鎏先生是我的同事、领导，又是亦师亦友的忘年交。令我始料不及的是，正当仲老感到心有余力尚可继续为苏州城市建设，尤其是可为古城保护和园林事业再作贡献的时候，1992年1月9日遽然驾鹤去了另一个世界。他的长子力为告诉我：那天，父亲草草午餐后，随即进了书房，伏在案头，为历史文化名城常熟的城市规划和古城保护撰写意见和建议。他聚精会神地写啊写，谁知到了傍晚时分，悄然无声地走了。

仲老有着传奇的一生，又是一位坚定的共产党员，在园林事业上，不仅是一位领导干部，更是一位当之无愧的专家学者。虽然离开我们已近30年，回顾仲老许多往事，那一幕幕依然仿佛就在眼前。

（一）

仲国鎏，出生在常熟吴市。从小聪明好学，记忆超强，在家乡有着"小秀才"之誉。他弱冠年岁学医，尔后在家中开设"半半诊所"，挂着"国医仲国鎏内外科大方脉"牌匾，是位口碑不错的济世悬壶的"小郎中"。

1937年"八一三"抗战爆发，激起仲国鎏满腔热血。1938年10月，年方十六的他毅然投医从戎（图1），参加"常熟人民抗日自卫队"。他奉司令任天石之命，沿用"半半诊所"，以行医为掩护，在日军眼皮底下建立了"民抗"第一个情报联络站。1940年他光荣地加入中国共产党，长期在党的隐蔽战线，智勇双全投入战斗。其间，他曾4次被捕，受尽酷刑，九死一生，久经考验。

图1 仲国鎏早年留影

新中国成立后，仲老于1955年11月担任常熟市委书记、市长，后调任苏州专员公署宣传部工作。1958年8月又从苏州专员公署办公室主任任上调新创办的苏州医学专科学校，担任校长。

工作之余，他笔耕不辍，写作了数十篇扣人心弦的革命传奇故事，发表在报刊杂志上。他的纪实文学《特派员》发表在《上海文学》1962年第二期上，后由苏州和吴县沪剧团改编为沪剧演出。之后，又先后被改编成电影剧本、连环画，被苏州评弹团改编成长篇评话《江南红》，是后来《芦荡火种》《沙家浜》的原型。

仲老的园林情缘，早在抗战时期就播下了种子。那时拙政园已被汪伪政府所占，为从事情报工作，仲老曾数次进出拙政园，亭台楼阁、一草一木都在心里打下烙印。后来他在医专担任领导，对苏州园林的兴趣不减，1960年利用一个暑期，冒着炎热，走街串巷，对苏州园林的37个室内陈设进行了踏勘、考察、专访。也许是天意，1961年苏州医学专科学校停办，重新分配工作岗位时，1962年调任他到苏州市园林管理处，担任处长、党组书记。从此，他作为苏州园林系统的"领头羊"，开启了他的园林之旅（图2）。

图2 留园冠云峰前留影

这一任上，最重要的成果是1962年，拙政园、留园被国务院批准列为第一批全国重点文物保护单位，名列"全国四大名园"；连续几年抢救修复了一批古典园林和风景名胜，为后来的苏州园林申报世界遗产打下了坚实基础；针对当时园林系统干部职工业务水平普遍较低的现状，首创开展"园林业务知识讲座"，他既当领导，又当老师，走上讲台，讲授园林历史文化和造园艺术。这期间，他在完成仲国銎《苏州古典园林室内陈设布置》（初稿）后，又撰写了《园林室内陈设学》大纲，酝酿着将园林这门学问持久地开展下去。

然而，"文化大革命"中，仲老受到冲击靠边站约十年，直到1978年，仲老重回园林管理处担任党组书记、处长，一干又是三年。1981年，仲老调任苏州市基本建设委员会担任顾问。1983年又调至苏州市人大委员会任专职委员兼人大城乡建设委员会副主任，又被借到江苏省太湖风景名胜区建设委员会，担任委员兼办公室负责人，直至1985年离休。

（二）

在"苏州大事记"条目中有一项重要事件，就是改革开放之初，全国政协常委、中共中央党校高级顾问吴亮平向党中央送呈了《古老美丽的苏州园林名胜亟待抢救》专报，并在《文汇报》上发表"救救苏州园林"的呼声，引起中央领导的高度重视，由此迎来了苏州园林保护的春天。

每当说起这事，我更加怀念仲老。因为我知道，吴亮平的背后站着另一位对苏州园林充满挚爱的人、一位默默奉献的学者型地方干部——仲国鋆。说他立下"汗马功劳"也不为过。因为，以吴亮平名义向党中央送呈的报告和在《文汇报》发表的文章，初稿正是仲老领衔起草、再经吴老修订的。

当时，苏州园林名胜保护处于举步维艰、难以突破之时，吴亮平约请江苏省人大常委会副主任、南京大学名誉校长匡亚明，轻装简束来到了苏州。10月18日上午，吴、匡二老会见了中共苏州市委常委、常务副市长施建农等有关方面的人员，交代他们这次来苏调查的目的。仲老和笔者应邀参加了这次会议。吴、匡二老讲话开门见山，言简意赅，在数列了苏州园林名胜所存在的诸多问题后说："现在到了非常严重的程度，急待抢救保护。"吴老最后说："这次来苏州调查打算写个报告送给中央，还要写篇文章在报上发表。"匡亚明提出："请市里安排熟悉情况的同志把材料准备好。我们先走走看看，找人聊聊，这样，到你们的文章写好了，吴老修改就有灵感了。"施建农当即安排并组成以仲国鋆领衔、包括笔者在内的4人文稿起草班子（图3）。

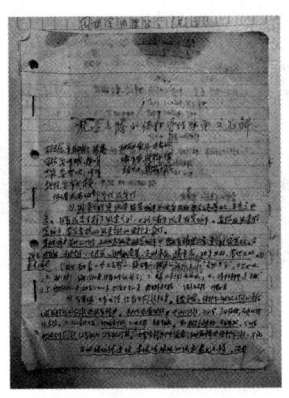

图3　仲国鋆《风景名胜保护管理方面之见解》手稿

当天下午，仲老就召集起草小组人员会议，商量文稿起草事宜。仲老首先胸有成竹地提出了文稿拟写三个部分：一是苏州园林名胜是祖国的瑰宝，二是触目惊心的严重破坏，三是关于紧急抢救苏州园林名胜的建议，接着讲述了每个部门的具体内容，并明确先由作者和环保局、水利局等同志分别起草。就在我等起草时，仲老始终端坐在会议室里，但见他一边不停地抽烟、喝茶，一边在默默思索，神情显得沉着笃悠，情绪显得特别好。个中原因，正如仲老的一席话一语道破！仲老说："你们不感到吗？吴老是'通天'的（吴老早年参加革命，延安时期毛泽东主席接见著名记者斯诺时担任英语翻译），我们反映的情况和建议，由他直接向中央领导汇报，希望很大。抢救保护苏州园林名胜的春天来了！"一席话，鼓舞了我等草拟文稿的每位同志。

我们连战三天，拟出文稿。由仲老统稿后送吴老审阅修改，并征求了苏州市委多位常委的意见。11月11日，吴老带着这份专报离苏返京。11月20日，胡耀邦、邓小平、陈云等中央领导同志就分别对苏州园林和古城保护作出批示。不久，中央组成了由国家建委第一副主任谢北一和国家经委负责人张雁翔带队的包括国家建委、经委、计委、城建总局、旅游总局、文物局、财政部、国务院环境保护办公室等部门参加的中央调查组。同时，中共江苏省委也成立了由省建委主任王楚滨为组长的调查组。江苏省委特别向中央作了报告。国务院于1982年5月12日又及时批复了江苏省委《关于保护苏州古城风貌和今后建设方针的报告》，保护苏州园林名胜终于出现了重要转机。

笔者不禁想起另一件往事，即在吴亮平、匡亚明莅苏调查期间，仲老于10月22日晨匆匆给匡亚明的信函。

仲老当时是苏州市基本建设委员会顾问，借调到江苏省太湖风景名胜区建设委员会工作。他还是全国园林学会委员、江苏省园林学会副会长、苏州市风景园林学会名誉理事长。出于职业本能和高度负责的精神，他总要利用一切机会，宣传和重视保护园林名胜。

太湖风景名胜区拥有苏州、无锡的13个景区，风景名胜数以百计，仲老不辞辛劳，一一涉足、了然于心胸。而对于苏州的园林名胜，则是他最为关注心系的（图4）。吴亮平、匡亚明此行苏州，是为了保护抢救苏州园林名胜，仲老除了倾其精力写好文稿外，又通过多个渠道联系吴、匡两老，有意当面向他们汇报。当有位领导向他提及匡亚明曾谈及吴江县同里水乡风貌时，他即于10月22日早晨就书信给匡亚明。信件除了附上两份材料供吴亮平、匡亚明参考外，特别表示："如两老要去江南水乡同里调查，乐于充当导游，陪伴相随。这是我的职责所在。如欲前往，请通知便是。"其情其真，溢于言表。

图4　仲国鋆在太湖风景区考察

（三）

仲老曾不止一次对我说过："我对园林名胜真是有缘分，兴趣浓厚，这是我最大的爱好之一。"我后来慢慢感悟到，这是因为他懂园林，对园林有着深刻认识，才会有缘分，才成了他最大的爱好。那么，他对园林是怎样的评价和赞誉呢？不妨摘录几段如下。

1979年8月10日，仲老给苏州市园林处各园干部、技术人员、职工上课的讲稿，题目是《苏州素有"园林风景"城市之称》。讲稿开篇就说："若问苏州园林有多少美？那真是一言难尽。著名的千诗万画，也仅是反映她点滴的美。我认为，到现在为止，还没有一本尽善尽美的书本，足以来表达她（园林）的全部美。景色秀丽的苏州园林，美不胜收，具有独特风格，有着一种'古色古香'特殊可爱的美，是丰富而宝贵的民族文化遗产。"

1990年8月，仲老撰写的《苏州园林驰名中外（代序）》（《苏州园林》同济大学出版社1991年版）中这样写道："苏州园林是我国十大风景名胜之一。我国园林是具有高度的艺术成就和独特风格的园林艺术体系，其精华在江南，重点在苏州。现存的苏州名园是我国古代园林中最具代表性的一批典范，是苏州的、中国的文化瑰宝，也是全人类共同的文化财富""苏州园林坚持和发扬了南方园林的传统风格，以写意山水园为特色，艺术精湛，与自然美、建筑美、诗画美于一体，典雅古朴，美不胜收。"

令笔者钦佩和叹服的是，仲老对园林不仅仅是兴趣、爱好和挚爱，而且倾其心力、锲而不舍地考察调研园林每一个门类、历史、文化、造园、山石、花木、匾额、对联、陈设……潜心笃志，深研细琢，为后来者留下了许多珍贵资料。

在我阅读仲老撰写的许多有关园林的文章中，感触最为深刻的是他结合工作研究园林室内陈设。他对园林陈设的兴趣还在主持苏州医学专科学校时就下了一番功夫，以后主持园林工作，他把兴趣转化为工作研究。他发现园林陈设布置问题甚多，相当一部分陈设品质品种混杂、鱼目混珠，未能配套成龙，与厅堂主题不相协调，管理不善，缺乏艺术。这些问题引发了他的深思，他认为：园林陈设当属于综合艺术，是一门"多项式"而系统的学问，在学术上应该有其自成体系的理论。而这种理论是在园林陈设实践基础上的总结和概括，实践是源泉，理论再回来指导实践。因此，有必要创立"园林陈设学"。于是，他开始编写提纲，汇集素材，先是提炼成初级的理论，并开展研究，逐渐从低向高发展，最终向科学完整的理论迈进（图5）。

图5　苏州园林博物馆顾问仲国鋆（左）在陈列方案讨论座谈会上

这种探索精神，促使他很快撰写出《园林陈设学大纲》（初稿）。他兴致勃勃地将这个初稿送给了相关人员阅看。有人鼓励他"著书立说"，以丰富园林陈设学理论；也有人泼冷水，认为是"异想天开"，家什摆设有何学术价值！对此，仲老没有动摇和灰心，不改初衷，一边研究，一边做好园林陈设管理工作，希望不断推进这一学科的发展。可惜的是，由于"文化大革命"，这项尚在摇篮里的"学科"夭折了。

1976年年底，仲老在还未获得解放、尚无分配工作的情况下，就跃跃欲试，又开始研究探索园林和苏州古城的历史文化了。他以欢悦的心情先后写下了《可爱的苏州》系列8篇文稿：《苏州是我国著名的江南水乡——典型的江南水乡城池》《苏州是历史悠久的文化古城》《苏州是"江南园林甲天下，姑苏园林冠江南"的园林风景城市》《苏州是闻名古今中外的旅游胜地》《苏州是"丝绸之府"并盛产传统工艺美术品的发达地区》《苏州要保持固有的美，提高现在美，发展未来美》《保持古树名木，继承乡土树种和发展丰富多彩的苏州植物景观》《苏州园林室内布置艺术》。笔下充满了仲老对苏州的深研，对苏州、苏州园林的爱（图6）。

图6　仲国鋆在检查盆景时留影

仲老这种"挚爱"，与曾被苏州人尊称为"文化书记"的柳林有关。"文化大革命"后，柳林担任了中共江苏省委书记，他对仲老很是熟悉。柳林于1965年就任苏州市委书记时，两人在苏州古城和苏州园林的认识上就有诸多共同语言。一次柳林听取园林管理处仲老汇报拟修缮灵岩、北寺两座古塔，苦于缺乏人才。柳林当即决定与仲老一起赴上海访问同济大学陈从周，请陈教授推荐古建人才。陈从周诙谐地说："人才嘛，就在你们苏州，就是邹宫伍，但他是'右派'，未知你们敢否起用他？"柳林笑着对陈从周说："由您陈教授推荐，我们就敢用他，发挥他的作用。"回苏后，仲老等重用了邹宫伍这位古建人才，由他负责修缮的灵岩和北塔两座古塔，果然重现了两塔的风貌。且说邹宫伍后来调到市园林管理处，仲老对他更是刮目相看，给予重用，邹宫伍于1978年参加了美国纽约大都会博物馆"明轩"工程的设计和施工，是当时的主要技术专家，载誉归来后不久，担任了市园林局副局长。力为还告知我，柳林一直与仲老一家保持着亲近交往的关系。一次，柳林风趣地对力为说："当年调你爸爸到省建委工作，他可不愿意啊，请不动！"力为说："柳林和他的家人有时因私来苏州，为避免官方招待，都是找我安排的。"

20世纪70年代末，当仲老再次走马上任，面对他所熟悉和挚爱的一座座饱经风霜、伤痕累累的园林时，在无比沉重中更感到责任重大。他一方面加快园林修缮工作步伐，一方面狠抓园林管理人员的业务培训。在仲老看来，不懂园林就管不好园林。培养园林专业人

才是一项十分紧迫的带有战略性的工作，由此拉开了园林管理人员全面培训的序幕。

仲老重回园林管理处的三年间，适逢党中央开始实行改革开放国策初期，根据他对苏州古城和园林的长期研究与思考，为了园林事业的长期发展，感到必须抓住千载难逢的机遇，加快人才培养。在他的提议和计划下，1979年苏州市园林管理处园林干部业务培训班正式开班，仲老亲自上课，成为当时园林系统一大盛事。

在培养人才之际，随着改革开放的发展，仲老看准了时代发展的目标，相继提议组建苏州园林设计所、苏州古典建筑公司、苏州园林旅游公司、苏州园林技校、苏州园林学会等单位和行业组织，以及培养园林美工队伍，专业人才开始向苏州园林系统聚集，其影响力一直延续至今，发挥着各自独特的作用。

当年苏州市园林管理处举办园林干部业务培训班，其培训内容正是仲老的《可爱的苏州》等八篇文章的提纲或初稿，都是他亲自撰写、精心修改后，亲自讲课。据当时参加培训的园林老人回忆，当年聆听仲老的讲座后，除了增长了不少历史文化知识和系统地学到许多园林业务知识外，令人难忘的是仲老这样的"新四军"老干部竟有如此全面的园林业务知识，真是少见！

（四）

从20世纪七八十年代走过来的人都说，仲国銮主要负责苏州园林管理工作的那些年，是最值得怀念的日子，仲老是最值得尊敬的领导之一，那不仅是因为改革开放之初的喜悦，而且还有仲老亲身亲力带领大家完成了许多很难办又最终办成的事情。其他不说，我们从仲老亲笔撰写的几份材料上便可管中窥豹。

先看"几点建议"。这是仲老在病休中，学习了中共中央十一届六中全会通过的《关于建国以来党的若干历史问题的决议》后，研究新形势、新任务，联系苏州城市建设现状，于1980年1月8日所书写的建议。那时，他在园林处任上（园林处即将升格为园林局），而思考的却是"分外"的事情，向市里提了8条建议：（1）扩大苏州市郊区；（2）市长亲自领导城市建设；（3）成立规划局；（4）加强文管会工作；（5）筹建市旅游局；（6）建立市旅游服务公司；（7）努力增加风景旅游点；（8）建立城市建设委员会。这些建议无不是如何把苏州建设发展得更好的大事。经历届市委市政府努力，都逐步得到落实和发展，可见仲老思想的宏观性、前瞻性。

再看《风景名胜的保护管理方面之见解》，这是仲老写在普通练习本纸上，密密麻麻足有5页之多。阅读之余，感受其所费精力甚多，是下了功夫的。"见解"虽是提要，但观点一目了然，非常鲜明清晰。比如风景名胜的"管理"和"保护"、如何搞好风景游览城市建设？仲老提出了9个观点：（1）保护风景名胜是建设风景游览城市的关键；（2）当务之急要抢救好尚存在这样、那样问题的风景名胜；（3）充分发挥风景名胜得天独厚的优势；（4）有利于促进旅游事业发展，丰富人民群众文化精神生活，促进"四化"建设；（5）必须坚决保护规划中的点、线、片、面；（6）必须加强已开放的风景名胜的保护和管理；（7）有计划地规划、建设尚未开放的风景名胜；（8）保护与建设，关键在领导；（9）要坚持调查考证，分别对待……这些点睛之笔，至今闪烁着思想光芒。

关于《对退思园修改方案的几点意见》，写于 1981 年 7 月 17 日。当时，修复退思园的方案已经确定，而仲老已调到江苏省太湖风景名胜区建设委员会工作，但他看了修复方案后，发现存在若干比较重要的原则问题，如"修旧如旧"、旧址新建、整体风貌等。于是，他怀着高度负责的精神，不顾情面，甚至可能得罪有关人员，旗帜鲜明地提出了意见。精神实在难能可贵。这种及时"把脉"，给当时的设计、修复人员很大启发和触动（图 7）。

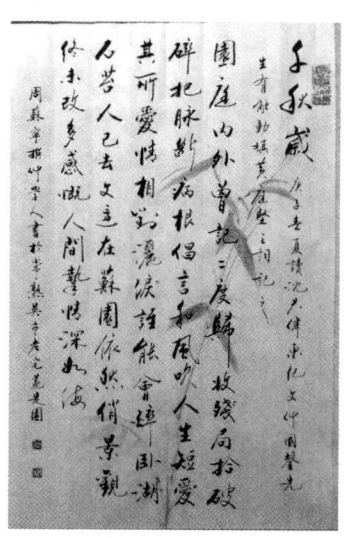

图 7 《千秋岁·园庭内外》（周苏宁撰，仲学人书）

《关于在塞内加尔建造"中国庭园"的方案》，这个方案中吸引我的是一个例外。方案是由江苏省古典园林建筑公司、苏州市古典园林建筑公司于 1981 年 7 月联合制订的，署名仲国鋆、吴宗骏（江苏省）。这不是简单的署名，方案是经过仲老亲自草拟的。规划设计本是专业技术人员的事，可仲老"改不了"亲力亲为，更重要的是他提出的观点，让人眼前一亮，比如："要在有限空间内创造自然而丰富多彩的景色，为'中国庭园式的住宅花园'独树一帜，从而打开出口业务"；"坚持'中国庭园住宅花园'的风格，又有现代化的内部设施"；"因地制宜，充分考虑当地地形、地质和气候"；"既要体现苏州园林的诗情画意，又要投其所好，满足国外人的乐趣"以及材料的选择、工艺技术的要求等，表现出仲老在造园上的独特匠心，为出口工程付出的心血。

此时此刻，特以周苏宁先生为纪念仲国鋆而填词的《千秋岁·园庭内外——纪念仲国鋆先生》来遥寄我的心情吧：

庭院内外，曾记二度归。收残局，拾破碎。把脉断病根，倡言和风吹。人生短，爱其所爱情相对。

洒泪谁能会？醉心湖石间。人已去，词还在。苏园依然俏，景观终未改。多感慨，人间挚情深如海。

（本文作者沈伟东，苏州市政协文史委原主任。
此文原载于《苏州园林》2020 年第 2 期）

·陈涓隐·

陈涓隐（1897—1986），江苏苏州人。著名漫画家、摄影师。苏州市文管会委员，苏州市第一、二、三届人大代表。1959年9月至1959年12月担任苏州园林管理处副处长。1960年任民进苏州市委常委，1980年任苏州市第六届政协委员。陈涓隐在担任园林管理处领导职务后，充分发挥一技之长，在修复园林工作上出主意、想办法，尤其是在园林厅堂的陈设布置上作出了贡献。他还积极参加各种社会活动，在美术创作、文物保护、园林文史方面都作了大量的工作，卓有成效。陈涓隐著有《拙政园花木志》一文，从十八曼陀罗花馆前的山茶到文徵明手植的紫藤，从远香堂前的广玉兰到香洲池的千叶莲花，从听松阁的黑松到绣绮亭下的牡丹、芍药，写尽了拙政园四季花木之盛，以花木带出了拙政园的亭台楼阁，这篇文章既像一次百花聚会，又像一幅拙政园游览图。

园林管理前辈陈涓隐先生逸事

邹绵绵

庚子年（2020年）端午节前，笔者陪同友人去古胥门畔的"蔡觐士蔡廷辉父子金石篆刻艺术馆"参观，在该馆展出的蔡氏父子收藏的部分名家刻印中，除了有如吴昌硕、王福庵、赵古泥等大名家的作品外，还见到现代著名漫画家、新中国苏州园林管理工作老前辈陈涓隐先生篆刻的一方印章，从所见到的这方印章的印面作朱文"一得"，刻得线条精细遒劲，印侧"乙丑二月，为一得仁兄作，涓隐陈曰"边款的刀法娴熟、结字规整，由此可知作为漫画家的陈涓隐先生对篆刻艺术也下过一定的功夫（图1）。从所见该印边款文字便引起了笔者的兴趣，因为其中的"乙丑"应该是1925年，"为一得仁兄作"，其中的"一得"应该是指民国时期的画家的苏州管一得，在此先得把这一推度的依据简述如下。

图1　陈涓隐刻印、边款

据苏州画苑史料，1925年由画家余彤甫、陈摩、管一得等在苏州组织"冷红画会"，而当时参与入社者有如樊少云、顾墨畦、赵眠云、陈涓隐等二十余人。画家管一得（1895—1943），吴县（今苏州）人，家居盘门师古巷，还移居醋库巷苍龙巷东口。他出生于绘画世家，他的祖（经解）、父两代均以画为业。他能继承家学，亦以画有声于当时画苑，并喜好音乐，擅拉小提琴。1926年加入苏州"丙寅乐团"[1]。其画迹《山水图》曾收录于20世纪30年代初由上海蜜蜂画社编辑，由中华书局1931年出版的《当代名人画海》中（图2）。由于管、陈1925年同是"冷红画会"中人，因此陈刻"一得"朱印的主人应该便是画家管一得。再说在蔡氏艺术馆藏品中另见有周梅谷（1881—1951，名容，以字梅谷行，别号梅道人、百陶室主等。工刻印、镌碑，师事吴昌硕）篆刻印章十余方，其中竟然也有印面同样刻朱文"一得"，边款刻"乙丑（1925年）小除夕，梅道人"。更令人称奇的是周刻之印竟然即是图示画家管一得所绘《山水图》款题上所钤之印（图3、图4）。由是就足以证明陈涓隐、周梅谷（从边款所记陈刻在周之前）于1925年，同为同邑画家管一得所刻"一得"朱文方印就确实无疑了。

图2　管一得《山水图》　　　图3　管一得款印　　　图4　周梅谷刻印、边款

也正是由于以上陈涓隐先生刻印的发现和探究，使得笔者想起长期以来一直有心收集有关陈涓隐先生生平事迹的一些资料。至于其中原因，是在笔者藏箧中有一件陈涓隐先生的画扇，是他1934年所作大写意花卉图，笔墨疏简，秋色斑斓，加上素知他是苏州艺坛和新中国成立后苏州园林管理工作者中的老前辈，所以很是珍爱。加上在该扇的另一面是由吴铭常书诗，所作楷书脱胎于唐欧阳询《甫皇诞碑》，写得堪称气宇融和、神情洒脱。而且书家吴铭常也是一位热心保护家乡苏州文物古迹的有识之士。在此也把吴铭常的生平事迹

---

[1] 见姚永新《二十年代的一个音乐团体——丙寅乐团》，见于《苏州文史资料选辑》（十三），于1984年10月政协苏州文史会刊印。

中与苏州园林名胜相关的事迹作些简要的介绍。

吴铭常（1878—1947），字纪宇，又字鼎丞，号邃阁（书扇名款下即钤"邃阁长寿"朱印），吴县（今苏州）人。清光绪庚寅年（1890年）科探花吴荫培（1851—1930，字树百，号颖芝，云庵，平江遗民。苏州人。民国时修苏州地方志，并组织"吴中保墓会"）次子。他是光绪廿八年（1902年）江南乡试举人，宣统三年（1911年）任弼德院三等秘书官，民国后历任江苏省财政厅科员，督办苏浙太湖水利工程局总务科文牍主任，吴县（苏州）公款公产管理处主计员，吴县（苏州）救济院副院长。其父吴荫培殁后，1931年他与李根源、张一麐、费树蔚、王謇、王凤瀛诸绅重组保墓会。尤其如在今"大公园"，即苏州公园中，1935年时在园中之"西亭"曾创设"苏州平江弈社"，为此苏州名绅张一麐撰有《苏州平江弈社记》并刻有碑，而该碑的书丹即出其手笔。又如：吴中第一名胜虎丘，在"风壑云泉"东侧有石构六角敞亭，名"可中亭"，又名"可月亭"，据相关记载："它得名于南朝宋（420—479年）时。今该亭为民国乙亥年（1935年）九月，由虎丘镇镇长蒋柏如重建。"在该亭的南柱上刻楹联"顽石听经，禅心默契；名山埋剑，胜迹长留。"题款为"民国乙亥年（1935年）九月，吴铭常撰并书"。（见今《虎丘山志》）也就是鉴于以上这些，敝藏由陈涓隐画、吴铭常书的书画扇长期以来一直保存在藏箧中，并注意收集陈、吴两位乡前辈的生平事迹。还曾于2001年在《扬子晚报·收藏沙龙》（第89期）撰写《漫画家陈涓隐画扇》小文，在这篇不足五百字的小文中，所介绍的画扇便是陈涓隐先生1934年作国画大写意花卉图。小文中还对他的从艺经历也作了简要的介绍，主要是他的漫画创作。最后还介绍了他在新中国成立后应聘为苏州市文物保管委员会委员，后任苏州市园林管理处处长的简历。

有关"百度·陈涓隐"的由来

笔者近年不意发现，而今"百度·陈涓隐"词条竟是照录了刊于《扬子晚报·收藏沙龙》（第89期）中的拙文相关章节。在此把该文全文照录如下：

 漫画家陈涓隐画扇

名人书画扇，是书画收藏中受人青睐的藏品之一，敝人藏有一件漫画家陈涓隐先生作于1934年的花卉成扇，所画写意花卉，笔墨疏简，秋色斑斓，又扇骨为深红色漆骨，至今光彩可鉴，该扇品相绝好，殊为难得。

陈涓隐（1897—1986），苏州人，早年毕业于上海美专，1925年在苏州加入了以"在绘画上探索和研究新的艺术和新的技法"为宗旨的"冷红画社"。从此步入艺坛，他擅漫画，书籍装帧，兼工图画。1935年起，他在上海以漫画创作跻身漫画界，成为《中国漫画》《独立漫画》《漫画界》《上海漫画》等刊物的主

要撰稿人,发表有《今后的漫画作家》等漫画理论文章。1937年七·七事变后,上海漫画界成立了救亡协会,同年9月创刊《救亡漫画》。他与叶浅予、张光宇、汪子美、蔡若虹、张乐平、胡考、华君武、丁聪、陈烟桥等担任该刊编辑委员,为我国老一辈著名漫画家之一[1]。抗战胜利后,苏州美专校长颜文樑会同正在苏州的中央大学艺术系主任徐悲鸿恢复"冷红画社",他是画社恢复工作的主持人之一。

中华人民共和国成立后,陈涓隐先生应聘为苏州市文物保管委员会委员,后任苏州园林管理处处长,他为文物保护、古典园林的修复劳绩处处,贡献良多,至今为人称道。

而"百度·陈涓隐"中除了删去刊文第一节外,其余均照录自刊文,其中仅增补了刊文中未述及的"摄影师",这一增补是允当的。然而,由于它因袭了拙撰刊于《扬子晚报》文中"建国后,陈涓隐先生应聘为苏州市文物保管委员会委员,后任苏州园林管理处处长"却是失当的。对此笔者近年已从《苏州园林风景志(下)》的第四章"管理"中见到了"历任领导一览表",其中清楚地记载:"苏州市人民委员会园林管理处,王言处长,1954.5—1957.12;陈涓隐副处长,1954.9—1957.12"[2]。鉴此可作为对当年笔者在文中误述"陈曾任苏州园林管理处处长",而事实陈系副处长,在此有必要加以纠误订正。

加入"艺社"

而在陈涓隐先生平生事迹中,更有必要加以补充的是,陈涓隐先生于1934年曾在家乡苏州加入"艺社"。该组织是由20世纪30年代左翼戏剧活动家郑山尊(1909—1984,苏州人。20世纪30年代的左翼戏剧活动家。1935年10月由吕骥介绍参加中国共产党。建国后曾任江苏省文化厅副厅长)于1933年下半年,因受上海左翼活动的影响,从上海回到苏州专心组织的"艺社","艺社"于1934年2月在苏州青年会宣告成立。"内分戏剧、文学、美术、妇女四方面。郑山尊总负其责,成员有如郑山尊、程丹唇、曹孟浪、朱信学、朱仲学、姜逸萍、谢宗鼎、王志遥、黄贻钧、钱延康(苏州美专第一届学生)、伊明、陈中、陈涓隐、陶忆萱、程和鸣、莎沉、沈毅、陆默、严肃、冯英子等。女社员有郑觉因,及其堂妹郑炜、程丹娜(程丹唇之妹)、田蔚、华荃(伟逸)、华景漪、吴棕音、许纯、藤六等[3]"。

从以上这则史料所记载,陈涓隐先生1934年在家乡苏州加入"艺社",它可以作为一种补充,可能是他以手中画笔来鞭挞当时社会黑暗,以及加入爱国救亡行列的根源,也是他建国后能担任苏州市人民委员会园林管理处副处长的原因(图5)。

---

[1] 见许志浩著《1911—1949中国美术期刊过眼录》,上海书画出版社1992年6月第一版。
[2] 见《苏州园林风景志(上下)》,苏州市园林和绿化管理局编,文汇出版社2014年10月版。
[3] 见程宗骏《左翼剧运与苏州》,刊于《苏州文史资料选辑》(13辑),政协苏州文史资料委员会编,1984年10月版。

图5　吴铭常先生书扇，陈涓隐先生画扇

有关苏州"艺社"这一史实，本市观前碧凤坊16号（老门牌为57号），原为"艺社"主要成员程丹唇、程丹娜兄妹住宅的旧址，也是"艺社"主要活动地之一。因此1998年，在观前街区改造中，已被移建到今颜家巷16号，即现代著名学者王謇（1888—1968，字佩诤，苏州人。历任《吴县志》协纂，江苏省立苏州图书馆编目主任，苏州振华女中教务长、副校长，国学会副主任干事，章氏讲习会讲师。曾任东吴大学教授。建国后任华东师范大学教授，上海文物保管委员会编纂。著名的学者、版本目录家和考古学家、藏书家）故居。因此现该建筑大门门头上悬有由原全国文联主席周巍峙先生题写的"艺社"巨匾。

作为摄影师的陈涓隐

再就有关"百度·陈涓隐"中增补其为"摄影师"，对此笔者在网络中"孔夫子旧书网"搜索到了建国初期，即20世纪50年代初，陈涓隐先生用相机拍摄苏州园林名胜的五件照片，并标注有文字，它们分别为"1. 怡园荷花厅；2. 石湖行春桥；3. 天平山高义园；4. 光福香雪海梅亭；5. 灵岩山浣花池"，并有与这些照片相关的一件写在"苏州市人民委员会园林管理处用笺"上的便札，书谓：

> 关于江苏文化"江苏风景线"部分，兹寄奉最近摄取的照片五张，合用与否请裁定，以后当续再寄。
>
> 此致
> ××同志
>
> 苏州市园林管理处陈涓隐
> 1.23

从这件便札的内容中可知陈涓隐先生拍摄的这些照片，是由于当年（建国初）有关部门为宣扬江苏文化而举办"江苏风景线"展览，或为出版刊物，他就用自己手中相机（当年相机堪为名贵之物，唯摄影师或摄影爱好者才会购置）拍摄了上述有关苏州园林名胜中的五张照片，这些照片所拍摄的景物尽管是去今已半个多世纪，但仍十分清晰。因此，以笔者之见，这五张照片堪为保存相关史实，和保护、修建相关名胜景观十分难得的形象史料和参考资料，遂在此文稿中作为书影保存之，希望它能引起有关部门的重视。

（本文作者邹绵绵，苏州书画收藏鉴赏学者。此文原载于《苏州园林》2020年第3期）

·吴羖木·

羖

吴羖木（1920—2009），又名吴彭，号小铜，祖籍浙江，江苏苏州人。幼年随父从上海迁居苏州，直至过世。中国著名山水画家。其宅园"残粒园"为其父所传，是苏州目前唯一由私人保护、居住的古典园林。

吴羖木祖父名滔，字伯滔，为清末同治、光绪年间著名山水画家，与近代书画家、篆刻家吴昌硕为挚友。其父名徽，字待秋，别号褒铜居士，擅画山水及花卉，精鉴赏。

吴羖木幼受庭训，四岁即喜作画，九岁创作《长江万里图》，见者称奇。二十岁毕业于上海复旦大学经济系，从事过几年金融工作。后转为专业画家。早年精研唐、宋、元、明、清诸大家作品，探索中国画传统精髓，并历游名山大川，勤奋创作，师古而化，自立门户。晚年变法，创"第三种画"，自成一格。

吴羖木作品多次在国内外展出，并被收藏。曾任苏州工艺美专中国画教研室主任、吴门画派研究会会长、江苏省工艺美术书画研究会会长、江苏省文史馆馆员苏州工艺美专名誉校长、苏州国画院名誉院长、中国美术家协会会员、一级美术师。享受国务院特殊津贴者，第三至五届苏州市政协委员，第九届、十届市人大常委，主编《中国古代画家辞典》《中国古代书法家辞典》《中国画传统技法解析》《中国画基础技法概论》等。

我还住在古典园林

姚萍

两棵巨大的白玉兰树高高地伸出庭院，把那一小片天空书写成一幅美丽的图画，而小小的门庭、暗黑的备弄、一进又一进的破败的厅堂，都让人难以想象，在最里面的一进里，住着一个有花园的人家，这就是目前苏州唯一还有人在里面生活、居住，并且私人拥有产权的苏州古典园林——残粒园。

图1 吴羖木

我们到达残粒园园主吴羖木先生家的时候（图1），吴老先生正趴在厅堂的大书桌上午睡，毕竟是86岁的老人了。但在这样乍暖还寒的午后，为什么不到楼上的卧房去？家人说他习惯了，他就喜欢坐在这张大书桌前，画画、写字、看书、读报，遥望走廊那边的美丽花园——有时累了，就这样简单趴在桌上眯会儿。不忍惊动老人的小寐，我们轻轻走向楼厅东南面的那座花园——这样的机会非常难得，因为这座叫残粒园的清代古典园林,一般是不对外开放的;而同时,它又是真正意义上的私家园林,堪称"苏州私家古典园林的活化石"。

残粒园景象恰如"残粒园"名字之所出处的那句诗"红豆啄残鹦鹉粒",残粒园,确如鹦鹉嘴间的一粒红豆,只有142平方米,但精致、丰富、有内容,而且疏密有致,并不拥挤:中心是一汪很深的池水,叠石环抱,岸线优美;石砌的小径,曲折起伏,通向池旁的假山、竹丛、石桥和山亭;蜡梅、春梅、金桂、山茶、金橘、枇杷、大广玉兰等花灌乔木,都红的黄的开着,或等待开着,与地上铺出仙鹤、蝙蝠等图案的精美铺地,互相呼应。沿着假山的石级,跨过半空中的小石桥,可以来到设在假山顶上依山而建的半亭"栝苍亭"(图2)。"栝苍亭"是个书亭,北墙上嵌有书橱,凌空的东面有吴王靠,坐在吴王靠上读书,下面进园时圆门洞上的两个字就赫然在目:"锦窠",真是个繁花似锦的好园子啊。

图2 残粒园·栝苍亭(郑可俊摄)

走过廊屋,穿过厨房,再回到厅堂时,吴老先生已经醒来。记者递过名片,老先生略一细看,立刻辨出,哦,《姑苏晚报》啊,你们报纸的报头还是我写的,啊啊,是十几年前写的了,还在用这个报头啊,真是真是,时间快啊。我说:吴老啊,解放到现在都快五十七年了,一个毛毛头都能变成老先生了。遥想那时,你的花园倒没有收掉噢。吴老先生:怎么会收,解放的时候倒蛮安稳的。那时很多人家有花园。你晓得,苏州民风喜欢花园,有的人饭也快吃不饱了,家里还保留着花园。倒是"文化大革命"时候,他们(泛指"造反派"等)要来占园子,想出了种种花头要来冲(占)园子。噢,我有园子就是封建主义,你抢了去就不是封建主义?我想想我一不是地主,二不是资本家,三没有犯错误,一生老老实实做事,靠一支笔自由职业,养活自己养活全家。上代人留下的这点花园,也是弟兄几个共有——至今房产证上,还写着我们弟兄几个的名字——凭什么说冲掉就要冲掉?我在弟兄三个中是老大,又全家住在这里,我就拼了老命也要保住园子。"文化大革命"中我发了"梗劲(意为执着、坚持)",一定要保住园子,就这样保了下来。老实人发起"梗劲"来也是了不得的,有一回我们全家人被包围了5天5夜,也还在坚持。啊,前前后后,冲了有那么靠10次吧,就凭着那股"梗劲",残粒园终于被保护了下来。你说拼了命保下园子住在里面有什么好处?

图3　吴待秋夫妇在残粒园（摄于20世纪30年代）

画家怎么好离开园子呢。我祖父吴滔，有书上写他是"江南第一山水画家"，祖父那时老家浙江的老宅子里，就有个花园叫"黄叶村庄"，听说乾隆皇帝曾"驻跸于此"，有过碑记。我十几岁时去那里，还见到园子里有假山，现在苏州的这个残粒园，是在我父的。我父亲吴待秋你知道吧，他擅中国画，1929年，正在好头上的他从上海以卖画所得买下了原来扬州盐商的这按自己的意愿进行了修缮，从此就在园中泼墨山水。后来他重返上海，成为历史上有名的"四十年代上海画坛四公子"之一。我母亲也会丹青。我是九岁住到残粒园里来的。先在晏成（原址今市三中）读书，后考入上海复旦，学经济。但我从小就喜欢画画，所以后工作的银行辞职了。解放后，我到苏州搞工艺美术，接着在国画院工作——我的一辈样：从五岁一直画到现在八十六岁（图3）。

白皮松走了，大山茶花树也不在了，残粒园从此真的残缺不全了。说到园子，其实残粒园在我父亲那时规模要比现在大，后来住宅部分的前面几进住进了别家，园子西半部分的花厅等一起划了过去，才越来越小。说起一起划归到西面去的那几棵百年老树，真是可惜！特别是那棵百年大白皮松，它又叫"栝"，残粒园里的"栝苍亭"，就是依白皮松而建的，这棵树被一堵墙隔到西面去后，不久就死了。还有一棵大山茶花树，是从云南移来的，开单瓣的大红花，树直径有近半米粗，高近二三层楼，连云南人见了都稀奇。有一年，有人从屋顶上掉下来，恰好被它的枝丫挡住，它还救了这人的命——就是这样的好树，拥挤到西面去后，也死了。六棵百年老树，现在只有两棵活着了，残粒园，就此真的残缺不全了（图4）。

图4　残粒园中的假山、水池（摄于20世纪30年代）

公归公，私归私，我不想要国家花钱（同行的市园林局遗产办主任周苏宁证实，园林局多次要修残粒园，未果）。我说：所以你无论如何也要住在园里，早晚看着园子；所以也正因为是你私家拥有，这个园子是不开放的；但我也听说，园池里的水已经几十年没清淤了。吴老先生说：虽然经常有外国人被中国导游领着，坐了三轮车来找，说这个园子好啊，至今还有人住啊，是活的样本啊。我说园子当然是好的，但对不起我不开放，这是私家花园，跟你们国外一样，是私人领地，旁人莫入的。主要是怕人多了不容易收拾，容易损坏。维护一个百年老园，不是一件容易的事情！而这个园子，从有记载的库门上所写的年头算下来，也有122年了。能还维持着原貌，主要就是，与在里面活动的人不多有关。园池里的水是几十年没清淤了，水里长了蚊子了。前几年，有人上门来帮助灭蚊子，已经少多了。也曾有人表示，可以由公家出资，来帮我修园子。但我不同意。为什么？公归公，私归私，我不想要国家为私人花钱。像残粒园这样的小私家古典园林，国家允许私人拥有，允许私人居住和保护，是国家的开明（图5）。我既然做了这样的私家，就应该有能力去保护，但关键是现在不像从前了。从前有地下水系可以自我净化池水，有通道可以运出垃圾，可现在四周住满人了，全是密密挨挨的建筑了，如果要清淤，那样多的池泥，从哪条路可以搬出去呢！所以，经济上我不要帮忙，但如果在保护上有需要协调的事，倒不妨公家（主管方面）出面来讲讲话。哦，你们几位（指与记者一起去的市世界遗产保护管理办公室周苏宁主任）是管园林的？真是谢谢了。对了，前几日，你们园林局长也来这里看过我，也看了花园，看得很仔细的。

图5　残粒园·圆洞门（郑可俊摄）

记者调查附记：市园林和绿化管局衣学领局长告诉我，据第三次古典园林普查，民国

以前的苏州古典园林，在20世纪80年代有69处，现在还有53处，其中明确属于园林部门管理的，有11处，其余开放、半开放的共30多处，还有散落在民间、单位的，因权属复杂，现状相差很大，有的因过度使用遗迹惨淡，有的破败闲置没有修复，有的已被其他建筑所覆盖。种种情况表明，如果保护得不好，其中有的很有可能在我们手上或者二十年后就会消失。因此，目前我们正在着手对所有遗存园林进行抢救性普查，目的是希望在调查研究的基础上，制定不同权属、性质的园林保护的办法，以尽量保护苏州所有的园林。

关于残粒园（园主吴敔木）：

位于装驾桥巷34号，是苏州现存仍由园主居住的古典园林。宅园面积1000平方米，庭院部分仅140平方米，为苏州古典园林中小型园林的典范。1980年被列为苏州古典园林修复规划项目和保护对象。1998年列为苏州市文物保护单位。

清光绪十年（1884年）前后，为扬州姚姓盐商所建住宅的一部分，称为东园，后归姚大赉所有。民国十六年（1927年）后归画家吴待秋（别号栝苍亭长）所有，取杜甫《秋兴》"红豆啄残鹦鹉粒"之意，改名残粒园。1949年后为其子吴敔木继承。

原宅园占地共约3350平方米，分中、东、西三路。中路依次为门厅、轿厅、大厅、楼厅、堂楼五进。大厅面阔三间，额"春谷堂"。西路花厅"来鹭草堂"，为卷棚式旱船建筑。住宅北部原辟有较大庭院，以载竹植果树为主，早废。东路建筑，有砖雕门楼，额"庆协螽斯"，落款嘉庆辛未（1811年），寓意"儿孙满堂"；门楼后为西式平房，是吴待秋画室、卧室、会客室。东路东侧即残粒园。1958年房屋公私合营后，中、西路归市房管部门所有，成为居民大杂院，吴家留下包括残粒园在内的东路宅园。

东路宅园占地400平方米，小园在花厅东侧，由住宅经内廊东出，花街南行，有一短巷，可见一圆洞门，上有"锦窠"砖额。入洞门，有湖石峰屏障，绕过屏障有水池，池岸湖石叠砌，花木扶疏。池西北墙角处叠湖石假山，中有山洞，由南侧循石级盘旋而上，有半亭名栝苍亭，栝苍为浙江一山名（今刮苍山），亦为园主吴待秋之号。登亭可俯观全园景色。亭内有壁龛书橱，侧门西通花厅，从内宅楼层可通花园，属苏州园林中独见。园中种有榆树、桂花、天竺、蜡梅、薛荔、广玉兰、爬山虎等。花厅庭院中有湖石叠成的小天池泉眼，高出地面0.6米而终年不涸。壁间嵌有书条石5方。

（本文作者姚萍，《姑苏晚报》资深记者。此文原载于《苏州园林》2006年夏期）

·王西野·

　　王西野（1914—1997），曾名栖霞，江苏江阴人。七岁入苏州师范附小就学，以后在苏州美专肄业，再入上海光华大学文学院。毕业后陆续在杭州、常州、上海、江阴等地任教。退休前是上海杨浦区教育学院副教授。20世纪50年代卜居苏州，退休后住苏州坝上巷19号。被称"一个多才多艺的文化人、园林人"。王西野精于诗文书画，在苏州园林景点、街坊、广场等处留下大量墨宝；在地方掌故、园林研究等方面造诣颇深，为苏州园林文史研究、挖掘做出特殊贡献。

　　他从事教学近五十年，1956年被评为上海市优秀教师。并在上海加入了中国民主同盟。退休后被苏州中山业余学校聘为顾问，并讲授古文班，教课时引经据典，随口背诵，深受学员欢迎，吸引了其他班级学员前来听课，座位不够，出现"加座"（图1）。

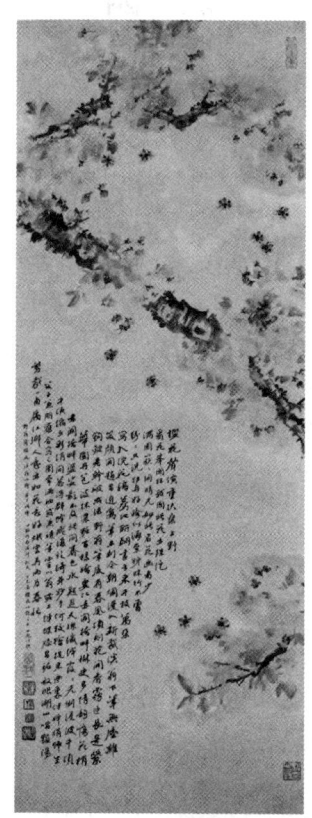

图1　王西野作品

王西野与苏州园林

沈伟东

王西野先生虽然谢世近二十年了,但我们依然常常怀念他。我则因长期追随他学习文史,也就多了一份师生情谊。友人闲谈到先生时,除了称赞其道德文章外,评说最多的总是他在园林、书画、诗词等领域中的诸多建树。本文就西野先生与苏州园林结缘,以及惜园、护园的史实综述于后,以飨读者。

识 园

西野先生出生于江阴偏僻的乡间小镇。祖上是户开明商贾之家。早期受到新文化运动的影响,其父亲毅然用一条小船,把年幼的小西野送到了苏州读书。所以,在他十二三岁时,就来到苏州一师附小就读。这所学校恰好毗邻苏州文庙和沧浪亭。而小西野对美术颇有兴趣。1928年9月(十四岁),他报考了苏州美专国画系,被录取了。他与沧浪亭朝夕相处的三四个年头,熟记了这座园林充溢书卷气的一亭一廊、湖石假山。就在苏州美专,他有幸师从曾在狮子山招魂的朱梁任和擅长诗文、掌故的黄颂尧两位导师。黄颂尧在苏州美专执教期间,曾受命负责编纂《吴县志》中园林、寺观、第宅、杂记等部分。已有诗文功底的王西野先生,引起黄颂尧的注意,常常被带着寻访苏州的园林、旧宅、名胜、人文史迹。与沧浪亭类同的苏州古典园林所彰显的深邃文化底蕴,磁铁般地吸引着他,从感到兴趣进而沉醉其间。苏州美专毕业后,极有志向的西野先生,考入上海光华大学文学院,获文学学士学位。大学毕业后,他选择了教书育人的职业,主要是在上海教书,可谓"桃李满天下"。

20世纪50年代初,西野先生将家移居到了苏州。有人问及原因时,他深情地说:"我从少年起就喜爱苏州的园林、古迹和山水风物,安居苏州,圆了我萦绕已久的梦!"

西野先生凭着书画、古诗文、园林艺术的深厚功底,以文会友,在沪上广交了一批文化教育界的朋友,诸如唐弢、白蕉、陈从周等知名贤达。

1970年,西野先生调离了同济大学,但他与陈从周经常联系和交往,成为莫逆之交。西野先生曾不无感慨说:"我与从周数十年相交,一起论诗作画,探讨造园艺术,

图1 王西野与著名园林家陈从周切磋园艺

爱好相同，甘苦分尝。"陈从周则认为："我俩是直面之交，在朋友中只有西野兄。"（图1）

在他们就园林、诗词、绘画等议题进行深入交流和探讨之中，不禁萌动了合作搞一个共同课题的意向——这时恰好我国近代研究古建园林的倡导人、中国营造学会会长朱启钤老先生，委托他晚年所收的弟子陈从周重新整理《营造学报》上发表的《哲匠录》资料。由于重新整理卷帙浩繁，陈从周就相约西野先生合作编写。从此，他们频频往返于沪苏道路上，经过不辞辛劳地露钞雪纂，仅江南一区新发现众多造园叠石匠师的资料，其数量要比先前《营造学报》上所载的多出一倍以上。而这些资料都存放在西野先生的苏州家中。眼看《哲匠录》出版在即，一场"文化大革命"风暴席卷而来，这批藏在西野先生处的资料和图片，毁于一旦，尸骨无存。

"文化大革命"中，西野先生与陈从周都经受了极端痛苦的灾难，两人合作重新整理《哲匠录》的科研工作被迫终止。1974年冬天，才从"牛棚"里解放出来的陈从周，第二天就来到稍早被"解放"的西野先生处泼墨绘就了一幅墨梅画，西野先生随即在画上题了一首七绝：

狂搜吴郡名园记，怕说东京旧梦华。
八载重逢俱白首，一生余事写梅花。

诗追抚前尘，重话东京旧梦，暗示保持像梅花一样傲雪凌寒的品格。果然，执着痴迷园林古建筑研究的陈从周，又重操旧业，教学之余，以其非凡的毅力，写下了《梓室余墨》四卷，后又续写出两卷，其中记载古建园林部分即为后来所著述《说园》的蓝本。1976年以后陈从周更加精神焕发，辛勤笔耕，科研和著述工作宛如井喷，硕果累累。

西野先生从沪上退休回到苏州，寓居在紧靠狮子林和拙政园之间的坝上巷一座公寓楼里，曾一度因家毁人亡而深居简出。可当他在"诗隐楼"（书房）里独自一人端坐时，就取下架间的古籍，孜孜不倦地研读起园林、诗词、绘画等。在仲国鎏再度担任苏州市园林管理处处长时，即上门聘请西野先生为苏州市园林处顾问。从此，书房里常常是宾朋满坐，有规划修缮恢复古典园林征询意见的，有请教探讨苏州人文历史的，有涉及作诗填词的，十分忙碌。他又顾又问，出谋划策，深得园林领导的欢迎和褒赞。

留园是建国后苏州市首先修复开放的古典园林，在留园修复40周年期间，西野先生建议苏州市园林局组织一次纪念活动，旨在推进苏州更多的园林得到修缮开放。西野先生的动议得到园林局局长张良正的首肯和采纳。笔者和西野先生参与了这次活动的策划，邀请了一批心系园林的有识之士和熟知当年修缮工作情况的施建农、谢孝思、凡一等领导者。受邀人员寻访踏勘了留园后，又前往已修缮开放的耦园参观。在回到园林局座谈时，大家踊跃发言，希望能从当年修复留园这个成功范例上总结汲取好的经验，修缮好更多的苏州园林。张良正局长认真听取了大家的意见。活动举办得非常成功。

20世纪80年代初中期，中山业余学校校长陆天登门盛情邀请西野先生出山，担任古典文学的授课老师。西野先生指定要笔者担任班主任。由于这堂课的教材由西野先生自己选择编印，内容都是历代名家记述苏州园林名胜的诗文。西野先生上课，精准阐释，旁征博引，绘声绘色，生动活泼，使学员既了解了苏州诸多的园林名胜，又欣赏了名家的诗词文章，掌握了作诗填词的常识，大受欢迎，听课者慕名而来，座无虚席。

西野先生熟知苏州几乎每座园林的人文历史，极想举办一个园林艺术的展览。这个夙愿终于在1988年秋实现了。在西野先生的筹划主持下，在北塔园林成功举办了"苏州古典园林艺术陈列室"。记得开展那天，西野先生以苏州市园林局名义邀请了一批专家学者，陈从周、顾廷龙、苏渊雷、王企华、田遨、邓云乡等前来参观，同时还参观了拙政园、环秀山庄。这个陈列室展示了高品位的园林人文历史和高雅古朴的园林艺术，使专家学者们叹为观止，盛赞不已。这里还有一个插曲，在参观拙政园时，陈从周看到园林为了创收多处开设商店的现象，大为不满，返沪未有几天，竟在《解放日报》上发表了《苏州园林今何在》的文章，直言批评园林局变成了商业局，希望提高古典园林高品位的艺术氛围。教授站得高，看得远，实在难得。西野先生却一时感到尴尬，但也很快理解和支持陈从周的高见，可喜的是市园林局领导也极为重视，很快就纠正了古园里经商的现象。

20世纪90年代初，西野先生受上海文艺出版社委托，与谢孝思先生主编《苏州园林品赏录》时，力荐由他执笔撰写《沧浪亭》一篇。当他洋洋洒洒一挥而就时，感慨地说："我所以不顾年老体衰执意亲自撰写《沧浪亭》，不只是我熟悉它，还在于圆我读书时代的梦"。就是这本《苏州园林品赏录》，从历史、建筑、文化、美术、艺术等方面，比较系统地对苏州园林作了阐述（图2）。

图2　王西野与苏州著名文化学者谢孝思畅谈苏州园林

为向国内外宣传苏州园林，提高苏州园林的知名度，让更多的人游览观赏苏州园林，在他一次与老同学陆天相聚时，认识了邮票设计家孙传哲，两人一见如故，在谈及苏州园林时，真是"心有灵犀一点通"，孙传哲当即决定按宋、元、明、清四个朝代、四种风格的沧浪亭、狮子林、拙政园、留园，设计一组苏州古典园林的邮票。经过孙传哲多次前来苏州深入沧浪亭、狮子林、拙政园、留园踏勘察看，经过其一番构思设计，《留园》与《拙政园》的邮票，终于分别在1979年和1984年问世发行了，使苏州古典园林通过邮票的方式，走向了世界。使人遗憾的是，因孙传哲的去世，《沧浪亭》与《狮子林》未能如愿发行。

悟　园

苏州古典园林的各式建筑、书诗画、家具陈设、古树名木以及各种造园艺术手法，融历史、文化、造园、山石、花木、匾额、对联、陈设等科学艺术于一体，是我国所特有的一个多学科、多门类的综合艺术。置身于一座座园林，宛若来到一处处艺术殿堂，令人目

不暇接，流连忘返。

西野先生拥有深厚的古诗文功底，又精于书画，这是他读懂并深悟苏州古典园林的优势和有利条件。在紧张的执教之余，以至在退休来到苏州后，孜孜不倦地阅读苏州志书，熟悉研究园林名胜，并能娴熟地画龙点睛地一一道出其主要特色。他纵然不是科班出身，却成了苏州园林如数家珍的"活辞典"。古建园林专家陈从周感慨地说："西野喜诗古文辞，工长短句，书法绘事靡不精当，而于园又独特见解，余治园事恒资臂助，每有著作结集，常烦襄为点定取舍，品评无不切当。盖其阅历、功力之深，求世今世，鲜与相抗敌。"所以，陈从周但凡在有关重要园林艺术著述时，都要相告西野先生。《园林谈丛》是陈从周的一部园林艺术的代表性的著作。在他终稿时，就请西野先生为他作全书的校阅。试想，校阅精深的园林艺术，又具有相当诗词文学水准的著作，陈从周认定了王西野，认为非王西野莫属。果然，西野先生驾轻就熟地校阅了全书，并撰跋为记。

须提及的是，陈从周的一部重要著述《说园》。这是他在"文化大革命"恢复教育生涯后，在教学之余，像孟元老写《东京梦华录》那样，辛勤笔耕写下了《梓室余墨》四卷，后又续写两卷，其中记载古建园林部分即为后来的《说园》蓝本。《说园》的文字，西野先生曾这样说过："为了达到'以少胜多，删繁就简'的目的，采用了文言与白话相间的笔调，近似宋代以来理学家所写《语录》，这也是我们两人的创格，名之曰'雨夹雪'体。《说园》付刊，蒋启霆先生以六朝书体缮写，为之增色。更可喜的是由戏曲大师俞振飞先生为封面题签。"西野先生说："从周在来信中说，此书（《说园》）之刊行问世，得到我的督促与指导为多，要我直言其得失，以收切磋之益。因我们两人是直谅之交，在朋友中只有我最能道出其中甘苦……这是从周兄的自谦之辞，但回顾近三十年来，我们一起论诗作画，探讨造园艺术，爱好相同，甘苦分尝，今天展读《说园》，如对故人，不禁感慨万千，确是有话可说，而且是言之不尽的。"

西野先生以《一生爱好是天然——喜读陈从周新著〈说园〉》为题，对陈从周《说园》写就了一篇涉及诸多内容颇有议论的书评。书评首先是对《说园》作了这样概括性的总体评价："在他论著之中，可以看出所论述的方式，不是'就园论园，以技证园'，而是'以史证园，以诗词戏曲证园，以金石书画证园'，真是师承有自，学力深湛，见识宏博，考察周详。凡此等等，均在《说园》一书中集中地体现出来，其成就与不是戏曲科班出身的王国维写《宋元戏曲史》相等。"接着就对《说园》的体例和文风评价的同时，着重指明了《说园》论述的精髓所在。西野先生说："初看起来似乎是随笔式的小品，兴之所至，涉笔成趣，所涉面广而杂，但仔细分析，其贯串全书的论点却只有一个，即'造园之学，以少胜多，以简胜繁，以含蓄无尽胜易尽，以天然胜雕饰'。尤其最后一点是论述的精髓。这与当前从事土木建设者的设计思想'贪多贪大，求全求备'形成了鲜明的对比。因此我希望《说园》的读者应与各地营建古建园林的实际情况联系起来，以判明其所论的是非得失，悟出一个道理。正如他在论'假假真真'一条中所指出的'造园之道，要在能悟，有终身事业而不解斯理者正多，甚矣，造园之难也。'在这一条后我想为他补充一句：'能悟才能化'，凡同意他观点的也好，科班出身的古建专家也好，非科班出身的也好，面对实际，予以考核，化理论为实际，才能对此书作出既非溢美，也非诽谤的评价，无待余之赘言。"书评的最后，西野先生巧妙地引用了《牡丹亭》中的一句曲文"一生爱好是天然"七字，借以移赠从周，作为《说园》定评。

护 园

西野先生在强烈地感触到改革开放盛世年景的氛围时，焕发了"归飞常喜晚来晴"的一腔报国之心。一生酷爱和深谙苏州古典园林，视苏州古典园林为历史瑰宝的西野先生，心中骤然升腾起对园林的那种无法割舍的深厚缘分。宛若是战将出征似的，已是跃跃欲试。在仲国鎏担任苏州市园林管理处处长聘他为顾问后，西野先生就满腔热情地投入而忙碌了起来。

20世纪80年代初，苏州古典园林此时不仅鹤园、沧浪亭等园林还在移作他用，几乎所有的园林都遭受不同程度的破坏而伤痕累累，亭台楼阁久未修缮陈旧剥落，古树名木枯萎死亡，尤其是珍贵的楹联书画和端庄古朴的家具等陈设布置，已是残缺不全。西野先生感到非常惋惜和十分痛心。

恢复重整园林的任务繁重而紧迫，这是一项细微而科学的工作。苏州市园林管理部门的历任处长、局长及其有关科室的同志，虽然工作繁忙，但还是不时到西野先生府上，就诸如园林风景名胜的恢复与修缮、厅堂的陈设布置等前来请教，听取意见。有时西野先生不请自到，在现场察看，出谋划策，有顾有问，充分发挥其与文人交往广泛的优势，为苏州园林增光添彩。

而西野先生的得意之举，是他所交往结识的文友，多数是有名望的书画家、有古诗文造诣的大家，他们对融历史、文学和艺术于一体的多学科、多门类的综合艺术的苏州园林，无不挚爱和推崇，在他们的书画中，在他们的笔下，都有描绘和赞美。西野先生的文友，在苏州的有周瘦鹃、徐绍青、谢孝思、俞子才、叶藜青、沈子丞、叶寄深、卫东晨、吴进贤及盆景艺术家朱子安等。外埠的除了陈从周外，还有启功、孙墨佛、梁漱溟、俞平伯、王蘧常、朱东润、郭绍虞、沙孟海、顾廷龙、叶圣陶、谢国桢、苏渊雷、夏征农、杜宣、许宝骙、苏步青、苏局仙、何满子、田遨、邓云乡等（图3）。

图3 王西野（左1）与苏州著名书画家瓦翁（左中）、程质清在留园赏菊时留影

这项工作可追溯1964年夏，由西野先生邀请、市园林处接待了书法家白蕉。这次，白蕉书写了许多条幅，用以点缀充实了园林中的陈设布置。西野先生出函征集或邀请文友莅苏，以20世纪80年代、90年代居多。沪上、京华、金陵等地的文人朋友，与苏州的文友欣慰相聚，在诗酒往还之际，为古典园林厅堂亭台楼阁倾情挥毫，留下了一批丹青墨迹。其中有被东瀛誉为当代草圣的王遽常晚年所书的盘门城楼上的"山河锁钥"，史地学家谭其骧书写了石湖行春桥前牌坊上的"石湖佳山水"，红学家俞平伯的"环秀山庄"匾额，福建老诗人陈谦为北塔梅圃写的"双清池馆"，佛学家、诗人苏渊雷，以及陈从周、田桓、苏局仙、董寿平、许宝骙、杜宣、启功、王启华等，都留下了匾额或是对联的珍贵手迹。其中版本学家、书法家顾廷龙的数量最为可观。

而西野先生自己，在园林系统内，不论哪个单位，只要提出，他总是有求必应。在10余年时间里，挥毫泼墨已是难以计数。其中值得一提的是，西野先生与弟子杭青石于1993年合作的一幅盘门国画。这幅画悬挂在盘门城楼注目之处。西野先生为这幅画题诗为："处处春光入画图，家家临水映芙蕖。浮岚一抹斜阳影，目送风帆到石湖。"西野先生并挥毫题款：

癸酉之春自盘门到石湖一路景色妍丽入画，归来合写此幅为盘门城楼补壁。
霜桐老人王西野题时年八十。合作者杭君青石为从周教授高弟也。　癸酉1993年

据青石先生对笔者说，现悬挂于盘门城楼的已是第三次创作的同题材的画了。前两幅皆为日本友爱不释手，征得西野先生和青石先生同意，被友人购买携带回国了。

笔者写到这里，不禁想起因西野先生提议为周瘦鹃做寿而请陈从周创作《行乐图》的一则佳话。那是1965年，西野先生想到周瘦鹃已是年届古稀，有意为其祝寿。周瘦鹃感激领情之余，并无庆寿之意。但提出了由西野先生转请陈从周画一幅画，前面供松、竹、梅三盆盆景，作为他的行乐图，并请西野先生题词徵和。西野先生欣然同意。陈从周十分尊敬周瘦鹃，因爱好类同，彼此也甚为熟知。他欣然作画，一幅题为《行乐图》的国画很快寄到了苏州。西野先生乘兴题了一曲《鹧鸪天》词：

为访虬株与老根，深山不惮踏烟云，荷锄戴笠累晨昏。
珍重携归如得宝，栽培栽剪尽辛勤，好之五十又余春。

上片出句写周瘦鹃的紫兰小筑。下片"些子景"是有关盆景的一则典故。

这让周瘦鹃不禁联想到与他关系甚为密切的叶菁、朱子安。这两位都是盆景艺术的高手和前辈。西野先生与他们关系极好，生前时有往来。叶菁养兰颇有名气，如果说养兰第一是周瘦鹃，那么叶菁为第二。叶菁不仅养得一手好盆景，他所养的一只21年的山歌（八哥）和16年的画眉，也是在苏州首屈一指的。那年导演王扶林拍摄电视连续剧《红楼梦》来到苏州，他的好友邓云乡是民族顾问。在剧组前往山塘街拍摄时，就是由西野先生竭力推举，将叶菁的山歌作为活的道具借给了剧组，大出了这只山歌的风头。

议及苏州盆景，不能不提到花农出身的朱子安。他没有文化，人又不善言辞，但他专心致志盆景艺术。还是在抗战时期，他是由上海水石盆景专家殷子敏之父殷祥林的介绍，得

识了周瘦鹃。周瘦鹃非常看好朱子安的盆景技艺，在有雏形桩头时，就请他攀扎定形，使之成材，两人的关系极好。

他们在数十年的交往中，朱子安不断提高了艺术素养，花农出身的盆景师傅终于脱颖而出，在苏州享有了"朱家盆景"的声誉，与周瘦鹃一并入选首届"中国盆景艺术大师"（共五人）。至于西野先生与朱子安的关系，更是非同寻常。笔者多次看到朱子安前往西野先生的家里，但凡都是朱子安遇到了难以解决的问题，前来请予帮助。记得20世纪80年代中期，正是全面落实统战政策的时期，朱子安在观前有私房被有关方面冲击侵占，迟迟未能腾退落实政策。朱子安向西野先生反映后，在市政协桂花厅召开的一次推动落实统战政策的专题会议上，西野先生为朱子安的私房政策问题作了详尽的陈述，使有关领导听了个明白。不久，朱子安的私房政策得到了妥善落实。西野先生一向推崇朱子安盆景艺术，1988年4月，适逢朱子安90寿诞时，他向苏州市园林局领导建议举办朱子安盆景展，得到了赞同。很快在拙政园举办了《苏州盆景世家朱子安祖孙三代作品选展》。其中展览的前言，由西野先生亲自写就。在这篇前言中，西野先生以简练的语言，概括了朱子安一生的盆景艺术成就，称其"精心培育，寒暑无间；授徒传艺，不遗余力。苏派盆景，驰名中外，赖先生之艺能，发扬光大。寿臻耄耋，神明不衰"，继业传艺，代有传人。又誉其有"康乾苏州惠氏之风，可与之媲美"，"秦汉遗韵""龙湫""苍干嶙峋""巍然侣四皓"等盆景杰作为"富有生命的珍贵的活的文物"，其赞美之词恰到好处。

王金根是位狮子林的花卉师傅。西野先生说，他与王金根有缘相识。王师傅常到西野先生家小坐，交谈的话题总是离不开花卉。而西野先生在天气晴暖时，也会去王师傅的花棚里坐坐，边看他栽花养草，边聊聊天。一次，西野先生受明代袁中郎的《瓶史》有关插花写述的启发，便对王金根说："狮子林在抗战前曾举办过兰花会，并夺到头名一事，建议狮子林在春节时举办个时花展览。"这个拓展思路的建议，使王金根的脑子像开了窍似的，他说："王老您这个主意好！"他立即找到当时的园领导侯平生，汇报王老建议举办春节时花展览。侯主任一向尊重王老，当即拍板同意，决定这年（龙年）举办以梅花为主的春节时花展览。狮子林以别开生面的"百花齐放迎龙年"为主题举办的春节时花展览与游客见面，大受欢迎，入园人数骤增，也获得了经济效益，乐得侯主任连连说："王老的建议使我们抱到个金娃娃！"从此，狮子林年年举办时花展览，王金根等花卉师傅一显身手，工作再忙，心里总是快乐着。而王老在春节来临之前，也要花上点小工夫。他照例是拟春联、写展览前言、为插花题写景名，请书法家前来助兴，也是甚为快慰（图4）。

笔者另有一件记忆犹新的亲历事：20世纪90年代，

图4　苏州园林人在狮子林为王西野祝寿

北塔园林重浚两口古井，西野先生获悉苏州市城建档案馆在干将路拓宽改造时收集保管了不少年代久远的井栏圈，竟不顾酷暑炎热天气，与已到北塔园林担任负责人的侯平生，亲自到锦帆路城建档案馆察看挑选，以备以后的古井修复，还分别为北塔园林两口古井题名"廉泉""净水"，增加了一处景点。

  1997年11月4日，联合国教科文组织将苏州古典园林列入《世界遗产名录》后，西野先生在病榻上获悉这一喜讯，显得异常的激动和高兴。他说："这标志着苏州园林将作为全人类的历史文化遗产备受重视和保护。"苏州市园林局为庆贺园林获准世界历史文化遗产这一盛事，决定在拙政园召开座谈会。就在座谈会召开的前天晚上，笔者来到第四人民医院病房看望西野先生，我对他说："明天苏州市园林局将在拙政园召开座谈会，欢庆这一盛事。"他立即表示要去这个座谈会。由于病况当然无法参加会议，好在他前几日不顾虚弱的病体，坚持撰写了一篇《半个世纪几代人——苏州园林申报"世界历史文化遗产"成功的背后》。在洋洋万言的长文中写道："申报成功是与几代人关心爱护园林分不开的，在申报成功时，不应忘记前人所作出的努力，要永远地铭记他们。"不料，1997年的12月27日，西野先生安详地驾鹤西去了。他为苏州园林所做的一切将为人们所铭记！

（本文作者沈伟东，苏州市政协文史委原主任。
此文原载于《苏州园林》2019年第4期，特请文史学者董寿琪先生校阅）

王西野与陈从周的深挚情谊

沈伟东

这是我记忆中难以忘怀的亲历往事,从王西野先生与陈从周教授的密切交往中,彰显了两位文人的深挚情谊,虽则发生在20世纪80年代,但至今仍令笔者追慕不已。

1983年春,苏州市地市合并后迎来城市总体规划鉴定盛会。会前邀请的北京、上海、南京、广州等地的著名专家教授,一个个欣然表示要来参会。可唯独首位被邀请的同济大学教授陈从周,却迟迟未有信息。苏州市政府秘书长石琪和分管城市建设的副秘书长秦文艺等有关领导,对此甚为关切,尤其是具体负责这次鉴定会的秦文艺。许是我曾陪同过石琪、秦文艺分别拜访过王西野,他们了解王西野与陈从周非同寻常的关系。秦文艺就急着要我到王西野处问询,顺便请西野先生转达对陈教授尊重盼望莅会的诚意。当我在西野先生府上落座问及时,西野先生高兴地连声说:"从周已是三年未来苏州,他一直惦念着心中的'第二故乡';他是要来参加鉴定会的,他一定会来的!"(图1)

图1　王西野(坐者)与陈从周(摄于1980年前后)

陈从周果然风尘仆仆来到了他所挚爱的苏州。可他一到苏州的这天晚上,即要我陪同去看望至交老友王西野。谁知一到王西野家,但见他的书房里,已有七八个人在翘首以待陈从周。沪上素有"从周画竹不卖钱"之名还未与西野叙谈几句,就起身来到西野作了准备的画桌上,兴致颇高地展纸泼墨。陈从周娴熟的画技,大显身手。顷刻间,一幅又一幅墨竹、兰花跃然纸上,一连画了10余幅。看他边画边流露出惬意的神色,一点也不感到疲劳似的。而聚精会神地观看陈从周绘画的会务人员、媒体记者以及学生,无不称是大饱了眼福(图2)。

当我陪同陈从周回到下榻的苏州饭店时,已是夜深人静了,辗转反侧间,脑海里不禁像过电影似的,清晰地展现了西野和从周两位老人相识相知终成文人直谅之交的一幕幕往事。

图2 耦园载酒堂联，王西野撰句，瓦翁书

陈从周早年学的是文科，文史诗词颇见功底，对李清照词也作过深入研究；又爱好绘画，曾师从张大千（图3）。或许是古典园林无不彰显着书诗画的精湛元素，两者恰好相得益彰。于是，陈从周情有独钟地涉足了古典园林、古建筑领域，一发而不可收。20世纪50年代，他利用在苏州苏南工专兼课的机缘，走街串巷，走访古典园林、古建筑，积累了大量资料。在此期间，他虚心向古典园林专家刘敦桢教授求教，一个是小心谦恭、用功自学，一个是诚恳厚爱、无所不教，师生情谊深笃。1953年，我国古建筑家朱启钤已年近九旬，亦是在陈从周的恳请求教中，被老人收为入室弟子。朱老累纸长函、论学释文，悉心指导从周，俩人建立了情深谊高的师生感情。就在这前后，正当盛年的陈从周，凭着其对事业的一股热情和执着的毅力，倾其精力踏勘、调查苏州古典园林、古建筑，靠着他"手勤、足勤、脑勤"，终于成为深有造诣的一代园林巨匠。

王西野弱冠年岁时，就离开江阴偏僻的乡间小镇，由家人用一条小船把他送到苏州草桥小学读书，以后又进苏州中学接受正规教育。1928年9月，十四岁的他被苏州美术专科学校录取，就读于国画系专业。后来考入上海光华大学文学院，专门研读古今中外文学作品，获文学学士学位。就在沧浪美专就学期间，校址与古典园林沧浪亭恰好近在咫尺，朝夕相处了三四个年头，园内一亭一廊、湖石假山，深深地印刻其脑海。但他更是幸运的是，他所师从的是曾在狮子山招魂的朱梁任和擅长诗文的黄颂尧两位导师。那时黄颂尧受命负责编纂《吴县志》中寺观、第宅、园林、杂记等部分。黄先生对已初显诗文功底的王西野刮目相看，常常带着他寻访苏州的旧宅、园林、名胜、人文史迹，以至使王西野沉醉其间。20世纪90年代初，他受上海文艺出版社委托，与谢考思先生主编《苏州园林品赏录》时，他力荐由自己亲自执笔撰写《沧浪亭》一篇。当他洋洋得意地一挥而就后，大有感慨地说："我所以不顾年老体衰执意亲自撰写《沧浪亭》，不

图3 陈从周（右）与张大千

只是我熟悉它,还在于圆我读书时代的梦。"西野先生踏上社会后,虽说是一生从事教育工作,人又在外地,但他数十年如一日,对苏州的情结未有丝毫淡化。20世纪50年代,他就将家移居到了苏州,圆了其萦绕已久的梦。苏州城中灿如群星的古典园林,西野先生一如初衷地珍视看好,在紧张的执教之余,孜孜不倦地阅读苏州志书,熟悉研究园林名胜、文物古迹,终于成为苏州的"活字典"。苏州有位热心于苏州园林名胜的年轻学者,一头钻进了古籍史料,可在遇到"双峨精舍"这一古迹时,遍翻资料,未有结果。无奈中他登门请教了西野先生,果然迎刃而解。西野先生精确而肯定地说:"'双峨精舍'就在承天寺,曾作过张士诚的王府,后来庙宇内挖池塘,山门外堆了座小山似的泥墩,明画家沈周(石田)见此题曰为'双峨精舍'。"请教的年轻学者怀着感激的心情,大为赞誉西野先生的文史迹知识之渊博。

正是王西野与陈从周相同的志趣和爱好,使两人于20世纪50年代在同济大学相见一席交谈间,竟然大有相见恨晚之感。自此,他们成了朋友、挚友,数十年间在古典园林、古建筑领域倾心相谈,愉悦合作,孜孜不倦地研究探索,终成了"白首如新,倾盖如故"的文人直谅之交。

西野先生曾不无感慨说:"我与从周数十年相交,一起论诗作画,探讨造园艺术,爱好相同,甘苦分赏。"陈从周则认为:"我俩是直面之交,在朋友中只有西野兄。"他们常常就诗词、园林、绘画等议题深入交流,广为探讨,并有意合作搞一个共同的课题。这时恰好近代著名研究古建园林的倡导者、中国营造学会会长朱启钤计划编写一部《哲匠录》。他特委托了陈从周和王西野担纲这个课题。陈从周和王西野为完成朱启钤的心愿,不顾严寒和酷暑,频频往返于沪苏道上,深入踏勘、查阅资料,积累了百余万字的造园叠石匠师的珍贵资料和许多难得一见的图片。眼看出版在即,一场"文化大革命"风暴使他们饱受折腾。热衷痴迷于古典园林、古建筑的两位书生,自然难逃一劫。陈从周在学校批斗后被赶到了安徽"五七"干校。尽管"文化大革命"后期回到了学校,但从事的竟是杂工活计,心境极度不好。王西野的境况更惨。他在苏州的家被上海红卫兵冲击,夫人被强行捆绑折磨致死,得此噩耗的西野先生,悲恸绝望中,纵身跳入杭州农村的河里。幸得农民相救,送回上海同济学府,继续被关押(王西野曾先后在同济大学工农速中、工农预科、附属中学教授语文)。就在王西野与陈从周受尽磨难的日子里,他们辛勤所收集的《哲匠录》资料和图片毁于一旦。当他们在痛苦中熬过了8年后,终于首度相见时,两位神情几乎麻木的老人,竟然久久凝望着对方,当看到都已是容颜已不再当年时,不禁感慨万千!!

那天,陈从周头戴一只破毡帽,就倚靠着西野的书桌,握着笔费力地画了一幅墨梅。西野细观看老友凝聚心力泼黑画就的黑梅,不禁心潮激荡,拿起笔来,颤抖着题写了一首七绝:"狂搜吴郡名园记,怕说东京旧梦华,八载重逢俱白首,一生余事写梅花。"陈从周看着西野兄的题诗,以其浓重的绍兴话吟诵声起。这时两位老人,不禁又陷入了前尘追忆中,老泪止不住流淌着。

欣逢改革开放盛世年景,二老心情舒畅,激起了一股热情。陈从周依然勤奋潜心园林古建筑,辛勤笔耕,先后著述出版了《苏州园林》《园林谈丛》《说园》等代表性著作。其中《园林谈丛》一书,他特邀已寓居在苏州狮子林一旁坝场巷的王西野,担负校阅《园林谈丛》全书的工作,并撰跋为记。为陈从周的那本有着"雨夹雪"文风特色的《说园》,西野也付出了精力,令老友从周所赞赏。

精于古体诗词的陈从周,对于王西野的诗词,一直是给予很高的评价。他说:"读西野先生的诗词，清风朗月，寒花自放、高洁清逸、老枝横斜，得于人品不群，学养兼深，从中可识得其人，不愧为'吴门高士'矣。"他又说："西野喜诗古文辞，工长短句，书法绘事靡不精能，而于园又有独特见解……善其阅历、功力之深，求诸今世，鲜与相抗辞。"

王西野和陈从周进入晚年时期，相互往来显然少得多了，唯有通过信函，或顺委托学生、老友互致问候。笔者记忆犹新的是，1982年夏季，笔者陪同因眼疾折磨难忍的西野赴沪上诊治，下榻汾阳路空军第二招待所。这天，西野的新老朋友来了足有七八位。他们中有古籍专家何满子，红学家邓云乡，《解放日报》副刊部负责人、小说《杨度传》作者田遨，青年金石学家王运天，名家联络员王正国等。在偌大的客房内，大家环绕西野落座，西野一旁特意又安放一只空椅子，那是留给陈从周的。果然未有多久，陈从周赶来了。西野和从周紧靠而坐。在气氛热烈的趣谈中，北方汉子邓云乡似披露了一个信息说："近来有人看到书画店里在卖陈从周的墨竹图，真有此事吗？"王运天等脱口而出："这不可能，陈先生的画是从不拿到市场上去卖的，这叫'从周画竹不卖钱'。"频频点头赞誉的何满子有感而发，他说："西野与从周一样，对于聚钱事，是与其性格相悖，向来是鄙弃的。"就是这次西野与从周等见面相聚的尾声，是由两位活跃的年轻人王正国、王运天的提议，买来了一个大西瓜，敲了陈从周的"竹杠"，请大家愉快地分享。

1997年12月4日，苏州以拙政园、留园、网师园、环秀山庄为典型例证的四座古典园林，首批被联合国列入《世界遗产名录》。苏州市园林局为感激王西野数十年间对苏州园林的修复、整治和弘扬园林文化的良多贡献，希望他能撰写一篇文章。王老不顾虚弱的身体，抱病撰写了《半个世纪几代人——苏州园林申报"世界历史文化遗产"成功的背后》一文。在洋洋万言的长文中写道："申报成功是与几代人关心爱护园林分不开的，在申报成功时，不应忘记许多人为此所作出的努力，我们要永远地铭记他们。"就在他提到的多位所要铭记的人中，对于保护、抢救苏州古典园林、古建筑作出特殊贡献的陈从周，则是首当其冲的一位（图4）。

图4　王西野在揣摩书画长卷（摄于1985年）

1997年12月27日，一生挚爱苏州古典园林的王西野驾鹤西去。2000年3月15日，毕生眷恋苏州古典园林的陈从周也不幸辞世。两位在园林、诗词、绘画领域执着探究并深有造诣的老人，相逢在浩如烟海的宇宙天堂间，园林、诗词、绘画，依然是他们没完没了的倾心的话题。

（本文作者沈伟东，苏州市政协文史委原主任。
此文原载于《苏州园林》2019年第1期）

· 邹宫伍 ·

邹宫伍（1934—1994），江苏苏州人，1957年毕业于上海同济大学建筑系。1957年在"反右"运动中受到不公正对待，下放劳动十余年。1966年"带帽"参与苏州北寺塔修复工程。1978年平反，恢复正常工作。受到其恩师、我国著名园林专家陈从周教授推荐，参加中国第一座园林出口工程"明轩"设计，从此与苏州园林结缘，全身心投入苏州风景园林事业。1981年任苏州市园林管理局副局长，参与了苏州古典园林保护、苏州石湖景区开发、天平山景区以及城市现代公园建设工作，尽心尽力，做出突出贡献，1994年不幸病故。

献身三吴 业绩长存
——忆古建园林专家邹宫伍

周苏宁 沈伟东

与王西野先生三年前就相约，写篇邹宫伍的文章，颂褒他为继承、发展苏州古典园林建筑艺术而劳苦不辞。可文稿未就，宫伍却在1994年1月13日远离我们而去了。众多的同仁和友好闻悉噩耗，无不惋惜感叹。

邹宫伍（1934—1994），江苏苏州人，1957年毕业于上海同济大学建筑系。由于思想活跃，学校的各种活动都积极参加，在老师眼里是一位优秀的学生。但没想到的是，1957年的"反右"斗争，他的优点却带来了灾难，受到不公正待遇，下放至基层劳动。一直到1966年才被允许参与苏州北寺塔修复工程的设计和施工。

邹宫伍对古建筑特别痴迷，他曾在20世纪80年代末，就苏州不同类别的古建筑特点和它们作为构成苏州古城风貌的一个重要方面，作了比较全面的调查研究，著有《苏州古建筑的门类及其特点》，对其进行深入而精辟的论述和分析比较，提出了要重视保护历史建筑个性风貌，从而形成苏州历史文名城自己的个性，全面保护好苏州古城风貌，使之成为世界历史文化艺术的宝贵财富。他的这种观点对古建筑及古城保护具有很高的实践指导意义。

1980年，邹宫伍刚恢复工作不久，就受到他的恩师陈从周特别推荐，参加了建国后第一座园林出口工程——网师园"殿春簃"复制设计工作，并随同工程队远赴美国，来到纽约大都会博物馆开始实施这个被命名为"明轩"的工程的建筑安装，当时邹宫伍作为主要工程技术人员之一，做木构与装饰设计，显露出他在古典园林设计和营造上的造诣，受到当时美国上至尼克松总统，下至博物馆官员、学者以及工程技术人员的普遍赞誉，满载而归。（图1~图4）。

图 1　美国总统尼克松在视察明轩时与中国工程师邹宫伍握手致谢

图 2　美国纽约大都会艺术博物馆董事阿斯特夫人与工程师邹宫伍在施工现场

图 3　在美国明轩施工时与美方工程技术人员在一起讨论施工
（后排左一为邹宫伍先生）

图 4　美国纽约大都会艺术博物馆内的中国庭院——明轩

也就是从那时起，苏州市众多古典园林的修缮保护和苏州园林走向全国乃至世界，成了让他醉心的工作战场；偌大的中国，包括北京的钓鱼台等许多城市的多处重要的园林规划设计，都留下了他的足迹和汗水。特别是他主持修复苏州的明代园林艺圃，获得国家建设部修复工程三等奖。

宫伍 20 世纪 50 年代就读于上海同济大学。毕业那年，豆蔻年华饱受疾风暴雨的侵袭，手捧一纸不公正待遇，怀着痛楚无言的心情，从繁华的上海走向偏僻的祖国西南边陲。近二十年的惨淡家境和虚弱身心，没有动摇他对事业的无限眷恋和执着追求。那段岁月也是他极其艰苦的时光，为维修保护文物古迹饱受了皮肉之苦。

"文化大革命"后，宫伍一消数十年愁郁心境，以其消瘦的身影拼搏在园林文物阵地上。特别是在中共十一届三中全会召开以来的十余年间，他为保护修复园林名胜古迹，不辞劳苦奔走于大街小巷、古城内外……掌握了大量第一手资料，在他的脑海里装满了几十座园林名胜山水建筑的每一个细节，资料累计已有上百万字。在百忙之中，著书立说，先后于 1989 年为上海人民出版社《江南文丛·朝夕集》撰写《苏州古城风貌谭概》，1992 年受聘为大型画册《中国厅堂（江南篇）》画册副主编，并撰写其中"概论"章节。他还曾担任苏州市风景园林学会学刊《苏州园林》主编，呕心沥血编辑好这本学刊。可惜的是，他还有大量草稿没来得及整理成文和出版！与他那堆积如小山的资料同为珍贵的还有他在考察园林名胜时收集的古砖瓦，当他用纸包好带回珍藏在他办公桌抽屉里，有人不明情况，以为是什么单位送的礼品。其实，他在外工作连别人的便饭都不吃。他啃面包充饥，在局机关是出了名的。

1983 年春，邹宫伍担任苏州市园林管理局副局长，分管风景园林规划与建设工作（图 5）。他治学极为认真严谨。记得我们随他多次去拜教王西野先生，他总是勤奋笔记，不时提问追源。在对古建筑、古遗迹的研究中，他从不放过似是而非的问题。他常说："我们在做承前启后的工作，不能有丝毫的马虎。"一次，他陪同《人民日报》记者参观网师园，记者对

"网"字古体提出疑问。事后他查阅了十几个版本的字典，终于在一本台湾版的大字典中查到"网"字的古字源头。

图5　1986—1988年石湖退田还湖（右边开挖者为邹宫伍）

宫伍连任苏州市三届政协常委，在参政议政的大舞台上，始终认真地履行委员的权利和义务，受到众口交赞。1989年，苏州市政协发起并主办范仲淹千岁纪念活动，在天平山风景区内的范公祠前建造一座"先天下之忧而忧，后天下之乐而乐"牌坊。由于时间紧、任务重、要求高，领导把这一重任交给邹宫伍，由他担任主设计师，他抖擞精神，积极奋战，为确保重修的牌坊符合历史原真性，他走遍苏州大街小巷，寻访古坊，查找历史资料，构思草图。8月的酷暑天，他参照毁于"文化大革命"时期的"忧乐坊"，挑灯夜战，几易其稿，方案终于为专家、学者所盛赞通过。为建筑好牌坊，他多次深入枫桥外选石料。在夜以继日施工的三十多天里，他常常是挤着公共汽车赶到郊外天平山，亲临现场，指挥凿刻和安装，严格把关，一丝不苟。当苏州市各界人士和海峡两岸的范氏后裔来到天平山高义园忠烈庙前，看到一座用料质佳、结构精巧、造型古朴的"忧乐坊"时，无不称绝，流连忘返。

1993年，宫伍感到肩头不适经常疼痛难忍，他以为是肩周炎，吃一点药就能好。他没当回事，每天照样超负荷工作。然而，局领导和同事们都看出他一天天消瘦下去，多次劝他疗养，他一次次谢绝了。此时，他的手几乎提不起笔，但他却以惊人的毅力完成了一幅又一幅图纸，写出一篇又一篇材料。初夏，局领导又一次安排他去疗养，他却用已经变得有点畸形的手，突击数夜，颤颤抖抖写出了《中国厅堂》大型画册概论。他颤抖着将文稿交给办公室秘书说："我按时完成了！"之后又在病床上修改和审校全书文稿——这就是他的敬业精神！谁能想到，这部文稿竟成了邹局长的绝笔！常年的辛勤劳累，宫伍终于支撑不住被送进了医院，经验查为肺癌晚期。与病魔顽强斗争的八个月中，他时刻渴望重返工作岗位。就是在弥留之际，还在萦念着为之奋斗的事业，喘着气向前来看望他的苏州市政协副主席黄铭杰说："苏州古城要保护，我相信一定能保护好。"看着这位行将告离人世的同事仍念念不忘酷爱的事业，黄副主席噙着泪花动情地说："您放心，我们一定努力工作，为保

护苏州古城而努力工作。"黄副主席停了一会儿,再三询问他个人有什么事要组织上帮助解决时,他直摇着头,不说一个字。

宫伍走了,八十高龄的西野先生万般悲痛,抱病赶赴殡仪馆送别。西野先生沉痛地写道:

八个月与恶病斗争,定期谈艺论文,保持师生情谊,留一段著书岁月无望。
三十年为旧城维护,抢救名园古迹,装点湖山风光,在三吴献身业绩常存。

这副挽联岂止凝结了老师对学生的万般深情,也是对宫伍卓著功绩的评价啊!

(本文作者周苏宁,时任苏州市园林管理局办公室副主任;
沈伟东,时任苏州市政协文史委主任。
此文原载于《苏州园林》1994年第2期)

·詹永伟·

他是苏州风景园林行业的领军人物。

他,作为刘敦桢的高徒,传承了名师的真谛,几十年来,苏州园林的保护、规划、建设、管理中倾注了他的智慧和心血,大大小小上百项工程,描绘出一幅幅华彩篇章。

60年前的园林普查,他精研细磨,一笔一画,为苏州的风景园林留下了一份份珍贵资料。

20年前的申报世界遗产,他作为首席专家与国际组织对话,为苏州园林成功"申遗"立下大功,也圆了刘敦桢尊师的百年之梦。

他言传身教,诲人不倦,带出一批批园林专业人才,为苏州风景园林事业培养了中坚力量。

他,当之无愧,是苏州园林的总工程师和总规划师。

——2017年首届苏州风景园林终身成就奖颁奖词

大师眼里的园林建筑
——专访园林建筑学家詹永伟

陶冠群

1997年12月4日,从在意大利那不勒斯召开的联合国教科文组织世界遗产委员会第21届会议上传来喜讯,以拙政园、留园、网师园、环秀山庄为典型例证的"苏州古典园林"项目列入《世界遗产名录》。三年后,沧浪亭、狮子林、艺圃、耦园、退思园作为苏州古典园林的扩展项目,列入《世界遗产名录》。在苏州古典园林"申遗"成功20周年之际,苏报记者采访了当年曾作为首席专家与国际组织对话的詹永伟,请他谈谈苏州园林的建筑艺术,帮助我们在游园过程中多看懂些门道,更好地理解古典园林丰富的文化内涵与价值(图1、图2)。

图1 1996年7月,詹永伟与中国古建专家组组长罗哲文在研究苏州古典园林申遗工作

图2 1997年4月,詹永伟(左一)陪同联合国教科文组织世界遗产专家哈利姆对苏州古典园林提名世界遗产项目进行评估考察

园林建筑类型之多,在各类建筑中首屈一指

记　者:詹总,听说您是南京人,1959年毕业于南京工学院(现东南大学)建筑系。早期在南京工学院主要参与我国著名建筑学家、建筑史学家、建筑教育家刘敦桢教授所著《苏州古典园林》一书的调查、测绘和写作。

詹永伟:是的。后来就调到苏州园林管理部门,一直从事园林规划和建筑设计工作。

记　者:您作为园林局总工,资深园林专家,还在大学担任教授,我看过您出版的一些著作,请问,史学家、建筑学家将苏州园林的造园要素概括为山、水、花木、建筑四要素。在这些要素中,园林建筑的主要功能是什么,主要有哪些类型?

詹永伟:苏州园林大多位于城市中,规模较小,属于文人写意山水园。它在布局上主要有三个特点,也就是宅园合一、建筑融于山水以及围合庭院。从使用功能上说,园林建筑是住宅的延续和扩大,园中常有宴客聚友用的厅堂,小住起居用的别院,读书作画用的斋馆,以及休憩游赏的亭台楼阁等。由于历史的变迁,苏州保存完好的宅园一体的园林已经不多了,现有网师园、艺圃、退思园、听枫园、曲园等。有些园林只有部分住宅存在,比如拙政园,其东部住宅即李宅已修复开放,西部原来张家的宅子已毁,中部现为忠王府。

从艺术功能来说,园林里的建筑和山水、花木一样,也是园林景观的一部分。一方面,人们可以在园林建筑中欣赏园景,另一方面,园林建筑本身也是风景。

园林建筑的主要类型有厅堂轩馆、楼阁、榭舫、亭、廊五大类,每种类型又有多种形式,变化多端。

记　者:总体来说,苏州园林建筑有什么样的特点?

詹永伟:我刚才说到了苏州园林在布局方面的三个特点,都跟园林建筑有关,再来具体分析一下。完整的苏州园林是宅园合一的,其中的住宅部分会有明确的中轴线,典型实例是网师园的住宅部分,住宅坐北朝南,共四进,依次为门厅、轿厅、大厅、女厅。

园林建筑是融于山水的。在园林里，由于山、池所占面积较大，大都将山池所在的一区放在园林的中心位置，作为主要景区。水池北面或南面堆山，山上林木葱郁，有亭翼然，水池另一面为园林主要厅堂，是主要的观景点，这就形成了建筑与林木、人工与自然的对比。

苏州园林总体布局以山水为主，山水部分的建筑往往分散布置，显得比较自然。计成的《园冶》中就提出了"花间隐榭，水际安亭"的观点（图3）。

总体而言，苏州园林建筑有以下特点。一是自由灵活的建筑布局，打破宫殿、寺庙、宗祠等中国传统建筑讲究对称、规整的布局，注重因地制宜、灵活变化。二是富有变化的建筑类型。园林建筑类型之多，在各种建筑中首屈一指。三是细致精巧的内外装修。苏州园林建筑的装修分为外檐装修和内檐装修，都是技术和艺术的结合，具有实用和观赏的双重功能。建筑装修中常用岁寒三友松竹梅和琴棋书画等作为装饰花纹，富有书卷气。四是轻盈素雅的建筑风格。苏州园林建筑体量一般不大，同皇家园林建筑相比，显得小巧玲珑，具有生活气息。苏州园林建筑都比较开敞，显得通透，没有闭塞感。另外，苏州园林建筑的屋角起翘较高，显得非常轻盈。色彩方面，苏州园林建筑以大片白色粉墙为基调，加上黑灰色的小青瓦屋顶与青灰色水磨砖门框、窗框，以及栗色的木梁架装修，给人以淡雅幽静的感觉。

图3　网师园春色水景

记　者：现存的苏州园林中，最古老的建筑是哪个？体量最大的单体建筑又是哪个？

詹永伟：艺圃的乳鱼亭应该是现存苏州园林中最古老的建筑。它是方形平面，攒尖顶屋顶坡度较缓，梁架上还能隐隐看到简洁的彩画，这些都是明代建筑风格，通常认为它是明代遗构。

沧浪亭的明道堂算得上现存苏州园林中最大的单体建筑，它的四周有回廊，但室内空间不是最大。室内空间最大的是留园的五峰仙馆，五开间，宽约二十米，进深有十几米。

留园的林泉耆硕之馆规模也很大。这几个建筑各有特色。

记　　者：如果把建筑这一造园要素作为首要观察对象的话，您最欣赏哪个苏州园林？

詹永伟：从建筑专业的角度，我们普遍认为拙政园的建筑类型是最齐全的，尤其亭、廊的形式最多样化。拙政园卅六鸳鸯馆的形式在中国古建筑中仅此一例；"香洲"是舫，被誉为最美的园林建筑；波形廊堪称中国园林中最灵动的水廊。

鸳鸯厅的建筑形式别具一格

记　　者：厅堂在中国传统建筑中有着突出的地位，您能以苏州园林中的一些厅堂为例，给大家介绍一点儿欣赏厅堂的门道吗？

詹永伟：宅园一体的苏州园林里，厅堂是主体建筑，是园主进行会客、宴请、议事、礼仪、起居等活动的主要场所。轩、馆也属于厅堂类型，但一般体量较小，布置在次要部位，多作为读书作画、休憩、观赏之用。

欣赏厅堂，首先要看它的位置，一般是在水池的一边，能欣赏山水风光。以拙政园远香堂为例，堂位于拙政园中部水池南，隔池与山林中雪香云蔚亭互为对景。它是典型的四面厅形式，堂四周有回廊，四面均为自上而下、通透的长窗，宛如现代建筑的玻璃幕墙，周围景色一览无余，这在现存的苏州园林中只此一例。在远香堂内望向四周，景色各异，犹如观赏一幅长卷画册。

鸳鸯厅是一种颇具特色的厅堂，它构思奇巧、梁架结构别致。厅的平面用屏门、纱槅、罩等分隔为南北大小相等的两部分，南面部分有阳光照射，适宜冬春活动；北面部分背阳，宜于夏秋活动。两边的梁架一为简洁的圆形（称"圆堂"），一为有雕饰的扁方形（称"扁作"），好像雌雄鸳鸯的羽毛分别为素色、艳丽，两部分有分有合，似分非分，就像鸳鸯的形态与生活习性。从室内看，鸳鸯厅南北两部分各有梁架，给人感觉有两个屋顶，但实际上两个梁架中间的上部还有被遮住的梁架，和南北的梁架共同承托屋面，构成一个屋顶。

留园的林泉耆硕之馆是典型的鸳鸯厅，它平面五开间，四周有回廊，厅南、北梁架分别为圆堂、扁作。厅南两侧山墙上窗框为八角形、花格简洁，厅北两侧山墙上窗框为方形、花格细密，分别和梁架相协调。南厅匾额"奇石寿太古"是因北部庭园有江南三大名峰之一的冠云峰而来。北厅匾额"林泉耆硕之馆"意为年高德劭的隐士名流游憩之所。

记　　者：拙政园的卅六鸳鸯馆也是个鸳鸯厅吧，它有什么特点？

詹永伟：卅六鸳鸯馆不是典型的鸳鸯厅。它的梁架没有采用典型的鸳鸯厅梁架样式，而是南北两部分各为两个跨度小、高度较低的梁架。这种四个小梁架相连的形式称为满轩。这"轩"不是建筑类型的一种，而是类似现代建筑的吊顶，具有装饰、隔热、防寒、避尘的作用。轩有多种形式，由椽子的不同形状而定。卅六鸳鸯馆的轩有两种形式，一个是鹤颈轩，另一个是船篷轩。

卅六鸳鸯馆作为拙政园中的主要厅堂，它的平面、立面和常见的园林建筑也不大一样。一般园林建筑的平面大多是长方形，而卅六鸳鸯馆的主体平面近似方形，并和四隅的四个小方形平面组合而成整体，因此，它不是单一形式的屋顶，而是由中间的两面坡硬山顶和四个呈现尖锥形的攒尖顶组合而成，主次分明、形式别致。这样的"型式"在苏州园林中也仅此一例。

亭子虽小却"型式"变化多端

记　者： 亭子是常见的园林建筑，苏州园林中的亭子主要有哪些类型，各有什么特色？

詹永伟： 亭的历史十分悠久，有学者考证可上溯至商周，但在中国园林中的出现，最早的史料开始于南朝和隋唐时代，距今已有1500多年历史。明清以后，园林中亭的形式比以前更为丰富。苏州园林中现存的亭，大多是清代及以后建造的。

亭在园林中的位置可以说无处不在，山巅、水际、路旁、入口处、庭院中，都可以看见它的身影。亭位于何处，一是出于观景的需要，以便游人驻足休憩、欣赏景色；二是为了点缀景色。如果二者都能兼顾，那是最好的选择。

综观苏州园林，亭的数量是各种建筑类型中较多的一种。亭的平面形式以方形、长方形、六角形、八角形居多，但也有圆形、梅花、海棠、扇形，根据不同环境选择而定。拙政园西花园的扇亭临水而筑，后墙空窗和吊顶上藻井也为扇形图案。亭的屋顶大都为攒尖顶和歇山顶，以单檐为多，重檐的很少。亭还有依墙而建的半亭，进深较浅，屋顶只有完整屋顶的一半，如网师园冷泉亭、拙政园倚虹亭等。

亭大多不设门窗，开敞的形体与周围景色融为一体。亭柱间有半墙，上设鹅颈椅，供人休憩、观景。亭大多有匾额、对联，点出周围景观特色，抒发人的情感和追求，具有浓郁的人文色彩。

楼阁对园林景观的构成起着突出的作用

记　者： 苏州园林中有哪些著名的楼阁？请您举例分析一下它们的特色和看点。

詹永伟： 楼、阁由于型体较高，在建筑群中显得高耸凌空，当我们从远处看到某处楼阁的一角时，心中便会生出无限的诗情画意。

楼和阁在造型上有时很难明确区分，而且人们也常将"楼阁"二字连用。一般把平面呈方形或正多边形，屋顶形式为攒尖顶、四周开窗的建筑称为阁。

在众多苏州园林中，几乎都有楼阁，它们对景观的构成起着突出的作用。拙政园、留园、网师园、环秀山庄等被联合国教科文组织列入世界遗产名录的园林中就有大小楼阁二十四座。这些楼阁造型各有特色，从平面看，以长方形居多，典型的有拙政园见山楼、狮子林问梅阁等；也有近似方形的，比如拙政园倒影楼、耦园藏书楼。

拙政园见山楼三面环水，高度较低，特别是它的二层，造型扁平，显得贴近水面，与环境协调，形成轻巧的特色。拙政园的浮翠阁也是个很有看点的阁，它的平面是八角形的，在苏州园林中只此一例。

沧浪亭的看山楼同样很有特点，它的底层是黄石假山堆叠而成的"印心石屋"，上屋由歇山顶亭和二层重檐歇山式楼组合而成，造型自然、活泼。以前苏州城里没那么多高层建筑时，登上看山楼可以远眺西南面的上方山和七子山。

留园是现存苏州园林中楼阁数量最多的一个园林，有冠云楼、明瑟楼、曲溪楼、西楼、远翠阁、"还我读书处"六处。冠云楼是园中的主要建筑，位于园东北隅，它和南面的林泉耆硕之馆，以及位于冠云楼前东、西两侧的仁云庵、佳晴喜雨快雪亭围合成一个园中园，中心水池竖立相传是宋花岗石遗物的冠云峰。冠云楼由主楼和两侧配楼组合而成，主楼面阔五间，配楼面阔二间，进深较主楼浅。主楼为歇山顶形式，配楼为硬山顶，构成既有变化而又主次分明、形式丰富的立面（图4）。

图4　留园曲溪楼

曲折多变的廊是可以遮阳避雨、有屋顶的路

记　者：有人说，因为有廊，雨天游园林都不用撑伞。苏州园林里的廊有什么特点？

詹永伟：廊是我国宫苑、园林等处常见的建筑类型。别看廊是个"小角色"，在建筑群的组合中却少不了它。廊由两排列柱顶着一个轻薄的屋顶构成，形体窄长而又曲折随意。廊的另一形式是在建筑之前或之后，分别称为前廊、后廊；建筑四周有廊称之为回廊，这些廊与建筑中间的空间上面共有一个完整的屋顶，构成整体建筑。

廊的基本功能是连接各个单体建筑，起着交通作用，可以说是一条可以遮阳避雨、有屋顶的路，所以口头上常把它叫作"走廊"。另一方面，通过廊还有墙，可以把各个单座的建筑组合成分隔成空间层次丰富多变的建筑群。无论在宫殿、庙宇还是民居中都可以看到这种手法的运用，这也是中国传统建筑的特色之一。苏州园林中廊的运用更为自由、灵活、形态多样，常通过廊的回绕，组成平面形式自由、景色各异的小院，也常利用廊的曲折围合出小巧灵活的袖珍小院，院内修竹数竿，石笋或石峰玉立，构成美丽的画面。人在廊内行走时，欣赏到一幅幅美景，更能激起游兴。

苏州园林由于面积较小，山水居中，建筑多沿四周布置，因此通过廊可环行园中，既不受日晒雨淋之苦，又能欣赏到不断变化的景色。各个苏州园林的布局在大小不同的范围

内都显示了这个特点。狮子林从门厅入园后,由廊到燕誉堂,一路北行绕园一周后可回到燕誉堂,一路西行也可绕园一周至燕誉堂。除假山中的卧云室、修竹阁和水中的湖心亭外,所有建筑都能游览到。沧浪亭从门厅入园后,循廊北行绕园一周后,可以由门厅西边的走廊回归,反过来也可以。除了土山上的沧浪亭和南面的看山楼外,沿廊而行可至各个建筑内游憩。各个苏州园林中,留园的廊是总长度最长的,有近360米,基本能通全园各处,但中间有断点。

苏州园林中的廊包含了廊的基本形态。从平面上来看,廊一般可分为直廊、曲廊、回廊,从与地形、环境结合的角度来看,可分为平地廊、爬山廊、水廊、桥廊等。从横剖面来看,则有单面空廊、双面空廊、复廊、楼廊。这些形式多样的廊,我们在拙政园中,基本都能漫步而过。

因水而活,苏州园林中有桥也有船

记　者:苏州是座水城,城中遍布大小桥梁。苏州园林中都有水池,自然也有不少桥,这些桥除了通行功能外,在园林空间营造、景观布局方面有什么样的作用?

詹永伟:园林里的桥可以分隔空间,使园林空间主次分明、曲折多变。池上架桥,通常位于水面较窄处,以梁板式石桥居多。桥的结构是水中立柱搁梁,上铺梁板。因此,桥下空间开敞,虽然分隔水面但不显得闭塞。当人走在这种桥上时,像是踏在水上,凌波微步,满足了人们的亲水需求。狮子林在水池中建了湖心亭,两侧各有曲桥连接池岸,别具特色。苏州园林极少用拱桥,但网师园里有座叫引静桥的拱桥,这座拱桥特别小巧,长约2.4米,宽约1米,堪称苏州最小的石拱桥。拙政园小飞虹廊桥中段微微拱起,形态优美,水中倒影宛如雨后彩虹,是苏州园林中唯一的廊桥。

记　者:古典园林的水面上除了桥还有船,不仅有小木舟,还有俗称旱船的舫。从历史价值和艺术价值来看,苏州园林里有哪些特别值得一看的舫?

詹永伟:自古以来,船就是重要的交通工具,发展到后来还具有游览的功能。我国古代人民模拟船的原型,提炼出一种位于水边的建筑,称为舫或旱船。苏州园林里舫不多,有代表性的有拙政园香洲、怡园画舫斋、狮子林石舫、退思园闹红一舸和柴园的舫。这五艘舫的朝向都是舫头朝东,表达了园主希望放舟江湖,往东驶向东方仙境的想法。

舫的基本形式和船相似,一般分为平台、前舱、中舱和后舱四个部分,前舱为亭的形式,中舱为轩的形式,后舱为楼的形式,组合成高低错落、富有变化的型体。也有例外的,比如退思园因水池较小,园中的舫只有平台、前舱和中舱三部分,舫形体小巧,和周围景物相协调。大多数舫船头一侧有小平桥和岸相连,就像跳板。船体通常为石材,上部为木结构。

舫在位置上还有一个特点,即大多与廊相接,这在一定程度上说明园主的心态是既向往东方仙境,又留恋人世间的家园和亲友,因此有点儿依依不舍,"缆绳"还没有解开,舫没有起航。而从功能上说,舫直接与廊相连,即使下雨天也不用淋雨。

记　者:您怎么评价目前苏州园林建筑的保护状况?

詹永伟:苏州市政府早在1997年就公布了《苏州园林保护和管理条例》,是国内第一

部园林保护的专业性法规。苏州园林成为世界遗产之后,《世界遗产公约》对于遗产保护也有具体的要求,需要遵守。修缮园林古建时,严格遵循保持原形制、原结构、原材料、原工艺的原则。园林部门还建立了完善的保护监测网络,全面动态地掌握遗产保护情况。相比以往,这是大大进步了。

散落民间的古代园林保护情况较差一些,我市也在想办法改善这方面的情况,比如分批公布《苏州园林名录》,以利开展分类保护。

（本文作者陶冠群,《苏州日报》资深记者。此文原载于《苏州园林》2017年3期）

· 匡振鷗 ·

他，是一位享受国务院特殊津贴的园林专家。

他，对事业专注于一，一把尺，一支笔，伴随着他日日夜夜不倦的钻研和奉献。

他，把青春献给了世界屋脊的布达拉宫，他把成熟献给了人间天堂的苏州园林。他用古建牵起了西藏高原与江南水乡的一段情。他钻进布达拉宫的"肚子"里，酝酿成修缮方案；他站在虎丘塔下，规划出虎丘景区扩展的蓝图。

他，把造园当作人生的享受，精心描绘的园林，遍布祖国大江南北；精妙设计的美国兰苏园、流芳园、巴黎易园，名播远扬。

他，以工匠精神，执著追求，精心耕耘，描绘出苏州风景园林的精湛作品。

——2017年首届苏州风景园林终身成就奖颁奖词

留痕天地间
——苏州造园家匡振鷗

刘放

认识一个人，有时经历了漫长的一生仍觉陌生，有时相处只不过半天，却别后常常念起，音容笑貌铭心难忘。这种认识，往往基于是否能走进其心灵世界。而能够得以走进，又有诸多的因素，距离、角度、机缘，关键还在于这个心灵世界是敞开的还是幽闭的。

认识苏州园林设计院院长匡振鷗先生，前后算起来，也只有半天时间，但感觉是神交久矣的老朋友，或者就是与中小学时代的老师久别重逢。大约那半天时间，是与他一起徜徉于他倾心设计的得意之作莲花庄？人园合一，我从中既领略了园的自然景观，也感受到了造园人的胸中丘壑。

匡先生生于1942年，已年近六旬，个头不高却很结实，宽和的微笑，一个充满智慧的大脑门子，一双盈满热情的大眼睛，语音与体型有着共同的特点，也以厚实见长。而且从他的普通话中辨不出一丝半缕吴音，初与之交谈，还以为他是北方人。其实，他是地道的苏州人，童年和少年都是在小桥流水深巷中度过的。入园林游玩、碧湖荡舟、爬山钻洞、攀树捉蝉，那也是家常便饭。一直到青年时代上北京高校求学，随后留在建设部建科院历史所工作，他才以普通话与周围世界交流，一"普通"就极地道，足以以假乱真。不过，这一走出苏州，于人的一生来说，却也是一个可以冠之以"大"的时空，在北京参加工作后，先在国家建工部建筑科学研究院建筑理论与历史研究室工作，1960年组建园林研究组，成为成员之一。1965年8月至1982年8月，参加援藏建设，在西藏自治区建筑勘察设计院，先后在科研室、设计室从事藏族建筑研究和建筑设计。1978年再次组建科研室，被任命为室主任，开展藏族建筑研究。由北京到西藏，又上世界屋脊拉萨，任古建筑研究室主任，参与了布达拉宫的研究，一晃耗费的是近二十年的青春时光，1982年调入苏州园林设计院，人已中年，青春无悔，更多了自信。与他一起漫步莲花庄，眼前虽全然是亭轩错落、荷柳相映的江南景色，但那种渗透进血液中的大漠戈壁、雪山雄鹰的塞外粗砺，还是能给人以弦外之音的感动。不要以为江南与塞外是截然不同的自然世界，必然带来审美情趣的大相径庭，其实侠骨并不排斥柔肠，烦琐精致中宕进一笔天外来风的本色和简朴，往往会收到意想不到的心动怦然。匡先生的人和他笔下的园，就让我隐约破译到与其心灵密码同受触动。

莲花庄是浙江湖州市的一座公园，1985年开始设计和施工，1987年建成。此园作为一座完全人工开凿的江南园，境界开阔，变化多样，占地约112余亩，分三园十景。园里小桥流水，亭映碧湖，一园一重天，景景各不同，让游人流连忘返，身心陶醉其中。然而，建园之前这里却是不规则的菜地和废弃的池塘沟渠。两年的时间中，由匡先生图纸中的线条而变成实物，游人真可为自己的同类自豪，这种天地间的杰作，做人一回，留痕一处，一生就不亏了。功名利禄如过眼云烟，但这种天地间的痕迹，如云烟包裹的山，那么实在，那么真切。

翻开历史，原来湖州一带的园林在宋时曾名冠江南，而莲花庄即为其中著名的园林胜地。元时系书画大家赵孟頫之别业，史书记载："荷花盛开，锦云百顷"，为"吴兴一绝"。再早，唐时已有记载，为白萍洲的一部分，776年，大书法家颜真卿在此剪榛导流，建八角芳菲亭。836年，刺史杨汉公疏四渠、凿三池、树三园、构五亭，舟桥廊室俱全。"每致汀风春溪秋月，花繁鸟啼之旦，莲开稻香鱼肥之夕，宾贤集歌吹作，舟楫徐动，觞泳半酣，飘然恍然。"何等美妙！可是，为什么又被破坏得如此彻底呢？书中记载早已片甲不留，几乎是一个竹篮打水的梦境。人们这才发现，愚公及其"没有穷尽"的子孙们，山是可以被移掉的，且不论这山之移去带给自己和后人是怎样的扼腕叹息和灾难。这就更让人醒悟到，个人的能力是多么的有限和脆弱，一旦能有机会摆脱平庸而于天地间留痕，那就是千载难逢的绝佳机遇，甚至有着不可否认的偶然。

命运就这么赐给了匡振鶠以绝佳机遇。

他也不负命运厚爱抓牢了这次机遇。

设计之初，投资兴建者鉴于莲花庄的历史渊源，曾设想在古莲花庄的版图上作适当的恢复，以再现赵孟頫当年生活创作的盛况。无奈该市园林管理部门对园址进行全面清理，甚至不惜挖地三尺以求寻得实物的蛛丝马迹，遗憾的是，"愚公"及其子孙们革命得太彻底，满带希冀的流汗结果，只能是拍拍两掌尘土而摇头叹息。但匡振鶠先生早已"功夫在诗外"了。他一头扎进典籍中，凭他厚实的古文功底和古建筑研究心得，从该市市志到与之搭界的各类地方志、建筑书籍、书画集以及诗词歌赋，统统揽入视野，细嚼慢咽，消化吸收，他和他的同行助手们，一时似乎改行古典诗文的考证研究工作，过起书斋生活来。尤其《吴兴赋》，是一篇描绘湖州山水的佳作，乃赵孟頫二十岁时所作，惜乎当时年轻名不响，一直到二十九年后，经赵自己独特的赵体手书，书与文一并传世。这篇文章匡振鶠先生一读再读，几乎可以顺诵倒背。在这样的基础上，他们从文到画，又从画到书，隔着数百年的时

光,他们似乎结识了这位大书画家,掌握他的脾性和生活规律,领略他的审美情趣。百年的时光压缩成一纸之隔,他们按捺着怦怦的心跳与大书画家对话了,三园十景的蓝图也在他们心中逐渐明显。这样一来,当设计图交到园林管理部门以及分管的市府官员手中,他们眼睛一亮,一致认为:这就是他们想象得而又触摸不着的莲花庄!

略知一点儿当代戏剧史的人肯定知道,当年围绕《家》的改编,曾有过类似的佳话。当人们看好巴金的小说《家》可改戏时,有一名较有成就的剧作家,很尊重巴金先生,不敢作大的改动,完全依据原作的脉络来铺展剧情。剧本出来后,巴金没说好,也没说不好。轮到曹禺重新改编,他完全打散原作的结构,而根据戏剧"三一律"的要求,用几个特定的场景,以及人物台词交待背景和发展剧情冲突,脱骨换胎编出话剧《家》。巴金看过这"面目全非"的《家》,非但没有责怪,反而情溢言表地赞叹:这就是我的《家》呀!这件戏剧史上的佳话,与匡振鹗先生设计莲花庄,可称是异曲同工。

让我们随便撷取几景,来看看莲花庄的美妙,同时,也理解匡先生怎样给几百年前的书画家赵孟頫"画像"。

梅海探幽 根据管道升《渔父词》"遥望山莹数树梅,凌寒玉蕊发南枝"和赵孟頫、管道升梅竹图意,北区辟作梅圃,西筑岗阜小丘,东西挖溪塘,池边有芳草顶小轩,门抱对为赵孟頫诗句:"寒梅缀雪香生月,疏竹凝烟叶绮风。"真是好景配佳联,游人触景生情,遥想当年诗人妙手偶得此联,怎样的怡然自得,对比那诗人贾岛的"一吟双泪流"佳句,怎不移情得趣、乐而忘返!

泓渟皎澈 由堂、阁、双亭、游廊、拱桥组成,为琴棋书画馆。整个建筑跨水而筑。入口处用围墙组成口字形院落作为入园的过渡。园额正面书刻"苕山辋川",背面为"西吴幽胜"。院中叠"三品石",墙面砖额刻"石妙三品"。配植有五针松、芭蕉和竹,风拂绿浪翻滚,与纹丝不动的"三品石"相映,动中有静,静中有意。东墙月洞门额书"水晶宫",园内半亭匾额题"泓渟皎澈"。厅堂题名"大雅堂",取意《尧山堂外记》"孟頫有古琴,一曰大雅……"因此得名,由苏籍画家吴作人题书匾额。楼阁名"晓清阁",根据《吴兴园林记》赵氏菊坡园记载。该风景区取"溪上玉楼楼上月,溪光合作水晶宫"诗意,将亭台楼阁布置在水上,形成了清溪纵横,波光粼粼,泓渟郊澈。水中倒映之景,微风兴波,轻晃轻摇,状如微醺,妙不可言。这一切,皆印证了湖州史书上有"水晶宫"的风采。处处有出典,景景出诗意,也只有赵孟頫的"别业"方有此境界了。

白萍春晓 位于西区湖面南侧的两座小岛之间,建有曲桥和重檐方亭,王益知题匾"白萍洲"。白萍洲为湖州古代闻名的风景区,始于南北朝,为著名文学家柳恽所开拓,并于此作《江南曲》。唐书法家颜真卿任湖州刺史时筑八角芳菲亭,并书《江南曲》于亭上。诗人白居易有《白萍洲记》传世。景点中亭旁叠石,刻《江南曲》:"汀洲采白莲,日暮江南春。洞庭有旧客,潇湘识故人。故人久不返,春化复应晚。不道新知乐,空言行路远。"亭周遍植桃柳、杜鹃、迎春、海棠等花木,形成山花烂漫、群芳似锦的景色,整个景点坐落湖中,色彩明快,气氛轻快活泼。当然,此景已超越了赵孟頫本人的范围,但作为湖州文化人的集大成者,将前人笔底意境有机地拼入其中,整体感觉仍然是水乳交融的。这有点像现代歌舞联欢会中的歌曲大联唱,每支歌唱几句,串联起本,就是一个完整的曲目。

只此三景,已可以窥见莲花庄与一般的公园相比,其超凡脱俗的文化品位。我一一看罢园中景色,心中颇不平静,看到那别出心裁的飞檐小窗,体味着小诗小令的隽永;游完一个完整的景点，我又仿佛一口气读了一篇构思精巧的短篇小说；而整座园，就自然成了一部结构庞大的戏剧。莲花庄的整体设计，充分体现了匡先生寓情于思想情绪的统一和它所产生的效果才是园林艺术的最高境界。融汇了诗情意与思想的园林景象，才是充满了内涵的、传神的，能激发人联想，给人以感染力。莲花庄，正是这样一座散发着艺术魅力的公园。该园获市优一等奖、省优二等奖、建设部优秀设计二等奖。而匡先生所获的这些奖项，总数已达十好几项。他现为国家一级注册建筑师，省劳动模范，享受政府特别津贴。

我不知别的游园者游罢园有怎样的心情。我自己的感觉是，每读罢一部不朽的文学著作，心中都会不可遏制地产生一股对作者的敬慕之情。他们将自己的人生阅历，将自己所汲取的一切艺术营养，将自己的种种人生思考，化成形象的或抽象的形象，去感染读者，启发和唤醒读者的审美。文学名著的作用，的确既不能饱肚又不能御寒，但假设世界上少了这些不朽的名著、不朽的名家，人类文明的天空将是多么的单调和恐怖呀！我游莲花庄，是将其当作一部不朽名著来读的。这是创作于天地间的大作品。而作者给我的印象是：拒绝平庸，不负时代，孜孜以求，报效人民（图1~图3）。

图1　匡振鶠等与波特兰市长卡芝女士在兰苏园模型前合影

图2　匡振鶠在巴黎圣母院大教堂（2006年3月）

图3　匡振鶠在巴黎罗丹博物馆（2006年3月）

他在百忙之中还先后出版了《大昭寺》《罗卜林长》《古格王国建筑遗址》系列丛书的前三部。完成"布达拉宫全套测绘图和建筑研究"。出版了《布达拉宫》专著。他在园林设计院主持的20多项工程，曾先后获得全国优秀工程勘察设计奖、中国风景园林优秀规划设计一等奖、美国俄勒冈州政府授予"人居环境奖"，美国波特兰市政府授予"特别贡献奖"等国内外诸多奖项。1993年10月荣获国务院颁发的"政府特殊津贴"，1996年10月荣获江苏省政府授予的"劳动模范"称号。

（本文作者刘放，《苏州日报》资深记者。此文原载于《苏州园林》2000年第2期）

· 张慰人 ·

  他，是为苏州风景园林规划设计作出重大贡献的专家。

  他，作为苏州风景园林高级规划设计师，曾任苏州园林设计院院长，以精益求精、追求完美的精神，率领他的团队把苏州园林精湛的造园艺术传遍大江南北、海内外。

  他，参与设计的第一座出口美国的"明轩"、美国佛罗里达的"锦绣中华"，使苏州园林第一次走向世界，成为中外文化交流的佳话。

  他，主持设计的深圳华侨村、昆明世界园艺博览会"东吴小筑"、北京园博会"江南园"，被誉为当代造园的经典。

  他的名字与苏州园林连在一起，享誉海内外。

——2017年首届苏州风景园林终身成就奖颁奖词

中国园林出口的开山之作
——专访明轩设计者张慰人

周苏宁

  在当代中外文化交流史上，20世纪70年代末、80年代初的"明轩"作为中国园林走向海外的开山之作而影响深远，一直为人津津乐道。由于"明轩"名气大，有意无意中就有了很多"某某推荐""某某设计""某某建造"的传闻充斥坊间，众说纷纭，出现了各种追忆的版本，也因此给人们留下很多神秘的色彩。但同时也间或听到一些与各种传闻不一致的评说。为了弄清楚明轩的一些重要历史事实，保留真实的历史记忆，最近笔者专门采访了当时最重要的当事人之一：张慰人先生。

  张慰人，已从苏州园林设计院院长、总工程师岗位上退休多年，今年76岁，但依然忙碌在园林古建事业上。每次遇到他，都会从他从容而严肃的神态中感受到一种对园林古建的挚爱。那满头的银发、仁厚的笑容，又透露出一位学者的智慧和修养。

  （以下张慰人简称"张"，周苏宁简称"周"。）

  周：张院长，关于明轩出口美国纽约大都会博物馆的历史，有很多传闻和说法，其中有不少出入，比如，在刚刚打开国门的20世纪70年代末，到底是谁把明轩推荐出去的？当初美国纽约大都会博物馆为何要在这个著名的博物馆内建造一个中国园林？在现存的档案资料中，只有一些文件类的档案，而整个过程，特别是前期筹备几乎都是一片空白。

  张：（他仁厚地笑笑）很多事情确实没有档案，但又非常值得记忆，特别是对我们这些经历过的人来说更是如此,历史不能以讹传讹。过去我也听到一些说法,与事实不确切,充其量是个人之说,我一直也没去较真。今天,你以《苏州园林》主编、苏州园林志总纂的身份来问我,我觉得每一个人都应该对历史负责。

周:还真历史,非常有必要!只是我这次专访好像晚了些,我知道最初与你一起参加这项设计工作的同事都相继去世了,你是唯一的健在者了(图1)!

图1 王祖欣(左一)、张慰人(中)与美方工程师交谈

张:(他的笑容一下转成严肃的神态,说起往事,话匣子如泉涌一般)是啊,岁月不饶人啊!1978年春天,当时我在苏州市园林处工作,三十多岁,现在回头看看真是太年轻了!记得那是春暖花开的季节,那天我接到国家城建总局分管园林的叶维均处长打来的电话。他专门问我,国家文物局向国家城建总局咨询,我们有没有能力到美国的一个博物馆内去做一个小园林,规模不大。我和叶处长已经认识多年,当时我负责苏州园林维修的管理工作,他这个电话打给我,我知道这件事情很重要,当即向处领导张庆德主任作了汇报,并根据张主任的意见,及时找园林修建队内几位长期从事园林维修的管理人员和老师傅讨论。虽然当时"文化大革命"刚结束,但大家都觉得我们的主要技术骨干大多数还都在,传统建筑材料也可以经过努力办到,应该没问题。于是我就以苏州园林处的名义电话回复了国家城建总局叶处长。大约到了6月初,苏州市园林处办公室通知我:"叶处长又来了电话,美国要建一座园林的事,中央已批准。美国人下旬要来中国面谈建园之事",事先要做好一些准备,一是要我尽快去北京汇报并商量有关问题,并要求我实测网师园殿春簃平面图。在这之前我向北京报过一份草图,是按照殿春簃绘制的,已被中美联络处的人带到美国去了。现在美国方面要求按照殿春簃的规模测算新建园林工程的供料等费用。

历史回望:20世纪70年代后期,美国纽约大都会艺术博物馆刚从一个美国古董商那里购买到了一批中国明代黄花梨的家具,准备摆置在博物馆内设的二楼东亚艺术馆里。为了给这些明代家具寻找一个合适的陈设的背景,博物馆董事、阿斯特基金会负责人文森·阿斯特夫人愿意出资建造一座中国式庭院来安放它们。此建议得到博物馆主任托马斯·霍文的支持。博物馆方面先是委托了纽约著名的舞台艺术专家美籍华人李明觉进行设计。李明觉1930年生于上海,十九岁赴美,1983年以百老汇歌剧《KⅡ》获美国舞台艺术最高奖——"托尼奖",后长期担任"托尼奖"提名委员会委员。李明觉与英国的科尔泰、捷克的斯沃博达并称世界舞台美术设计三大巨头。李的初步设计方案形成后,与东亚艺术馆艺术顾问、普林斯顿大学艺术考古系主任方闻进行了讨论,两人均对设计方案不甚满意,关键是未能体现中华文化的内在气质。1977年冬,美国文博界组织"中国古代绘画考察团"首次来华访问,方闻随团先后考察了福建、浙江、北京等地的古建筑。在考察中他自然要关注古建筑内的陈设,为纽约大都会博物馆寻找一个衬托明代家具的最佳环境。

周：纽约大都会博物馆收藏着人类五千多年文明史上的一百五十万件艺术珍品。作为一个世界著名的艺术博物馆，为了陈设方案，远涉重洋到中国来，按照当时中国与美国之间有重重壁垒的关系，大都会博物馆是如何放下"身价"来中国求助的？

张：到了北京后我得知，在此前，纽约大都会博物馆已经委托著名的舞台艺术家美籍华人李明觉进行了方案设计。李明觉设计了一个舞台布景式的设计方案，比较简单，仅三间展室、一个半亭，舞台布置气氛较浓。方案未能通过。该馆东亚艺术顾问、普林斯顿大学艺术考古系主任方闻认为李案未能烘托出陈设中国古典家具的文化底蕴。我想，方闻作为一个艺术考古学家，他一定有着强烈的历史文化时空感，而李明觉虽然是华人，却不讲华语，不懂中文，对中华文明史和传统文化知之不多，在英语世界里"闭门造车"当然不可能出神入化。我觉得方闻是一个真正的学者，他很清楚纯正的传统文化应该怎样获得。1978年4月至5月，远在美国的方闻以博物馆的名义给中国国家文物局发来一封请求帮助建园的信函。信中恳切而又疑惑地说："我们博物馆有这些好东西，我想在里面做一个环境布展，但是现在美国人做的我不太满意，你们中国能不能做？"国家文物局极为重视，当即电告国家城建总局要求协助，城建总局叶处长在第一时间与我联系——这就是我进京的缘由。

周：这个过程很有趣！看来传统文化的魅力起到了关键作用。

张：确实如此！我到北京后向叶处长简要汇报后，即被安排与美国的设计小组会晤，由国家文物局组织，在故宫御花园后面一个陈设极为精致并有一个室内小戏台的接待室里。一谈就是三天，全是技术上的问题，非常细致。

周：你们交流了什么问题？

张：交谈的内容很多，主要是方闻提问题，我尽可能作解答。从空间布局、内环境布置、墙壁处理、地面铺设、游览线路、构建材料、施工技术以及残疾人通道等，每个细节都反复讨论。我记得方闻带有录音设备，将谈话内容全部录下来了。

这个庭院方案确实有一定难度，它不是建在地上，而是在二层楼板上，下面是储藏埃及木乃伊的档案库。庭院上部还有各类管道，不能随便移动。因此，方案既要体现中国文化神韵，还要量身定制，将建筑糅进特有的空间，又不能使用过重的工程材料。为此，我们一边交流，我一边根据他们的要求，依据苏州古典园林"虽有人作，宛自天开"的文人写意山水园林艺术原理，向他们介绍园林艺术构思，然后对李明觉的方案提了几点建议，例如中国庭院不能没有水，不能没有石和植物，但可在"方寸之间"采用如何"一勺代水""一拳代石"手法等。方闻和李明觉非常感兴趣，并临时决定跟我一起到苏州实地考察古典园林。

周：在苏州，你们看了几处园林？他们之前来过苏州吗？

张：我感觉他们都是第一次来苏州。当时外事接待都由外办负责，我们先乘飞机从北京到上海虹桥机场，再乘火车到苏州。我记得很清楚，当时的交通不发达，火车票很难买，上海外办为我们买到两张软卧、一张硬卧。到了苏州后，又由苏州外办负责所有行程安排。我陪同他们参观了拙政园、留园、狮子林、网师园、虎丘山等园林名胜。

周：他们实地看了以后有什么说法吗？

张：他们说，过去仅仅从一些资料中知道苏州园林艺术，实地一看大为惊叹。苏州园林特有的小中见大、曲径通幽、诗情画意、工艺精湛，把他们迷住了。当然，他们是带着"任务"来观赏的，所以他们一边看一边琢磨哪处景观最适合"移植"到纽约大都会博物馆。他们两人各自带了一整套照相器材，单反的，还有各种镜头，拍了很多照片，几乎不放过园林里的任何细节，比如建筑结构、瓦当花纹、点石踏步、文房几案、一草一花，给我留下了非常深刻的印象。在网师园的时间最多，一是因为他们看了殿春簃，觉得这个庭院非常适合他们心目中的博物馆环境；二是"小姐楼"上有很古典的接待室，我们一边喝茶，一边交谈，双方都有了更深入的了解。这个"小姐楼"本身就有很好的家具陈设，都是精品，大有身临其境之感吧。在"小姐楼"里，方闻和李明觉与我们谈谈，又下楼到园子里看看，各种细节都一一作了记录，拍摄了照片。

我有一份当时的备忘录。我记得很清楚，6月27日至28日，市城建局专门邀请了同济大学陈从周先生、南京工学院乐卫忠、刘叙杰先生、苏州的谢孝思先生以及陶维良和我，在网师园内与方闻、李明觉先生就大都会博物馆中国庭院设计方案交换了意见。通过实地考察和深入交流，美方的思路逐步清晰了。在送别他们的路上，李明觉很坦率地说"我搞舞美可以，搞中国园林艺术是外行，让苏州来作一个设计蓝本应该是最好的选择"。方闻表示："由中国人做一份设计图，可以比较一下"。方闻还很慎重地对我说："回美国后会在最短时间内确定这件事"。我们也及时把方闻等人在苏的活动及商谈情况向国家城建总局作了专门汇报。

周：看来网师园是块福地啊，十多年后的苏州—新加坡工业园区商务谈判也是在这个小姐楼中取得重大进展的。

张：这就是优秀传统文化的永恒魅力！

历史回望：方闻等人回美国不久就把这事确定下来。美国纽约大都会博物馆最终确认这个工程由苏州市园林管理处接手。国家城建总局下发〔1978〕建发城字275号文件："经国务院批准，我国将为美国纽约大都会博物馆仿苏州网师园'殿春簃'建造一所中国庭院"。工程正式启动。同年9月18日，国家城建总局副局长于霖在网师园召开会议，研究工程有关事项。

张：作为中国园林第一个出口工程，苏州政府高度重视，专门成立了一个"苏州市园林管理处援外殿春簃"工程班子，人员都是各部门抽调的，技术人员有邹宫伍、陶维良、王祖欣和我，实际搞设计的是邹宫伍、王祖欣和我。总负责是苏州市城建局副局长张以华、市园林处副处长章表荣（图2）。

图2　张慰人在明轩工地上

周：听说当时南京工学院也向国家城建总局申请要求参加设计，毕竟这是中国第一个园林出口工程，而且南京工学院大师云集，设计力量雄厚，在国内屈指可数。

张：是的。南京工学院也参加了设计，也就是说中国准备在一个月里同时拿出两个方案。我们苏州设计小组几乎吃住在网师园。南工他们有先天优势，20世纪50年代起他们就在中国建筑学家刘敦桢带领下研究苏州园林，60年代末完成了巨著《苏州古典园林》。可以说承担设计的几位老师对苏州园林的了解都远强于我们，加上他们的功底深厚，设计出来的图非常精美，我曾见过南工的方案，非常喜爱。

周：苏州设计方案是怎么被选中的呢？

张：我们当时都是无名之辈，但我们也很有信心。邹宫伍是陈从周先生非常器重的学生，对古建、园林很有研究，由于个性强被打成右派，当时还没有平反。王祖欣和我也是科班出身，长期在苏州城建、园林第一线工作。

周：理论与实际相结合可以出真知。

张：是吧。我们的图虽然没有那么精美，但由于我们与美方有过深入交流，了解美方的要求，所有设计方案都是点到为止，恰到好处。而南工的方案可能过于追求完美和美观了，比如院中的山石，我们用立峰和花台来表现，他们则设计了一座很完整的湖石假山，高度和体量都较大，博物馆二层楼新建的预制板承受不了。由于楼板已在施工，没有修改余地，自然就选中了我们这个方案。

周：看来很多事情都是这样，最合适的才是最理想的。

张：对。当然，有时候也需有权威来撑腰。国家城建总局说，苏州方案缺少一位名人，到国外去没有权威恐怕压不住阵脚。我们就提出请陈从周先生当顾问。国家城建总局认可，向上海同济大学发函邀请陈从周来苏州会商设计方案，他对方案和用材都提了很好的建议，并认真撰写了向美方介绍的说明文稿。11月份陈先生与苏州设计专家组一同前往美国，与大都会博物馆商谈建造事宜。当时还是叫"中国庭院"，一直到12月正式签订合同时，才由方闻命名为"明轩"。

历史回望：根据设计方案，"明轩"仿照苏州网师园殿春簃庭园建造，位于纽约大都会艺术博物馆二楼，占地400多平方米（13.5米×30米），园内有屋宇、曲廊、山石、碧泉和小亭，表现明代园林的艺术风格。按照中美双方合同面规定，同样的工程要做两套，第一套作为实样，建造在苏州东园，1979年4月落成。5月，主要出资人阿斯特夫人及博物馆负责人等实地考察后对其极为满意。6月份开始制作运往美国的构件。鉴于这是我国第一项出口园林工程，为保证质量，国家特批从四川调运几棵珍贵的楠木，用作柱子材料。其他木构件均选用上好的银杏、香樟，砖瓦全部在陆墓御窑定制，苏州市政府批调数万公斤砻糠，采用传统烧制工艺，每块砖均打上"御窑"印记。1979年10月，"明轩"工程构件193箱从上海启程运往美国。年底，"明轩"工程先遣组一行五人前往纽约。1980年元旦刚过，其余施工人员全部到达，博物馆为此专门在工地上举行了隆重的开工仪式（图3）。

图3 张慰人在检查工程质量

周：作为第一个园林出口工程，为了保证原汁原味的苏州园林质量，当时在选派工匠上是如何安排的？

张：当时苏州园林处有个园林修建队，共有二十余人，无力承担这样一个重要工程。但我们知道，苏州地方有一批能工巧匠，当时他们大都退休在家，住在太湖流域的村庄里。我们花了两个多星期，乘船去胥口一带，徒步一个村庄一个村庄挨户去请。一些老师傅说："我年纪大了，不想出去了。你要我出去嘛，我得把孙子带上，跟在身边学手艺。"这意味着要吸收一批新人进入施工队伍，当时还是"计划经济"时代，农民工进城要有指标，但市政府同意了这些老工匠的要求。我们终于把大木、小木、瓦工、石工、假山、雕刻、铺地、油漆等工种全部配齐，很多老师傅都是带儿携孙的。我们首先在北寺塔内搭起了工棚，在章表荣、陶维良的组织领导下，我们技术人员、材料采办等管理人员也全部到位，各工种开始备料的备料，制作的制作，干得热火朝天。各类构件制作的质量之优，至今我还感到骄傲！出国构件制作临近完工时，为保证安装的顺利进行，又为确保出国人员审查通过，市政府又在全市建设、房管、技校等单位抽调了一批熟悉传统建筑技法的骨干，连同工程技术人员、翻译、厨师和领队，一共二十七人，整装出发（图4）。

图4 明轩工程现场，部分工程技术人员、工匠

周：一批精兵强将啊！

张：这批能工巧匠是当代苏州古建园林的中坚，不仅为明轩落地大都会博物馆做出了不可磨灭的贡献，而且为后来的发展聚集了力量，在他们的带领下相继培养了一批又一批古建园林技术高手。

历史回望：1979年10月，"明轩"工程构件193箱从上海启程运往美国。年底，"明轩"工程施工组前往纽约。该组全体人员为，带队：章表荣、陶维良；技术人员：邹宫伍、王祖欣、张慰人；行政总务：王仲华；施工员及工匠：钟熊纯（技术11级、施工管理），六级以上木工朱小狗、张和金，五级木工王永林，四级半木工过汉泉，二级木工张建国，六级以上瓦工（含砖细）杜云良（瓦工总负责人）、徐宝兴、夏根宝、钟荣明、王虎生，五级半瓦工（含砖细）郁水发，五级瓦工（含砖细）薛福鑫、张根南、韩琦，四级瓦工（含砖细）吴永庆，三级瓦工（含砖细）朱庆洪，五级石工费水生，六级假山工朱光辉；翻译瞿忠文，厨师詹钦标，共计27人。

1980年1月2日，"明轩"工程在纽约大都会艺术博物馆开工，5月23日完成，5月30日，通过工程验收。美方认为："(明轩)庭园完全符合关于制作交付、重新安装的所有协定"，"博物馆要感谢中国代表团的空前合作及他们用最高超的技术完成他们的责任的精神。"1980年6月11日举办预展仪式，6月18日正式对外开放（图5）。

图5　方闻先生编辑的《明轩专刊》详细介绍了苏州古典园林的历史、文化和造园艺术

周：明轩是我国第一座以园林为内容的出口工程，为中国园林走向世界迈出了第一步，架起了中外文化交流的桥梁，影响深远。之后世界各地相续引进中国园林，仅苏州就在世界各国建造了四十多座苏州古典式园林或庭院。明轩有开山之功！

张：明轩本来是博物馆为了陈列其珍藏的中国明代家具而建造，我们做了一个非常漂亮的"盒子"把家具装起来，结果这个"盒子"与里面的家具融为一体，明轩亦成为博物馆的一个重要的展品——这就是我们的成功。

周：非常感谢你给我提供了这些鲜为人知的故事，我相信读过这个专访的人都会受到很多有益的启发。再次谢谢您！

（本文作者周苏宁，亚太地区世界遗产中心古建筑保护联盟副主席，苏州市风景园林学会第八届理事会常务副理事长。
此文原载于《世界遗产与古建筑》2015年第2期，《苏州园林》2017年第1期）

慰人？慰人！
——采访张慰人札记

刘放

作为一个吃了近二十年新闻饭的人，笔者自觉是见识了不少独具个性的采访对象的，也为各自题材而抓耳挠腮过，面对稿纸无从下笔过，像狗咬刺猬，像张口咬天。

但一搁一年半才动笔，此为头一遭。

我知道自己是遇上独具魅力的采访对象了。采访结束后，迟迟不敢动笔，这一种近乎情更怯的感觉，仿佛面对一块可遇而不可求的珍贵璞玉，久久不敢下刀雕琢，唯恐自己功力才力不逮而浪费了绝佳的机遇。可又常常夜半醒来，想到自己欠下一笔债，而这个债主恰恰是自己。我是非常想写好这个人物的。真有点"为伊消得人憔悴"的味道。这样一拖，就是一年半（图1）。

图1　张慰人在园林里留影（2018年）

我的确不舍得草率了却这篇文字。抓住人物的主要功绩，得了几个什么大奖，再写一两个传神的细节，一篇人物通讯或曰人物特写就宣告完成了。这种新闻文学是最常见的，也是最省力的，但我以为不适合我想写的这位园林人。如果我这样写了，那就是对难得的采访对象的不负责任，也是对自己的不负责任。所以，我想写的这篇文学，与其说是人物通讯或人物特写，不如说是我接触这个人物后的感觉和内心独白。

他叫张慰人，国家一级注册建筑师，高级建筑师，时任苏州园林设计院院长，与苏州园林结缘整整四十年。

白发小生，也是苏州的形象

人有人的长相，城市也有城市的形象。关于苏州的城市形象，上海学者余秋雨有散文名篇《白发苏州》，写得精彩而美妙，不但写出了苏州的神采，也写出了作者的才思和敬畏的心理。其中的白发主要是赞叹了苏州的古老和古典。前不久，昆山作家杨守松写有一篇《黑发苏州》，表面上看是与余秋雨掰手腕、唱反调，其实是歌颂了苏州的生机和活力，都是有助于苏州形象深入人心的好文章。

只是，余秋雨的白发忽略了一个历史上最著名的白头人，而且比李白"白发三千丈"还要早一千多年，那就是昭关一夜愁白头的伍子胥。如果我读的《文化苦旅》不是盗版的话，我认为余秋雨写苏州的名篇是有遗珠之憾的，而且我认定他在构思和腹稿中都想到了，定标题时伍子胥的白发更飘扬在他的字里行间，不知怎么，写着写着就给忘了，忘了这位一头白发"相天尝水"规划设计苏州城的千古名人。

我写张慰人，是无法不提及他一头白发的。白得如一尘不染的雪峰，而且修剪梳理得极整齐，透出苏州的精致。他的白发是介于余秋雨的"白发"和杨氏"黑发"间的白发，古典中不乏青春朝气。而且鹤发童颜，堪称"白发小生"，与人交谈平稳，语调不高，凝练得有如"书面语"，连"啊，吧"类的语气词也少见。语调未必也如其人的审美趣味？苏派园林陶冶人，莫非包括他的语调和语气？

张慰人告诉我，他在苏州园林里工作了四十年，也就是卖身园林一生。为了欲全面了解他的读者，这里列一列他的履历：1956年考上苏州建筑学校，1958年毕业后又上两年大专班，1960年留校任教，后到上海同济大学进修，1962年回苏州园林处，就将自己作为一棵有生命的植物，栽埋进了园林，让生命刻上四十道美丽的年轮。

他告知我这一切是欣喜的，庆幸的。但他没隐瞒四十年前，初进园林时的失落感。那时的张慰人自然是满头青丝，也自然是小分头，学的建筑专业，满身心地要建高楼大厦，最好让莱茵河畔的尖顶和塞纳河畔的拱门倒映在胥江的水底。但是，与园林打交道，就意味着"抱残守缺"，维护保养明清先人留下的老房子，透出一股青灯黄卷的霉味，那多没劲！不料一旦投身其间，领略先人的大智大慧，他渐渐生出了相见恨晚的迷恋感觉。他说，余生晚矣，1962年进园林已经恢复了元气，只需锦上添花了，而苏州园林最需要雪中送炭的，当是50年代抢修留园、拙政园、沧浪亭、狮子林。如果那时进园林，不但有大功于苏州园林，自己也能学到更多的东西。再晚一点，赶上1958年的修缮网师园，1959年和1960年的修复耦园，也不错，只可惜那时自己还是校园中的学子。了解这些，对他的一生很有意义，他对园林的钟爱，融进了敬的成分，敬那些有卓识远见的前辈，在极困难的条件下，保护了苏州园林。所以，他能心无旁骛地潜心园林四十度春秋，让青丝染霜雪，但整齐精致依然故我。

作为仰慕苏州文化的外地人，不需更多的旁证，我于我采访对象的额发间，领略了苏州的神采。

做人的骄傲

张慰人回答了我最想了解的明轩。

明轩是苏州的骄傲，中国人的骄傲。坐落在美国大都会博物馆的明轩，不但精美绝伦，完整地展示了东方筑园艺术，而且是最先走出国门的苏州园林，是苏州筑园史上辉煌的一笔。

张慰人主持了明轩的前期工程。在这一天之前，他已在苏州园林滚爬了十六年。这十六年里，他师从陈涓隐先生、汪星伯先生、郑子嘉先生，学到了许多课本上学不到的东西。这些老一代的苏州园林大家，都是有着丰富经验的实干家，二十岁出点儿头的张慰人，处处留心皆学问，从前辈的一招一式和只言片语中体味、琢磨、总结，知道传统的园林艺术与技术是两个领域，建筑是建筑，植物是植物，使之成为完整和系统的学科，是建国后园林工作者的贡献，张慰人在这门新学科中乐而忘返，羽翼渐丰。

他不想过多谈自己的功绩，因为明轩是集体的智慧，功劳贡献历史自己记载，许多文章已写过。但他忘不了与同伴一道撑船去横泾和香山，一个个请老师傅出山。设计方案出来后，六窗工在园林界已无人，砖刻也无人，亭子上的飞檐翘角都无人能做，必须到民间求贤。就是这座明轩，不但培养了设计力量，也培养了一大批技术工人，苏州园林艺术终于后继有人了（图2）。

图2　明轩使用的部分珍贵木料，经国家有关部门特批的树木砍伐现场

明轩成功地走出国门，国内的古建工程开始兴旺起来，但吴门是其中公认的翘首。

明轩远渡重洋二十年后，1999年张慰人设计的寄兴园在美国纽约开园。这是一座典型的苏州花园，获美国纽约优秀设计奖。一座园，从设计到动工再到开园，一般要三四年的时间，张慰人在纽约的时间长了，思念妻儿心切时，他会跑到大都会博物馆的明轩，置身其间，就仿佛他乡遇故知，虽然不发一言，但彼此间的"神交"，足以排遣世间的一切愁苦，并带来新的创造灵感。在张慰人的心中，明轩是通灵性的。

其实再早一点，1991年到1993年，他在美国著名的迪斯尼公园旁主持修筑锦绣中华时，就常常跑去看望明轩。这座锦绣中华园总投资逾一亿美元，为美国人民了解东方文明古国开启了一扇窗口。明轩则在这扇窗口前灿烂地微笑。

采访至此，我玩味起了主人公的名字。本来我是不爱玩这类文字游戏的，尽管一部伟大的《红楼梦》中充满人名的玄机，比如"真事隐去（甄士隐）"，再比如"假语村言（贾雨村）"之类，我总觉得玩名字游戏摆不脱牵强附会。但是，张慰人的"慰人"，的确是其名与其人太偶然、太巧合了，他以人为本设计园林，不就是设计人的精神家园吗？不就是给游园人以精神上的慰藉吗？当然，也包括了外国友人。慰人？慰人！

我忽然懂得了他所说的，有幸参与的明轩设计兴建是他做人的骄傲。我也忽然懂得了他告诉我的，"走出国门就都变成了爱国者"。古人称画家"胸有丘壑"，我想，心胸宽广博大的造园人，也必定是心中有园的。

也要慰己，那是在不被人理解时

如果谁以为像张慰人这样的大建筑师，所到之处都是鲜花和掌声，那就错了。

他的敢于与迪斯尼媲美的锦绣中华园，无疑是大手笔，那么是谁将此如椽大笔送到我们的建筑师手中的呢？是香港中旅集团，他们是在深圳锦绣中华的基础上，发现擎天巨臂的。

而关于张慰人在深圳锦绣中华园中的传奇，我早在采访他本人前就已耳闻。当时，锦绣中华园要修建一条苏州街，已有好几家在竞标，其中有一所著名高校的设计组，方案最为完善，几乎已被修建方拍板认可了，这时候，张慰人去了深圳。他是单枪匹马来端营的，仿佛他们张家那位执蛇矛的燕人张翼德，一声大喝，板桥退敌兵百万。他一人一支笔一张口，居然击败了对方，一时建筑圈内传为美谈。

如果说设计苏州街，他有得天独厚的与生俱来的优势，是因为他是土生土长的苏州文化人，那么，他主设计的园内全景影剧院大门，就又让圈里圈外人领略了他学贯中西的底气。深圳锦绣中华园让张慰人一鸣惊人，名传南国。

采访中，张慰人对这段经历一笑了之。只是介绍到，他去深圳是应邀而往的，因为深圳方从他主设计的苏州太监弄中眼睛一亮，就登门相邀了。这一"亮"对于他太重要了，不但带来以后一系列的辉煌，而且，对他苦心设计得到的却是当时的不理解，也是一种莫大的安慰。

现在我们看苏州太监弄，怎么看怎么顺眼，甚至将玄妙观和整个观前文化街联系起来看，这太监弄也有如漂亮礼服上一枚别致的胸花。你看那得月楼的飞檐，仰望上去，于云中仿佛扶摇直上九天揽月，真的有了动感；那王四酒家的门楼和上海老正兴的匾额，古色古香，与苏帮菜肴着居然有了和谐之美。这才是文化古城的美食街呀！但是，二十年前，人们的目光就少几分欣然，多了些许挑剔了：亭台楼阁的风格，放在园林还差不多，怎么搬到商业区来了？不太协调吧，思路有偏差吧，小资产阶级情调吧……虽然经投票获得十佳，并获苏州市建筑设计一等奖，但各种议论是无法让人去捂谁的嘴的。这种时候，素昧平生者上门相邀，无异于极力赞赏，那份士遇知己的感动，今生今世也是忘却不了的。

由此看来，欲慰人者，得有先于人的目光，同时还得有迎接责难的准备，并且偏偏这种责难来源于你欲慰之人。

如果一时接受不了，筑座小园给自己的心住吧。

古城美轮美奂的美食特色街可以作证。

我不知张慰人自己每次走过太监弄时有着怎样的心理。而我自己，这一年半来，每次走过都会有一种异样的感觉袭上心头，眼际挥之不去的必有一头修剪梳理很精致的白发。

还有，每每在干将路或是临顿路和凤凰街看到街两旁粉墙黛瓦的建筑，总会感叹自己生活着的城市是一座有鲜明建筑风格的城市，以及作这个城市市民的有幸。心中又会油然而生一份感激，并想起自己采访过而长时间不敢动笔一写的建筑师。我无意于把这个城市建筑风格的功劳都算在他的身上，但他的确为之付出了一生，他与他的前辈、同辈以及后辈们，给逾百万的市民心灵带来抚慰。他是他的同行们的代表，一个较出色又让我有幸偶遇到的代表。

也许，作为市民，该向他及他的同行们脱帽致意。

也许，我这篇迟写的小文，就是在履行一个脱帽的动作……

（本文作者刘放，《苏州日报》资深记者。此文原载于《苏州园林》2001年第4期）

· 蔡曾煜 ·

他，是苏州园艺教学与研究的领军人物。

他，甘为人梯，从教数十年，创建了苏州第一个园林绿化专业，培养了数以千计的实用人才，为苏州乃至省内外的园林绿化事业提供了人才支撑。

他，潜心钻研，聚焦球根花卉，开创了苏州研究培育唐菖蒲、郁金香、朱顶红、风信子等球根花卉的先河，为丰富苏州园林绿化的植物种类作出了突出贡献。

他，笔耕不辍，发表学术论文数十篇，让后来者分享研究成果和工作经验。耄耋之年，伏案奋笔，数载辛勤，三部苏州花木专著即将问世，填补了苏州园林绿化事业的空白。

——2017年首届苏州风景园林终身成就奖颁奖词

哲心匠思花木情
——记园艺大师蔡曾煜

周苏宁　何大明

蔡曾煜，原江苏省苏州农校（现为苏州农业职业技术学院）副校长，新中国培养的第一代园艺专业知识分子，一位既有扎实理论知识，又有丰富实践经验，并且浸润于中国传统文化底蕴的"哲匠"型园艺专家。

中国是世界植物的重要原产地之一，也是世界上花卉种类与资源最丰富的国家。但长期以来，特别是由于满清政府的腐败，国力渐衰，中国大量花卉资源外流，西方通过杂交育种，培育出许多新品，又返销中国，中国园艺水平已远落后于西方。中华人民共和国成立后，这种情况才逐步改变。在这几十年的改变过程中，并非一帆风顺，而是曲折多舛。蔡曾煜，就是在曲折发展中成长起来的一代园艺大师。如今，适逢新中国成立70周年之际，我们慕名采访了这位默默耕耘七十载的园艺大师，了解了他的许多鲜为人知的感人故事。在此整理出来，奉献给广大读者。

与花结缘：求学教学立大志

1935年11月，蔡曾煜出生在浙江海宁钱塘江畔的一个普通家庭。在抗战和内战中度过了颠沛流离的少年时代。1952年，在新中国成立之初，蔡曾煜中学毕业，因家里已有五个孩子，父亲希望他报考商校，能尽早扶持家庭。而他因在初中时参加过学校组织的马铃薯与大豆种植活动，特别是受苏联幸福之路集体农庄与米丘林育成"六百克安托诺夫卡"大苹果的影响，对农艺感兴趣。得到父亲同意，最终报考了农校，录取在浦东高行镇的上海高行农校园艺专业。这所学校校址原是一座私人花园，校园环境非常美丽，还有一座玻璃温室，种有许多温室花卉，在他年轻的心灵深处打下深深烙印。1953年因全国大专院校院系调整，蔡曾煜随专业调整至苏州农校学习。苏州农校始建于1907年，是中国近代园艺园林教育的发祥地之一。1955年蔡曾煜毕业后留校，从此成为苏州农校的一员，开始了园艺人生（图1、图2）。

农业院校的园艺专业，包括果树、蔬菜、花卉造园三门主课，但那时的"园艺"却被打入"冷宫"，全国所有农业院校，将花卉课程全部砍掉，园艺专业改为果蔬专业。喜爱花卉园艺的蔡曾煜有过彷徨。1959年秋，蔡曾煜被学校选派到山东农学院园艺系进修，师从国内外著名的一级教授李家文先生学习蔬菜栽培学。师从李先生后，年轻的蔡曾煜加深了蔬菜专业与花卉专业之间亲缘关系的认识，加深了它们在生物学原理上的相通性。后来，蔡曾煜就借鉴马铃薯退化因果与防止方法的原理，应用到球根花卉退化问题上，终于解决了球根花卉退化问题，取得成功。

图1　上海高行农校（摄于20世纪50年代初）

图2　苏州农校农机课（右一为蔡曾煜，摄于20世纪50年代）

1960年，学有所成的蔡曾煜回到母校后，担任果蔬专业教研组副组长。与全组教师共同建立了果树蔬菜标本区；开展果蔬生产的社会调查与生产实践，加强了果蔬栽培的科研与推广工作，并力争保留了苏州市唯一的一座花卉玻璃温室。同时，他注重狠抓教学质量，提出了自己的教学理念。他深刻意识到：没有深厚经验衬托的广博思想和知识，就像是一本每页仅有两行正文却有四十行注释的教科书。学校姓"农"，理论学习固然重要，实践能力更不可少，一定要培养学生的动手操作能力，熟练园艺专业基本技能，既懂理论又有技能，成为不同于普通农民的农技专业人才。在他的教育培养下，他教的那几届学生几乎都成了农技能手，种出的果蔬深受市民欢迎。1966年春他被提拔为校教导处副主任。

正当蔡曾煜准备在新的岗位上大显身手时，一场政治运动不期而遇。"文化大革命"不仅使蔡曾煜受到人身攻击，更严重的是精神打击。使他万万没想到的是，"文化大革命"期间，竟然把一个朝气蓬勃的农业技术学校给停办了！学校的许多土地、校舍被外单位占用了。1968年农校改编为苏州第十二中学。即使这样，他依然没有放弃理想。1970年，蔡曾煜担任十二中学教育革命小组组长。"羁鸟恋旧林，池鱼思故渊。"1974年，已担任副校长的蔡曾煜，以贯彻毛主席"五七指示"执行学生要学工、学农、学军为由，尽力保护农校残存的土地、校舍、图书、仪器设备与师资力量，还在普通中学开设了工业基础课和农业基础课，以此等待时机。

1978年全国各地农校大多已陆续恢复，但苏州农校又面临再次被分割的危机。在十二中党支部取得统一意见后，蔡曾煜为苏州农校的复校游说奔波，据理力争，终于在1979年夏，经省革会批准在原址复校。此后，蔡曾煜被省农林厅正式任命为农校副校长。

1979年，农校复校后，乘着改革开放的东风，农校迎来了又一次大发展，专业规模和在校学生不断扩大，蔡校长心仪的花卉园艺专业终于重见天日。他先收复了被占用的土地76亩，建立花木生产与科研的园艺场；校内的玻璃温室又完美重建起来；同时建成苏州第一个月季园，收集各类月季品种八百余种；学校园艺专业第一届招生即开办了花卉班——这是全国农林院校花卉课停开二十多年后的一次大胆尝试。1983年起，为江苏省建委开办园林绿化班，前后招收四个班级，一百六十名学生，成为全国中等农校开设园林专业之先河。这批学生也成为改革开放后江苏城市园林绿化建设发展的重要骨干；1983年他争取到联合国教科文组织引进四十七万美金贷款，购置了一批先进的教学仪器，加强了实验室建设；1980年，他赴北京接受农业部委托，学校增设培训办公室，常年举办全国中等农校校长培训班、全国乡企局局长培训班。1981年又接受中华农学会委托，开设全国外派日本、美国研修生的外语进修班。（图3）

蔡曾煜在狠抓教学的同时，面对新形势新要求，提出了强化基础理论与基础技能的教学观点，并组织各专业制订学生《基本技能考核标准》，这一举措后来在全国农校中得到推广。蔡曾煜在处理行政事务的同时，也开设园艺方面的课程。当时因无这方面的专

图3　80年代蔡曾煜在苗圃指导工作

业教材，他自编了《林业基础》《园艺概论》两本讲义，后来集结为《实用园艺》，由江苏科技出版社出版，成为多个兄弟农校的教学参考资料。

1988年2月，蔡曾煜参加了农业部组织的中国花卉代表团赴荷兰考察。在荷兰拜访了荷兰花协，参观了荷兰花展、花卉拍卖市场、花卉专业公司，并商谈了中国盆景出口问题。回国后他撰写了《荷兰花卉掠影》，记述荷兰花卉业的发展、现状与中国花卉业发展的建议。在此基础上，蔡校长参与了中国花协与江苏花协对中国盆景出口欧美的筹备与组织工作，筹划了在荷兰举办中国盆景展览会，成功展示了中国盆景。盆景作为中国园艺"国粹"，在荷兰一炮打响，深受国外同行和民众的青睐，蔡曾煜也被国内外园艺界刮目相看。1900年，已是桃李遍地、名满业界的蔡校长，受聘为省农林厅设于苏州农校园艺场的江苏省盆景开发中心顾问（图4）。

图4　1994年于苏州农校园艺场

退而有梦：极尽全力献爱心

1996年，已到花甲之年的蔡曾煜终于退休了。他本来可以静下心来安享晚年。但他却闲不住，退职不退休，离校不离"农"，园艺常在手。当他回忆自己走过的一生时，他曾深情地说："我这一辈子有一个美梦，做好一件事，就是园艺，竭尽全力把园艺奉献给社会！"

我们在探访他的人生轨迹时发现，这是一句实话，也是一句很有内涵和分量的人生感悟。确如他言，即使退休了，他依然做着他最美的梦，做着他最爱的事。

退休当年，他应聘参于苏州第一个主题公园——苏州乐园的绿化建设，担任专家组组长。他看到乐园里明显带有西方色彩的游乐设备，就想如何同时让园艺体现民族特色、普惠游人？他与专家组的同志一起据理力争，改变了国外专家不适合国情的绿化设计，并参与了绿化施工监理与养护，使乐园的环境大为改观，成为这个乐园成功运营的关键基础建设之一。

蔡老既能讲，也能动手做，所以退休二十多年来，他一直成为多个单位开设园艺课或花卉讲座的主讲人。对于这类带有公益性的活动，他却总是乐此不疲，坐着公交，奔波往返。为了加强直观教学，他还学会用电脑编制各种园艺PPT课件五十余辑，进一步提高了授课效果。在市老年大学、苏大老年大学、市工人文化宫老年大学与市政协花卉组讲授花卉课，一讲就是十二年。市科技协会、苏州市风景园林学会、市图书馆举办有关花卉的学术讲座，都会邀请他去主讲。他还成为多个社区的遗物讲课人，为小区居民举办家庭养花讲座，为此，他专门编写了《家庭养花》，传授普及栽花种草知识，并引起市科协《苏州科普之窗网站》的关注，专门开设了蔡曾煜《家庭养花》专栏。由于他讲课善于深入浅出、雅俗共赏，很受听众欢迎，常常济济一堂。

退休后的蔡老还喜欢多管"闲事"。21世纪初有传农校要搬迁，他既震惊又焦虑。苏州农校在清末初建时，校址是在城内小仓口的粮仓，1911年辛亥革命后学校改名为省立第二农校，搬迁至阊门外下津桥，是建国后全国唯一一所在原址办学的老农校，学校保存了一座建于民国三年（1914年）的老校舍——这座典型的中西结合的民国建筑，屋顶铺盖黑色平瓦，外墙用青灰和暗红两种颜色的砖块"混搭"扁砌，水泥浆勾缝；外墙上开设扇形木框玻璃窗，简洁明快；中间伸出的抱厦式拱门，由扁方柱、罗马柱和扇形屏风墙等要素构成。这可不是一幢普通的平房，而是苏州农校的百年化石啊！于是，他整理了一份详细的文献资料，报送市文物局，要求保护。市文物局经核查后，将此建筑列入苏州市第四批控制保护建筑名录，从此"省立第二农业学校旧址"得以保存，成为苏农最值得骄傲的历史见证。

最让蔡老曾煜先生梦萦魂牵的，还是他孜孜以求的园艺科研。作为苏州园艺界的领军人物，他退休后，花费了大量时间和精力，整理和深入研究多年来在教学和工作中积累的园艺资料，先后发表百余篇科技论文及科普文章，获得多项科技进步奖。其中，对唐菖蒲、朱顶红、萱草、风信子、百合花、鸢尾等花卉的科研成果，在当时都处于国内领先地位。特别是由他提出的"球根花卉种球生产国产化"的论文，在国内园艺界引起很大影响。

在国内，球根花卉的退化与繁殖系数低下，这两个问题一直是困扰种球生产的难题。荷兰球根花卉种球可以出口给我国，但他们只详细介绍花卉的栽培技术，却从不介绍种球的生产技术。蔡曾煜曾在一次中荷专家的交流会上，听到荷兰人傲慢地说"你们一定会把球根花卉种好，但你们难以生产种球"蔡曾煜当即不卑不亢地回敬道："球根花卉有许多原种都原产在中国，中国人会种好花，也会生产优良的种球。"

蔡曾煜对唐菖蒲的研究，是将中国人解决马铃薯退化这一世界性难题的理论与实践，应用在唐菖蒲种球复壮上，取得成功，获得中国花协第二届全国花博会三等奖、苏州市论文一等奖。蔡老又把这一成果应用在朱顶红、观赏百合、风信子等种球扩繁研究上，也相继成功。

蔡老还对鸢尾类花卉进行了长期研究。这是一个品种繁多的大家庭，蔡老悉心栽培研究了其中十六种鸢尾。特别是在国内率先培育出冬绿型路易斯安娜鸢尾，找到了在江南地区的生育习性，栽培管理方法，并通过组培苗等扩繁手段，在园林绿化中得到推广。

他的这些具有独创意义的研究成果，先后在《中国花卉盆景》《苏州园林》等期刊上发表后，广受业界好评，逐步推广开来。面对这些成就，蔡老总是淡淡地说，让花卉扮靓祖国大地，让花卉走进千家万户，这是我们园艺人最美好的人生理想。

花痴立说：填补空白著书忙

蔡老先生痴心园艺而得了雅号"花痴"。他的"痴"还表现在爆了"立说"的冷门。

在当代苏州园林研究热潮中，唯独花木历史的研究相对薄弱，几成冷门。原因种种，令人唏嘘！因为"冷"，有人视其为畏途，而蔡老却乐在其中，笔耕不辍（图5）。

图5　耄耋之年笔耕不辍的蔡曾煜

早在执教期间，蔡老师就把有关对花木史研究的成果，以雅俗共赏的趣文形式，陆续发表在《古今农业》《苏州园林》等专业期刊上。

退休后，蔡老先生继续演绎着精彩的"花痴立说"故事。他在深入研究的基础上，稽古钩沉、去伪存真、增订补缺，中寿之年开笔，耄耋之年完工，三部含金量颇高的花木史专著：《中国花卉史话》《苏州园林花木志》《苏州花木考》陆续问世（图6）。

图6　2017年在苏州风景园林终身成就奖颁奖仪式上，
苏州农院党委书记李振陆向蔡曾煜老校长祝贺和致敬

《中国花卉史话》撰写此书的起因，是蔡老读到一本英国学者威尔逊的《中国——园林之母》的启示，此书开篇第一句话就说："中国是园林的母亲，千真万确。"但近百年来，世界花卉王国却在欧洲荷兰，荷兰没有一种自己国家原产的花卉，而现有不少著名花卉的原种大多来自中国。蔡老知道，现在中国栽培的许多名花新品种，大多由国外通过育种创新之后返流中国。这让他感慨之余，下定决心要在前人研究的基础上，进一步梳理中国花卉史，以认识中华花卉文化的史实，来激励中华民族的自信心，继承创新，重新登上世界花卉高地和高峰。《中国花卉史话》洋洋43万字，配有548幅插图。2018年交中国农业出版社审稿，已定2020年春出版。该书从古农史、文学史、历代本草、地方志与绘画史中，收集了120余种木本和草本花卉史料。在写作过程中，蔡曾煜穷于思辨，勇于创新，采用独辟蹊径的旁证方法，别开生面地从古画中寻找研究花卉的线索。这种"以画史证花史"的独特论证方式，

开创了一条前人未曾涉及的先河，受到园艺界重视和好评。例如：原产于我国的铁线莲，在明代始见花卉栽培的文字资料，而在五代后蜀黄居寀（933—993）的传世《花卉册页》中，就绘有二幅铁线莲画，从而将铁线莲栽培史推前了五百年。同样，黄居寀的《水仙》画，证明现今栽培的中国水仙"金盏银台"，早在一千年前已成为人们喜爱的珍稀花卉。又如，秋海棠的庭院栽培，最早可见于五代末北宋初画家徐崇嗣的虫草画《秋海棠蝴蝶图》。再如晚香玉，清代邹一桂（1686—1772）、钱维城（1720—1772）的晚香玉画，与乾隆的题画诗，证实晚香玉在清康熙年间已经引进。该花初名"土秘盈斯"（英文名音译），后由康熙皇帝亲自命名为"晚香玉"。还有，在花史中历来有争议的荼蘼与木香、琼花与聚八仙、木兰与玉兰、桂花与肉桂、中国水仙起源等议题，蔡老都有精辟论证，提出自己见解，引人入胜。

《苏州园林花木志》十多年前，苏州市园林管理部门组织专家学者编撰《苏州园林风景绿化志》丛书，曾计划单编一卷《苏州花木志》，但种种原因未能如愿。如今，蔡曾煜呕心沥血编纂的《苏州园林花木志》，正好填补了这一空白。这部花木专志，40万字，配有插图836幅。全书按年代分为四编：春秋汉晋时期、唐宋时期、明清时期、现代苏州花木。重点在唐宋和明清时期。基本查证了唐宋之前的花木140种，明清时又增加189种。同时，记录现代园林露地花木与温室盆栽花木总量已达1642种。此外，明清时期的花圃花市、赏花习俗、花神庙等，也记录在案。书中还分类列出苏州现有园林植物名录，和苏州古树名木的分类与分布。堪称一部苏州花木的百科全书。该书2015年完成初稿，至2018年又三易其稿，目前，第四稿已通过中国林业出版社审核，有望在近期正式出版。

初读原稿，发现该书在考证中有四大特点：第一，将苏州园林史与花木史相结合，从而充实内容，充分反映了江南园林植物的演化史。第二，拾遗补缺，从诗人文集的校注、年谱等细微处旁敲侧击，挖掘有关花卉史料。第三，继续采用"以画史证花史"的独特论证方式。比如对白皮松的研究，从明代沈周的《草庵图》中得到旁证。考证兰花，借鉴南宋郑思肖的《墨兰图》。第四，在论证苏州花史中，作者还纠正了不少"以讹传讹"的错误。如光福司徒庙的四株古柏，并非邓禹手植，与其无关；又如苏州桂花栽培始于晚唐，否定白居易由杭州带桂花种子来苏之说；再如从宋代李英撰《吴中花品》中可知，宋代苏州的牡丹42品，其中39品是当时洛阳没有的。还有，苏州的水仙出口早于号称"水仙王国"的福建漳州；苏州栽培的琼花也早于扬州；早在晚唐时，著名诗人陆龟蒙已有苏州红豆的记载。诸如此类的苏州花史纠误纠偏，多达十几处。

《苏州花木考》苏州园科生态建设集团，策划编写一套"园科园林绿化"丛书，邀请蔡老撰写一本《苏州花木考》，2019年6月由苏州大学出版社正式出版。这部12万字的书，体量不算大，却雅俗共赏，颇具科普性、趣味性和可读性。全书分为12篇，都是与苏州园林密切相关的花木，有荷花、梅花、桂花、琼花、牡丹、红豆、兰花、菊花、玉兰、水仙、白皮松以及苏州盆景与插花，被雅称为"苏州园艺十二金钗"。故此，如其书名用"苏州园艺十二金钗"更为形象生动。

写到此，我们不能不为蔡老曾煜先生"老骥伏枥"的精神所感动！

他不愧是"苏州风景园林终身成就奖"获得者。

（本文作者周苏宁，苏州市风景园林学会第八届理事会常务副理事长，何大明，中国风景园林学会会员、苏州文史专家。

此文原载于《苏州园林》2019年第4期）

·怀志刚·

　　他，是园林绿化实践中练就而成的卓越专家。

　　他，在青春年华时选择了绿化事业，一干就是六十年。古城内外，大街小巷，哪里有树，哪里就有他的足迹。他对苏州绿化，如数家珍。

　　他，叫"怀大炮"，总是风风火火，敬业如天。当绿化工程质量出现问题时，他会"吼"；当园林绿化规划设计有偏差时，他会放"大炮"，他的人生价值在这种"较劲"中实现了完美的锤炼，他对园林绿化的贡献为人称颂。

　　夏天，当我们享受护城河东园微微清风时；秋天，当我们享受道前银杏一片金色时；我们总会情不自禁想起这样一位实干的园林绿化专家，令人敬重。

——2017 年首届苏州风景园林终身成就奖颁奖词

绿意点染来时路
——记苏州城市绿化实干家怀志刚

陈立

六十年，
风雨园林路，
有荒唐压抑，
有反思，
却没有迷途。

　　怀志刚，1932 年生，江苏苏州人，林学专业，他历任苏州市园林绿化工程处主任，苏州市绿化管理站首任主任兼绿化总工程师。之后又任苏州五维源景观设计有限公司设计研究院副院长兼总工程师。

　　本文为怀志刚先生的自述整理。

重出江湖

20世纪末，苏州轰轰烈烈地开发建设苏州新加坡工业园区，一切都连轴转起来，而我退休在家，一切却慢了下来，赋闲在家。无论是在家附近风景优美的沧浪亭里惬意地休憩，还是和老朋友喝茶聊天到尽兴处开怀大笑，心里却总觉得空落落的。直到政府聘用我为园区绿化顾问，彼时已经七十多岁的我又走马上任。

其实，在这之前工业园区已经请了美国、北京的景观设计规划公司来过，但他们对树种不熟悉，对苏州也缺乏了解。园林局领导看我干这一行很多年，对我说："老怀，还是你来吧！"有人觉得我有点苦，每天七点从人民路家里出发赶到园区，晚上六点回来，一干就是三年。"谁道人生无再少，门前流水尚能西"，我心里其实美滋滋的，老来还能发挥余热，相比起其他人，我不是幸运很多吗？

在设计中央公园绿化时，我否定了之前景观设计公司种小树的设想，提出要用大树作为公园的骨架支撑，其余种小树，浓荫蔽日，低枝写境。具体怎样的大树？胸径要二十至三十厘米，数量三十至五十棵。遵循生物多样性原则，种上时令花和四季开花不断的月季，使每季都有花可赏，天天生机勃勃。再者颜色要搭配好，比如路的两侧分栽翠竹、红枫，呈现鲜明对比的美。总之，要应用我国传统的江南私家园林的园林植物配置方式，突出"苏州特色"，注入传统文化内涵，制造出山林在城市中的景观效果，使市民一走入这里便能全身心徜徉在自然中，仿佛忘了四周不远处就是高楼林立、车水马龙（图2）。

图2　苏州工业园区中央公园

东沙湖公园是园区最大的公园，也是按生态园林模式来做的。在起初设计景观的时候，因为考虑到周末来公园的一般都是亲子一家人，我就提出种色彩树，槭树、红枫等，到了深秋，一棵枫树上能有不同层次的颜色，很能吸引小朋友。

如今，苏州要创建"生态园林之城"，成为真正意义上的"园林之都"，在园林绿化上的思路需要放开，小范围内已经培育成功的植物需要在全市大力推广开来，比如江阴红豆树、无锡红豆杉、东山孩儿莲、穹隆山紫楠、南京薄皮山核桃、虎丘湿地公园内的中山杉、解放军100医院内的千年白皮松、千年银杏树等。尤其是红豆树，是非常值得推广的一种珍稀植物和药用植物。2013年，我去外地考察的时候，发现当地有一株红豆树上挂满了祈福的红布条。我当时就在思考，说明人们很信任、喜爱此树：它结的果鲜红浑圆，玲珑可爱，光彩夺目，是相思的象征、爱情的信物、友情的见证，而且叶面能净化空气，对有毒气体有较强的吸收过滤作用，对防癌也有作用。但就是这种树，却在姑苏区范围内没能引起足够的重视，仅有十余株。还有孩儿莲（红茴香），对我市单调的常绿桂花树是一种很好的补充；薄壳山核桃有极佳的遮阳效果，果实有保健功效。

雨打芭蕉

六十年，风雨园林路，有荒唐压抑，有反思，却没有迷途。我本名"刚"，骨子里总要有些不屈不挠的东西。

记得20世纪80年代做古城区道前街景观银杏大道建设时，一开始便遭到一批人的反对。许多人得知要拆除沿河房屋、拓宽街道、开辟绿化带，就说是破坏古城，影响小桥流水古城格局，得不偿失。其实，当时那边除了挤窄的房屋和道路，生活极其不便，外围毫无美感可言，我尊重他们对于古城保护的初衷，但城市首先是要宜居的。之后，对银杏树的种植更是掀起了一阵反对声，说银杏树是庙树，种在行道上不成体统；还有人说它是落叶树，树冠既不遮阳又不挡风，叶子掉地上"乱煞"，果粒掉在小孩头上要长癞痢头……我只是隐忍，不作回答，后来这阵风波总算过去了。

我对人民路的感情很深。在某种意义上，我"栽培"了它，之后我又与它相依相伴大半生。我来苏州参与的第一个大工程就是人民路绿化。当时，路两边只两排高大的行道树，随着城市绿化要求深入，提出了美化要求。我大胆提出了引入"园林小品"的建议。比如，留园的"古木交柯"，是一组很完整、技艺高超的艺术小品，既有欣赏价值，又富有哲理意义。这种园林小品和苏州当地的地理气候、工艺特色、主人思想性情都分不开，这么优美而具有"苏州特色"的东西为什么不能搬入人们的生活中呢？幸运的是，这一想法没再遭到驳斥。之后文化宫、三元坊、接驾桥等空隙地上种上了色叶树、观花树种，并搭配上湖石假山等组成各园林小品（图3）。这样做下来，颇受市民喜爱，也得到了中央文明办的表扬，发文把苏州城市绿化"见缝插针"式做法推广到全国，被评为全国绿化先进城市。

图3　怀志刚设计建造的园林小品

从大学毕业到现在,我从事园林绿化工作六十年,经历了苏州城市园林从无到有、从低级到高级的全过程,自己也算做出了一些成绩(笑)。记得以前在摆虎丘盆景园的时候,要手把手教工人种下、摆好,每天都到现场看,我常说一句话:"有问题,瞒不了我!"

寓情于景

(记者:苏州园林中包含的造园思想、东方美学理念、生活哲学等博大精深。门外汉观赏园林往往是走马观花,难以领略其中微妙。那么,我们究竟该如何欣赏园林呢?)怀志刚告诉我:国人看景,懂一点传统文化的,看的是情、是意,就是陈从周讲的诗情画意。比如,很多植物被人为地带上了民俗色彩,如海棠、牡丹、桂花栽在一起为"玉堂富贵";石榴开而得百子,寓意"多子多福";紫薇则是"高官厚禄"的象征;朴树,寓意朴实和不忘故土;榉树,既有高官厚禄之意,还有智慧与品质非凡之意,等等。如果我们有所了解,先人赋予的美好意象本身就会使景观披上一层光彩,提升我们的视觉审美。但"不解风情"就没什么意趣了。

园林绿化布局彰显的是造园主题。如拙政园的主题思想,可以从它的植物品种组合与园子命名来看,不难看出原主人追求的是退隐田野、过清闲自在的生活。榔榆、黄杨、银杏、枇杷、榆、槐、榉、朴、梅等乡土树种几乎占到了整个园子树木的一半以上,为园子打下了古朴淡雅的底色。现在我们看到的香樟、广玉兰等高大常绿树是后人加进去的,与古人的原意已经有很大偏离。可以说,古时的园子不为富丽堂皇,而取淡雅古朴、林静水清之意。这种以植物造景的情境在拙政园中随处可见。

我们常常谈造园手法，而对于园林植物造景的手法却不常提。我国古典园林中常常用树木以露、挡、遮、衬的手法，实现空间的意趣生辉。植物借以月洞门、漏窗、假山等媒介，其形、姿、色、味有意无意间置于明眸善睐的眼鼻耳之间。植物是自然生长的，即使工法有据，却能不着匠意，在岁月更迭间，匠意消散了，就给人以无限野趣。

（本文作者陈立，《苏州楼市》记者。此文原载于《苏州园林》2018年第2期）

大 师

·金学智·

  他，是一个终生在园林中散步的人。

  他，三味园韵，日涉成趣，从书法美学中发现了"苏州园林"独特魅力，移花接木，经时历世，集成了厚重的大书——《中国园林美学》，填补了中国美学的空白；一时，"洛阳纸贵"。

  他，心与景会，神游笔走，探美于建筑、花木、泉石之中，陶醉于色、光、影、声、香的虚景之间，研究领域几近苏州园林每个角落。

  他，著作等身，却不顾迟暮之年，孜孜不倦研究《园冶》句意解读，用不辍笔耕来实现初心夙愿。作为享受国务院特殊津贴的专家，他则说，"我，只是一个终生在园林中学步的人。"

——2017年首届苏州风景园林终身成就奖颁奖词

  金学智自20世纪50年代开始研究美学，至今已有学术专著十余部，曾多次获中国书法兰亭奖理论奖、江苏省社科优秀成果一、二、三等奖、江苏省"五个一工程"奖等，另有唐诗美学、艺术亲缘论、艺术养生论以及绘画、雕塑、篆刻、建筑、音乐、戏曲等美学论文三百余篇。有的被译成英、法等文字。

中国园林美学第一家

李嘉球

  19世纪初，常州叠山名家戈裕良应邀来到苏州，以其独特的匠心、高超的技艺，为家住苏州景德路的孙古云叠造了一座酷似真山的假山，给苏州、给中国乃至世界文化宝库留下了一件精美绝伦的艺术珍品，这座假山被称为"中国园林现存假山第一佳构"。

  不知是不是上苍的有意安排，还是历史的巧合，一个半世纪后又有一位常州人来到苏州，他以一双睿智的眼睛，发现了苏州古典园林中蕴藏的无限的美，并由此延伸至全国。经过多少年多少回的品赏、挖掘、总结、梳理，终于撰成了洋洋数十万言的《中国园林美学》，为中国园林走向世界献上了一份精美的礼品，同时也成为一份世界级的珍贵文化艺术精品。

  1999年冬的一天，笔者叩开了这位"园林美学第一人"——金学智先生的家门。

  不知从什么时候起，我的脑海中留下这么个印象：搞美学的专家学者，一定是脾气

性格清高、孤僻、古怪的人。因为只有这样与众不同的人，才会用与众不同的眼睛去发现在平常人视而不见的美。然而，见到金学智先生之后，彻底打消了这个印象。金学智先生是著作等身的全国美学界的知名人士，没想到他是那样的朴实、随和、谦逊、热情。

金学智先生出生于常州一户文化人家庭。父亲是个数学家，曾编著过《中国地积计算表》等书，著名教育家蔡元培先生欣然亲笔为之题签；还当过镇江地质测量局局长。然而，金学智先生没有得到父亲的教育熏陶，1942 年，日本侵略者的炸弹将他父亲炸死在重庆一处地下室。当时，金学智先生才九虚岁。不久，母亲也恋恋不舍地离开了他。家中的房子亦被人占去。从此，金学智成了一名无家可归的孤儿，只得去过寄人篱下的生活。

孤儿能上学读书已是件不容易的事，然而聪明好动的金学智恰恰又不安分守己，常常逃学，偷偷钻进戏园看戏，或着魔似的照着绣像小说描摹人物，或向人学琴、棋、书、画、吟唱，像饥饿的婴儿拼命地吮吸着艺术母亲的乳汁。

对金学智先生一生产生深刻影响，令他至今难以忘怀的是家乡一位知姓不知名的哑巴画师。哑师以绘制连环画和扇面为生，写得一手好字，许多人都向他买书画。一心想学本领的金学智十分仰慕，于是来到他案前看哑师绘画作书，常常一站就是一整天。善良的哑师见少年如此痴迷，便不收分文地教他绘画书法，并将自己珍藏的《芥子园画传》《八法生化之图》《钟鼎字源》《草字汇》等书籍借给他。灵性的少年极讨哑师的喜欢，于是毫无保留地教他执笔、运笔，画人物、画山水……然而好景不长，金学智先生十五岁那年，那位心地善良的恩师也离他而去，他为失去了这样一位亦师亦友的哑师而大声恸哭。性格坚毅刚强的金学智知道只有眼泪是没有用的，他为了将来能好好生活下去增添了学艺的动力和决心。

翌年，金学智先生被迫离开了学校，孑然一身，去一所乡村小学当先生，开始了以教书谋生的生涯。由于生活困顿，营养不良，小先生身材还不如高小学生高呢。穷苦的孩子早懂事。金学智先生并没有因饭碗有着落而满足、松弛，他在繁重的教学之余，仍拼命地钻研着琴棋书画，吟唱着艺术。

1949 年后，金学智先生依然当他的小学教师。但毕竟时代不同了，他感到天上的空气清新了，自己的心情轻松、舒畅多了，于是人们常常能看到他"与民同乐"的场景，吹拉弹唱、绘画作书，献演给关心、照顾他的村民。年龄在不断地长大，新中国正在发生日新月异的变化。忽然有一天，金学智先生产生了再去读书的念头。凭着他聪明的脑袋和夜以继日的刻苦自学精神，终于如愿以偿地跨进了高等学府的大门，成了南京师范学院中文系的一名学生。

对失而复得的读书机会，金学智先生自然是格外珍惜。他是班上的积极分子，曾获得过"保尔荣誉证"，白天去炼钢铁、筑铁路，晚上则如饥似渴地读书。他是学校的文艺骨干，还是南京大学生艺术团成员，曾与世界一流的德累斯顿交响乐团联欢。一曲琵琶独奏《春江花月夜》曾不知赢得过多少人的热烈掌声。他没有像其他同学一样沉迷于长篇小说中，而是像蜜蜂一样广泛采集，博采众长，逐渐对唐诗和西方现代美学产生了浓厚兴趣，他的《李白笔下的自然美》等美学论文就是在学校里写成的（图1）。

图1 金学智早年著作

真的也许是老天安排的一种缘分，大学毕业分配原本有希望到南京艺术学院的金学智先生，阴错阳差地分配到了苏州中医专科学校。1960年9月开学后，他才接到分配通知匆匆报到。从此，园林之城的苏州成了他的第二故乡。

那时，金学智单身一人，闲着无事，数十座古典园林便成了他星期天寻"芳"的好去处。一份大饼油条，一本书，五分钱一张的门票，早上进了园直到关门才出来，他渐渐地迷恋上了苏州园林这位"美人"。然而，1962年，正当他与"美人"密切往来时，他所在的学校停办了，他被下放到沙洲梁丰中学（今属张家港市），当一名语文教师。

金学智先生是因20世纪60年代初发表过几篇美学论文，被视为"反动学术权威"挨批斗，关入"牛棚"，随即因"革命需要"而"解放"。十年间，他曾绘画过数十幅巨幅毛泽东标准像和《毛主席去安源》，书写过无数副对联；手执一把京胡，什么"西皮""二黄"都能自拉自唱，李玉和、杨子荣、郭建光、李勇奇、李铁梅……全扮演过。而最让人叫绝的是他在《沙家浜·智斗》一场中，演唱阿庆嫂、刁德一、胡传魁三个角色，惟妙惟肖；还能犹抱琵琶半遮面，喏声细气、阴柔无比地弹唱弹词《蝶恋花》——如此这般，他依然没有放下心里的苏州古典园林。

春风终于吹散了乌云。1978年，金学智先生又重新回到了古城苏州，回到了"美人"身边，真有点"前度刘郎今又回"的感觉。他喜欢用散步的方式与"美人"交往，独自漫步于假山下、长廊里、水池边、曲桥上……用金先生自己的话来说："散步出智慧，散步出美学。"经过多少回的观赏、品味，金学智先生发现：苏州的古典园林的主题是典型的文人写意画，"它是以建筑和山石花木的组合为主旋律，以文学、书法、绘画、雕刻、工艺美术、盆景以及音乐、戏曲等门类艺术作为和声协奏的，既宏伟繁富而又精丽典雅的交响乐。它是把各种不同门类的作品有机地荟萃在一起，从而给人以丰富多样的审美感受的综合艺术博物馆。"基于这样的发现，身为苏州教育学院教授的他，更加觉得苏州古典园林文化价值的重大，他要为苏州古典园林高歌，于是又经过了多少个不眠之夜，终于写成了园林史上第一部美学专著《中国园林美学》。著名美学家王朝闻、李泽厚先生欣然为之作序，予以充分肯定和高度赞扬。出版问世后，《人民日报》《文艺报》《文汇报》《文艺研究》《中国图书评论》《学术月刊》《江海学刊》等十多家报刊先后发表评论，认为弘扬了民族优秀文化传统，填补了门类艺术美学研究的空白；曾荣获江苏省哲学社会科学优秀成果二等奖，华东地区优秀文艺图书一等奖，并入选匡亚明主编的《20世纪中外文史哲名著精义》一书（图2、图3）。

图2　首届中国书法兰亭奖理论奖　　　　　　图3　《中国书法美学》书影

苏州古典园林是金学智先生永远的"恋人"。"衣带渐宽终不悔，为伊消得人憔悴。"1989年1月，他骑车去苏州教育学院上班，在胥门桥下交叉路口被违章横穿马路的骑车者撞倒，左腿股骨折断。按照医生当时的治疗方案要截肢。搞园林的宁可没有手不能没有腿，在多方设法之下，总算保住了腿，但至今骨头里仍留着两只二三寸长的钢钉。

为了向世人宣传介绍苏州古典园林，弘扬民族优秀文化，张扬民族艺术精神，金学智先生不顾腿痛，拄着拐杖，在夫人的搀扶下行走于园林之间。去年，为撰写"苏州文化丛书"中的《苏州园林》，金学智先生还特意赶到吴县东山等地实地考察，忍痛数登骆驼山。为参加《苏州园林品赏录》的编撰，他曾断然拒绝其他出版社的约稿。由于学术研究成就显著，1992年他开始享受国务院特殊津贴，1994年获曾宪梓教育基金奖。

1999年，他被邀请担任《留园》画册的顾问。顾问是个虚衔，而他则一本正经，不但为画册作序，还对画册每一帧照片的选景、立意、构图等都提出了严格的要求，还亲自从古典诗词文章中挑选出契合于照片的文字作标题，并于"题图说明"中一一注明出处，甚至连书中文字、标题都逐一把关。这样的顾问，眼下恐怕打着灯笼也难找出第二个了。从中也足以看出他严谨的治学态度和对苏州古典园林的呵护。

美学是讨论真、善、美的学问，而基础核心是真。金学智先生作为美学家对苏州古典园林的每一条史料都花工夫考证过，以求"真谛"。他对沧浪亭取名出处的考证便是一例。沧浪亭是苏州园林中最古老的名园，以前许多人都认为"沧浪"一词取意于《孟子》中的《孺子之歌》，其实不然，而应是《楚辞·渔父》中的《沧浪之歌》。苏舜钦官场失意，自然想起三闾大夫，需要找一处安宁的环境以求解脱。而沧浪亭当时"崇阜广水，荒湾野水"的自然环境与《渔父》中的意境正好一致，苏舜钦自然爱而徘徊不愿离去，于是按《渔父》的意境来构筑自己理想的栖身之地。而前者的意境是不同的，为此他最近特地写了《诗人

苏舜钦与沧浪亭》。

　　金学智先生为自己有幸生活在苏州这个园林城市而感到骄傲。苏州园林也应为有金先生这样的学者而感到欣慰，因为"人生难得一知己！"金先生思考着21世纪园林的定位，他在《苏州园林》杂志举办的"苏州古典园林世界文化遗产·申报专栏"中曾这样写道："人与自然的谐和关系是世界性的重要课题，也是21世纪的重要课题，作为文化遗产的苏州古典园林，对研究和解决这一重要课题是会有深远的启发意义的。"经过十多年之后，金先生对自己的《中国园林美学》作了较大的修改、更新、增补，最近已以增订本形式由中国建筑工业出版社出版，这是金先生献给新世纪的一份厚礼。

　　（本文作者李嘉球，《苏州日报》资深记者。此文原载于《苏州园林》2000年第1期）

会心不远：寻觅最美桃花源
——记当代中国园林美学集大成者金学智

周苏宁　何大明

金学智，在当代中国园林文化艺术领域中是一个如雷贯耳的名字。

他，学识广博，学术精深，著作等身，自20世纪50年代后期开始从事以学科交叉为方法特征的美学研究以来，已有整整六十年之久。他勇于在美的堂奥中寻觅真谛，在荆棘丛生的探索之路上不断前行，攀上一座座高峰，开掘一个个宝藏，有些创获更如宝石般光辉灿烂，如一部《中国园林美学》，从南京到北京，就再版两次、重印13次，创下同类学术专著之最，被中国建筑工业出版社评为优秀作者；从时间维度上看，自1990年出版伊始至2018年，历时28年而不衰，至今仍广受欢迎，可见其学术时效之长；再从拓展的专业领域看，《中国园林美学》一马当先，接着是《苏州园林》《苏园品韵录》《园冶印谱》《风景园林品题美学》《园冶多维探析》，还有年底即将出版的《园冶句意图释》，他总是这样乐此不疲地耕耘、收获、再耕耘、再收获……徜徉在美学天地间。

金学智以一个美学家的视野和胸怀，融通中外古今，美境会心不远，在文学、书法、绘画、园林等艺域中探索人类精神世界最美的桃花源。他成就了自己，也成就了当代中国园林美学。他无愧为中国园林美学的集大成者。

美学起步：从文学赢得灵感

金学智，1933年生于江苏常州。因父母早亡而进入了寄人篱下、形影相吊的人生苦旅，少年时因贫困无依而失学，也因贫困无依而发奋学习，这更成为他终身求艺治学、激励自我的内在动力。正如上海《书法》杂志一篇报道所概括："他自幼失怙，继而失恃，孤苦伶仃，生活无依，读中学未竟，复遭失学。这连续的'三失'，在其幼小的心灵深处留下了累累创伤，然而又使其更发愤地刻苦自学。"

失学不失志。少年金学智从小就好求上进，也许是由于天赋，他对书法、绘画、音乐、文学等都有着浓厚的兴趣，还是一个小戏迷，常常偷偷钻进戏园看京戏。一个偶然的机会，他有幸认识了一位哑巴画师。为了谋生，他虚心拜于其门下学书画。画师见少年痴迷执着，决定不要任何报酬教他书画，并背诵书论画论。尽管哑巴不会说话只能"手语"，但心有灵犀一点通，金学智很快即心领神会。不久，他就能照着古典绣像小说描摹人物，着了色送给少年朋友。

1948年年初，由于再也交不起学费，还要糊口，金学智不得不离开常州，来到武进县一个偏僻的乡村小学当一名义务小先生。学校借用一座小祠堂，全校只有三个半教员。金学智是非正式的，只算半个，没有薪水只有饭吃。到了星期六晚上，三位老师都回家了，金学智独处阴冷的祠堂，倍感茕茕然形单影只，只能在油灯下临摹《芥子园画传》，以艺术美来慰抚孤寂痛苦的心灵。如豆的青灯时明时暗，但金学智的志趣却始终不渝。他不怕"吃尽苦中苦"，只希望将来当一名画家，能在艺术的天宇中自由翱翔。这种追求和意愿，终于在新中国成立后有了实现的可能。他成了正式教师，拿到工资，欣喜若狂！于是，攒积下来的钱，除了上城买书画用具外，还购置了多种乐器，不但练独奏曲，而且为乡人伴奏京剧、锡剧和民间小曲……

　　20世纪50年代中期，金学智凭借自己对艺术美的感悟，联系工作中所见所闻，在《江苏教育》《辅导员》等杂志上，发表了一些教育漫画。这也许就是他在心田里所撒下的美学种子。

　　1956年，金学智通过自学，考入南京师范学院中文系。不久，全国的美学大讨论拉开序幕，朱光潜、李泽厚这些名家都参与其中，但金学智对纯理论性的美学讨论有自己的见解。他认为：从哲学角度单一地研究美的问题固然必要，但对广大人群来说，未免太深奥、太抽象、太枯燥，似乎离开了文艺创作和鉴赏的实践。于是，决定另辟蹊径，尝试着把美学和具体的文艺品类嫁接起来，他的灵感首先让其将目光投向了足以代表华夏文化的唐诗。

　　1958年，金学智读"大三"，他带着《李太白全集》和同学们至野外筑铁路。由于劳动奋力，后来南师筑路大队还给他以"保尔工作者"的荣誉称号。这使金学智得以夜晚在大帐篷中的汽油灯下读完李诗全集，而免遭"走白专道路"的批判。回到学校，他就将李诗和美学挂上钩。当时的美学只有俄国车尔尼雪夫斯基一家，金学智借以阐发李诗的"光明洞彻"之美，写成处女作《在李白笔下的自然美》交给老师，结果挨了批评。老师说："中国唐代的李白，怎么和19世纪俄罗斯美学联系起来？非驴非马，不能胡乱凑合！"年轻气盛的金学智很不服气，将论文寄给了《光明日报》"文学遗产"专栏，后来接得中华书局录用通知，论文刊于《文学遗产增刊》第13辑（1963年），均用繁体字排版。这篇处女论文新意迭出，一炮打响，令研究界对这个"初生之犊"刮目相看。

　　金学智也从中悟出治学之道，确定自己今后的美学研究方向是博综众艺，"非驴非马"地移花接木，而不搞纯理论的美学研究。后来，又陆续写了《杜甫悲歌的美学特征》《王维诗中的绘画美》《白居易〈琵琶行〉中的音乐美》……发表在国内一流的《文学遗产》《学术月刊》上，影响所及，引起了法国学界的兴趣，巴黎的Comp'Act拟为其出法译专著……

　　2004年，应邀去沈阳鲁迅美术学院作为期一周的讲学，在接受该院学报采访时，金学智概括了他的治学方法，这就是艺术亲缘论、艺术比较论特别是交叉嫁接论。他就如此这般地将文学、书法、绘画、音乐、园林、建筑、雕塑等艺术门类综合起来。如在上、下两卷本的《中国书法美学》里，特设艺术交叉专编，在广度和深度上将书法和文学、绘画、音乐、舞蹈相比较、相沟通；在和范培松教授联合主编的四卷本《苏州文学通史》中，很多朝代都辟有园林文学、绘画文学乃至戏曲、评弹文学等专章……这些无疑在众多领域里开辟了艺术比较、学科交叉的研究新天地。他谈自己的体会说：读唐诗而不读李白、杜甫，就不可能真正参透唐诗；学园林而不懂其他艺术，就不可能真正参透园林。这可说是至理名言。

美学入门：从书法辟出蹊径

1960年，青年金学智从南京师范学院毕业，分配到苏州中医专科学校工作。当时作为教师的老中医还都用毛笔开处方，书法功底都不错，金学智灵机一动，自告奋勇自编教材开设书法课。他希望青年学生同时能继承中国医药和中国书法这两个优秀传统。那时，全国还没有哪所高校开设书法课。苏州中医专科学校这一"开先河"之举，被《文汇报》《解放日报》所报道，于是有些高校纷纷来信索取教学大纲。这份以辩证观、历史观编写的《书法教学大纲》，可说是他书法美学观的一个雏形。1963年年底，金学智再接再厉，写成《书画论》《诗画论》两本小书稿，探讨这三门艺术的亲缘关系。书稿寄给人民美术出版社，可惜机不逢时，书稿最终石沉大海。

改革开放后，金学智遇上了学术研究的黄金时期。他认为，美学联系艺术实践并实现中国化，首先应从中国特有而西方没有的两门艺术切入，这两门艺术就是中国书法和中国园林。

他认为，中国书法源远流长，它以毛笔为工具、以线条美为特征，这不但是中国独一无二的"土特产"，而且中国的各门艺术几乎都不同程度地具有线条性的特点，所以书法是最典型的线条艺术，足以代表中国艺术的性格。

1980年前后，他在《书法教学大纲》的基础上写成探讨书艺辩证范畴的系列论文，发表在《书法研究》上，进而又将其扩展、整合为处女著作《书法美学谈》。该书虽不无瑕疵，也脱不了幼稚的痕迹，但却是国内首部书法美学著作，对广大书法爱好者颇有启蒙意义，故1984年在上海书画出版社出版后，印了四次计三万余册。1988年还获江苏省社科优秀成果三等奖。令作者哭笑不得的是：台湾华正书局未经作者授权，私下出版了繁体竖排本，1989年和1990年印了两次，2008年又印了一次，这在客观上见证了此书启蒙时效达24年之久。

他的另一本《书概评注》（图1），注释和评价了清代刘熙载《艺概》中最难读的《书概》。该书1990年在上海书画出版社出版，影响及于东瀛。1993年，日本相川政行教授通过国家教委亚非处来苏州与其作交流访问。再补叙一句，该书问世17年后，出版社主动将其再版为《插图本书概评注》，还获中国书法兰亭奖理论奖三等奖，相川教授由于看到书中有刘熙载书迹，再度来苏州晤言。

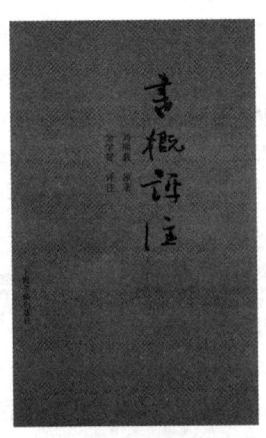

图1 《书概评注》

　　1989年年初,金学智因骑自行车被撞,跌断了股骨。术后不到两年,医生检查确诊坏死,说以后只能躺在床上,绝对不能久坐,更不能走动。这使他顿时惊呆,一连几天躺在床上心潮澎湃,思绪激荡。实在耐不住寂寞,他不听医嘱,尝试挂着拐杖挪动脚步,几天后就开始到校上课,回家再写已签约了的《中国书法美学》。于是,其教学工作、科研生涯均有幸断而复续,他凭着拐杖坚持了17年之久,有人称他为蹒跚于探索之路的"拐杖学者"。有人还幽默地说:"八仙中有铁拐李,金先生则是铁心研究美学的铁拐金"。

　　正是这种"铁心"精神,使其克服重重困难向高峰攀登。他凭着以往深厚的哲学基础和长期的书学积累,铸就了集大成的《中国书法美学》,这首先是金学智挑战生命、挑战极限的胜利,奏响了意志和毅力的凯歌。该书洋洋92万字,上下两卷。1994年由江苏文艺出版社出版,学界赞这部学术专著"多视角、多学科、多层面地揭示了中国书法的多质系统('多质性'的提出,是哲学史上的新突破)","对中国书法提出了多判断、多向度的立体交叉的全新定义"。1997年,该书荣获江苏省第五次哲学社会科学优秀成果一等奖;2002年,又荣获首届中国书法兰亭奖理论奖,这两度蟾宫折桂,可看作是对金学智艰辛付出的慰藉和回报。

美学探究:从园林发现富矿

　　历史悠久、博大精深、美轮美奂的中国园林,是金学智教授中老年阶段学术研究的主攻方向。他认为:中国具有自己鲜明民族特色的艺术,除了书法外,与之并驾齐驱、交相辉映的就是园林。西方虽也有园林,但与中国园林截然不同。哲学观不同,所以艺术观也迥异。西方园林,本质上是规整划一的"面",而中国园林则不然,主要是曲径通幽的"线"。以绘画艺术相比较(董其昌强调画和禅一样,应分南北宗),北方皇家园林,就像李思训父子的青绿山水,金碧辉煌,璀璨夺目。江南私家园林,特别是苏州园林,则像南宗王维的水墨画,清淡自然,风格雅致。在园林美学领域,金先生早在20世纪80年代末就率先提出"文人山水写意园"的概念,广为学界所接受。

　　金学智认为:园林是绘画的重要题材,绘画是园林的极佳范本,园与画,特别是园论与画论之间的互动关系,是很有价值的美学研究课题。现在有些人,搞古典园林设计而不懂文学和绘画,不懂园林美学,这样设计出来的园林景观,必然是空而无文、淡而无味,只有物质的躯壳。中国园林应该是美学的载体,是物质的诗、立体的画、凝固的音乐……园林设计者、鉴赏家不但宜有"诗心"和"画眼",而且宜有"乐感""书兴"和"盆意",金先生在其广域视野中,认为中国园林和中国戏曲一样,是门类相互融通,众美繁富交响的大型综合艺术,他以上述这些崭新的美学观点,开启了园林综艺研究的学术新天地。

　　金学智的园林美学思想,体现在其一系列的专著中,有必要对其作逐一简介。

　　《苏州园林》1998年由苏州大学出版社出版,其中艺术构成篇分建筑、山水、花木构成等章;意境风格篇分清静素朴、曲径通幽、透漏空灵、秀婉轻柔、综艺大观等章,写得条分缕析,生动具体,是在普及层面上对苏州园林要而不烦的总括,故而先后印了五次,计两万四千册。

　　《中国园林美学》1990年由江苏文艺出版社出版(获江苏省社科二等奖),中国建筑工业出版社2000年、2005年再版。该书是我国第一部对中国园林美学进行系统化研究的专著，《人民日报》曾发书评：《民族的精神，民族的艺术》。此外，《文艺研究》《江海学刊》《中国图书评论》《文艺报》《文汇报》等多家报刊都载有评价文章。后来该书又被列入《二十世纪中外文史哲名著精义》。著作被置于"文史哲名著"之列，无疑是很高的荣誉，但金先生却同时陷入沉思：自己的著作缘何不被编入"审美的奥秘"篇，而编入"文化的反省"篇？他通过反思，悟出了一个道理：即将来临的21世纪，生态文明更是时代主题，应汲取西方传统工业文明负面影响的教训，面向环境危机的世界，面向生态觉醒的现实，面向人类可持续发展的未来，应注意从中国园林里吸取"东方生存智慧"，而栖居绿色大地才是园林美学的终极愿景。于是，2005年再版书稿（图2）中增加了一编："中国古典园林的当代价值与未来价值"，他还把中国古典园林定义为"最能充分体现天人合一精神和东方生存智慧的生态艺术"。

图2 《中国园林美学》

《苏园品韵录》2010年由上海三联书店出版，是金学智的随笔小品和论文的结集，分园蹊屐痕、园缘散叶、园论余渖、园史文薮四个部分，仅从第一部分的文题看，《入口的空间艺术》《审美之窗》《古建的美饰》《在起伏上思考》《品读冠云峰》《彩霞池赞》《艺镜缘》《兰亭行》《斟酌色调，捕捉光影》《写影》《"读画"与"听香"》《开放耳管，深情谛听》……令人如行山阴道上，移步换景，目不暇接。

《风景园林品题美学》1911年由中国建筑工业出版社出版，是风景园林研究理论联系实际的专著。全书将风景园林品题系列分为理论、鉴赏、设计实践三块，强调理论层面和实践层面的整合，并以鉴赏层面作为过渡和中介。其"鉴赏编"中，更多地鉴赏了苏州的品题系列，如吴江八景、狮子林十二景、苏台十二景、虎丘十景、惠荫园八景等，并高度评价了苏州园林之美以及遗产保护、废园修复等。"设计编"则成功地运用品题系列理论于当代居住环境的开发实践。如对苏州"江枫园"楼盘的开发，他提出了"回归自然，天人合一；回归文化，人文合一"的理念，得到了开发商和公众的赞许，于是楼盘声名鹊起。广东佛山南海颐景园住宅项目，也慕名请其参与景观设计，他根据历史地理人文，提炼出"水天绿净"等系列品题，广受消费者好评。这种园林美学，走出了书斋，突破了园墙，扩大了视野，拓展到了"大地景观"的建设，实现了园林美学的生活化。

金先生就是这样孜孜不倦，一本又一本，一个十年又一个十年，把传统园林的艺术成果，从理论到实践提到哲学、美学的高度来研究，并融入到现代化、生活化中去。《现代苏州》杂志有一篇《是他们使苏州园林成为永远的网红》的文章，提出了九个闪光的名字：计成、文震亨、姚承祖、叶圣陶、刘敦桢、谢孝思、陈从周、金学智、詹永伟，金学智列于其中，不是没有理由的。

全粹之美：园冶研究的重大成果

2017年9月，96万字上、下两卷本的《园冶多维探析》（以下简称《探析》）问世（图3）。金学智教授这部园林美学的扛鼎之作，在《园冶》解读史上具有里程碑意义。这是他花了将近十年时间，七校其稿，殚精竭虑而写成的。撰稿期间，金先生曾多次带着书稿住进医院，但他痛苦并快乐着，还说"衣带渐宽终不悔"，这让家人心疼不已，却又因理解他而积极支持他。金学智认为：《园冶》是一部探究不尽、品赏不完的经典奇书。为此，他曾在不少场合呼吁建立"园冶学"及相应组织，并一度与苏州园林档案馆协作，尝试各种形式的有价值的学术实践，取得了可观的成效。

图3 《园冶多维探析》

明代末年，计成通过总结历史文化和实践两方面经验而精心撰写的经典《园冶》，结果却难以付梓，竟搁置了三年。1634年臭名昭著的阮大铖为其刻板印行并写了《冶叙》，于是在清代被列为禁书。幸运的是在日本《园冶》有多种版本被保存下来，其中明版内阁文库本还成为日本的"国宝"。《园冶》在中国沉寂近三百年后，直至20世纪20—30年代，中国学者才惊喜地在日本发现此书，历尽曲折艰辛让其从日本返回中国本土。

1981年，陈植先生的《园冶注释》问世。从此，金先生开始关注《园冶》，引用《园冶》，他还密切注视着当时国内对《园冶注释》的研究和争鸣，并初步酝酿成了自己的一些观点，拟从更广更深的视角来进行研究，这正是他一贯的治学风格。

2011年，适逢《园冶》诞生380周年，金学智的《风景园林品题美学》首发式学术座谈会在北京召开。会后有些专家向他建议：《园冶》的研究在中国已届"而立"之年，虽然成绩斐然，但仍然问题成堆，争论不断。这由于《园冶》的注释研究者是林学、建筑学方面的知名专家，他们有种种优势，但也有所不足。您出过几本园林美学著作，又是搞文科的，能不能从大文科角度注释或研究《园冶》，说不定有大的突破。一番话让金学智怦然心动，但又因困难重重而犹豫不定，特别是《园冶》唯一的稀世明版全本——内阁文库本在日本被珍藏着，无法看到……2012年，两件意想不到的事促使金学智坚定了研究信念。一是素昧平生的日本园林文化研究家田中昭三先生来访，得知他想研究《园冶》，表示愿意助力，不久即寄来了日本所藏明版珍本《园冶》的光盘；二是2012年11月参加在武汉召开的纪念计成诞辰430周年国际学术研讨会，外国专家们获悉金先生意欲撰写《园冶》研究专著，也极力支持。会后不久，英国夏丽森女士即将其英译本《园冶》书影发来，接着又寄来了珍贵的签名本。法国邱治平先生则让其女儿不远万里从巴黎来到苏州，将法译本《园冶》亲手交到他手里。澳大利亚的冯仕达先生，也发来《园冶》研究系列论文。此外，金学智的女儿又在日本陆续觅得《园冶》的隆盛本、华钞本、上原本、佐藤本等。至于国内《园冶》各种版本和论著的收集，也得到很多人的助力，特别是苏州园林档案馆（需要插述，金先生又从版本学的视角撰成《园冶版本知见录》，评述了古今中外《园冶》的四十余种版本，发表于《人文园林》2017年12月刊，是"园冶学"研究的重要文献）。于是，他充分掌握了国内外的《园冶》研究动态，助成了这部巨著的撰写。

《探析》具有"全粹之美"，是经典《园冶》研究的重大成果。与一般著作截然不同，它力求将几种不同体例、不同性质的研究著作有机地整合为一，贯而通之，这被他自己称为"四合一工程"，并以"读通经典、品味经典、致用经典"为旨归。这种创造性的逻辑结构颇为复杂，不妨逐编欣赏一番。

第一编：园冶研究综论——古今中外的纵横研究。此编按计成其人其书展开，进行纵横交织、点面互补的综合性论述。由于《园冶》一书独特、曲折的历程，而其基本精神又符合于当今时代社会的需要，因此《探析》的论述不但由古及今，衔接时代，而且跨越国界，放眼未来，目的是让人们对《园冶》及其研究有一个较为全面深入的把握。

第二编：园冶选句解析——本位之思与出位之思兼融。《园冶》以行文饶有累累如贯珠的名言警句为重要特色，故《探析》首先以"选句解析"作为探究的重中之重，既对其进行诠释、发微，又尽可能对其作引申、发挥，又根据其内蕴精义，将其分门别类，归纳为广域理念、建筑文化、山水景观、花木生态、因借体宜几个大单元，从而让人们系统了解《园冶》各方面的理论建树和多方面的价值意义。

第三编：园冶点评详注——十个版本比勘与全书重订。本编由大量句、句群的解析仍回归到《园冶》原书章节序列的整体。由于《园冶》遭遇特殊，流传域外几成绝版，尔后则版本复杂，残阙讹误，问题极多。金先生经多方努力，遴选出中、日《园冶》流传史上具有代表性的十个版本，以日本内阁本作为底本进行比勘会校，厘为新本，并以详注确诂为追求目标。为此，对《园冶》各章节既取古代随文的夹注形式，又取现代页下的脚注形式，力求双轨并进，还适当插以对段落层次乃至语句的点评，这在中国古籍校注史上具有首创意义。

第四编：园冶专用词诠——生僻字多义词专业语汇释。《园冶》素称难读，故本书专辟此编作为解读的特殊"工具书",对一些字、词、术语、短语进行了汇释、考辨,甚至必要的详论,主要供解读第三编时查检,以便扫除障碍,为进一步深研《园冶》创造条件,同时在一定程度上又能起到拓展阅读、知识链接、普及古汉语等作用。

第五编:《园冶》品读余篇。这是全书的附编,是从文化学、文学、科技史等众多视角所作的发散性思维的补充,亦可引起读者举一反三的多维思考。

《探析》还突出地体现着金教授一贯的学科交叉方法论,书中多学科的参与,如哲学、美学、文学、画论、生态学、文化学、历史学、社会学、心理学、民俗学、养生学、未来学、人居环境理论以及阐释学等,特别是引用了古典文本解读所必需的校勘学、文字学、训诂学、音韵学、词汇学、修辞学、文章学等,让其交互渗透,协作攻关,这也反映了当今学科交融的时代潮流。完全可以相信,《探析》在多方面的重大突破,对"园冶学"研究的当下拓展和未来发展有着重大意义和积极作用(图4)。

图4　金学智先生著作及其种种版本

（本文作者周苏宁,时任苏州市风景园林学会第七届副理事长兼秘书长。

何大明,中国风景园林学会会员、苏州文史专家。

此文原载于《苏州园林》2018年第2期）

· 曹林娣 ·

  她，是苏州园林文化研究的著名学者。

  她，还是一位青年教师时，就用一支笔，逐个抄下了苏州园林中的诗词匾对，开始了苏州园林文化之旅，成为她终生的研究方向。从此，《苏州园林匾额楹联鉴赏》《中国园林艺术概论》等一批著作相继问世，在国内外影响深远。

  她，"静读园林"，不断拓荒，不断耕耘，从苏州园林开始，再进东亚，在比较研究中提升了东方园林文化的神韵和影响，领一时之先声。

  她，在文化传承中更知育人的重要，著述育人，点拨后来者，为国家、为苏州、为园林培养了一批批园林研究人才，桃李满天下。

——2017年首届苏州风景园林终身成就奖颁奖词

文心雕园品真谛
——记园林文化学者曹林娣

何大明

  在子女眼中，她是一位和蔼可亲的母亲；在同事眼中，她是一位平易近人的领导；在学生眼中，她是一位循循善诱的导师；在朋友眼中，她是一位坦诚相待的挚友；在业界人士眼中，她是一位治学严谨的专家。她，就是曹林娣，苏州大学教授，设计艺术学博士生导师，当代中国园林文化的著名学者。拥有众多荣誉称号的曹林娣，培养了众多园林人才，创作了二十多部园林专著。2016年，苏州市风景园林学会设立首届"苏州风景园林终身成就奖"，经过专家和各界有关人士推荐，评审委员会最后严格筛选，苏州共有七人荣获这一特殊奖项，曹林娣作为唯一的女性榜上有名（图1）。

图1 曹林娣在书房

沉潜书海 徜徉园林

曹林娣，1944年出生在吴泰伯开源发祥之地的无锡梅里。她刚牙牙学语，就因家庭困窘被送给苏州一对年轻夫妇为养女，后又因故与养外婆相依为命。上学读书是她最幸福的时光。中学时代，她一直是学校图书馆的志愿者，阅读成为她最大的享受！也许是巧合，也许是命中注定，"林娣"的"林"，与"园林"的"林"喜结良缘。家乡无锡的锡惠山水、第二故乡苏州的古典园林，都给她留下了深刻的印象。课余时间，她常常钻进园林寻寻觅觅，真趣亭、与谁同坐轩，演绎一回回"游园惊梦"的主题。看到园林厅堂内悬挂的匾额和楹联，曹林娣颇感兴趣，还乐此不疲抄录了一些。回到学校后，虚心向老师请教其中的出典。有时，老师回答不出来，只好虚晃一枪："还是读正经书吧。"

1964年，怀抱着"作家梦"的曹林娣，如愿以偿考上了北京大学中文系。没想到系领导对新生说："我们不是培养作家，而是培养专家的！"她被分配到当时是"环球一家，别无分店"的古典文献专业，成为戏称为"夫子班"的"女夫子"，啃起了"四书五经"！在北京大学读书时，她常常漫步于校园的未名湖，流连于颐和园的画廊。由此，她又进入了北方皇家园林的新天地。两年后，"文化大革命"开始，北大停了课，她却因特殊机遇，又读起了《红与黑》《战争与和平》《约翰·克利斯朵夫》等大量的外国小说，笔杆子也得到了空前的锻炼。学制虽五年，却因为当时的特殊形势，到第六个年头才毕业。由于某些原因，曹林娣拒绝了留校任教（她向笔者说起此事时，仍感遗憾），到了西安的特钢厂工作，专业"铁饭碗"扔进了"炼钢炉"！1978年研究生招生恢复，曹林娣尽管已经拖家带口，她毅然决定重返专业，终于成为当年西北大学文科唯一一位攻读古代文学的女硕士研究生。研究生毕业后，曹林娣回到苏州。扎实的国学基础、丰富的古典文学素养，使她在出于文人画家之手的苏州园林中，左右逢源、惬意徜徉，独具慧眼地发现了一片广阔天地。凭借一颗虔诚的赤子之心，她将传统学问中的训诂、义理、辞章融会贯通于园林文化中，从容不迫地"文心雕园"，寻觅古典园林的基因，破译传统园林的密码，从而领悟和解读出园林文化博大精深的真谛。

教书育人　有口皆碑

曹林娣作为一名大学教师，传道授业解惑是她的神圣职责。她担任苏州大学中文系古代文学教研室主任十多年（其中还当了四年文学院中文系的主任），长期在本科教学第一线上课。虽然她主攻先秦两汉文学，但教学任务分配不过来的时候，她又挑重担自己顶上。她是古代文学教研室唯一的"全时段"老师，从"先秦文学"一直讲到"明清文学"。她带硕士、博士研究生，从不看学生"背景"，始终一视同仁，力所能及地给予帮助。学生们也都十分敬重她，虽然毕业后工作在全国各地，但多年后还风尘仆仆从外地赶来，看望他们心目中最尊敬的曹老师。

在教学过程中，一件小事触发她撰写《苏州园林匾额楹联鉴赏》（图2）。她在讲授中国古代文学和古籍整理（《古籍整理概论》由北大出版社出版）时，经常有学生向她请教苏州园林中匾额楹联的出典和内涵。一石激起千层浪，少年时代曾经的梦想，已经不是一个人的梦想，对园林匾联的研究，不但是为自己，也是为学生，更是为了挖掘和传承苏州园林的文化遗产。为此，她利用休息天和寒暑假，走遍苏州的各个园林，把园内厅堂悬挂的匾额和楹联，以及镌刻的砖额，一字一字抄写下来。为了节省时间，常常带着面包当午餐。有一次，天突然下起雨来，她不小心脚底一滑摔了一跤，手也碰出了血。但她还是忍痛冒雨，坚持抄写完才离开园林。回家后，又埋头于灯下翻阅古籍，稽古钩沉。最后，曹老师以14座苏州园林的匾联为内容，将释义、义理和辞章结合，编写成书，1991年由华夏出版社出版，具有开创意义，填补了苏州园林研究的一个空白。此书雅俗共赏，受到广大读者青睐，发行二十多年来，改版、再版四次，不断充实、不断完善，成为园林精品读物。

图2　《苏州园林匾额楹联赏析》（1981年第1版）

古代文学与园林文化有着内在的关联，互通会产生更多的联想，因此，即使是学习古代文学专业的硕士，也会"不务正业"被曹老师的园林研究所吸引，一个个变成"园林迷"。不少学生毕业论文选择了文学与园林相结合的课题，如《诗经》与礼仪文化、汉赋与建筑、明清小说与园林等。她的博士研究生郭明友、孟琳如今都成为副教授级的园林学者。郭明友已经是苏州大学建筑学院园林系主任。孟琳也在苏州大学艺术学院任教。齐慎博士在读博期间，参与导师曹老师主编的《图说苏州园林·木雕》研究工作，毕业后通过竞聘，到苏州地方志办公室工作，现在正参与《苏州简志》的编写。张婕在读研究生期间，也参与《图说苏州园林·花窗》撰稿，现在担任狮子林管理处的主任。参与《图说苏州园林·铺地》的赵江华和参与《图说苏州园林·塑雕》的邱美，都学有所成服务于园林公司。此外，

担任过《苏州园林》执行主编的周峥、著名书法家陈艺,在苏州大学进修本科期间,也都上过曹老师的课,长期与她保持着亦师亦友的关系。美国、奥地利、新加坡、日本研读园林的博士,也都慕名来访。曹林娣都热情接待,并给予力所能及的帮助……

曹老师的敬业精神、园林文化素养,深受业界好评,有口皆碑。近悦远来,有关单位盛邀曹林娣担任各类讲座和讲课活动的主讲人。苏州大讲坛是苏州图书馆举办的公益讲座,她主讲苏州园林文化整整八年。人民大学苏州分校、苏州西交利物浦大学、苏州农业职业技术学院、苏州经贸学院、苏州市文联、苏州市工艺美术学会、网易驻苏州网站等,都纷纷邀请曹林娣主讲园林文化。中国园林博物馆首开"中国园林文化讲座",盛邀曹老师开讲。她还在宝岛台湾讲学一学期,分别在台北东吴大学、钱穆故居、林语堂故居、台北故宫博物院等单位做过七场苏州园林文化的讲座。她还被邀请出访日本、韩国,参加国际会议,做过多场园林文化专题报告(图3、图4)。

图3　曹林娣教授在台北东吴大学讲课

图4　曹林娣教授在韩国参加国际会议时做专题报告

著书立说　成绩斐然

多年来，曹老师在教书育人的同时，潜心于学术研究，著书立说成绩斐然，可谓"著作等身"。其学术研究著作，分为"古代文学文献"和"园林文化"两大板块，出版著作二十多部。此外，还合著《中华文化辞典》《文献学词典》《中国散文通典》等多种。一些著作还荣获奖项。

古籍整理是曹老师的专业。出于对家乡的热爱，她选择了《吴越春秋》和《吴地记》两部吴地古典文献。两书均列入 50 部"苏州传世名著"。校注《吴越春秋》，还有一段令人难忘的故事。1978 年，曹林娣读研于西北大学中文系，师从早年毕业于中央大学的刘持生先生。毕业论文选择了《吴越春秋校注》，书稿近三十万字，仅仅前言就有五万字。为了增加含金量，西大特请吴世昌先生为答辩委员会主任。吴先生原为英国牛津大学、剑桥大学两所大学的博士学位考试委员，1962 年回国后任中国科学院哲学社会科学部文学研究所研究员，1978 年起兼任国务院学位委员会第一届学科评议组成员。答辩时规定不带任何书籍，也不预先出题目准备，直接进入答辩场地，由组长和四位资深教授提问，当场回答。曹林娣怀着忐忑紧张的心情走进答辩教室，没想到吴先生见面就说了一句"你的论文是'最符合学位论文要求'的"，紧张的心情一下子松弛下来！最后论文获得"全优"通过，并被推荐去北京读博士。后来为照顾家庭，曹林娣选择了回到苏州大学。1986 年，苏州建城 2500 周年，江苏古籍出版社策划推出"江苏地方文献丛书"，共四本：唐陆广微《吴地记》、宋朱长文《吴郡图经续记》、宋范成大《吴郡志》、清顾震涛《吴门表隐》。曹林娣撰写的《吴地记》校注作为她硕士毕业论文的副产品，被江苏古籍出版社慧眼识宝相中出版。

曹林娣认为：古籍整理与苏州园林研究息息相关，有助于深入苏州园林研究，也更能发挥自己的专业特长，可以开拓出一片更新更广阔的天地。于是，她把学术研究的主攻方向定位于园林文化。由此，她一发不可收拾，从苏州园林到江南园林，从江南园林到北方园林，乃至把触角延伸到日本等海外园林，终于成为一代园林研究大家。下面不妨从她的几部专著中去探寻这位园林大家的心路历程和执著的治学精神。

不厌百回的《苏州园林：凝固的诗》

1989 年，曹老师开始为学生开设"苏州园林鉴赏"课。有一次，她给台湾教授团讲解苏州园林。教授们听得很认真，频频点头。其中有一位是台北师范大学国文系主任王熙元，时任《国文天地》杂志社的社长。王熙元教授将曹老师的讲稿，推荐到万卷楼图书出版公司。1994 年，讲稿经整理后，题名为《姑苏园林与中国文化》正式出版。后来，曹老师陪同她的学长、中华书局总编辑傅璇宗游览苏州园林。傅先生对学妹的讲解很感兴趣，听说她为台湾写了《姑苏园林与中国文化》，就说：也给我们写一本啊！傅先生还说，题目就叫《苏州园林：凝固的诗》。1996 年，该书由中华书局出版，成为在大陆出版的第一本解读苏州园林文化的专著。2001 年，上海三联书店推出增订版；2012 年，中国建筑工业出版社又推出修订版，改名《姑苏园林：凝固的诗》。

该书以"诗文兴情以造园"贯穿主题，分为 24 章，内容涉及园林文化的多个领域。每一篇的题目，均用精辟的典故阐明园林要素。如《汲古得修绠——书房》。读者阅读其书，

恰如该书结语所说："置身于深山幽谷，穿行于桃源阡陌，沉浸在中国古典诗词所创造的艺术氛围中……"，感受到浓郁的骚韵儒义、禅味玄理，也感受到吴中文人的感慨隐忧。好书不厌百回读，名园不厌百回游。《苏州园林：凝固的诗》，就是一本不厌百回读的好书，不厌百回游的纸质"名园"。

信步园庭中的《江南园林史论》

论必有据，从微观入手到宏观发现，是曹老师一贯的研究方法，因为园林文化研究属于复合型研究。研究期间，她曾经遭受到一些人的非难，但曹老师对古代园林研究的步伐没有停止。其研究目标，从苏州扩展到江南、全国乃至世界东方园林，步步开拓。童寯先生的《江南园林志》是江南园林史的基础。曹老师又将江南18座名园一一进行历史文化解剖，写出《园庭信步》一书由中国建筑工业出版社出版，所谓"信步"，其实是一次历史文化的穿越，去探索文化中的历史根基。在此基础上，写出了《江南园林史论》，系统梳理了江南园林发展历史，并对每一历史阶段进行了理论总结。出于文化道义和文化责任，还增加了容易引起争议的最难写的"当代园林史"一章，成为一部以论带史的园林史论著作，填补了江南园林史论研究的空白。

探索和透视《中国园林艺术概论》

该书是在2001年山西教育出版社出版的《中国园林艺术论》基础上增订而成，分中国园林艺术史论、创作论、综合艺术论、民族风格论和艺术持续发展论共五章。全书结合历史和现存的古典园林实例，对源远流长的中国古典园林艺术进行理论探索和文化透视，从理论上分析我国园林艺术产生、发展、演变的历史进程，阐述古典园林的艺术创作规律和特征，包括诸如园林的相地、立意、构思、选材、造型、形象和意境创造等艺术创作范畴，以及与文学、画学、书学等学科交互渗透的关系。在此基础上，总结性地阐述园林艺术观念形态所反映的社会的、历史的、哲学的内涵，即中国古典园林的民族特质。如此，用令人信服的理论，阐明中国古典园林艺术的永恒魅力，以及对人类的独特贡献。

一波三折的《中国园林文化》

52万字的《中国园林文化》，是国内全面而系统论述中国园林文化的重要理论专著，也是迄今曹老师园林文化著作的代表作。但这部书稿的出版确实一波三折，先是某著名出版社主动约稿，后又"搁浅"不编，随后又有出版社愿意出版，直到最后才由中国建筑工业出版社出版。

该书首先对中国园林及其文化作了本体阐释，正文分上、中、下三编，分别阐述中国园林文化寻踪、园林物质建构要素，最后一编分别从文化的自然场、家国同构的政治结构、中华农耕文化、中西哲学观念和传统思维与中国园林的艺术个性诸方面，阐述了中国文化和多维视野中的中国园林文化特质及其历史成因。该书一经推出，市场反响强烈，连印多次以补断货。此书为中国园林博物馆全馆工作人员的必读教材，也是国外一些著名大学图书馆的藏书，如美国哈佛大学、新加坡大学等。

与大师同步《静读园林》

北京大学出版社策划一套《美学散步丛书》，摘引了美学大师宗白华教授的话录为丛书总序。策划编审从《南方周末》上看到记者对曹老师的专访稿后，立即邀请她担纲"园林美学"一书的撰稿。这套丛书共24部，作者都是赫赫有名的大师，有的已经去世，如宗白华、季羡林、梁思成等，曹老师作为"小字辈"能够跻身其间，其实力可见一斑。《静读园林》看似随笔式的"读园"心得,实际却逻辑缜密。首写园林构思;接着分别写山水、植物、建筑四大物质构成元素;最后写园居艺术生活。全书分为《筑圃见文心》《山水有清音》《柳浪闻娇莺》《楼台入诗笺》《雅玩得真赏》五个篇章,每章前冠以小序。作者凭借一点慧心,撷拾园林吉光片羽、断锦孤云,于静中参其内美,感悟流溢于花木鸟鱼、楼台亭阁、山光潭影、文人雅趣之中的内在精神,邀请广大读者共同品味园景的"韵外之致"和"味外之旨",探究蕴含在其中的思想真谛。该书面世后,不但受到专业学者好评,还得到广大读者的青睐。2005年,出版社又推出《静读园林》第二版。

在最近出版的四卷本《中国园林美学思想史》丛书中,曹老师担纲了从先秦至元代的两部。还有《中华文化元素——园林》,都是对中国园林研究的最新探索。从《中日古典园林文化比较》和《东方园林审美论》两部专著中,可以看出曹老师的审美视角,已经从中国扩展到儒家文化圈的日韩园林。前一部著作用上、中、下三编,分别论述了中日园林文化的历史轨迹、中日园林"异质"面面观和中日园林"异质"探源;后一部著作则论述了东方园林审美发生论、构成论、接受论和价值论。曹老师不无感慨地说,在园林研究上不断探索发现,虽然过程辛苦,但结果却无比快乐(图5)。

图5 曹林娣书稿集萃

文化守护　品园构园

面临席卷而来的"强势"的西方景观文化,面对民族建筑语言"失语症"的危险,曹林娣义不容辞、奋力守护。国内园林学术界近十几年来,在坚持还是否定传统园林文化艺术的讨论中,一直存在着一种"极端"倾向,即全盘否定传统文化。对此,曹林娣不惧公开"论证",撰写了《日本园林"寺庙化"探源》予以反驳。文章指出:对待历史文化遗产的正确态度,应该在批判中继承,而不应该用"以偏概全"的偏激手法全面否定。日本园林源自苏州古典园林,从某种意义上说,否定苏州园林也就等于否定了日本园林。其实,佘氏对日本枯山水园林并不真正了解,其了解的仅仅是一种"幽玄枯涩之美"。

在盛世造园热中，一些志在复兴中华传统园林文化的开发商，纷纷请曹林娣担任苏式园林别墅的顾问。对此，她总是殚精竭虑进行文化策划和品题，在建筑布局、植物选择等方面提出建议，希望在新时期的园林中，重新找回中国固有的表达方式，以及其中蕴含的意义生成方式，为人类多留几份精彩。曹林娣先后担任苏州某园林营造公司文化研究院院长，以及市内外多家房地产项目顾问，为他们的项目进行文化策划。正如陈从周先生说的"能品园就能构园"，曹林娣和她的学生合作，曾先后设计过独户私家园林、合家共享园林等不同类型的当代园林。

特别值得一提的是，曹林娣为南京师范大学附属实验学校设计的校内园林，颇具"匠心"。其一是园名，题为"学圃"，本义是学习种植蔬菜，典出《论语·子路》。朱熹集注："种蔬菜曰圃。"后来，"圃"泛指园林，如艺圃、学圃草堂等。学圃之名因地制宜，无疑是学生学习和游憩的乐园。其二是建筑题名，如"青藤书屋"，又以一联"遍历名山大川；熟读五经诸史"，点出了读万卷书行万里路，实践出真知的道理，给学子以启迪；池西半岛的四角亭，命名"吾无隐乎尔"，典出《论语》，又于亭内开设四扇满月门，门宕分别题额"博学""审问""慎思""明辨"，出自《礼记·中庸》，鼓励莘莘学子增进学业，修养良好的人格。其三是植物选择，如槐树，汉代长安读书人聚会、贸易之地多槐，有槐市之称，后借指学宫、学舍，国子监满植槐树，厅叫槐厅，现今园内种植槐树，可以营造学校读书氛围；竹子选择颇有讲究，选慈孝竹，比喻"母慈子孝"；选义竹，比喻"兄弟义重"；选斑竹，寓意夫妇恩爱；桃李，是对弟子的美称，象征优秀人才、桃李满天下；梅，又称"好文木"。据传，晋武帝院中的梅树，独喜欢好文之士。每当武帝好学务文之时，梅花则盛开，反之则不开花。因此，梅花有"好文木"之雅称。总之，曹林娣教授对南师大附属实验学校内学圃中的一花一木、一匾一联，都精心研磨以求文心永驻。

文心雕园品真谛。曹林娣教授，无愧为中国当代杰出的园林文化大师级学者。

（本文作者何大明，中国风景园林学会会员、中国民族建筑研究会会员、江苏省炎黄文化研究会理事。此文原载于《苏州园林》2018年第1期）

· 陶维良 ·

陶维良（1932—2014），苏州人，高级工程师。1951年毕业于苏州高级工业学校土木系，1957年工作期间就读上海同济大学园林规划专业。早期从事城市规划建设工作。1957年调入苏州市园林系统工作，任规划科副科长，后又任苏州市城建局城市规划科副科长，负责完成了一系列大型城市规划和园林保护建设项目。1978年参加我国第一座园林出口工程"明轩"的设计和施工。1980年任苏州市园林职业技工学校副校长（负责人）、高级讲师，致力于园林建筑和绿化工程人才培养事业，培育了一大批年轻有为的园林建筑与绿化领域的优秀人才，做出突出贡献。

我和"明轩"

——苏州园林专家陶维良讲述出口工程

钱宇晨

陶维良先生作为"明轩"出口工程的设计和技术人员之一参与了这项出口工程。多年后他讲述了一些鲜为人知的故事。以下是他的讲述。

美国纽约大都会博物馆收集了一批中国式古典家具，准备展出。这些家具放在什么建筑里展出效果更好，成了他们研究的课题。博物馆美籍华人方闻来到中国，找到了同济大学教授陈从周先生，陈先生推荐了苏州园林。

我当时在城建局规划设计科任科长，分管园林。他们找到了我。我感到，中国古建筑能让世界人民了解和观望，这是很好的。园林局（时为园林处——编者注）在章表荣处长的领导下，组织了一个专家组，专门研究方案，如何将古建筑造到美国。经过讨论，大家一致认为苏州园林有现成的庭院可仿制，"殿春簃"可以作为范本，配上古典家具，仿照明代建筑放在大都会展出，美方认为可行。

资金由美国阿斯特夫人领导的基金会投入。经过协商，整套制作及安装合计美金一百万。1980年，中美尚未建交，苏州园林处上报中央，经国务院批准，同意此规划，同意出口。

1978年11月，由章表荣率领专家组人员陶维良、陈从周及随队翻译四人前往大都会考察一星期。

回国后，专家组向建设部和国家文物局汇报，苏州园林处接到国务院批准同意以"殿春簃"作为范本设计建造的"明轩"出口美国。因历史原因，中国的古建筑已很长时间没有制作了，工匠也已流失很多，方砖、瓦生产等都已经停工多年，很长时间不开窑了。是否能完整地制作"明轩"把握不大。经过集体讨论，认为先做一套样本，修改后再做一套出口。

经过多方努力，找来了著名的能工巧匠，假山工、木工、水泥工、石匠等，做出了明式方砖、瓦片、窗格等，把样品安装在东园一角，后阿斯特夫人和方闻先生来苏考察，得到他们认可，认为可按照此建筑样式再做一套去美国安装。

由于"明轩"的成功制作，为后来苏州园林的修复和出口工程奠定了基础。

当时中美尚未建交，属于民间交流，所以我们出行压力较大，我们行为的好坏会给国家造成很大的影响。我们一行连专家组共二十七人。先在国内制作全部园林工程构件，1980年年初赴美安装。在美期间得到了美方的热情招待，合作也很愉快。休息日他们总是变了法地招待我们去参观、看戏、看电影、游览公园，还参观了其他博物馆。阿斯特夫人还亲自带领我们去白宫和几个展览馆参观（图1、图2）。

图1　陶维良在施工时与美国友人合影

图2　陶维良与美国记者玛丽安娜合影

我们去美国时自己培养了理发师，带了厨师，我们偶尔会烧些中国菜宴请美方人员，他们看到中国菜很是惊奇，原来中国菜可以烧出这么多花样！厨师做了很多中国点心，他们真是馋死了，当时《纽约时报》还报道了中国厨师烧菜的表现，正巧纽约市长要访问中国，请我们的厨师去烧菜，学习怎么吃中国餐。总之，在美期间我们与美方人员相处特别融洽，我们轰动了纽约，美国人看到我们中国人都会热情招呼。

由于前期准备工作比较充分，所以安装期间没有大的问题，历经四个月，很顺利安装完毕。之后我虽然很多次去过美国，但一直没有机会去大都会博物馆，一直到2012年3月份去女儿那里探亲，才实现了"重访"的愿望。当时我女儿已经在新泽西安家，7月份他们带我去了纽约大都会博物馆。我真没想到，几十年过去了，明轩在博物馆管理方的精心照料下，还是那

么鲜亮、那么优雅、那么精神,一草一木没有变化,树木花草都是原来的样子,博物馆就是把它当作文物那样保管。他们在明轩外面做了一个大玻璃框罩着,家具、门窗、窗格的油漆一点也没有剥落,连我们拼装时用的记号都仍然很清晰,我真的感到非常激动。因为博物馆知名度很高,世界各地参观的人络绎不绝,对于世界人民了解中国文化起到了很大作用,我很欣慰!

【《苏州园林》编者按】Met matters 是为大都会艺术博物馆的工作人员和志愿者发布实时通讯的刊物,两周发行一次,内容涵盖艺术展览、文化活动、经费预算、助学项目等博物馆专业工作的各个方面。在大都会博物馆 2012 年 8 月 10 日发行的刊物上,报道了曾全程参与明轩建设的陶维良及其一家重访明轩的简讯。以下是这篇报道的翻译内容。

32 年后,重访明轩的中国工匠

近期,当陶维良告知他的女婿邱宏春,说他有朋友在大都会艺术博物馆的时候,邱宏春感到有些难以置信,随后打电话给博物馆亚洲艺术部,很快被转接到道格拉斯·马特·狄龙馆亚洲艺术部负责人何慕文(Mike Hearn)。何慕文对这位陶先生印象深刻。1980 年,二十七位来自苏州园林管理部门的工作人员和中国工匠,在纽约开始组装第一个海外的中国园林——明轩(Astor Court),工期为六个月。

三十二年后,在何慕文的邀请下,住在苏州的陶先生第一次重访大都会艺术博物馆。同行的还有他的太太、女儿、女婿,外孙女和外孙。当陶先生一踏进庭院,往事立刻浮现在眼前。他指着台阶前的太湖石阶石上依然可见的数字说,这是工匠为到了纽约能准确进行组装所做的标识。他看着奇特的太湖石说,这是从已经变成学校的老园子里找来的。他赞赏道,明轩的一些柱子是用稀有的楠木制作的(在中国最后一次用楠木建造是毛主席纪念堂)。他还指出,当时他们在中国偏远的西南地区找到了八十至百年树龄的成材树,并且手工制作了明轩里的近五十根庭柱。

当陶先生看到手工打磨的花岗岩石砌成的街石和月台栏杆(明代家具展馆前),他记得当时苏州园林管理部门建议用大理石,但是当时的博物馆亚洲艺术部负责人方闻建议用与园子其他地方一致的花岗岩。这个建议最后是由何慕文、阿斯特夫人(Philippe de Montebello 基金会前会长)和方闻一起,在验收位于苏州的开放公园——东园内同等大小的明轩模拟园时决定的——以保护传统园林为目标的苏州园林管理部门,为了得到大都会艺术博物馆的认可,特意造了包括假山在内的模拟园。

离开明轩时,已有八十高龄的陶先生说,1980 年到纽约来时有两位工匠已经七十七岁了。意识到工艺技术可能会逐步失传,苏州市政府创办了园林技术学校,而陶先生现在还担任该学校的顾问。他说,正是大都会艺术博物馆的明轩,让他的同胞们更加懂得传承传统园林设计艺术和建造工艺的价值。

(本文文字整理者钱宇晨,时任苏州市园林和绿化管理局遗产处主任科员。

此文原载于《苏州园林》2014 年第 4 期)

· 贺风春 ·

她是苏州园林设计院有限公司董事长、教授级高级工程师、江苏省设计大师,"香山帮传统建筑营造技艺"第二十四代传承人的贺风春女士。从事风景园林规划设计工作三十三年,先后获全国优秀工程设计铜奖,住房城乡建设部及江苏省优秀勘察设计一、二等奖约三十项奖项。其主持的苏州虎丘湿地公园规划设计项目,获国际风景园林师 IFLA 联合会杰出奖及联合国教科文组织文物保护杰出奖。

用园林讲好中国故事
——记江苏省设计大师、香山帮传人贺风春

周安忆

她是中国现代江南园林传承发展的学术带头人,以守护之心,源承古典,立意当代,延续文化基因;
她是当代中国园林出口的文化使者,以旷达之心,传递文化,融贯中西,彰显民族自信;
她是江苏省设计大师,以匠人之心,深耕学术,引领行业,助力美丽中国;
她是江苏省优秀共产党员,以无私之心,创造作品,奉献社会,服务美好生活。

承古续今,守护文化基因

贺风春出生于"园林之家",1988 年以优异的成绩毕业于北京林业大学园林规划专业,被分配到苏州园林设计院,开启了她一生热爱的园林事业,从此与江南结下了不解之缘。

"江南园林甲天下,苏州园林甲江南",身处得天独厚的园林之城,贺风春倍受江南文化的润养,深得造园技艺的"真传"。从诗词书画到理论著作,从叠山理水到斗拱戗角,三十多年来,她将这份最美的文化基因深刻地植入了自己的思想,随着时间的沉淀和时代的发展,酝酿成了不竭的创作源泉。

作为中国现代江南园林传承发展的学术带头人,贺风春多年来致力于江南园林的理论研究和传承实践。主持和参与了多个江南古典名园的修复设计工作,如常熟的静园、虚廓园被列入"新中国七十周年优秀勘察设计项目",荣获全国优秀工程勘察设计铜奖。上海的古猗园、曲水园、苏州可园等,成为延续江南园林文化基因的典范。她还主持编写了《苏州园林》《江苏古典园林实录》等学术著作,汇江南园林之经典,集造园艺术之精华,极具学术价值(图1)。

图 1 贺风春主编《苏州园林》（中国建筑工业出版社）

融贯中西，彰显民族自信

中国古典园林作为中国优秀文化的代表，在漫长的发展历史中曾经在世界范围掀起中国热潮。当代西方文化的冲击引发了我们对中国园林和民族文化的反思，贺风春始终坚持不懈地在海外传播中国园林文化，让作品说话，建立充分的民族自信，同时以更开放包容的态度延续中国园林的生命力。

出口园林，以早期的古典园林复制，过渡到因地制宜的融入当地自然人文环境，结合建造进行技术创新和新功能植入，将诗意栖居的东方园林融入现代生活。

目前，我国已有 120 余座中国园林落户世界五大洲二十多个国家，由苏州园林设计院设计完成的海外苏州园林项目就占到 45% 左右。贺风春主持和参与了美国波特兰"兰苏园"、洛杉矶"流芳园"（图 2）等项目的设计和建设，身体力行向世界讲好中国故事。

图 2 美国·流芳园

引领行业，助力美丽中国

贺风春大胆探索新时代中国园林的传承与发展，坚持中国造园艺术和现代园林发展相结合，用当代设计语言讲好中国故事。她热爱设计，在持续的项目实践中保持灵敏的专业思维和前沿的设计理念，在城市公园绿地、现代人居环境、湿地公园、绿地系统和风景名胜区规划设计等方面，创作了许多根植于中华文化，特色鲜明，具有时代特征和影响力的优秀作品（图3、图4）。

她主持和参与国内外重要工程三百余项，先后获得住建部全国优秀工程勘察设计奖铜奖、省部级优秀工程勘察设计一、二等奖三十余项。获联合国教科文组织（UNESCO）亚太地区文化遗产保护奖杰出奖，国际风景师联合会（IFLA）国际大奖杰出奖和荣誉奖，美国人居环境奖等国外大奖多项。

图3　贺风春在流芳园规划设计中

图4　苏州可园

特别是在虎丘湿地修复工程上，贺风春坚持因地制宜、多学科合作的原则，力求创作能够实现生态修复，环境优美、自然生态功能可持续发展、人与自然和谐、生态与城市共生的江南水乡湿地公园。IFLA 国际专家评审团在评语中对虎丘湿地公园项目的重要生态意义和对城市可持续发展的作用给予了高度评价，认为：苏州虎丘湿地公园在构建城市"绿肺"功能上展示出了杰出的设计规划，成功地保护了该地区城市的生物多样性，为实现绿色发展提供了很好的解决方案，在增强城市生态平衡体系和可持续发展上充分体现了专业性和创新性。

自 2018 年起，她受邀参与雄安新区城市设计，并中标雄安悦容公园等项目的规划设计。她率领多位全国知名设计师，采取众创众绘，打造"雄安的中国面孔"。同时结合实践主编了《高质量发展的中国园林营造法式探索》，以开放和多维的视角，挖掘中国园林的内在精神追求和文化脉络，总结其形式表象背后的营造理法，探索在生态文明发展的特定背景下中国园林的传承和内涵的拓展，尝试将中国园林艺术融入城乡规划建设的理论体系（图 5）。

图 5　雄安新城悦容公园规划图

贺风春是江苏省设计大师，作为中国园林规划设计行业的著名专家，她积极投身于学科建设，参与了《公园设计规范》等多项规范和标准的编审工作；主持多项科研课题研究，获得多项专利，并有十余篇论文在核心期刊上发表。她的努力得到了恩师——中国工程院院士孟兆祯先生的肯定（图 6），他在苏州园林设计院成立了"孟兆祯院士工作站"，主持了"香山帮营造技艺研究"课题研究，深入研究中国园林的营造技艺，合作编写了四十五万字的研究成果，为这项世界级非遗的传承尽心尽力。

图 6　贺风春与孟兆祯院士以及园林设计院同事

贺风春关心行业发展，积极参加行业学术活动和交流，同时兼任中国勘察设计协会风景园林和生态环境分会副会长、中国风景园林学会规划设计分会副理事长等职务，积极参与行业管理，奉献社会，为中国园林事业的发展作出了贡献。

奉献社会，服务美好生活

随着中国社会的进步和经济的快速增长，风景园林已经成为国家建设与发展不可或缺的重要载体。从"绿水青山"到"公园城市"，从"中华基因"到"民族自信"，巨大的历史机遇将我国的风景园林推到了前所未有的位置和高度，也赋予园林人巨大的使命与责任。

贺风春秉持新时代风景园林要服务于人民的理念，将城市建设成为具有中国特色的、人与自然和谐共处的美丽公园，切实增强人民群众的获得感、存在感和幸福感。

她时刻以一名优秀共产党员的标准严格要求自己，为百姓美好生活服务，为建设美丽中国努力。她用自己对园林事业的忠诚和奉献，践行了共产党员的初心与使命。

2021年是中国共产党成立100周年，江苏省委研究确定表彰100名江苏省优秀共产党员，经过各级党委认真审核、组织评审，贺风春同志当选为"江苏省优秀共产党员"，成为苏州园林人的骄傲！

（本文作者周安忆，苏州园林设计院有限公司贺风春大师工作室总监。
此文原载于《苏州园林》2021年第3期）

·黄恭情·

黄恭情，1937年3月出生，1961年7月毕业于南京农业学院，当年10月进入苏州动物园担任兽医，时任兽医师、副主任、高级兽医师、副总兽医师。他长期从事野生动物保护、繁殖及试验研究工作，特别是在开展苏州动物园华南虎种群的保护和繁殖试验以及东北虎一年两胎试验科研课题方面取得显著成绩，其水平处于国内外领先地位，在国内外刊物和学术研讨会上发表学术论文100余篇，为保护世界濒危物种华南虎作出了突出贡献，被誉为"华南虎之父"。1992年享受国务院特殊津贴；2002年荣获全国"五一"劳动奖章。

姑苏养虎人黄恭情

邱载

温文尔雅的苏州人，恰恰出了几位名闻遐迩的养虎人。一位叫张善孖（张大千的二哥），六十多年前张氏昆仲寓居网师园，为写生画画需要，先后豢养幼虎两头，以铁笼盛之。平时，置于"殿春簃"院内，每当张善孖欲写生作画时，老虎颇通人性，或卧伏、或跳跃、或引颈长啸，加之园中的山石、池水、花木，组成一幅幅山野猛虎画卷。张善孖更是名震画坛的"虎公"，其虎图千姿百态。1986年丙寅虎岁，中国人民邮政发行的明信片上的《双虎图》就是张善孖的杰作。后来，张大千出版的《山君真相·画虎集》，大多是他在网师园对虎写生的作品。

另一位叫黄恭情，就是本文的主人公（图1），中国动物园协会理事、江苏省野生动物保护协会理事、苏州动物园总兽医师。他从1983年起，对华南虎、东北虎的饲养、管理、生殖和疾病防治工作进行了系列研究。对于他所取得的成果、作出的贡献，黄恭情十分谦虚，只回答一句话："我为保护东北虎和华南虎仅仅做了自己应该做的工作，谈不上贡献，不值得宣传。"于是，我们只好借助国际权威性的报道来说明问题了。

1992年12月9日美国出版的《世界日报》上刊登：濒临灭绝的华南虎，日前又在苏州动物园内添了4口，这是继当年2月18日这头华南虎生下第六胎，得仔3头后，又于11月22日分娩。一年里一对虎两次分娩，产仔10头，成活7头，为世界虎类年繁殖史上所首创。据统计，这对华南虎五年内共得仔24头，成活17头，如此高产在中外人工喂养史上也是罕见的。

华南虎为中国大陆特有的珍贵动物，苏州市动物园高

图1　黄恭情与小虎仔

级兽医师黄恭情在上级的支持下，成立了人工繁殖华南虎的科研小组，为华南虎繁殖后代作出了贡献。

黄恭情养虎，使苏州成为抢救、繁殖濒临灭绝的华南虎的基地。

虎啸何处寻　偏向虎山行

龙的故乡在中国，虎的故乡也在中国。据有关资料记载：地球上的老虎开始只有一个品种，最早栖息于亚洲东北部，后来逐渐分为两支，分别向西、向南方扩展，形成巴厘虎、里海虎、东北虎、华南虎、苏门答腊虎、印度虎、南亚虎、爪哇虎八个品种，其中巴厘虎和里海虎早已灭绝，而华南虎也仅剩40头左右，除了在我国大中城市的动物园里还能看到外，野外已几乎绝迹。与此同时，东北虎的数量也在日趋减少，我国动物园里约有百头（图2），野生状态下的还不到100只，保护华南虎已成为全世界关注的重大课题之一。

图2　黄恭情繁育成功的东北虎

1986年4月，联合国教科文组织在美国召开了保护华南虎国际会议，会上我国专家提出：在全力保护自然界老虎的同时，重点应放在人为条件下抓紧繁殖的战略方针。继而，我国有关部门也召开了保护老虎会议，向全社会发出了"救救老虎！"的紧急呼吁。面对老虎的故乡虎类濒临灭绝的严峻形势，黄恭情决心担负起抢救、繁殖华南虎的历史重任。

其实，他的研究试验工作早在1983年就开始了，那年8月，他从南昌引进一只华南虎，以后又陆续引进几只虎。

华南虎生性孤独、凶暴、不合群，要给它们当"月下老人"可不是一件容易事。据说，在老虎"合笼交配"时有很大的风险性。公虎个儿大，性情又凶暴，有时竟会把不肯交配的母虎活活咬死。这样的惨状在国内一些动物园都曾发生过，老黄岂敢轻举妄动。于是，他从幼虎喂养开始，培养人与虎、虎与虎的感情。1986年，那只华南母虎近三岁了，老黄

决定给它"招亲",把择偶的对象瞄准了南昌市动物园的一只三龄的华南公虎,特地用钢筋焊制了一顶特殊的"花轿",用专车把这位"如意郎君"千里迢迢"招婿"到"人间天堂"苏州。他有意把这对华南虎分别关在两只贴近的铁笼里,隔栅相望,朝夕相见,有时虎腿相举,还能互相抓碰一下,就像人与人之间互相握个手,打个招呼。老黄还亲自给它们送"饭"喂食,一边喂,一边发出有节奏的诱食呼叫声,并有规律地给它们打扫铁笼内的粪便。久而久之,两虎相见不再是怒目圆睁,而是摇头晃脑,以示亲热;久而久之,老黄对老虎,呼之能出洞迎候,挥之则摇尾而去。一年多的老虎"恋爱"之后,万事俱备,只待一个"吉日良辰"了。

"红娘"加"保姆"自有"优育经"

"吉日良辰"终于盼到了!

1987年4月,那只华南母虎发情了。老黄与科研组的成员们一商量,决定给它们"成亲"。哪知"结婚"那天,当公虎放进母虎的"闺房"(铁笼舍)后,它俩虽然并不陌生,但圆房还是破天荒第一次。初次同异性打交道的母虎既喜又羞,坐立不安。当公虎再三主动向它表示亲热时,它却无动于衷,团缩在铁笼舍的旮旯里,头朝外,臀朝里,公虎只得在它跟前走来踱去,奈何不得。老黄和他的科研组成员也在铁栅外干着急,爱莫能助。说来也有趣,当公虎眼看求爱无望,要离开"闺房"返回自居的笼舍时,母虎却马上凑近公虎表示亲热。此刻,公虎掉转身子要扑向母虎时,母虎马上团缩一角,臀朝里,头向外,仿佛表示"拒绝"。就这样,雄来雌防,雄去雌追,相持半个多小时,反反复复,难以遂愿。最后公虎一声长啸,愤愤离去,"交配"宣告失败。在这之后的九个月时间里,老黄他们继续熬过了近百次的失败,然而,他坚信:"失败是成功之母!"

1988年1月的一天,那头华南母虎又发情了。老黄与科研组的成员们反复商量决定把"合笼交配"的时间放在晚上。傍晚,游人相继离去,园内一片宁静,老黄他们把公虎放入母虎铁笼后,也悄悄藏在隐蔽处观察:果然!在夜色朦胧之中,母虎很快接受了公虎的求爱,每每交配之后,母虎异常兴奋,在地上翻身打滚,并连连发出虎啸。历时九个月近百次的失败,换取了一条"老虎交配应在夜间"的宝贵经验。老虎的妊娠期为一百零五天左右,1988年4月下旬母虎首胎生下两公一母三头虎仔,从母虎妊娠到幼虎哺乳,老黄从"产房"消毒、母虎观察、难产的应急措施等,都亲自动手作了周密考虑,昼夜十八九个小时都守候在"虎舍"旁,含辛茹苦,体重减轻了10公斤。

为了使华南虎的后代身强体壮,老黄大胆地更改了给华南虎"结婚"的年龄。虎一般三岁性成熟,四岁体成熟,而性成熟不等于体成熟,为使华南虎的后代有个良好的先天条件,他说服了科研组的全体成员,改变以往老虎一发情就合笼交配的做法,让华南虎"晚婚优育",等它们身体成熟后再"结婚"。所以,苏州动物园繁殖的虎仔,头头体大健壮。

1989年11月30日夜间,那只华南虎产下4头虎仔之后,因天气寒冷,加上产后受惊,竟然抛弃"儿女",不肯喂奶,4仔饥寒交迫,3头不幸夭折,唯一幸存的一头也奄奄一息。为抢救这头华南虎仔,老黄想方设法向医院妇产科借来了恒温器——早产婴儿培养箱,园林局也拨了专款添置了一台电暖器,给虎仔创造了一个温暖的环境。取暖问题解决了,虎仔

的饮食怎么办？于是，老黄通过新闻媒体，向社会各界"招聘"刚刚分娩的母狗来充当虎仔的"妈妈"。消息一传出，市郊的农民纷纷携带了"狗妈妈"到动物园来给老黄挑选，终于为虎仔找到了"狗妈妈"。

此外，老黄还改变了传统喂食时给虎喂冻肉、每周停食一天等习惯做法，在老虎的饲养和育仔方面进行了一系列的科学研究。在《华南虎的繁殖和育仔研究》科技成果鉴定会上，来自全国各地的动物专家们充分肯定了苏州动物园所作出的巨大努力，充分肯定了这一课题的成功，认为：老黄和他的科研组在人为环境下虎种繁殖和育仔的技术成果，在国内居领先地位，同时也达到了国际先进水平，他们不仅支援了其他动物园，同时还建立了后备种虎群，避免近亲繁殖，对保护和增殖濒危珍稀动物——华南虎作出了卓越贡献。

人生有追求　事业在心间

1961年毕业于南京农学院的黄恭情，三十多年来一直工作在野生动物、金鱼等饲养、管理、繁殖、防治疾病的第一线，对各种野生动物有着深厚的感情。一次，常州动物园打来长途电话，说该园的一对小东北虎得了急病，母虎已死，公虎正在抢救之中。老黄连夜乘火车赶去，很快查出病因，对症下药。老黄与常州的同行一起，连续奋战了三个日日夜夜，对那头小公虎实施一级护理，终于将其救活了。

老虎和其他动物拴住了老黄的心。他出生在福建侨乡泉州，其父在20世纪40年代就在南洋经商，如今他的伯父、叔父等仍在国外经商，叔伯经常要他去国外接收遗产。然而，他实在舍不得苏州，舍不得老虎，一直没有动身。有人说他是傻瓜，可老黄想的却是："华南虎的故乡在中国，我的事业也在中国啊！"

就在老黄把心思扑在事业上的时候，他爱人患了小脑萎缩症，瘫痪在床上。当时，恰逢华南母虎的预产期到了，他给妻子服过药，输完液已是深夜十一二点钟了，仍骑着自行车赶往动物园当"接产士"，累了，黄恭情和虎仔在一起。困了，就在工作室的长凳上打个盹，或者用冷毛巾擦擦脸，一直守候到母虎顺利分娩，常常通宵达旦。十多年来，他就是在这样的家庭环境下顽强地工作、生活和学习，凭着一股报效祖国的志气，向世界和人类奉献了一个中国知识分子的爱心。夕阳映照苏州古城时，人们常常看到刚刚下班的老黄，不顾一天劳累，让妻子坐在自制的自行车挂轮椅上，由他推着缓缓地在街巷里"散步"，周围的邻居见了，都夸他是个好丈夫。今年3月初，妻子离他而去，老黄含泪料理完后事，又默默返回岗位……

"人活着，就要做点事情。"这是黄恭情的追求。这几年来，他一方面为保护野生动物做些力所能及的工作，另一方面总结几十年正反经验资料，著述甚丰。他先后受建设部、省建委、市园林局等领导部门的委托，撰写了《野生动物饲养与保护》《金鱼饲养管理知识》《脊椎动物学》等十余部专著，有的已成为全国动物园饲养管理员的必读教材，有的成为大专院校的专业教材。老黄从1987年起，先后在"国际野生动物保护会议""亚太地区兽类学术讨论会""东亚地区熊类学术会"的讲台上作学术报告，获得国际同行专家的高度关注。1991年春，他作为中国的动物园协会代表团成员赴日本考察，交流野生动物的管理繁殖经验。日本动物园水族馆协会的同行们都称老黄是中国养虎专家。日本动物园水族馆协会副会长、裕仁天皇的亲属池田隆政先生见到黄恭情后翘起大拇指说："太幸运了,既读到您的文章,今天又见到您本人,千载难逢!"

1995年4月,中国华南虎移地保护研讨会在苏州召开。这是由联合国下属的国际机构——世界自然与自然资源保护联盟建议召开,由我国林业部批准,由中国动物园协会主办的国际会议。会议所以选择在苏州,是因为苏州动物园拥有目前世界上最大的、最具活力的华南虎种群;还因为黄恭情及他的科研小组在苏州动物园形成了从饲料配比到仔虎繁育等一系列完整、科学、合理的饲养办法。会上,黄恭情作了题为《华南虎的移地保护研究》的学术报告,受到与会的国内外同行专家高度评价。世界自然与自然资源保护联盟物种委员会主席希尔先生用英文为老黄题词:"我们最大地祝愿您和您的老虎健康长寿。老虎多繁殖后代!"表达了一位世界著名专家对他的钦佩和赞许(图3、图4)。

图3　1999年华南虎年会现场

图4　黄恭情在华南虎年会上发言

1997年老黄已年届六十，外地许多动物园纷纷以高薪聘请他退休后去当顾问、作指导，老黄都谢绝了，他说："我不离开苏州，市政府领导、园林局领导这样关心、重视华南虎保护工作，建立了苏州华南虎保护基金会，并正在筹划华南虎保护研究中心，保护华南虎事业充满希望，我更要为此出力献爱！"（图5）

图5　苏州市园林局发行的《华南虎捐资纪念卡》

黄恭情——姑苏养虎人，我们为你骄傲！

[本文作者邱载，《苏州日报》记者。
此文原载于《苏州园林》1997年华南虎专刊（总字第19期）]

·刘 郎·

刘郎,电视纪录片资深编导,先后任职青海电视台与浙江电视台,高级编辑,全国首批国务院津贴专家,全国新闻百佳之一,全国德艺双馨电视艺术工作者称号,全国广播电视电影系统先进工作者,从事纪录片创作四十年,现居苏州。代表作品有《西藏的诱惑》《上下五千年》《江南》《苏园六纪》《苏州水》《西湖》等,另有《西部的星空》《风骚》《秋泊江南》《苏园六纪》《苏州水》等多部专著出版。作为一种文体,其解说词作品《蕉窗听雨》被收入北京大学出版社出版的高等教育"十五"国家级规划教材《中国现代文学经典》。

三生花草梦苏州
——专访当代著名电视艺术片导演刘郎

黄洁

从蛮远的"西藏的诱惑"中走来,轻轻抚摩秀媚柔丽的江南园林,奉献出一个别开生面、富有诗意的"苏园——园境"。他的成功在于拍出了电视片的文化品位,拍出了文化的精神,拍出了文化的诗意。

浓浓的苏州情结

苏周刊:纪录片《苏园六纪》可以说是一个里程碑式的作品,至少如陆文夫先生所说的"同类题材中很难超越"。按理说,拍了《苏园六纪》,可以画上一个圆满的句号了,可是您之后又拍了《苏州水》《拙政园》《狮子林》等一些反映苏州园林文化和苏州文化的作品,是不是可以说,您有一种园林情结或者说苏州情结?

刘 郎:《苏园六纪》的拍摄,到今年已经整整十年了,苏州的观众依然记得它,我感到很欣慰。真让你说对了,我还真是有了一种园林情结。这些年,只要去苏州,我不但要去园林看一看,而且每去一次,都会有一些新的感受。去园林,买张门票就可以进去,但真要进入园林美学并探得真谛,就必须要不断地丰富自己的文化储备。去年,中央电视台又播放了我与吴华雄等人共同创作的《狮子林》与《拙政园》,之后,《人民日报》发表了倪祥保的文章《以影视视角解读世界遗产》,《光明日报》发表

了包兰的文章《一道构建文化遗产的光影长廊》。一些朋友看到了,都在问我,你怎么还在园林里面兜圈子?我说,园林的要义是曲径通幽与移步换景,十年转下来,我才算是终于开了窍。这些年来,园林的美誉度与园林美学的普及程度其实是不成比例的,这意味着后者的道路还很长,但苏州的园林学者们这些年来贡献却很大,许多著作与文章堪称精品。

苏周刊: 您也因此结交了一批苏州的朋友,这也是您"苏州情结"的一部分吧?

刘 郎: 是的。我不但怀念园林,怀念苏州的一些景点,我还常常怀念起过去一起拍片的朋友们,比如拍摄《苏园六纪》时的吴华雄与孙欣小友,拍摄《苏州水》时的詹刚台长与顾翔编导等。对《苏园六纪》作出过很大贡献的钱锡生老师,现在苏州大学任教,已经写了很多书,每次见面,我们总会欢宴一回。前不久,我看到一本纪念谢孝思先生的文集,在周峥文友的一篇长文里还提到我采访谢老的往事,这也使我很感动。朱栋霖教授这些年也很器重我,他不仅把《苏园六纪》编进了江苏省中学生的乡土教材,还把其中挖掘园林意境的《蕉窗听雨》编进了北京大学出版社 2007 年出版的普通高等教育"十五"国家级规划教材《中国现代文学经典》中。朱栋霖教授很是有眼光,因为在园史、园况、园趣和园境这四者之中,园境最难表述。不仅如此,就连贵报——《苏州日报》以及《姑苏晚报》这些年对我也很呵护,秋末先生还曾在《苏州日报》上写过一篇题为《苏州没有刘郎?》的文章,对我很鞭策。许多年来,我在向朋友们赠送拙作的时候,在扉页上写得较多的是龚定庵的句子:"三生花草梦苏州",这里面,也许就蕴含着我的苏州情结吧。

苏周刊: 当然,就每一位痴迷优秀传统文化的人来说,他对于苏州的热爱,或者说他的苏州情结,应该是有着更为深刻的含义的。

刘 郎: 苏州是中国传统文化当中的一个重镇,这里的许多事件、许多人物——光是沧浪亭里镌刻的五百名贤,个个都是重量级,你都必须有所了解。从这个角度来说,从事文化题材的创作,你便不能不去了解苏州,或从苏州着眼去看中国的某段历史,或从中国的某段历史观照苏州,这样你的作品才是打开空间的。这次我做十集纪录片《西湖》就深深感到,一些历史人物,比如中国的大诗人,那位著名的刺史白居易,就和苏杭两地密不可分。"三生花草梦苏州"这句话,其实是有多重意义的。

电视人必须是读书人

苏周刊: 当年是陆文夫先生指定要您来拍《苏园六纪》,您也欣然接受了。你们是一拍即合的吗?

刘 郎: 可以说,我最怀念的人,还是陆文夫先生,因为没有陆先生,便没有我和苏州的结缘(图1)。1997 年我拍《江南系列》的《老房子》一集,是以吴冠中先生为主线的,而表现苏州的一集是以陆文夫先生为主线的,这一集名为《一位作家和一座城市》。其原委经过,陆先生有篇文章写得很清楚。这个片名后来曾被广为使用,但最初的创意,盖出于当时也。拍片之前,我并不认识陆老师,是我在出访台湾时结识的苏州画家江野先生给我找来了陆老师的宅电号码,我才联系到了陆先生。陆先生起初并不愿接受采访,是我一时唐突，再三请求，并在自陈简历时又加了一句"我是老三届"。也许就是这"老三届"触动了陆先生，不然，我就没有那么多日后的"苏州情结"——即《苏园六纪》《苏州水》等片子的出现了。

图1 宋紫铭（左一）、吴华雄（左二）、刘郎（左四）、
钱锡生（左五）与著名作家陆文夫（左三）合影

苏周刊： 陆文夫先生曾经说您为了拍《苏园六纪》，读了一箱子书，是吗？

刘　郎： 我用电脑写文本，其实还没有几年时间，但以键盘创作《王阳明》的文本的时候，我有一种非常奇妙的感觉。一部线装的、由古代雕工雕刻的《传习录》的精华，竟然随着手指敲击的声响，存进了电脑里。但是仔细一想，不对了，它其实是存进了自己的心里，那些古代人物、古代文物、古代风物的点点滴滴积聚起来，就像是一种线装的存储。存储多了，才会产生思想。在第一线从事电视手艺活儿，要是真想存储，没有别的诀窍，只有认真地读点儿书。纯粹的手艺，不用多久就能够上岗，可谓高可能攀，但如果是操持文史类的题材，那就不好说了，因为书海无涯，深不可测。

苏周刊： 您说您至今还十分怀念应陆文夫先生之邀去苏州做园林那一段日子，和读书有关吗？

刘　郎： 其实那也是一段完整的读书的日子，因为那一批乡邦文献读下来，竟让人了解了江南文化作为一个系统的全貌。园林，不过是其中的一个点。那段时间住在园林附近，同时也远离了老化的人际关系，因此心也静，心一静，读书便也很专一。读书一旦专一，人的思想，也便更活跃。于是，关于园林背景、园林历史、园林构成与园林意境的几集文本，也就顺势而成。我想，那其实并不是本人在解读隐逸文化的时候能够翻云覆雨，而是那两百多本关于吴文化的著述发酵的结果，即便不曾掠美，也是一果多因。这些书现在还保存在书架上，偶尔翻阅，得见眉批，往事历历，便顿时浮现在眼前了。电视人必须是读书人。自己的创作经历，都是小打小闹，其实是没有什么好回顾的，曾经读了几本书，倒是不算谦虚的实话。当然，学风与世风是互为因果的，不过现下的情况则是，多数人已经很难坐得住。熊十力先生在数十年前警示的"知识之败，慕浮名而不务潜修。品节之败，慕虚荣而不甘枯淡"，不但针对过当时，同样也适用于今天。

心物不二，体用一如

苏周刊： 做文化片最难的一点，是将有一定深度的学术思考，如何交融于具体的、有限度的，而且是溶于表现现在时态的电视画面之中。许多人评价说刘郎做到了这点，《苏园六纪》，包括之前的《江南》、之后的《拙政园》《狮子林》等一系列江南题材的电视片，那您所做的学术思考是什么？

刘 郎： 拍摄《苏园六纪》的时候，我有了"把学术艺术化"和"把艺术学术化"这样的想法，后来，又拼凑了几条操持文史类题材的粗浅之见："史学为体，文学为用；学术为体，艺术为用；美文为体，哲理为用；纪实为体，写意为用"。一位研究新儒家的亦师亦友的同行说，"在新儒家那里，体用原本是一回事。"因此，我又断断续续地用了几年的时间，读了一点新儒家。新儒家的著述，深邃自不必言，即以语言体貌而论，也远非明清小品的轻灵一路，读起来自然有些艰涩。好在已近望六之龄，竟然也还坐得住，寅夜读来，渐生趣味，读到快意处，一似儿时篱落呼灯。

不过，越是阅读新儒家，越是觉得自己的存储不够。存储有了问题，也会导致操作起来很遭难，怪不得电脑老是要升级。

苏周刊： 恰在此时，余姚电视台请您去拍《王阳明》，让您下定决心去了解一番新儒家，了解的结果如何？

刘 郎： 王阳明的心学，恰与新儒家的思想多派合流。明代文史大家张岱曾说，"浙东一带，余姚文风最盛"，这倒诚非虚誉，因为严子陵、王阳明、黄宗羲与朱舜水这四位先贤，都先后出现在余姚一地。不过，伟大归伟大，要想把王阳明的"在上立德，其次立功，再次立言"提炼到一部电视文本里，也殊非易事，诚实的创作绝无捷径可达，因此，这书，还需要一页一页地继续读下去。

在王阳明一生的思想升华过程中，有两个段落最重要，一是"龙场悟道"，一是"天泉证道"。其实，除去圣人的"证道"不去讲，凡夫俗子如我等者，也同样有一个"悟道"的问题，只不过我的"道"悟得很浅显，这便是：我们的书，读得实在是太少了。数千年思想文化的精华，其实都在书籍文化当中，我想，要想丰富自己的学养，除却读书，别无他途。

在阅读新儒家的过程里，我终于想通了一个问题，这便是：文史类题材的创作，其实就是读书为体，创作为用，体用合一，而熊十力先生哲学的真谛，恰正是心物不二，体用一如（图2~图4）。

图2 播音艺术家方明与刘郎在苏州园林

图3 播音艺术家林如与刘郎在苏州园林

图4 刘郎与叶嘉莹先生在西湖

《苏园六纪》是撰稿语言的一次试练

苏周刊：在评价《苏园六纪》时，陆文夫先生曾讲过："把诸多的内涵纳于他所选择的画面之中，再用精彩的语言道出画面之中的深意，使人感到一种艺术的震撼和对历史的回味。"另外，好多文化界、传播界的著名专家学者称，您是拍摄电视文化艺术片自成一体，并以"文本的胜利"而"赢得全面胜利"的著名电视片编导，而您的解说词又尤其为人称道，这和陆文夫先生所说的"艺术的震撼"和"历史的回味"有无必然联系？

刘　郎：电视文本决定成败，当然很重要，但我们一定要认识到，这文本一定要是脚本而不是读本，它要有行为、有具象。有人理解为解说词就是脚本，这是一种误解。解说词只是建筑在脚本上的派生物。尽管这样，这解说词如何撰写，仍然是一个专门的课题。

书架上至今还摆着几个单项奖的奖杯。我之所以保留这几个奖杯，其实是只要存个念想，因为它们全都属于撰稿奖，这倒可以在平时撰稿的时候，不断地给自己提个醒。那几次得获撰稿奖，一次次时间跨度都很大，干电视已经三十年，题材的变化，兴趣的变化，思维的变化，文风的变化，其实都在里面了。

苏周刊：那这些变化是如何一步步来的呢？

刘　郎：20世纪80年代，拍摄《酥油花》与《羯鼓谣》的时候，其间好几年，写稿子全是由着性子来，一点条理都没有，直到1986年开始拍《梦界》，还没有想到文体的事。拍完《西藏的诱惑》，接下来便是1989年作《天驹》，面对长河饮马的西部，打理鞍马文化的史料，竟然有数月燃烧的激情。而本片的解说词创作，则也有意识地吸纳了一些元人散曲的特征。本人痴迷元曲，始于早在青海民和地湾山下乡的那一年。那时节正年轻，精力真是充沛，犹记得曾在《山水田园》的主题下，我把张养浩、马致远、张可久等人常用的曲牌，大致"山寨"了一遍，求个自娱自乐，以后却片纸无留。元人散曲朗朗上口，别富音韵之美，特别适合念出来，没想到，多年之后，这点功课所获，竟然用进了解说词。可以说，关于电视文体的问题，至《天驹》文本的创作，才是我的第一次觉醒。

真正有意识地将电视撰稿撰出一点儿特色来，还是来到江南之后，其中印象较深的一次试练，是作《苏园六纪》。概括苏州园林的美学特色，同治状元陆润庠的对子写得非常精彩："雨惊诗梦留蕉叶，风裁书声出藕花"，它足以说明园林艺术是由诸多的典雅意象组成的

一个系统。因为想到了苏州园林的典雅,所以,我便着意地使用了靠近明清小品式的语言。顺便捎带一句,许多明清小品的作手,大都能够写散曲,并称之为文章余事。

明清小品讲究精致,讲究通透,但是,它也允许加进些许日常用语,允许糅平白于锦丽,融具象于空灵。不过,就像粉壁无瑕的墙上挂字画,比例的搭配总要得当才好。未料《苏园六纪》不仅获得评委推重,而且在苏州古城也获佳评,这便使我坚定了自己的路子。生活的艺术与艺术的生活是相互融渗的,天长日久,职业中的文风也就渐渐地影响到了我平日的书面语言,以致后来给朋友写写信,变成了文白相间的尺牍体。如此一来,这样的面目,倒和我的年龄很相宜。

运用传统式的文字写作品,其实并非是对古董的克隆,那古意得要有节制、有度数,不要半生不熟,不要弄得很老朽。总之,锦丽与平白、典雅与俚俗、奇险与冲和、对仗与自由,种种成分,都要勾兑得相当合适,才能够成为上佳的文字酒水。这种语言,经过了模仿、靠近、移植与再造等阶段,便会形成自己的风骨。这种风骨,其实就是一种崭新的创造,因为它非但不老旧,反而还充满了鲜活,写得好了,便会让人觉得有点明月当窗的意思,并且还可以听到一地的虫声。

江南也有豪放的特质

苏周刊: 您拍摄的电视艺术片应该说是从《西藏的诱惑》而一举成名的,以后又拍摄了《天驹》《兴亡》《发现》等,到江南以后,编导了《江南》《苏园六纪》《苏州水》《同里印象》《拙政园》《狮子林》《七弦的风骚》,据说十集大型电视艺术片《西湖》也快完成了。总的来说,您的电视文化艺术片的创作分两个阶段:从地理学来说,是从高原到平原,从山到水、从马到船;从文化学来讲,是从西部的粗犷豪放到江南的清丽婉约,这是一个非常大的跨度,也是个很大的转变,这期间您经历了怎样的精神历程和心灵变化?

刘　郎: 这个问题比较宏观,还是说说豪放与婉约的关系吧。我早年生活在大西北,习惯了那种蛮荒野逸的特色,陈丹青先生曾经说,一个人总会被他成长时期的环境所扣留,非常形象,因此,我自然比较熟悉豪放的路子。人到中年才到南方来,才考虑如何在豪放中融入婉约的风格。我有一联自撰的对子:"几度征鞍眠雪岭,一篙春水过梅村",就是在苏州的石湖作成的,这基本上概括了自己的某些经历。其实,我们的江南也有豪放的特质,比如你写吴门烟水,就会触动到历史上恢宏的一面。这次作《西湖》,西湖从自然湖泊到人工湖泊的演变,就非常的恢宏。但多数的时候,二者是相互融合的,豪放派的代表苏东坡惯写大江东去,但他写西湖却写得非常细腻,"铁马秋风塞北,杏花春雨江南",我总是联系起来看待的。

(本文作者黄洁,《苏州日报》资深记者。此文原载于《苏州日报》)

发婉约于豪放　寄哲理于诗情
——评刘郎的电视系列作品"江南三部曲"

钱锡生

刘郎从遥远的西北来到江南，不几年就创作了反映江南的一部又一部电视作品，并且都取得了极大的成功。他编导的《江南·千年陈酒》和《苏园六纪》分别荣获中国电视文艺星光奖一等奖和优秀撰稿奖，后者还获得中宣部"五个一工程"奖。最近，他的《苏州水》又亮相荧屏，赢得人们的赞誉。熟悉他的人为其成功的人生转换而叹服，不了解他的人看了其作品感到新奇而震撼。刘郎是"关西大汉"，不是江南才子，他已不再年轻，而在知天命之年，他的创作激情却如岩浆般地喷涌而出，为其迎来了创作生涯的第二个高峰（图1）。

图1　与摄影家陈健行在网师园
（左起吴华雄、刘郎、孙欣、陈健行、钱锡生）

（一）

刘郎的成功并非偶然。来江南之前，他曾在青海电视台工作十多年，那时就已是国内屈指可数的电视艺术家之一。他当年创作的《羯鼓谣》《梦界》《西藏的诱惑》勇夺中国电

视文艺星光奖一等奖的三连冠。他以诗人的激情赞美"西部的星空"（刘郎电视文集名），通过长期的观察、深刻的感悟，不仅开掘了西部的自然之美、历史之美、文化之美，而且写出了西部的性格、精神和境界。他由此成为我国西部风景线上一匹"天驹"（刘郎电视作品名），确立了自己在中国当代电视界的地位和影响。

不过，西部作品系列只能代表他的前期风格，那是张扬外显的赞美、单向仰视的讴歌，尽管立意高远、风格豪放、文采飞扬，但似乎缺少了点人间烟火，意蕴也不够含蓄。而江南系列作品则使他走上了内在超越之路，风格更沉稳内敛，思维更复合丰厚，表面是与江南灰调相符的朴素淡雅，而内在依然充满饱满的人生激情。

我们姑且把刘郎编导的电视系列片《江南》《苏园六纪》《苏州水》称作"江南三部曲"，沿着他创作的轨迹，寻绎其成功的秘诀。

《江南》是他进入南方后第一部有影响的力作，作品分六集，每集三十分钟，依次是《丁山泥土》《一位作家和一座城市》《叩访天一阁》《老房子》《千年陈酒》《鹧鸪飞》。在这部作品中，他从江南大地的艺术富矿区中，挖掘了六个主要意象。每集围绕一个城市或一个器物或一个人物或几个人物展开，通过外在的可以捕捉、驾驭的物象，可以引导、串联的人物，寻找表象和意义之间的联系。第一集讲宜兴的紫砂茶壶，它始于宋而成于明，经历了数百年工艺的演变，形成其成熟的艺术；第二集讲苏州古城，城市是人的物化，以作家陆文夫为代表的一代代苏州人使苏州"地以文传"，形成了雅俗共赏的文化景观；第三集讲宁波天一阁的藏书，古代藏书家的一段段藏书往事，象征着中国私家藏书的聚散命运，给中国人留下了不绝的精神财富；第四集讲江南老房子，逐渐完成历史使命的老房子是物质和精神的文化遗产，凝聚着生活之美和艺术之美；第五集讲绍兴酒文化，透过传统酿酒的制作过程，阐述了酒的性格和人的性格的关系，酒的历史和古城人文历史的关系；第六集讲江南地区广为流传的一首笛子曲《鹧鸪飞》，那美妙而悠远的旋律既体现了江南的精致，又渲染了江南的意境，它的流传代表了江南兼收并蓄的能力。

刘郎在这部作品中，对每一集的结构都做了精心的安排，大致设置了虚实两条线，实的部分安排具体的人物和事件，虚的部分配置了大量历史人文故事；实的部分是现在时态，虚的部分是过去时态。这种介于抽象和具象的穿插交替，在审美视觉和题材容量上给人丰富的感觉。如第五集《千年陈酒》，主线是绍兴东浦酿酒师傅汪伯年用传统方式酿制黄酒的完整过程，全片由此贯穿；虚线是穿插于其间的绍兴千年历史，用酒祭奠治水的大禹、用酒倒入投醪河的越王、兰亭曲觞流水、沈园借酒浇愁、"剃头酒"的风俗、徐文长等人的典故。这些绍兴的故事依托于酿酒这一过程不仅让人感到目不暇接，而且隐寓了这样的内涵：绍兴历久而弥新的文化本身就像一尊古老的酒坛，散发出千年不散的余香。这样的结构方式，刘郎解释说就像老房子的正房和厢房的关系，"最主要的骨干，当是宅院的主体建筑，而一些被串联起来的风物，甚至旁及的人物，则是厢房之类……但是融于一个宅院，它们又是相互通达的整体……主房的内容，要纪实一些，厢房的内容，要写意一些"（刘郎《老屋的意象》）。《江南》的其他几集，也大多采取这种结构方式。不过尽管有虚实两条线的贯穿，基本的骨架却还是以写实为主，是实中有虚。

《苏园六纪》是他应苏州有线电视台之邀创作的第二个以江南为题材的电视系列片，这部作品同样分为六集，每集三十分钟，标题依次是《吴门烟水》《分水裁山》《深院幽庭》《蕉窗听雨》《岁月章回》《风叩门环》。他在这部作品中，巧妙地把自己对苏州园林的艺术

感受分成六个篇章：第一集是吴文化大的序曲，是苏州园林大的背景，他把苏州园林安置在中国古代文化深厚的背景之中；第二集到第四集则深入园林的生成时空，紧紧抓住理水、掇山、建筑和花木经营的园林构成元素，对其审美特征、艺术意境进行创造性的表述；第五集和第六集阐述园林和人的关系，表现人和自然的亲和会心、相互依赖，在园林的历史沧桑和现实保护中凸显人文精神。

《苏园六纪》的构架方式是包裹式的，大主题内包含若干串联的小主题，每集的小主题内又散点透视般地包含着不同的素材，一个个段落信息量极大，之间的过渡却很自然，有点类似修辞学上的顶真格。如第四集《蕉窗听雨》一集讲园林的意境，由若干个段落组成，从园林中的栽花植树讲到水面栽种的荷花，从固定欣赏园林植物与景色的漏窗讲到移步换景地从不同的欣赏角度发掘的园林之美，从人居环境的理想境界讲到人与自然的和谐，从富于诗意的文人品题讲到"开门看雨，一片蕉声"的园林意境。其间，似乎没有外在贯通的主线和清晰的脉络，内部却是段段相连、节节同体：既有高度概括、一带而过的宏观内容，又有充分展开、交待详尽的微观细节。这种大处着眼、小处落笔的手法就像电视镜头景别的两极性组合一样，使作品具有很大的开合和张力。在虚实方面，既不是完全写实，又不是纯粹写意，而是抽象和具象之间的有机组合。如实的方面，讲碗莲、讲漏窗、讲芭蕉，用体验性的细节描绘来叙事抒情；虚的方面道出的却是园林的艺术意境、园林艺术创造中人的性情写真和自己神游历史的独特的生命感受。这种方式在一定程度上达到他自己提出的最高境界，即"做文化片最难的一点，就是将有一定深度的学术思考，如何交融于具体的、有限的，而且只能是表现现在时态的电视画面之中"（刘郎《学术的艺术化和艺术的学术化》）。

苏州是中国传统文化的一座重镇，刘郎来到江南，特别是苏州后，感到非常吃惊，认为凡是古典文化的精粹都和这里有关。他盘桓于吴文化的题材之中，沉睡的记忆一下子被唤醒了，冥冥之中无意识储藏的东西都有了用武之地，江南似乎成了他的文化家乡。所以他一发而不可收地把关注的目光投向这块土地，在完成了《苏园六纪》的创作后，他意犹未尽，决定为苏州再做一部文化大片，这就是他在2001年应苏州电视台之邀完成的又一部系列片《苏州水》。

水是吴文化的意象符号，水是苏州城的文化母体。刘郎在该片的创作中要表现的不是具象的现实的水，而是历史的文化的水；不是具体的有限的点，而是抽象的无限的面。他期望以此进一步地表现苏州这一他心目中的东方文化的精华、历史名城的精魂。全片分为五集，每集也是三十分钟，分别是《与水为邻》《吴中底蕴》《长河回望》《水影花光》《水乡寻梦》。第一集写水和古城的关系，宏观地论述了水对苏州、对吴文化的促进作用；第二集写水与平民的关系，水成为人们的生活之源和文化之源；第三集写水与生活的关系，水既把富饶物产送到四面八方，又将无穷活力注入吴中大地；第四集写水与园林的关系，水使园林中的物象构为一体，其洁净、光影、流动给园林带来了不尽之美；第五集写水与家园的关系，在现代文明发展迅猛的今天，水使苏州保留了田园之美，使人们可以水乡寻梦、回归自然。

当然该片的创作难度也更大，水毕竟无色无味、无形无状，即便对水作人文的关照，也容易给人空灵虚渺之感，要更深入、更雅致地表现水与苏州文化的关系，就不光是描述，更多是理解；不光是梳理，更多是思考。他在该片的创作中，大胆地在虚字上做文章，力

求用心于意蕴的开掘,使审美进入虚境。如第一集《与水为邻》,抓住"邻"字,写到了山塘街,写到了沧浪亭,写了昆曲,也写了"三言",虽没有具体的事件和人物的追踪,然而水的话题不断拓展,水的思路也不断延伸,被关注的对象具有很大的涵盖面,从物质层面到精神层次,包括哲学、政治、经济、文化等。这种创作方法是以我为主、以客为辅,抓住本质和核心,高扬艺术的力量,对审美对象既深得进去,又提得出来,进行选择和提炼、加工和创造。

纵观刘郎的"江南三部曲",可以看到他对自我的不断超越,对题材的不断创新。《江南》是以点带面,写实为主,创意为辅;《苏园六纪》点面结合,虚实相生,错综结合;到《苏州水》则以面带点,写意为主,纪实为辅。不管创作手法如何多变,目的只有一个,即打开审美通道,复活历史本相,揭示中华文明的底蕴,挖掘传统文化的精髓。

(二)

如果说刘郎前期的西部系列作品更多的是一种相对单纯的雄浑和壮美,那么后期的江南系列作品则兼收并蓄,既不失豪放的本真,又把豪放融进了婉约。他以古代骚人的气质、当代哲人的思维,怀着对美好事物的憧憬和向往,为重归和再铸本土文化一往情深地吟唱。在电视创作纪实美学风行一时、表现美学暂且沉寂之际,他的作品提升了电视文化的品格,唤起了观众的审美期待,为中国特色的电视产品的本土化树立了一面旗帜。纵览他的这些作品,有着一以贯之的创作思想,大致可以概括为以下几个方面。

其一,找到通道、挖到根上,从文化的核心引爆。

刘郎的电视作品可以说是创作型和治学型的结合,他强调意在笔先,创作前需要三个储存:一是长期储蓄,二是短期储备,三是临时储存。这些储存包括四个方面:生活积累、思想积累、文化积累、感情积累。正是这样一种全方位、长时间的准备,使他厚积而薄发。他还明确地提出了学术艺术化和艺术学术化的口号,在每一次的创作开始之前,他都通过认真读书,进行广采博收,一旦感悟,他就可以任何材料都不依傍,通过自己选准的切入点对题材进行最佳方式的表述。

刘郎学术和艺术相结合的方法主要有三点:一是站位很高,始终站在历史和文化的高度进行理性思考。在创作《苏园六纪》时,他认为写园林,就是写吴文化,即使着眼于今天,吴文化的底功却一定要下够:"园林的背后,是涵纳繁多品类,呈现锦丽色彩,具有极其丰富的社会历史内容的吴文化。一些近于轻松、浅淡的方式,是无法负载起一种丰厚的文化内涵的"(刘郎《学术的艺术化和艺术的学术化》),这样他在创作时,就不是就事论事,而是笔触宽宏,既有广阔的视野,又有精确的视点。二是直探本源,对创作对象的来龙去脉进行独到的探寻。与纪实类电视作品偏重外在的过程跟踪不同,他更重视的是源与流的内在关系的发现,不光表现物质现实的表象,而且探究物质现实的本质。譬如他在《苏州水》中探寻到吴文化曾经过了从重剑好武到重教好文的转变,苏州民俗以读书为乐,读书好学的传统,最终形成了古城的素质和格调,造成苏州人心态的不躁不浮、不急不慢,他们选择了像水一样平静、内向、灵秀的意态,将精神世界、文化情趣与现实生活交融一体,并使之产生新的水一般的融化力。三是借物兴感,在感性的形式中表达理性的内涵。如《江

南》第一集《丁山泥土》中写壶的价值和价格的错位的演变,是通过对紫砂热潮的具体描述而来。紫砂壶沾了传统文化的光,得了改革开放的实惠,但大家都来造壶卖壶,质量就不同了,也就在风风火火中埋下了不易察觉的危机。他通过壶写了人,也写了自己的感受。

其二,由小看大、打开空间,构架大文化背景。

刘郎的视野比较宏观,他常常用大文化的方式来思考,认为要想盘桓于中国传统文化题材,必然是面对着非常博大的传统文化,无论什么题材,每个品类都是牵一发而动全身。因此,他的作品总是立足于广阔的文化背景之中,俯仰古今、纵横东西。

但在具体创作时,他又吸纳了中国古代的文论思想,采用艺术的辩证关系来处理素材,善于以细节来描绘,以小来看大,就像透过古铜钱的方孔来看这个世界一样。他的《江南》,是通过一个个小小的实物来体现的,如茶壶、黄酒、藏书阁、笛子曲、老房子等,这些实物表面似不相干,实际上都涵盖着广袤的时空,是吴文化在各个方面的集中代表,在这些实物的身上又体现着人的精神,这就不是就事论事,而是借物生发、托物寄情,从有限来看无限了。在创作《苏园六纪》时,他也是从具体的事物说起,讲到了山水、花木和建筑,但又认为园林的物质空间不大,其本身的审美天地也有限,不能光局限于园林的壶中天地,而应推出园林背后的人物、历史、文化。这样,他由园林引发,不断拓展空间,通过园林来写古代人的生活、江南文人的心态、传统文化的精深,使人们看到苏州文人曲折的人生,看到他们在人生遇到挫折后对美的不懈追求和生命的延续,看到他们对自然和生命的感悟。这样就达到了用小园林来说大文化,通过园林这扇窗来展示吴文化背景下人的精神世界,既表现苏州园林而又不限于苏州园林的艺术效果。

打开空间的另一做法是横向移植和远近嫁接,他能在一些散乱的事件中,找到其彼此联系的方式,以散取精,把整体组织成一个个独立的故事。在《苏州水》第二集《吴中底蕴》中,他从苏州的水井、天井、市井一路写来,直到农业文明的乡愁——离乡背井。水井中的水,既是人们的日常生活之源,也是人们的精神文化之源;天井结构的建筑里住的往往是仕宦人家,而在市井中生活的又常常是平民百姓,它们大致可譬喻为苏州的高雅文化和通俗文化,两者的结合形成了苏州物质与精神并重、细致和精深同存的生活形态;农业文明的乡愁,使历代的无数人眷恋苏州这块热土,他们把自己的根放在这里,既为自己找到命运的归宿,也为苏州留下文化的遗产。这样,在打通井的联想的同时,也就打开了苏州的历史。

其三,拆解整合、纵横捭阖,对审美对象进行崭新的表达。

刘郎认为,任何历史之歌,都是唱给当代的。但是要把中国古代的东西消解成活生生的形态,让人们感同身受,却既不能根据现代人的需要主观地给古人贴标签,也不能用我们今天的情感和心态单方面地去作解释,而应用挚热的情感和冷静的思考去直抵古人的心灵,这就需要经过艰苦的思维劳动去化解生活、拆解历史。

刘郎面对博大精深的中国传统文化,提出了三个拆解:一是主题拆解、二是题材拆解、三是语言拆解。

主题拆解是指一个大主题里有好多副主题,就像清人李渔所说的立主脑、密针线那样,有时一人一事、有时多人一事、有时一人多事,不管魔方怎么变,其意思就是要出奇制胜、引人入胜。如他的《江南》第二集《一个作家和一座城市》,他在这一集中要表现的是苏州这一历史文化名城,但是可以反映苏州的主题有很多,一座江南风格的园林、一条宁静深幽

的水巷、一方细致入微的刺绣作品、一张灿若桃花的木版年画，但这些都还似乎不够，因此他选择了通过陆文夫这一作家作为当代苏州的文化标志为切入点来进行表现的主题，而把其他的内容作为副题穿插于其间，这样既使主题显得突出，又使主题呈现丰富。主题拆解是为了整合，当重新组合不同的主题元素时，可以从不同的角度来欣赏全景。在《苏园六纪》创作中，苏州园林经过他的整合，被设置了三个角度：思想主题——隐逸；物质形态——风雅；艺术特征——通透。三者的关系是，隐逸为树根，风雅是树干，通透是叶子，它们构成了一个完整有机的整体。刘郎认为，只有经过这样的拆解，作品才会显得丰厚而不是单一，厚实而不是单薄，整合而不是散碎。

题材拆解是指把一个题材分为若干方面。他在创作《江南》时，把江南拆解在六个不同的城镇风貌和物质形态上来体现，它们构成了一组"文化的瓦片"（片头解说词），代表着江南文化的精粹，众星拱月般地为这一创作题材增光添彩；在创作《苏园六纪》时，他发觉散布在苏州城内的大小园林数量很多，且各有其特色，倘若一一叙述，势必给人重复之感，而艺术最忌讳的就是重复。因此他把园林拆成山水、建筑、花木、人物等好多方面来展开叙述，最后创造出了一个比现实中的任何园林更美的园境。他在拆解题材时，对叙事内容往往采取割裂重组方式，使之似断似续，离合分散，但形散神不散。如《苏园六纪》第一集《吴门烟水》，说的是苏州园林的历史，但却又穿插提到了和园林关系似乎不大的枫桥、横塘、石湖、周庄等地方，诗词、昆曲、评弹、古玩等艺术，以及范成大、翁同龢、阮大铖、沈万山等人物，表面看来是东一榔头西一棒，让人一头雾水，实质却是烘托映衬、纵横相关。

语言拆解是指拆解古典、熔铸古语。因为面对的是传统文化的题材，他在语言的运用上就不追求西化，而是采用中国特色的精练简约，既汲取了唐人边塞诗的高亢昂扬、宋人婉约词的曲折其情，又吸纳了元人散曲杂句的错落有致、明清白描小品的明白晓畅，广采博取后他形成了自己独有的特色，一方面保留了古雅温驯的风格，另一方面又庄谐并备，时有调侃，同时又坚决回避拗口的不常见的字眼儿。如他在《江南》第一集《丁山泥土》中讲紫砂壶价格和价值的升降变化，最后调侃说"菠萝也不能这样卖呀"，开始是很古雅的语言，后面突然缀一句口语，这样使解说词别有韵致。

综观刘郎的"江南三部曲"，他将中华传统文化拆解整合、重新梳理，给人留下既陌生又似曾相识的感觉。一方面超越了浮噪、平庸和媚俗，引导人们从全新的视觉宏观地欣赏中国历史文化在江南一带的交汇和融合、发展与演变；另一方面又一往深情、具体入微地让人细细品味古人对生活、对生命的独到认识和对人生、对历史的艺术创造；他还将自己设身处地打入其间，使作品中渗透着强烈的个人气质。正是因为如此，他的作品才显得大气中不乏细致、厚重中不失轻灵、激昂中不少深沉，具有很高的文化意蕴和审美格调，成为电子时代"开卷有益"的一部高品格的教材。

（本文作者钱锡生，苏州大学教授。此文原载于《中国电视》2003年第7期）

园林文化还要往深里挖
——专访《狮子林》电视片编导刘郎

张丫

《狮子林》电视宣传片首发之际,记者在狮子林专访中国著名电视艺术片编导刘郎先生。

从《苏园六纪》到"狮子林新版宣传片"

二十多年前,一部《苏园六纪》将苏州园林的整体风貌如诗一般呈现在观众眼前,那是我国第一次大规模、系统化地从人文艺术角度反映苏州园林,它也成为园林纪录片的一个高峰。

而著名电视艺术片编导、《苏园六纪》的编导刘郎,这位生于河北、长于青海、工作于杭州的北方人,也因此被苏州人、园林人所熟知。2020年6月13日,他在"狮子林新版宣传片"首发现场,畅谈苏州园林的共性与个性,和拍摄狮子林独家性的十个要点。

"假山王国"里的无尽禅意

刘郎说,要想写好狮子林,除了写好苏州园林的共性,还必须写好狮子林的个性,"这个个性,就是独家性,而要写好狮子林的独家性,就要特别着眼名篇、禅宗、山石、御题、传承、季相、意象等十个要点。"(图1)

图1 狮子林山水

如果把狮子林作为一个风景名胜地来推广,园内山石的重岩复岭、洞壑深邃及"假山王国"的名号,似乎就已经足够吸引游客了。但是这里是苏州园林,它有着解读不尽的文化深意。"狮子林新版宣传片"就从另一面打开了狮子林的"山石文件夹",它从狮子林的山石中,撷取来自宋徽宗时期的花石纲说起,山石的重要价值、私家园林与皇家园林的密切关系(图2),就一点点地展现出来,拓宽了狮子林石文化的领域感。

图2　圆明园狮子林虹桥遗址,石上有乾隆御笔题字

"曲径通幽处,禅房花木深"贯穿于"狮子林新片"的全篇。"'曲径通幽'是园林诗眼,'禅房花木'是狮子林的魂。"刘郎说,狮子林以禅宗公案来命名园林建筑,在苏州园林中"独此一家"。以"赵州指柏"喻独立思考,以"马祖问梅"喻信念坚定,以"慧可断臂"喻尊师重教,这些典故,既为狮林所有,亦有普世价值;既有现实应对,也有永恒意义。因而在"狮子林新片"中,这一优势得到了充分运用(图3)。"艺术作品的三大功能是认识功能、教育功能与审美功能,所以,即便是对于一般观众,他至少也可以知道一下禅宗是什么,公案是什么,尤其是'狮子'是什么,只要知道'狮子'是什么,这一趟狮子林就没有白来。"

图3　狮子林立雪堂

城市山林上空的鸽群

此次发布的狮子林宣传片,之所以称为"新版",是因为在2006年,刘郎为狮子林拍过一部电视艺术宣传片。时隔十余年,他再次执导了2020新版宣传片。这部新版宣传片长十三分钟,将狮子林在惟则高僧肇建、黄氏家族修建、贝氏家族扩建,各个时期的历史风

貌，锤炼为一体，凸显狮子林"禅意园林"和"假山王国"两条特色主线，从禅宗和文人两个视角，深入挖掘文化内涵，提炼出"隐逸情结"和"天人合一"的价值属性，全新定位了狮子林的历史文化价值。

新片拍摄工作历时一年多，每一个画面、每一处细节都经过了反复调整、打磨，力求精益求精。刘郎告诉记者，他在古典园林的资料中查到一个词汇，叫"季相"，他觉得这个词太形象了，人有面相，园林有季相。园林的季相，就是植物一年四季的变化。"在园林四大要素中，只有植物是有生命的，有了植物，人们才会有崇尚自然的载体。"为此，他在拍摄狮子林的日子里，那紫藤的花团锦簇，银杏的黄叶飞扬，都被一一收于镜头之下，而为了拍好它们，导演不厌其烦一遍又一遍地踏过狮子林的门槛，流连于园内的各个角落。

一部园林的宣传片，如果太写实，很容易成为视频形式的导游图，如果太写意，又缺少了宣传片的实用价值。虚实结合，写实与写意交叠，就收获了超越"宣传"而获"艺术"的美感和言之有物的文化知识普及。在新片的最后一幕，城市山林的上空，一群鸽子划过，为"山林"增加了烟火气，为"城市山林"划上了一个有趣的注脚。"为了等这一幕，光是航拍，就是拍了无数次。"

"园林导演"，不止是园林

1999年播出的《苏园六纪》，全片三个多小时，共分六集，依次为《吴门烟水》《分水裁山》《深院幽庭》《蕉窗听雨》《岁月章回》和《风扣门环》。这部园林经典纪录片共拍摄制作了一年，拍摄素材达到了五千分钟，采访了各类名人三十多人。时隔二十多年，再看这部纪录片，就拍摄手法和技术而言，显然烙上了时代的烙印，但它的艺术和内涵依然是园林纪录片中难以逾越的高峰。

因为《苏园六纪》，很多苏州人、园林人开始熟悉刘郎。而在刘郎的作品中，《苏园六纪》只是"普通的一部"。从20世纪80年代开始，他几乎包揽了全国电视文艺星光奖、中国电视奖、全国录像片大赛、全国社教电视节目等众多全国奖项的一等奖。《西藏的诱惑》《上下五千年》《流沙》等作品依然被粉丝喜爱，依然可在各大平台点播。而拍摄苏州的题材中，《苏州水》更值得一提，这部五集纪录片，不仅获得全国第16届电视文艺星光奖一等奖、优秀撰稿奖，还获得布达佩斯国际音乐片评委会特别大奖，广受好评。

刘郎在青海生活、工作过多年，深受西北文化的影响，因为园林、因为江南，如今他却成为"苏州人"，在苏州落户生根。他曾在接受青海媒体采访时谈及江南文化，他说，他刚刚涉足江南题材时，也受惠于"青海的阳刚之美与雄强之风"，但"江南文化有江南文化的精微与深妙，不悉心研究，光靠豪放是写不深的，就像我说过的，'豪放而不空洞，婉约而不缠绵，至难也'"。

园林，成为他想一直解读的巨著，每时每刻都在观察、都在积累。就像拍这部《狮子林》新片，无数个人札记都在脑海中盘旋，随手拿来都是成就园林之美的灵感。他表示，在"文化和自然遗产日"这样的节点，再谈及文化遗产，他认为，园林的文化还可以挖得再深些。

（本文作者张丫，《苏州日报》记者。此文原载于《苏州园林》2020年第2期）

前度刘郎
——电视片《苏园六纪》20周年重温随想

周苏宁

一经面世便备受瞩目的《苏园六纪》,距今已经整整二十年了,作为一部全面而深刻展现苏州园林的影像作品,它不仅在社会上产生了广泛的影响,同时也给我们的园林学术提供了一种独特的资源。记得当年拍摄《苏园六纪》时,刘郎先生和摄制组曾提出了一个"争取十年不过时"的创作目标,如今,尽管《苏园六纪》已经过去二十年,但它至今依然是园林影像的一个标杆、一个高峰。因此,静心地重温一番《苏园六纪》的艺术内涵,认真地总结一番《苏园六纪》的创作经验,于深化我们对园林美学的认识,乃至对拓宽我们园林学术研究和文化艺术研究的视野,仍然是极有意义的(图1)。

图1　当年参加《苏园六纪》的主创人员再聚首(2020年10月)

我以为有三个话题值得研究:第一,刘郎在园林中不停深耕,不断挖掘,长盛不衰的原因是什么?第二,苏州园林为什么魅力无穷,引起那么多学者和公众进入,成为热学?第三,苏州园林文化在新时期如何常说常新,如何深入发展?

话题一,刘郎园林文化现象长盛不衰的原因

回顾这二十年,我们看到了巨大变化,从2G到5G,从蒸汽机到高铁,发展步伐越来

越快,成就斐然。但也不难发现,现代化对传统文化的冲击也造成了很多困惑和瓶颈,快餐文化、浮躁心态、表象化、自我陶醉,造成了快速的淘汰率。当下的传统文化如何高质量发展?我觉得可以从刘郎园林文化现象长盛不衰的话题中获得有益启发(图2~图4)。

图2 《苏园六纪》VCD 经典收藏版1

图3 《苏园六纪》VCD 经典收藏版2

图4 《苏园六纪》VCD 英文版

一是刘郎的文化意识、修养和文化功底,形成高度的文化自觉和自信。刘郎先生是电视人、诗人、学者,传统文化造诣深厚。他生于河北,在青海高原工作多年,之后南迁苏杭,始终未变的是他对传统文化和艺术至善至美的执著追求,以及他的知识储备、阅读能力、术有专攻等,形成了刘郎特质。无论是他在青海编导的《西藏的诱惑》《走向博大的山野》《上下五千年》,还是在江南编导的《苏园六纪》《苏州水》《西湖》,硕果累累的作品都一以贯之着这种特质。也正是这种渗透在骨子里的特质,使他成为苏州园林的知音,无论有多少时尚和诱惑,终是初心不改,坚守艺术的纯正,在形式、内容、品质上,逐渐形成了具有自身艺术风格的雅化。正如他自己所说:"我宁愿有所放弃,也要坚持作品的质量。"这种放弃与坚持,充分体现了他对传统文化的自觉和自信,使他在二十年间不断攀登,创作出了一系列包括苏州园林在内的江南文化题材的艺术精品。

二是刘郎具有哲理思辨水平,才使他创作出了具有哲理和启迪意义的艺术作品。刘郎先生具有扎实的国学功底,又勤于博览群书,对古文诗词有手到擒来之功,但即便如此,他

拍摄电视却从不走捷径，总是苦心孤诣，在新鲜的信息、陈旧的资料中，对表象作学术思考和思辨，其深入、其慎密、其反复、其煎熬，常人往往难以为之，而他却乐不思蜀，苦中求乐，自觉求索"艺术的学术化"，在推敲、思辨中挖掘园林内涵，用画龙点睛之笔，把传统文化的精髓提炼出来，凝化成具有哲理的语言，深入浅出，精准地道出了园林景物的深层含义：

  雕几块中国的花窗，框起这天人合一的融洽；
  构一道东方的长廊，连接那历史文化的深邃。
  是一曲绵延的姑苏咏唱，唱得是这样风风雅雅；
  是几幅简练的山林写意，却不乏那般细细微微……

——《苏园六纪》解说词

  花间隐榭，分布得如此得体；
  水际安亭，铺排的这般停匀。
  模山范水，
  这正是东方的——写意美学；
  至善至美，
  这正是中国的——工匠精神。
  宜居之所，你是最好的典范，
  亲近自然，你是最佳的摹本。
  ……

——《走进园林》解说词

  观赏与聆听之后，这样的画面，这样的解说，真是让人如沐甘雨，如临春风，并获得心灵净化、启迪和思考，这样的审美愉悦，才叫雅俗共赏，众望所归。

  三是刘郎的诗画电视艺术，创造了"美出于园而胜于园"的美妙园境。这个美妙园境，就是陈从周先生说的："园林是诗情画意，充满意境。"但意境是什么？常常是只可意会，不可言传，很难简明扼要地表达出来，很多学者用了宏篇大论来表述意境，但未必说得明白。而刘郎先生巧妙地运用电视这种现代技术手段并与传统文化相结合，将苏园意境表达得淋漓尽致，达到了王国维所说的艺术三境界，即生境、画境、意境。刘郎的每部园林片子不仅有形式上的美，更有内涵上的美，象外之象，弦外之音。那诗化的语言，读来朗朗上口；精美的画面，观之赏心悦目，让观众情不自禁走进园林诗情画意之中。可以说，《苏园六纪》《拙政园》《狮子林》《走进园林》等电视片已经成为我们这个时代园林文化的一个标杆，实乃苏州文化之大喜、大幸。

  这使我想起在2015年我给《姑苏晚报》写过的一篇小文《又见刘郎话园林》。撰写这篇文章的起因，一是某著名电视台拍了一个《园林》电视片，号称史上最美，但播放后很多人都觉得一点不美，而且不约而同想起《苏园六纪》，所谓有比较就有鉴别；二是苏州大学开办"姑苏大讲堂"，刘郎首开讲堂的题目是《园林——苏州文化的乡根》，第一次把"园林"提升到苏州文化"根"的高度。这让我不禁有所思考，有感而发，扼要分析了自2000年《苏园六纪》问世后十五年为何依然无人超越的问题，并摘取了《苏园六纪》中的"蕉窗

听雨""吴门烟水""深院幽庭"这三个经典片段作了具体分析,来体会刘郎先生所讲"园林是苏州文化的乡根"的立意,感受到了他对传统文化的自觉、自豪与自信。这篇小文发表至今又是五年,今天我们结合新时代的文化精神,越发感到刘郎先生的这种文化"三自"精神可贵、可敬与可佩!

话题二,苏州园林为何魅力无穷

这一话题,我觉得有必要从联合国教科文组织对苏州古典园林的评语来述说,这段评语是:

> 没有哪些园林比历史名城苏州的园林更能体现出中国古典园林设计的理想品质,咫尺之内再造乾坤,苏州园林被公认是实现这一设计思想的典范,这些建造于11至19世纪的园林,以其精雕细琢的设计,折射出中国文化中取法自然而又超越自然的深邃意境。

这六个短句,却非常精辟而深刻,我归纳起来就是三个关键词:品质、典范、意境。前不久,中央电视台一位编导与我交流苏州园林,她问我:"苏州园林到底是什么,怎么深刻理解教科文组织的评语,能不能用最精炼语言来表述?"这个问题提得很深刻,很少有人这么提问过。我因长期从事世界遗产保护工作,对这个问题有过比较深入的研究,并在不同场合讲述过,而且还特意以《苏园六纪》为例来解释"品质、典范、意境"的问题,但没有引起应有的回应,这可以理解。其实这六个字对我们理解苏州古典园林非常重要,所以我这样回答道:"苏州园林是中国传统文化集大成者,中国传统文化活的博物馆;或者说,苏州园林是东方文化的符号;或者说,中国是诗意的国度,苏州园林就是'东方意境'。品质、典范、意境都包含在里面了。"这位编导表示赞同,她认为当今宣传苏州园林要从这个角度去思考和生发。无巧不成书,10月上旬,刘郎在《走进园林》电视艺术片发布会上也进一步强调了"至善至美"和"园林意境"问题,联想到他最近的几次发言中也一再表达了这些艺术追求,可谓"正合我意"。现在看来,品质、典范、意境,不仅是园林文化的精髓所在,而且与新时代文化精神也非常吻合,可以说苏州园林艺术是超越时空的,所以魅力无穷。

话题三,园林文化在新时代如何发展

长期以来,我们一直在追求苏州园林文化的精品化发展,这不仅是苏州园林本身的特点,也是社会和时代发展使然。特别是当代中国的发展步伐已发生质的变化,无论是社会、经济,还是文化,都在由量向质的转换中求新求变,更需要像《苏园六纪》这类的时代精品。但也必须看到,苏州园林文化研究和宣传也有低俗化、表面化、浮躁化、庸俗化的倾向,特别是把园林经典、世界遗产等同于一般园林和文化,优劣混淆。同时,由于教育和宣传不到位，造成很多青少年对传统文化不了解、不热爱，加之某些误导，形成误读、歪读、滥读，造成许多遗憾和断层，所以苏州园林文化研究任重道远。当代的园林文化研究，要站在传统和经典的基础上标新立异，而不是原地徘徊或偏离方向。

中国园林是世界造园之母，苏州园林是中国园林的典型代表，这是国内外都公认的。可以毫不夸张地说，苏州园林是世界园林的高原，在这个高原上，我们有高峰，但我们却视而不见，宝藏没有得到充分利用，一如刘郎园林文化现象；又如曹林娣园林文化现象，她在国内园林文化研究上出类拔萃，仅就她的《苏州园林匾额楹联》就先后五版，每再版一次，她都要认真修订一次，这种精神和治学态度就值得认真开一次研讨会，就有很多宝贵财富可以吸取；还有金学智教授的中国园林美学，他是中国园林美学的领军人物，八十岁时还专题研究《园冶》，用六年写出《园冶》研究三部曲……这三位都是高峰，是很重要的文化现象。可惜，我们没有把这些"高原"上的"高峰"树立起来，这是当下亟待深思、反思和解决的一个问题。

当然，关于苏州园林，我们还有很多值得一议的话题，例如《苏园六纪》之后，经过了二十年，为何我们见到的一些园林影像质量不升反降？为何至今我们还会感叹"又见刘郎话园林"？这都是值得反思的。究其原因，我认为有三个字在作怪，一个"粗"、一个"浅"、一个"浮"，说到底是急功近利的浮躁之心，危害甚也！比如前一阵子有个企业要借历史名园在楼盘中仿造一个园林，自娱自乐也就算了，一些专家也跟着叫好，这就违背了历史名园修复的基本原则，造成文化误导。比如，最近（2020 年）市里一个权威机构称当下的苏州古典园林有 69 处，其依据是 1982 年园林普查，完全违背了文化遗产真实性的基本原则，众所周知，建国以来苏州园林共进行过三次全面调查，20 世纪 50 年代第一次，调查有古典园林、庭院 191 处；20 世纪 80 年代第二次，普查存有古典园林 69 处；2007 年又由苏州市园林局组织了第三次园林普查，普查结果是苏州存有古典园林 53 处。当年第三次普查的组织者、参与者还在，怎么能视而不见？真实性乃是文化遗产的核心价值。我们有责任，特别是园林管理部门、有责任心的园林学者更应承担起主导、主流作用，引导园林文化向高质量高水平上发展，构筑当代苏州园林文化的高峰（图 5）。

图 5　刘郎与苏州文化学者汪长根、詹刚合影（2018 年 5 月）

还有一个问题，就是园林文化的精品应该是什么？有人说刘郎先生的作品是"慢节奏"，不符合时代快节奏的需求。我认为，一个艺术作品的节奏快慢不是关键，关键在于内涵品质是否吸引人。例如西方国家，是快节奏还是慢节奏？为什么那么多西方人喜欢《苏园六纪》（英文版早已脱销，"洛阳纸贵"），要一节一节慢慢欣赏和品味？我们缺少的正是这种"慢节奏"。《苏园六纪》也正说明一个作品的艺术品质决定了它的文化和市场价值，可以肯定地说，随着现代化发展和人们文化水平的不断提高，对文化品质的需求一定会越来越高，只有经典才会常青，坚持园林艺术精品化才是正道。

苏州园林作为传统文化博物馆、东方文化符号，有太多的东西值得研究。正如英国伦敦大学艺术史柯律格教授所说："中国历史具有世界意义，我希望把中国历史变成整个世界历史的话题之一，让世界更多的人来关注中国。"非常深刻，令人深思。他站在世界的高度看这个问题，可以让我们更深刻地认识到我们研究苏州园林有更深层的意义。过去四十年的中西文化碰撞中，逐渐出现"中国文化热"，如"孔子热""老子热""诵经热""书法热""中医热""园林热"等，都体现了中国传统文化的复兴。例如养生，养生少不了优美的环境，在园林里养生，是最美、最好的养生；例如诵经、书画，如果能够在园林这样的环境中去诵经、挥毫，可以得到更深刻、更广泛、更有意义的熏陶，二十年前，苏州园林刚刚列入世界文化遗产的时候，我们就向社会、向公众宣传苏州园林是一个中国传统文化博物馆。弹指一挥间，这个"博物馆"刚刚被大家意识到，还有大量工作，需要一代一代人不断努力，把这个"博物馆"的功能发挥到更大，亦如世界上许多著名博物馆那样，成为某个或几个学科领域的最高殿堂。

再过十年，《苏园六纪》诞生三十年时我们再作回顾的话，我相信，不但今天是一个值得纪念的日子，而且那时也一定会有更多更好的作品，但一切成果均始于足下，久久为功，淬炼成钢。

（本文作者周苏宁，苏州市风景园林学会第八届常务副理事长，《苏州园林》主编，亚太地区世界遗产中心古建筑保护联盟副主席。

此文原载于《苏州园林》2020年第4期）

· 陈健行 ·

　　陈健行，中国摄影家协会会员，苏州摄影家协会原主席，苏州市园林管理局顾问，江苏省、苏州市德艺双馨艺术家，苏州市政协第九、十届委员。其摄影题材多以苏州园林、江南水乡风光风情为主，大量作品先后被选送出国展出或入选国内外影展。出版多种有关苏州园林、江南水乡的摄影专著。

　　七十年如一日的热爱与坚守，他以摄影作品让苏州园林吸引了国际友人的目光。他是陈健行，他对苏州园林的爱，仿佛是用生命去守望恋人，因熟知恋人的一切，而能精确了解恋人最美好、最感动之际的瞬间，便是陈健行半个世纪与苏州园林的极致之爱。

　　下面请倾听他的趣雅之谈。

——编者

陈健行与苏州园林

陈健行

园林光影情趣多

　　欣赏苏州园林的某些景致，适逢特定的季节、气候、时间、光线，会平添几许情趣。

　　苏州园林中有两道值得一提的墙，一是黛瓦粉墙，一是黑瓦黑墙。高大的墙下都有一个月洞门和一个小庭院，且都与阳光结缘。在特定的季节，中午十二点钟左右，抓住稍纵即逝的三五分钟，可以在阳光下捕捉枝叶洒落在粉墙上的影子，也可以品味阳光下那依偎在黑墙前盛开蜡梅的倩影。一道粉墙在艺圃，一道黑墙在网师园。

　　进艺圃，过乳鱼亭南的石板乳鱼桥，沿高耸的假山、洞壑、悬崖前崎岖临水的山径西行，步过低贴水面的渡香桥，走进有一砖额"浴鸥"的月洞门，再过弯曲池水上的一架石梁，南行到南斋东墙边，回首北望，这里是自成一区的园中园"浴鸥"。院中小水池名浴鸥池，池水与园中大池相通，池周以峰石、红枫、修竹、石榴、迎春、睡莲等花木点缀，一泓蜿蜒曲折的池水被石梁、步石桥分隔成三四个小水面，莲叶田田，几朵含苞欲放的红色莲花袅袅娜娜，立在水中央，静若处子。整个小小水院是园内最僻静的一区，显得格外玲珑窈窕。小院北面是一道高大的黛瓦粉墙，透过粉墙下的月洞门可见园中大池周围的峰石花木和水阁建筑，置身其间，宛在画中游（图1）。

图 1　陈健行摄影集《园林诗情》江苏美术出版社 1992 年 6 月版
封面图即为文中所述的艺圃园中园"浴鸥"庭院

每年六月二十日前后,正午时分,太阳翻过高墙,一扫小院里的阴霾,小池中的几朵莲花沐浴在阳光下,透红艳丽,在短暂的三五分钟光照里争妍吐艳。此时抬头看,高大的粉墙上面,黑色的檐瓦一字儿横向排开,滴水瓦、花边瓦相间交替,在阳光下的粉墙上投下一条长长的、凹凸齿轮形的灰色影子,像是一条美丽的花边,镶在檐瓦和粉墙交界处,池边大榆树枝叶疏疏密密的影子深深浅浅、虚虚实实地洒落在粉墙上。这高大的粉墙就宛如一张巨大的宣纸从天而降。粉墙花影、曲池小桥、丹枫碧莲、湖石丛竹,整个幽静的小院就是这张宣纸上重彩淡墨的画作。这高大粉墙的留白,这大胆的艺术构作,无疑是苏州园林建筑艺术上的神来之笔。

如果有可能的话,我建议你在中秋之夜的午夜邀二三知己再到此处赏月品茶,那时皓月当空、丹桂飘香,微风轻吹,月光下枝叶的倩影洒在粉墙上,远比阳光下的影子更加迷人!

你如果喜欢欣赏黑白照片丰富影调的话,那么建议你初冬再来艺圃,每年十一月二十五日前后都有一次强冷空气南下,一夜北风呼啸,吹落了枝头的枯叶,正午时分,偏南的太阳翻过高墙,冬日的阳光温暖且柔和,枝条的影子在粉墙上没有夏日那般浓重,光比不大、反差适中、影调柔和、层次丰富,枝条疏朗,粉墙、光影、小桥、洞天、水池,是一幅绝佳的黑白照片。

网师园梯云室前的小庭院东面有一幢高大的黑瓦黑墙建筑,黑墙下有一月洞门,名"云窟"。月洞门前的小庭院西墙峰洞假山,上通书楼,庭院南有回廊,在东墙收头处有峰洞假山,院中种植石榴、垂丝海棠、丛竹、蜡梅、黑松、桂花等观赏花木。如同四季变化立体画卷,耐人玩赏。在云窟月洞门南有一湖石花坛,花坛边、月洞门前有一株风姿绰约的素心蜡梅,由于松土施肥照顾得好,年年元旦之前蜡梅盛开,游客从园子远处寻香而来,体味那"疏影横斜水清浅,暗香浮动月黄昏"的韵致。

这株蜡梅紧贴云窟的黑墙,刚好黑墙可衬托盛开的蜡梅,但没有阳光不行,黑墙成了灰墙,蜡梅花也失去了光彩。只有元旦前后几天的正午时分,偏南的冬日太阳才懒懒翻过高墙,阳光照在蜡梅上,正好是顶侧光,整株蜡梅在黑墙的衬托下黄得金光闪闪,透明晶莹,蜡梅的倩影在花坛前的花石铺地上也疏密有致,十分动人可爱。久候的摄影者此时得赶紧按快门,因为最佳的拍摄时间只有两三分钟,太阳偏西一点点,照到东面墙上,黑墙

便成了灰墙，效果就"失之毫厘，谬以千里"了！

遗憾的是，现在这两处光影情趣的景色都一去不复返了。艺圃那道高大的粉墙，多年前好心的朋友因为它太高太白，种了爬山虎，几年长大以后把整个高墙绿化了，几年前苏州一位作家听我讲述这道粉墙光影的妙处，写了篇短文提及此事，在《新民晚报》上发表，园子中大概有人读了这篇文章，就把爬山虎齐根砍断了。爬山虎是没有了，但满墙已是枝根的斑斑残痕，可惜了！

网师园云窟那整幢建筑的黑瓦黑墙，几年前房子翻修，现在已改成粉墙黛瓦了。那株人见人爱的蜡梅，也因游客爱美之心太切，坐上去拍照留念，变得断桠折枝，姿态不如从前婉约，花朵也没有以前繁盛了！一切事过境迁，只留下了美好的回忆和几幅当时为它们写真的照片。

花影光趣话漏窗

园林中楼台亭阁、斋轩堂馆的落地长窗、半窗、和合窗、花窗、漏窗、空窗……林林总总不下万余，仅漏窗就有近千。这些窗的图案设计和雕镂琢磨功夫都属工艺美术的上品，制作精细而不庸俗，有的看似简朴其实别具匠心。我们带着相机走进园林，以一种诗情画意的审美情趣，静静地品赏着漏窗寂寂无语的静谧之美。在一年四季的风晴雨雪、晨曦夕阳中寻觅光影变化的精美瞬间，那是何等的惬意啊！

漏窗亦称"花墙洞"，漏窗内外相通，窗内图案疏密布局匀称，透漏处可见窗外景物影影绰绰，景中有景，景外有景，小中见大，变幻无穷。各色漏窗在长廊、粉墙间整齐排列，自成为一幅幅精美的装饰图案。

沧浪亭漏窗有一百零八，图案花纹构作精巧、变换多端、无一雷同，在苏州古典园林中独树一帜，成为日后造园的蓝本。

沧浪亭北面临水的复廊两面可行，高低起伏，曲折蜿蜒，古树苍郁，花木扶疏，山崖水际，欲断还连。廊间粉墙上漏窗排列整齐，图案各异，步行在廊间两面景物似隔非隔，移步换景，引人入胜。欣赏、拍摄此处复廊漏窗最好的地方应在沧浪亭之水的北岸。隔水相望，一泓清水绕园，古台芳榭，绿树掩映，廊阁起伏，波光倒影。最佳拍摄日期是每年六、七月间，傍晚五点半的辰光最佳，因为此时太阳已经偏西北，暖色调的斜阳照在复廊的粉墙上，枝叶的影子落在一排漏窗之间，微风吹皱池水，把倒影轻轻揉碎，这时按下快门，佳作唾手可得。

沧浪亭中部是处黄石抱土的主景山，山上古树高攀，枝繁叶茂，山坡箬竹披复，藤萝蔓挂，景色朴素自然如真山野林。上架小桥，下有溪谷。山东北峰峦若屏，耸立在乔木中的方形石亭就是古沧浪亭。沿山上曲径西行，山亭在山西南石壁陡峭处，下有一深潭，绕潭是弧形随坡曲廊，廊壁置漏窗，漏窗图案精美，各不相同。在曲廊南面最高处是步碕亭，由亭上向下望，三面临水，树木葱郁，有临渊莫测、幽谷清逸之趣，本来此处夏日傍晚也是拍摄漏窗光影情趣的好地方。可是十余年来，人民路两旁的法国梧桐树已经长高几米，傍晚太阳的余辉已被挡住，沧浪内外的光影趣味也产生了不少变化，有些是不复存在了。

我们在园林中不断寻觅捕捉色彩亮丽、层次丰富、光影有趣的漏窗，若碰到亮云天，

在柔和的散射光下,也能拍出有水墨韵味的漏窗艺术作品来。在沧浪亭明道堂西有一小院,中间一条曲径过月洞门通向五百贤士祠,小径一边是森森修竹,一边是粉墙漏窗,墙前漏窗下种植垂丝海棠、贴梗海棠、芭蕉、玉兰。粉墙上漏窗的形状是栩栩如生的荷花荷叶、石榴等图案。每年四月初,海棠花含苞欲放时,时近中午的散射光下,疏疏几枝红花绿叶的海棠衬托在粉墙上,犹如一幅浓墨淡彩的水墨作品,用数码相机拍摄还要增加一点感光量,以追求高调艺术效果。

到园林中去无数次,也不一定能拍到一张满意的照片,更谈不上一幅好的园林摄影作品了。但每次去,无论是清晨傍晚、天晴天雨,还是酷暑寒冬,不断观察、不断积累,次次都有新的发现、新的认识、新的情趣、新的体会。园林中的一花一木的枯荣都关心,一廊一窗的光影变化都在意,日复一日,年复一年,长此以往就能捕捉到一般常人捕捉不到的景色了。

怡园复廊南端岁寒草庐(拜石轩)前有一庭院,庭院面南的粉墙上有一圆形的漏窗,图案精美,粉墙东有一棵高大的白玉兰,每年三月中旬开花时,满树洁白的花朵,分外妖娆。一切都那么地恰到好处,无风无云,一片蓝色的晴空,花儿含苞欲放,在纯蓝底子的映衬下,愈发的洁白无瑕,上午十时左右的光线刚好将一树花影落在粉墙上,平添几分诗情……这样的机遇数载难逢。"二月里神鬼天",苏州年年三月中旬都有一次冷空气南下,凄风苦雨,玉兰花瓣异常娇嫩,几经摧残,几乎朵朵遍体伤痕。要想拍出一幅好作品,除了眼明手快,更是离不开老天爷的眷顾。

还是这个圆形的漏窗,每年深秋十一月二十五日上午九时四十分到四十五分,在这五分钟的时间里,你站在怡园复廊西面的南端,会惊喜地发现:这一圆形漏窗的光影刚好落在廊间中心的水磨方砖上,粉墙的圆形漏窗和地上的圆形窗影含情脉脉,相对无言!可惜复可贵的是,这一奇妙的光影情趣,随着时光的分秒相移,五分钟后欣赏不到完整的圆形窗影了。古人云"一寸光阴一寸金",而对于摄影爱好者来说,"一寸光阴一寸金"的比喻才更加恰如其分。

镜头里的园林之雅

苏州园林里除千余个图案不同的漏窗外,还有各种花窗、半窗、落地长窗、和合窗等万余扇。其制作用料考究、雕刻工艺精湛、油漆技艺上乘、图案取材丰富多采,是苏州园林建筑艺术中的瑰宝。无论是数量之多或是工艺之精之美,都位全国园林之首。

一般人都容易把漏窗称为花窗。其实,花窗与漏窗是有区别的。

花窗一般都开设在厅堂馆轩的室内墙上,用它来采光通风,又起到室内装饰美化作用,还可供观赏窗外景色,也可欣赏日光、月光透过花窗洒落在室内水磨方砖上的影子。花窗一般以水磨方砖砌窗框,也有木框的,但较少见。窗呈方形、长方形、六角形、八角形和圆形。砖框之内是木质窗格,木质窗格四周图案结构较紧密,有冰凌纹、花结纹、云纹、回纹等,中间留较大空间。花窗配以玻璃,能遮风雨,能透阳光,但不通风,人们在室内可以上下、左右、仰俯欣赏窗外的四时景色。

漏窗常以砖、瓦、铁丝和泥堆塑而成,透空通风,可赏景。漏窗的花纹图案灵活多样,在苏州园林中不下数百种，构图可分为几何形体和自然形体两大类，也有混合使用的。几何形体图案多由直线、弧线、圆形等组成；全用直线的有卍字、定胜、六角景、菱花、书条、绦环、橄榄、冰纹等；全用弧线的有鱼鳞、钱纹、球纹、秋叶、海棠、葵花、如意、波纹等；用两种或两种以上线条构成的有夔纹、万字海棠、六角穿梅花和各式灯景等；还有四边为几何图案，中间加琴、棋、书、画等物的式样。自然形体的图案取材范围较广，属于植物题材的有松、柏、梅、竹、兰、菊、牡丹、芭蕉、荷花、佛手、桃、石榴等；属于鸟兽的有狮、虎、云龙、蝙蝠、凤凰和松鹤图、柏鹿图等；属于人物故事的多以小说传奇、佛教故事和戏剧中的某些场面为题材。

网师园的"小山丛桂轩"就是一佳例。轩前南面湖石小山上植丛桂，秋时轩内满室飘香。轩环以檐廊，造型舒展飘逸，可沿廊浏览赏景，四周门窗开朗通明，工艺精良，在轩内可居坐宴息，可环顾四周景色。轩正北面是一扇正方形大花窗，四周用水磨砖为框，内框木质冰凌纹图案与一大圆形"心仔"相联。窗外"云岗"黄石假山的重峦叠峰和乔木丛竹纳入窗中，宛如一幅天然图画设置厅中，窗两边对联"山势盘陀真是画，泉流宛委遂成书"点出此地此景之美妙。

网师园的看松读画轩前有古柏、苍松两株，均是数百年前的遗物，老根盘结于轩前黄石花坛之间，苍劲耸秀，左右大局，饶有画意，是网师园之胜。轩面宽四间，陈设明式家具，造型简洁大方，色泽素雅，落地罩、窗格裙板刻有十景花蓝图案，半窗夹堂板刻三国人物，刻工精细。轩正中挂落之上悬挂"看松读画轩"匾一块，匾下之后墙上挂一副对联。中间原应是挂一幅画的地方，现设一花窗，窗外景物如画，它在上下左右的陈设烘托下，十分醒目而意味深长，原来，请人看的是轩前古苍松，读的是轩内的"尺幅窗"的"无心画"，真可谓别具匠心！

赏窗景的绝佳之处，那当数网师园的"殿春簃"。殿春簃是一古朴幽雅书房庭院，占地一亩，花影遮墙，峰峦叠窗，北侧小轩三间，旧为书斋。轩后小空间种植腊梅、翠竹、芭蕉、天竺并配置湖石，轩内粉墙上由红木镶边的长方形花窗框以成景。夏日，满目青竹、芭蕉，青翠荫凉，冬日傲霜蜡梅，红色的南天竺果子和湖石奇峰相映成趣，仿佛是雅致国画小品，人在室内，似在室外，如置身于图画之中。

轩西一间书屋，朝南是一排长花框半窗，扇扇半窗如幅幅立轴，春日芍药、夏日紫薇，或蜂或蝶，从轩内朝外望去，均能成一幅幅图画，均能摄成一帧帧佳作。

"春暖早添绿"，每年4月20日谷雨前后，苏州园林里的牡丹盛开时，一早，阳光初升，我们可到留园五峰仙馆前的庭院中。在东面有一砖额"鹤所"的门前驻步，朝东静心欣赏，此时廊间粉墙上一方形水磨砖框的花窗，在晨光中，其窗框内四周遍布木质细巧、疏朗花格图案，中心为四条画屏似的冰凌纹木质窗"心仔"，并间以上、中、下镂空花纹的"堂板"，使其疏密有致，四条窗"心仔"之间上下各有一花结相隔其间，更增添了整个图案的美感。窗外一株爬山虎刚吐绿的嫩叶从窗上方挂下，被阳光照得透亮，装点其间，透过窗还能隐隐约约见到芭蕉院中月洞门。此时一缕阳光把整个花窗的影子都投到廊间水磨方砖地上，暖暖的晨光、虚虚实实的光影、静静的庭院，只听见相机的"咔嚓"声。

留园的揖峰轩也是一处赏窗景的好地方。轩内以挂落相隔，东侧置贵妃榻，另置靠椅茶几，极为雅逸。北墙有三扇古朴的方形小花窗，窗外小空间栽几枝修竹，立几块湖石，轩内深色窗框把景物装入，宛如悬挂于墙上的竹石尺幅画，似画不是画，非画又恰如画。午

间阳光当顶，竹石后的粉墙上光影斑驳，更增几分生趣。若遇下雪，来此处观赏雪后，窗景小品更感妙趣横生，入诗入画亦入境。

我的《寂寂轩窗淡淡影》作品，拍摄的是半窗，那是十六年前在拙政园"小沧浪"内拍摄的。当时正值秋高气爽，菊花吐艳。11月中旬一天上午九时许，太阳光从"小沧浪"朝南的一排半窗外射入，将窗的倩影投在小轩的粉墙上，墙角花几上一盆盛开的粉红色菊花刚好侧面披上阳光，显得格外娇艳。朝东粉墙前陈设两把古红木椅和一茶几，相配得当，显得十分幽静古朴，整个小轩环境和谐温馨、生机勃勃。我架起相机耐心等待，时间一分钟一分钟过去，窗的影子一点点、一点点拉长，一扇窗、两扇窗，一直等到三扇窗的影子一条斜线地布满整个粉墙，又巧遇薄云遮日、光线柔和，不失时机地按下快门。

拙政园东部有一"秫香馆"，是四面厅式的厅堂，取意稻谷飘香，厅前及左右山岛曲水，树木葱郁。原墙外为北园。20世纪50年代初，苏州南园、北园还各有一个生产大队和五百亩田，一派江南水乡田园风光，在拙政园内能听到蛙声一片。

秫香馆前后长窗、半窗制作精细，裙板夹堂板刻有全套《西厢记》，人物造型栩栩如生，雕刻工艺精良，线条活泼流畅。

要拍好厅北面精细雕刻的长窗、半窗，难度较大，因为一排二十余扇窗格，前后距离十余米，明暗不一样，光比不一样，反差太大不容易拍好，所以虽然观察多次，都不理想。十年前五月杜鹃花开时的一天傍晚，我到拙政园拍照片，一直拍到闭园后方离去，在经过秫香馆北面时，只见太阳下山后的余辉，暖暖的色调、柔和的光线，把全部长窗、半窗上的裙板和夹堂板上的雕刻衬映得亮暗分明、富有立体感，而反差又不大，且层次丰富。我赶紧架起相机，把光圈收到最小以求最大的景深，达到最近处窗板上的雕刻图案和最远处园中的草坪、杜鹃花都要清晰。对好焦距，测好光，为怕震动相机，动作一再轻柔小心。可惜只拍了三四张，天就黑下来了。

前几年，园林管理部门为保护这批《西厢记》雕刻精品，在每扇裙板、央堂板上都配了玻璃，现在要拍照片就困难多了。

苏州各个园林厅堂馆轩的花窗、长窗、半窗都非常精美，这里只能略举几例介绍，如你也感兴趣，可在不同的季节，利用早上、傍晚的时间去园林走走，如拙政园的远香堂、香洲、留听阁，耦园的还砚斋，狮子林的立雪堂，网师园的梯云室，沧浪亭的翠玲珑等处，都值得你静下心来慢慢地从各个角度去欣赏、品味和拍摄。

（本文作者陈健行，中国著名摄影家。
此文原载于《苏州园林》2005年夏刊、冬刊）

·孙君良·

孙君良，别名大夏。长期从事中国画，1960年进苏州国画院从事专业创作，国家一级美术师，曾任苏州国画院副院长、名誉院长，苏州市美术家协会名誉主席，享受国务院特殊津贴。其作品以苏州园林和江南山水风光为主，具有吴派清新典雅之风和鲜明个性特色。

化境别开　独成风范
——读孙君良《拙政园三十一景图》

刘郎

（一）

　　大凡世间物象，一旦具有审美价值，往往就成了创作题材。拙政园既是吴下名园的楷范，当然概莫能外。不过，若以拙政园为主题，出一本影集，出一本文集，却并不稀奇，因为摄影技术已经是奇巧层出；古今文字已多如红花紫草。但现在，展现在我们面前的，竟是这样一本独出心裁的画集，其中的意义，便非同一般。展现一流的题材，邀约一流的高手，才会有一流的佳作，这本身就是一流的创意。

　　因为拍过《苏园六纪》，尤其是还拍过一部《拙政园》，应当说，对于拙政园，我还算是比较熟悉的，所以，阅读起孙君良先生的这组作品，便感到十分亲切。不过，孙君良先生的这组作品，与从摄影的角度来看拙政园，又有着极大的不同，因为在认识功能之外，它又以独特的审美功能，让我们站在了一个全新的角度，获得了许多与泛泛游园完全不同的感受，并让我们重新打量拙政园。

（二）

　　拙政园被誉为苏州园林的优秀代表，是由于它以十分熨帖的结构，载荷文化的主体，其实是在水文化主题的统领下，体现了园林美学的各个细则，加之它的前贤手泽、吴门掌故，才自然形成了不可替代的美学地位与历史地位。也正是由于以上原因，它的每一处景点，已经成为人们熟知的物象。

　　孙君良先生笔下的物象，当然是人们熟知的拙政园，然而，他在表现拙政园的时候，却选择了陌生化。

　　陌生化，并不是让原来的物象面目全非，而是从独到的视点，对原来的实景，进行适度的取舍，再次地搭配，与合理地夸张，让人以陌生之感，对熟悉的实景产生新鲜的意会。一如玉兰堂的辛夷似雪、听雨轩的蕉窗淅沥、枇杷园的满树金黄、待霜亭的一叶知秋，在主景与衬景的关系上，都与原来的景物布置有了很大的不同。然而，却没有人会将它们张冠李戴，因为人们相信，这同样是另类的真实。这种强化与弱化的重新设置，近景与远景的重新规整，既起到了突出主题的作用，也赋人以更为深刻的印象。

陌生化的另一个效果，就是让人不仅看到了"景"，更让人看到"画"，看到了画的意趣、画的风格、画的品级。它既是原来的拙政园，又是孙君良先生再造的另一个艺术种类的拙政园，这，正是写境与造境的明显区别。

为了深入领会孙君良先生的拙政园，我又一一品读了他多年以来的园林作品。尽管这一组小品十分出色，但我并不以为它们可以成为孙君良先生园林作品的首席代表。人们看了孙君良先生更多的园林作品，一定会得出与我相同的判断。我的理解是，因为出于写实的需要，他的这组拙政园，已经在兼顾原形的前提下，留意了凌越的把控与恣肆的收敛。不过，就是这样一组拙政园，也已经让人看出了弥漫其中的想象的灵感，与跨界的飞翔。

（三）

孙君良先生的园林作品，给我的另一个突出的感受，就是他的构图多样化。

曾有过许多画家，都在题材的选择上不断缩小包围圈，而最终使某一题材、某一对象成为独家所擅。这种回避了四面出击的从量变到质变的转身，往往会成全一种特殊身份与特殊成就。

众人皆知的是，四百年前的文徵明，已经画过一次拙政园三十一景，而今天的拙政园首选孙君良先生创作这组作品，就足以说明孙君良先生在园林绘画中醒目的身份。以绘画来重新展现这座吴下名园的三十一景（图1~图4），能当此任，本身就是莫大的荣誉。

然而，对于某一题材的专擅，久而久之，也会自有专擅的苦衷，这苦衷就是如何规避构图的雷同。慢说绘画，即便是写文章，都当力求躲过熟字、熟语与熟意，使文字有点险意，这才有意思。

不过，当我们更多地看到了孙君良先生的作品之后，担心的可能却烟消云散。

图1　孙君良绘拙政园三十一景图·芙蓉榭

图2　孙君良绘拙政园三十一景图·玲珑馆

 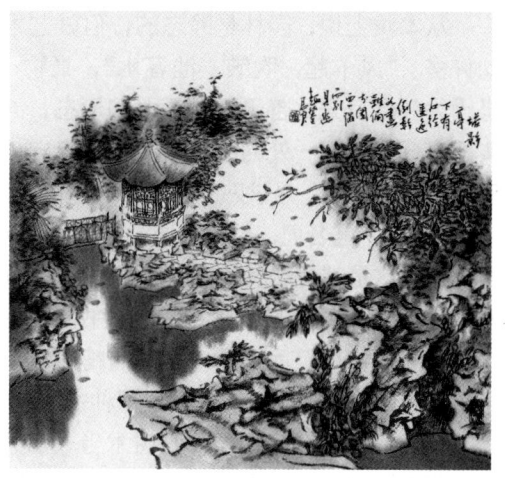

图3　孙君良绘拙政园三十一景图·宜两亭　　　　图4　孙君良绘拙政园三十一景图·塔影亭

我还认为，作为画家的孙君良先生，早已是一位极有道行的园林设计家。因为在他众多的园林作品里，几乎都有着不同的结构、不同的衔接、不同的顾盼，同时又有着不同的情韵，我们通常见惯的那些园林格局，在这里已经无法对号。设若没有对园林解构的精熟，对营造法式的巧运，任何人的笔下，都不会出现这样百面殊同的差异。一方宣纸虽小，但中国传统山水的范式，已经变作另一种宏大的艺术空间。

其实，如若解构园林，园林就是四要素。你真的进到园林里，所看到的东西，还远远不如画家笔下的来得多，就是这个道理。对于画家的创造，早有唐代画家张璪总结为"外师造化，中得心源"，我想，这其实讲的就是观察力与想象力。造园林和画园林原是一理，现实的园境与纸上化境，全都是修养的合成。

造园林自然先是画草图，即便是"宛若天开"，也先得"虽由人作"，路径孰长孰短，楼阁孰窄孰肥，如若只是元素的堆砌，而没有独到的创意，那就只能是对着前人的经典"山寨"一回。在实际上，只是仿古楼盘的所谓园林里，仅一个香洲的造型，就已经克隆出了一些并不神似的"子孙"，这并不奇怪。施工成了当下的主角，原创就自然逊位，唯有原创的草图，才最能彰显造园的智慧。

构图多变的才能，绝不会一蹴而就。长期的园林阅历，使画家对这一题材有着异于常人的熟悉、体察与思考，并找到了自己最为从心的表达方式。如果说某座园林是许多人共同的创造，那么，这变化千端的诸多园林，便是孙君良先生一个人创造的奇迹。

（四）

我以为，文章当重风骨，绘画当重风范。风范，当是比风格更能体现作品品质的外化。孙君良先生的作品，一眼就能让人认出来，就在于他有着独家的风范。形成独家风范的重要前提之一，是在于拥有独家的绘画语言。

人所共知，仅有构图，还离真正的园林差得远。造园需要工艺的娴熟，而园林绘画则需要精纯的笔墨。

从本质上说，园林是静态的，但就艺术表现而论，动态的画面，总是比凝固的画面生动许多。"风乍起，吹皱一池春水"，景物一旦动起来，画面就活了。之所以想到这一点，是因为孙君良先生善于抓取活泼的形态，同时也长于运用活泼的笔墨。看似并不经意，其实胸有成竹，每一处的生成、衔接与走向，都让人见到了运笔的过程，流畅，迅捷，信手而出的灵动之间，是求熟的自如与求生的自觉，唯不见野躁与乖猾。

"画"字是名词，也是动词，细细品读孙君良先生的作品，我感到总有一种动势迎面扑来，当然这是"灵动"的"动"，因为画面上，线条的疾徐、点缀的恣纵、渲染的开化，无一不让人感到书写的流畅。若以楷书比工笔，草书比写意，孙君良先生的笔墨，我以为是在行草之间，规范而任意，畅达而精简，那些准确而不拘形似的造型，正出于追求神似的纤毫。若用水浒式的语言来形容那种书写意趣的美感，那真是"耍开了"。

孙君良先生往往将园林的树木当成前景，而在被称为园林四要素的"理水，叠山，建筑，花木"之中，花木都是往后排，但孙君良先生却是反其道而行之。我特别欣赏他画的树木，尤其是那些落错有致的松针，就像这组拙政园里的《松风水阁》所示，真叫生动，真是画活了。形貌与体态，有许多一眼看不尽的意思，他把松树画成了人。

当年为了拍摄园林做功课，我曾抱着收入了数百篇明清园记的皇皇巨册煎熬许多天。但是读得多了，总觉得在描述园林景象的时候，那些近乎套式的古典语汇往往语焉不详，一些词语美是美，却多有虚拟与含混。写园记这当然也好混过去，但到了园林画家那里，却需要实实在在的表述，即便是十分写意的画面，也要交代得很清楚。有时候，对于一些古典诗词，我们只是熟悉它，觉得好，对于关节处，并无深究。但是，偶尔听到别人的解读，尤其是恰当的活用，会让我们突然开了窍，就是因为别人的理解比你更深刻，别人的眼光，打得比你更通透。读画同样如此。原来芭蕉可以有这样的体态，原来松针可以是这样的交叉，原来我们的画家对于你所熟悉的景物与情调，不仅有着更为微细的观察，更为独到的摄取，而且还可以变作这样独到的表述语言。正因如此，这样的园林绘画，才让我们产生了对园林风物的重新认识，也给我们带来了鉴赏的愉悦与审美的收成。

（五）

阅读孙君良先生的园林作品，再一次想起了园林创作的要义。无论是现实的园林，还是美术作品的园林，它们的终极目的，都是对于意境的营造。对于园林的意境，孙君良先生是以一个"幽"字来体现的。

在园林联语里，我最欣赏的是《红楼梦》里潇湘馆的一副：

"宝鼎茶闲烟尚绿，幽窗棋罢指犹凉。"

一个"幽"字，道出了园林意境的体脉，既有视觉，又有感觉，凉而不深，暗而不晦，这才是园林意境的妙处。若是仔细体会，时光闲静、岁月安详的意绪，顿时袭上心来。

古琴与昆曲之所以与园林比较接近，是因为它们都有着安静的品质。而让古琴的演奏加入数万人狂欢的开幕式，我至今以为那是一种滑稽。国人喜欢造神，一旦成了神，便什么都好。其实，"幽"字所涵盖的内容，正好与躁乱、嘈杂、闹热等，势同水火。话题还得拉回来，讲园林常常说到这个词——"曲径通幽"，"曲径通幽"本来很好，由于已经说"油"

了，倒使人忽略了它的真义。

拍摄《拙政园》的时候，曾获照顾，允许一早一晚徜徉园中。那些时辰，园中几无人影，这才见到园林的"幽"的况味。同样，在欣赏孙君良先生的园林作品的时候，我对"幽"字的理解更深了一层。

孙君良先生的许多作品里，都有着一条曲径通幽的径线，或为支撑，或为构架，从而组成了景深的层次。然而，他留给我们视觉的，却只是路径的起点或中段，以及让人想到的远处，而多处都为花木所掩映。内容一经掩藏，也许更具深度，这就有了回环的画意，有了通幽的诗情。面对这样的画面仔细再一想，这"幽"字涵纳的意思，实在多了起来，诸如静谧、沉寂、深邃等，都可以进入"幽"的范畴。幽静，是生命的安享时分，是灵魂的憩息状态，若能将"幽"字出色地表现于画家的心象，必将是审美客体与审美主体十分舒适的物我融合。由此我们可以说，假如园林是世界文化的遗产，那么，园林的意境，就是这种文化遗产的内在精神。而我们的园林画家，正是从现实园林的意境之中，提炼出了园林绘画的化境，并完成了通过数十年的功力才能达到的质变与升华。

（六）

当年文徵明所绘的《拙政园三十一景》，以简约为特征，以幽秀为韵致，略带荒寒却清奇和润；今天的孙君良所绘《拙政园三十一景》，以神似为宗旨，以丰盈为主调，包容四季却生意苍葱。两相对照，既见名园的履历，又见画风的变迁，其间的况味，实难一言以蔽之。但是，有一点是可以说得清楚的，这就是：在亲近了园林，又欣赏了美术的双重感触之中，我们看到了代际相衔的梦后楼台，与古今接续的荷风涵咏。然而，我们的联想，却并没有局限于四百余年的园事沧桑。

（本文作者刘郎，中国著名电视纪录片编导，
享受国务院特殊津贴专家，全国德艺双馨电视艺术工作者。
苏州市风景园林学会第八届理事会顾问。
此文原载于《拙政园三十一景图》中华书局2014年2月版，
《苏州园林》2016年第3期）

·蔡廷辉·

蔡廷辉，1948年出生，苏州人，苏州国画院副院长、著名金石篆刻家，蔡谨士蔡廷辉金石篆刻艺术馆馆长、苏州市园林和绿化管理局艺术顾问、苏州吴昌硕研究会副会长、苏州市非物质文化遗产篆刻代表性项目传承人。子承父艺，十岁随父习艺，青年时即专攻金石，以刀代笔，以石为纸，刻画水墨江南，特别是其篆刻的明代四大家传世名作，取得卓越成就，享誉海内外，其作品多被国家级馆场收藏。他还精研象牙、红木雕刻，亦有精品问世。又擅长叠石造园，精心设计营造了醉石山庄、翠园等园林，出版多部专业著作，堪称是一艺多能的艺术家。

当代文人造园师

——记金石篆刻家蔡廷辉的园林情结

姜晋

吴地烟水浸润的吴文化，孕育了弥漫着艺术情调和书卷气息的苏州园林。分别建于宋、元、明、清各个历史时期的苏州文人园，园主多为隐退的官吏、无心爵禄的吴中名士和崇尚风雅、修养有素的文人。

苏州文人园能历经沧桑风雨留存至今，离不开一代代有识之士的关注和奉献。在苏州，如今对园林情有独钟的人应该说不少，但像金石篆刻家蔡廷辉那样对园林一往情深乃至不惜倾其所有，将园林造在家中，又极有造诣的人还是凤毛麟角（图1）。

图1　蔡廷辉（左一）与作家艾煊等朋友在醉石山庄合影

如果你有幸能看到蔡廷辉先生在大块的石碑上凿刻历代名画家的园林图，那般宏丽而精湛，你会赞叹不已；如果你还能目睹蔡廷辉在家中造起的园林，感受他在建园过程中独特的艺术见解和躬身参与构建的劲头时，你又定会惊叹之至。

蔡廷辉先生曾说，自己一生有两个愿望，一是为苏州现存的古典园林做一件有影响、有意义的事；二是自己投资建造一座私家园林。这两大愿望蔡先生如今如愿以偿了。

蔡廷辉先生现任苏州国画院副院长、国家一级美术师，他擅刻书画、治印和制作印钮。自幼从家父蔡谨士先生攻习篆刻，历经数十年的磨炼，技艺日臻完美。蔡廷辉的篆刻最大的特色是运刀老辣、风格朴茂古雅，以刀代笔在印章、石碑、象牙物品、紫砂壶、水晶玻璃、瓷器和木器等器物上刻画众多形象生动、意境深远的人物及飞禽走兽等。特别是近十年来，他又将历代书画家的大型画作刻于石碑。他曾先后在石碑上刻过历代名画家的《兰亭雅集图》《竹林七贤图》《孔子授经图》《达摩渡江》以及苏州四大名园和名塔等。

作为一个苏州老艺人的后代，蔡廷辉对苏州园林艺术有着一种特殊的情感。他至今还记忆犹新，擅长金石篆刻的父亲曾无数次从苏州古城老宅那秦砖汉瓦残片的图案和文字中受到过启发；从园林那花格漏窗中获得过灵感。苏州人的治印既高古雅朴又清丽简约，保持着浓郁的书卷气息和文人品味。同样，苏州园林中的每一处山石池轩、楼亭廊阁，都在看似不经意间显现那精雅的构建。这一点，苏州历代无数位艺术家都受到过园林艺术的熏陶，有些作品反过来又用于装点园林。

继承父业的蔡廷辉在金石篆刻的艺术生涯中也和园林结下了不解之缘。那诸如拙政园、狮子林、沧浪亭等名园中的石碑、书条石、匾额、抱柱等，上面的历代名家手迹常常引起他很大的兴趣，每每徜徉其间，他总是心摹神追，反复揣摩其章法、布局及意境，以进一步丰富自身艺术上的修养。

苏州拙政园是江南古典园林的代表作。这座于明正德四年（1509年）官场失意还乡的御史王献臣拓址建成的园林，疏朗秀雅，有"不出郭郛，旷若郊墅"的意境。所幸的是这座明代园林的早期容貌和景物，被书画大家文徵明写生了下来，文氏绘作的拙政园卅一景册页，每页一诗一画，即著名的《拙政园图》（图2）。

图2 拙政园卅一景图碑刻（局部）·蔡廷辉镌刻

数百年光阴如白驹过隙。如今拙政园作为苏州古典园林的典型例证之一被联合国教科文组织列入《世界遗产名录》。拙政园的领导班子为使这座名园无愧于这份至高的荣誉，在

保护和建设中更注重对古园文化内涵的发掘。文徵明的《拙政园图》，是一份难得的展现拙政园早期风貌的资料。如将《拙政园图》镌刻上石碑，让这份艺术财富在新一代人手中得到弘扬、展现，这对子孙后代都是一份奉献。这个构想形成后，经过众多的专家论证，最后，众望所归，石碑由蔡廷辉先生镌刻。

作为苏州园林局的艺术顾问，蔡廷辉与园林的情感不是金钱能衡量的。蔡先生名声在外，篆刻造诣高，平时别人拿来刻字的求购价每字要数百元。文徵明这卅一幅册页，上面绘画诗文洋洋洒洒，如刻成，其花费可想而知。但蔡廷辉丝毫不计报酬，他知道，这是一份沉甸甸的托付。自古以来，还未有人能将文徵明的书画刻于石碑，完成它，可以说是填补了一项园林艺术中明代画家以画传碑的空白。

动手刻碑前，蔡廷辉做了大量的案头准备，再一次仔细翻阅了文徵明一生许多重要的画作和史料，理解其创作经历及构思立意，细细揣摩其笔法，思索着怎样将自己的刻刀与大师的笔墨相互融汇。按现存资料所见，文徵明的《拙政园图》并非真迹实物，其原作早已流失海外，国内现存的只有20世纪30年代出版的珂珞版印刷品，要说完全逼真地反映原作风采尚有距离。但物以稀为贵，能有此蓝本已十分不易。由于文徵明画风一贯以繁密中显文秀，以娴静典雅的抒情性见长，所绘拙政园的景致由简及繁，简繁相宜，山石、人物、植物等均清晰有序，交代得有条不紊。每幅图景还配有诗文解读，让人于欣赏中相互参照，留以印象。更有细致之处，有时往往在一方豆腐干大小的纸上画有五、六种树木，其笔法竟也是丰富至极，有双勾、有写意，还有线条勾画等。

对这样一件由多幅画面连绵而成的作品，蔡廷辉反复酝酿和研究，认为奏刀中既要展示多变的刀法，也要保持原作一个整体和融的风格。特别是为展现画家自然神妙的笔韵，奏刀的分寸感十分重要。既不必为刻意表现而刻得太深，也不能求慎求稳而刻得太浅。过深，以后拓出来的片子其图案很容易走形；太浅，又会缺乏立体感。《拙政园图》加诗文题跋要刻三十六块书条石，全部完成按正常时间需要两年半时间。蔡廷辉为能在世纪之交前完成，几乎是豁出去了，夜以继日地钻研着、雕刻着。那画上的亭轩花草、林木枝叶等数十万笔点划和笔触，蔡廷辉都是一刀一刀、丝丝入扣地凿刻着，每一笔都有清晰的交代。卅六幅石刻图连缀起来，一幅五百年前的拙政园长卷生动地展现于眼前——但见园内林木葱郁、山池绵延、堂轩错落，一派古雅朴茂的江南乡村风貌。

为江南名园拙政园添上这一组碑刻，对蔡廷辉来说，是件一生都值得珍惜和回味的事情。蔡廷辉虽说是金石篆刻家，但平时生活中，性格好动，善交朋友，兴趣十分广泛，特别喜欢种树搞绿化。这种独特的爱好使他一直在心中揣着一个夙愿，那就是聚集自己终生积蓄，投资建造一两处苏州当代的私家园林。

这个想法并非他偶尔兴之所至。作为一个苏州老艺术家的后代，源远流长的苏州私家园林的造园艺术总让他心驰神往，他十分钦羡古人当时能在城市中营造出这样山水相依、悠闲雅致的"山林境界"，他自己所在的国画院——听枫园，就是一座处闹市而有天然之趣的园林。园中山石林木、亭馆楼阁、幽径曲廊都是那般精巧优雅，正如清代园主自称此园："宅居不广，却小有花木之胜。"蔡廷辉也梦想着有这样的园子，不过是要凭自己的智慧和双手建造出这样的园子。

蔡廷辉这一造园的梦想，其中还有怀揣着一份久藏着的童年对原故居的情感。

蔡廷辉至今尚记忆犹新，他童年的家在古城一条叫古市巷（清《红兰逸乘》中名为"顾市巷")的深巷内,那是一片典型的苏州水乡风味的宅院。这宅院原是苏州东山颇有名声的叶家私宅,那雕花门楼、一进又一进的庭院式天井、那深深的备弄、那高高花墙上的漏窗,特别是后面那座草木葱郁的大园子,长着各种各样的果树花草:那杏树、桃树、梅树、白沙枇杷、牛奶柿子、石榴、橘子、桂花、栀子花、白玉兰等,还有许许多多蔡廷辉如今记也记不清的果木,把园子点缀得那般丰茂,充满着江南庭园拟真山真水的自然野趣。当时还是孩童的蔡廷辉,当然特别喜欢这个后园,和邻家的孩子一起来这里似乎一年四季都能尝到新鲜的果子。但这园子有时也是令孩子们感觉到有点神秘和畏怯的。那草木茂密处的墙角和池塘边常有蜈蚣、蛇、黄鼠狼等动物出现。据蔡廷辉回忆,这宅院里还曾碰到过几次狐仙来闹门呢。就是这样一座雅朴的花园,在经历岁月风雨后,如今已被拆除,取而代之的是一幢幢新建的居民楼,那儿时的童趣和对老宅的眷恋只能永远留在蔡廷辉的记忆中了。

为使自己童年就结下的园林情结能梦回现实,也为对已逝老宅的一份继承,蔡廷辉立志就是这辈子"砸锅卖铁"也要把园子造出来。

苏州太湖东山山清水秀,是块福地。在那里投资造座花园,与山为邻,与水相依,疏隔一下现代闹市的喧嚣,返璞归真,尽享山林田园之乐,此乃人间一大美事。蔡廷辉在东山一隅看中了一块荒地。说是荒地,实际上这是一处背山临水未开垦的处女地,特别是坡上嶙峋的山石,有的高低参差,有的素面朝天,其中有很多石壁可以用来创作摩崖石刻。蔡廷辉是金石家,搞大型篆刻作品,此地的摩崖石是最佳的天然良材。下一次决心,买下这块地,再围堵墙造园盖房子,叠山挖池建亭台,一个宏大的私家园林工程就这样启动了。

买地、盖房、建宅园、搞摩崖石刻,这要多少经费、多少精力啊!蔡廷辉的太太是个勤俭能干的人,但这一次她有点思想情绪,不赞成丈夫的做法,所以建园初期她一直拒绝来此一观。

蔡廷辉有抱负。造园子的决心已下,其全心投入的精神终于感动了夫人。1996年9月16日,东山园内的主建筑三层楼房上梁,朋友们都来搭手帮忙,以表示一下心意。蔡廷辉亲自拌泥沙、做饭菜,忙得不亦乐乎;蔡夫人这回当然也不能等闲视之,拣菜洗鱼,前后照应,里里外外调理得有条不紊。

园子建起来了,幽静而秀丽,但其中也有一些小小波折。如附近一位相邻见蔡廷辉这花园的围墙紧挨着他家几棵橘树,认为有碍生长。他明里未来争辩,暗地里动锹掘坏了墙基。蔡廷辉知道后并未恼怒,而是好言相劝。他对邻人晓之以理,说围墙若真正妨碍橘树生长那一定会设法改建。大家今后都是"金相邻"了,要长期和睦相处才好……蔡廷辉的态度最后终于感动了邻居。实际上,蔡廷辉平时性子有时稍急一些,但没有一点儿架子,从善如流,什么样的朋友都一样对待。所以他如今造园,很多朋友都愿意帮他出力,甚至常常不计报酬,为蔡廷辉省下了不少钱。造这座花园,蔡廷辉也是百无禁忌,根据自己的艺术见解来规划和营造。粗活儿重活儿也都揽着干。他说这样虽然辛苦了点儿,但这更能体现自己对古典园林的认识和理解,同时也省了人工。

八亩地的园子终于建起来了,花墙曲径、山石亭台、荷池楼阁、小桥流水,还有那片摩崖石刻。蔡廷辉在第一块大石头上端端正正刻下著名画家华君武为他题写的"金石缘"三个大字。他说这三个字最能概括他一生的作品和追求。现在,能在东山这"醉石山庄"造出这样一个有着摩崖石刻的花园,可说是前无古人,也应该说是为自己、为后代、为苏州留下一点东西。

确实,苏州历史上是古代文人造花园,近一个多世纪以来,已没有人再去造私家花园了。蔡廷辉钟情苏州园林,倾其所有造园林,弥补了当代人的这份缺憾。最近,听说蔡廷辉又在苏州城内宅中造了一座玲珑雅致的小园,园内构设具备了苏州古典园林的各要素,颇有些世外桃源的味道。在这个宅园中,蔡廷辉已将自己所刻的吴门画派大家文徵明、唐寅、沈周、仇英的精粹山水画作和《竹林七贤图》《兰亭雅集图》《达摩渡江图》等绘画和书法碑刻陈列在内,与东山那处摩崖石刻的花园作为当代苏州人为吴文化的一份奉献。

刻碑、造园,完成了以上这两件大事,蔡廷辉认为是了却了这辈子对苏州园林许下的那份心愿。

(本文作者姜晋,苏州《消费者周刊》资深记者。此文原载于《苏州园林》2000年第3期)

◎名师大匠与苏州园林◎

陆耀祖 顾阿虎 韩良源
凌新生 朱光辉 朱子安
朱永源 陆　伟 郑可俊

大匠

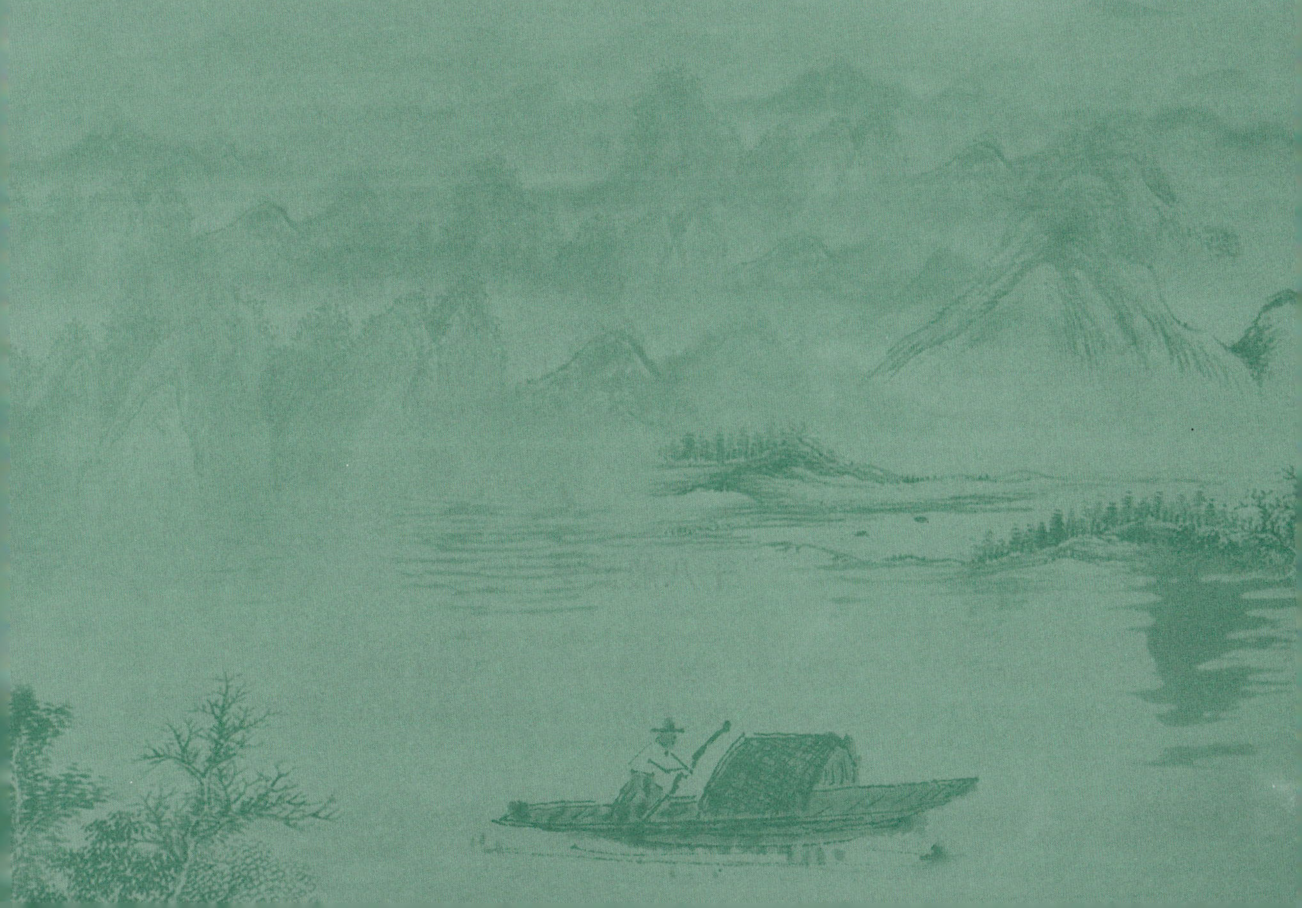

·陆耀祖·

陆耀祖，国家级非物质文化遗产——香山帮古建营造技艺传承人，曾担任苏州古典园林建筑公司和苏州园林发展股份有限公司副总经理，是苏州吴县香山人，祖上世代为香山帮建筑匠人。

1949年出生于苏州吴县胥口香山，从十六岁即开始便随父亲学艺，从事香山建筑木作，在传统建筑的大木作、木装修方面得到系统真传，功底深厚。20世纪80年代起以专家身份参与苏州地区古建筑技术工人培训工作（初级、中高级）；主持"苏州古典园林建筑名师工作室"；1995—2006年参与国家建设部主持的中华人民共和国行业标准《古建筑修建工程施工及验收规范》编写。2009年被评为国家级非物质文化遗产传承人（传统建筑营造类·香山帮）。主编著作有：《古建筑木工（南方地区）》《园林古建工程施工技术》《苏州古典园林营造录》。曾获苏州古建筑营造修复特别贡献奖。

大道无形
——记香山帮大师傅陆耀祖

金小花

谁是大师傅？
总是那个把勤奋、天赋、机遇和品德牢牢攥住的人。
大道无形说的正是大师傅的深厚功底和无限创造力。

以前，香山帮的工匠中间流传着一个关于"四个木"的传说。那时，休憩的空档，师傅们聚在一起抽烟吹牛皮的时候，聊着聊着，就会聊到"四个木"。但是这"四个木"到底是哪四个木，说法不一，谁也不服谁。因为，对于绝大多数香山帮的工匠来说，终其一生，也未必有机会接触到"四个木"，不获"大道"真经，难入"无形"之境。

何为"四个木"？待听下面分解。

十八般武艺

陆耀祖初中毕业那年，他十六岁，跟随父亲学做木匠，从小工做起。
木匠有四大武器：斧子、锯子、刨子和凿子。这四样又各有派生，粗作的、精工的、

处理平面的、处理斜面的,林林总总学过去,得有百来样家伙。

总的来说,操练这四大武器都得要力气,有力气砍、劈、拉、锯,才利索。但是陆耀祖说,一个作坊里,手艺最好的一定不是那个忙得刨木花儿满头屑的人,大师傅是穿雪白领口的白衬衫的那位,他拿着墨斗或者毛笔,脚步匆忙但气定神闲地出门挑木材或者指点手下。

"木工的刀和医生的手术刀一样,有人练到七十岁还出不了师,有人练五六年就能牛刀小试。"区别在哪里呢?陆耀祖说,无他,只在于用没用心。

我脑补了两分钟木工师傅四把刀翻飞操作的场景,依然没法代入那颗用在锯子上的心。

陆大师轻描淡写说:"比如用小刀切西瓜,顶头一刀下去切不开,翻过来再补一刀甚至两刀,你能确保最后的切面都在一个平面上吗?木作的大师傅必须能。"

并且大师傅们处理的是比西瓜坚硬无数倍的木材。大梁的木料尤其粗圆料,一个方向上锯不断,只能换个方向继续锯,但是换再多的方向最终都只能锯在一个水平截面上。如果这木料是金丝楠木,那么锯得平整还不行,手法还得到位,否则珍贵的木料就会被拉毛。

"锯子不能太宽,宽了会浪费木料。锯身要笔直,锯齿要成一条直线,齿的倾斜度要一致。锯子要两头薄,中间厚。锯木料大臂拉动的幅度不能太大,锯落要小,这样才能得巧劲,锯得又快又好……"

每把锯子都能练出秘笈。但是从出师到出神入化,陆耀祖花了十几年,"我喜欢想,经常琢磨到夜里睡不着觉"。

大师傅

香山帮的木作技艺,分为大木和小木。大木包括建筑里的梁、柱、门窗等木结构,小木专注家具陈设。大木还要负责打样,所以木作的大师傅通常都是一专多通,不仅木作手艺了得,同时通晓泥水匠、漆匠、堆灰匠、雕塑匠、叠山匠、彩绘匠等多个工种。

"以前人造宅或者造园都是把大师傅请过来先勾单线图。大师傅从柱子中心线开始画,进深开间以柱子为准。如果是标准五进宅院,那么从大门起,一条轴线上依次排列门厅、轿厅、门楼、大厅和正房,两侧则是花厅、书房、卧室等,建筑与建筑之间以院落区隔。"

所有屋架图,一比一大样画在地上。大样定了,再出样板。这中间所有建制,一律由大师傅定夺。大师傅要求大梁两头细中间粗,大梁和柱之间要加梁垫,梁垫上要雕花,至于多大尺寸的梁垫足够消弭梁与柱之间的剪力,主人家的雕花适合文人逸趣还是花开富贵,这些,旁人只得表象,而大师傅胸中自有丘壑。

建筑物的规格越高,大师傅的级别越高。

"我还在做小木工的时候,经常会听到周围中作师傅们讲'四个木',但说来说去到底是哪四个木,没人说得清楚。"

哪四个木呢?陆耀祖忍不住问父亲。"戗角上的'孩儿木',嫩戗和老戗之间的'菱角木',位于出沿椽与飞椽间的'里口木',形似官帽用来固定字梁架上雕花件的'椁木'。这些都是排料上的构件。"

排科又名斗拱。往简单里说,它就是清宫戏里最常见的华美翘起的宫殿屋角;往专业里

说,它是古典建筑柱与屋顶间的过渡部分,通过卯榫结构组织了众多复杂的木制构件,它能承重,同时能使得屋檐最大程度外伸,从而形成中国古典建筑最优美、最富装饰性的特征。

不过,自唐以来斗拱就属于民间禁物。"四个木"通常只会出现在宫殿或者纪念性建筑上,比如观前街的玄妙观、人民路上的文庙。

有斗拱的建筑稀少,有机会参与这种工程的工匠自然也稀少,"那都是人尖"。

"香山帮每一代工匠,几千个人里大部分都是中作,只有几十个是大师傅,顶级大师不过一两个人,最多三四个。"陆耀祖三十岁上才成为苏州古典园林建筑公司木工队的队长,而他的父亲陆文安[1]是香山帮进入现代社会之后最后一位顶级大师(图1、图2)。

图1 陆文安

图2 1982年常州文笔塔大修竣工留念

家族渊源

传统工匠多有家族渊源。在香山帮里,五代谱系清楚、传承至今的家族中,陆耀祖家族可谓首屈一指了(图3)。

---

[1] 陆文安(1906—1982),吴县香山人,12岁起随祖父学习木工,学徒时期参加了东山雕花大楼工程及修建席家花园,得到了一个学习技艺的好机会。建国后参与了多项古建筑修缮工程。1959年进入苏州园林修建队,擅长大木技艺的陆文安由此大展身手。他特别精于厅堂、牌楼和古塔的修缮,在古建木工技艺上享有盛名,曾担任施工员参加组织指导耦园的全面整修,南京瞻园维修,苏州灵岩山塔、北寺塔、常州文笔塔的全面整修工程。1964年整修北寺塔时,外塔衣全部卸下放到地上制作,再行安装。1980年常州文笔塔大修,该塔在1937年被日寇炮火击毁,仅剩砖砌塔体。七十四岁高龄的陆文安日夜坐阵,亲自制作构件,使古塔再现雄姿。同时,他还为苏州古典园林建筑公司培养了二十多位古建筑工人,为园林古建后继有人作出了贡献。常州文笔塔修复完成不久,陆文安也与世长辞,这座塔成为他一生技艺的最后纪念品。

图3　陆耀祖在巨形斗拱前

十六岁，陆耀祖的木作生涯之始，他就有了第一个机会——跟随父亲到他主持的南京瞻园维修工程上随旁受教，"做把作师傅，画线放大样，做一些要件的活儿"。

作为一代香山帮木作名师，陆文安擅长建筑设计，曾参与枫桥、寒山寺等多处苏州古典名园的维修与修复工程。他的木作生涯起点比陆耀祖更早，十三岁便跟随陆耀祖的曾祖父维修狮子林，"那是我父亲的第一个工程，虽然他只是参与了工程后期的木装修"。

陆耀祖的曾叔祖同样引人注目。他负责修建了蔡少渔旧宅（现木渎古松园），因为技艺了得，当时蔡家便在园中划地给他造了三开间四进的私宅，"曾叔祖那一支，至今住在古松园，就在灵岩山1号门边上"。

陆耀祖的高祖同样是木作名师，其余族中长辈即便不是名师，也都曾在吴中各地开设过木工作坊。五代木作传家的家族渊源对陆耀祖来说，是不可或缺的天然机遇和资源。

中国古典建筑是历代工匠智慧的结晶，它通过匠师的口传身授代代相传。从现代的角度来看，这种传播方式局限明显，不标准，不大众，但谁也不能否认它对于传统手工技艺的传承发挥的特殊作用，"并且，它决定了我的起点和视野"。

在陆耀祖还是香山帮最平凡的小木工时，他已经先于周围的中作师傅们明白了什么叫"四个木"。1978年，在以木工队长的身份参与北寺塔牌楼的移建过程中，他给北寺塔制作了一个早已消失在大部分古典园林中的明代"绣鞋底"门槛。20世纪90年代，在编撰国家首部古建行业标准《古建筑修建工程施工及验收规范》时，他在北方和南方古建筑派系标准之间能够融会贯通、求同存异，这种视野，这样的手笔"一定是得益于家族的耳濡目染"。

顿悟

三百六十行，行行出状元。

在"状元"面前，普通人除了由衷的敬仰，还会升起由衷的分析：大师是谁，他又为

何是大师？陆耀祖把自己大半生的职业生涯归结为三个词：勤奋、文化和机遇。

文化，对于一个传统建筑的工匠意义何在？

在农业社会，工种分等级，这就是所谓的士、农、工、商。陆耀祖家族五代从事第三等的职业，但是从高祖到他，每代人都当过读书人。"高祖父读了十年科举书，迫于生计转行当木匠，家中其他长辈也都识文断字。"

因为识文断字，三十岁的陆耀祖在香山帮就众望所归。"匠人的想法很简单，他做不出好的构件，你做得好；他算不出来的大梁弯度、木料用料，你算得出来；他打不出来的样，你几笔就能出图；他一筹莫展的工程，你总归能圆满解决；他讲不出来的道理，你讲得出来……人家就服你。"

陆耀祖把这些归结为文化的贡献，"有文化，才能读懂更多的书，古代造园的，现代建筑力学的，混凝土、钢结构的。有文化，才能站到比操作更高的角度"。

他没说，但是我还读到的是，文化带给他的在技艺之外的情怀。

"因为父亲的工作，我从小在苏州的园林里玩大。小时候就觉得园林眼熟。等我开始独立带工程，和父亲交流更深层次东西的时候，有一天，我突然发现，其实园林造的都是我们香山。"

过了胥口一直往西，到穹窿山快消失的地方结束，这就是从前的香山。

"香山几十个村落，西北角是山，东南面是太河（太湖）。因为要种稻，所以香山的河道绕田而走，四通八达，窄的只有几米，宽的有几条分叉，条条通向太河。进香山的路很窄，只能一人过，铺路的石子有的就是村人淘的湖边的鹅卵石。有水就有桥。村人自己造桥，顺便在桥头刻上鸟兽，桥有小拱桥、单板桥、三板桥，也有大桥，带台阶，方方正正，有御道的。香山的亭子多，有给路人休憩的六角亭，也有给牛饮水的茅草六角亭。还有树和土山……"

有风土，还有人情。

"在我的记忆中，香山帮的工匠都能一呼百应。接工程的都是香山帮最高级的匠师，但他们不会只用技术高的人，他们会把工程分得很细，让粗作、精工的师傅都能派上用场。小时候我不明白，为什么不用最好的人做最好的工程，年长了才知道，这么做是要让每位师傅都能有饭吃。"

香山是香山帮的发源地，香山也是陆耀祖的桃花源。

三个案例

真的大师：就是能让不可能变为可能。

陆耀祖，作为香山帮中国传统木结构建筑营造技艺国家级传承人，创立"苏州古典园林建筑名师工作室"，参与或者主持过寒山寺大修、天平山乐天楼修复、灵岩山钟楼修复、常州文笔塔修复等多个古建修复项目。他的代表工程有：美国波特兰"兰苏园"（荣获美国波特兰兰苏园"安全模范奖"）；法国"湖心亭"等海外园林工程项目；凤凰城锦溪苑一期景观获 2012 苏州市"姑苏杯"奖；南京省国画院；苏州环古城风貌保护工程一、二期（获"扬子杯"奖）。

项目 1　从"北寺塔牌楼移建"到"文笔塔修复"

1978 年，苏州古典园林建筑公司承接北寺塔临街牌楼的移建项目。项目由陆耀祖的父亲陆文安主持，时年陆耀祖三十岁，任木工队长。

要移建的牌楼原为明代大学士申时行祠堂前的牌楼。这座苏州最大的古牌楼气势恢弘，四柱三间五楼，中柱高 8 米，通长 11 米，石柱约 10 吨，有 24 根支撑受力的蒲包式榫，额枋上的浮雕、斗拱极具人文价值。

牌楼很好，但摆在所有人面前的难题也很明显：牌坊用的金丝楠木已经变形，石柱太重，简陋的吊装工具不一定能承受住。

陆耀祖围着牌楼绕了几天，最后作出判断：把牌楼拆成四块来分装，用两只能起重五吨的"葫芦"，从两端合力吊石柱。"这个工程做得很险，拆坏一根金丝楠木的木条，都没办法装回去。石柱吊得也险象环生，受力但凡有一点不均匀，柱子都别想移得动。"

更大的不可能发生在 1981 年常州文笔塔的修复项目中（图 4）。

文笔塔始建于南朝。据传自塔建成后，常州先后出过千余名进士，所以文笔塔是常州人心目中的文化之魂。20 世纪 30 年代文笔塔毁于日军炮火。塔刹铜葫芦被击落，塔身木结构被焚毁。苏州古典园林建筑公司受邀修复，依然是陆文安主持，陆耀祖具体负责。

建筑寺庙古刹是香山帮的传统技艺，但是修复的难度远大于新建。文笔塔的塔内需要重新安装一根通天木柱。"这段木料约 20 米长，必须下踩塔内地基、上顶塔刹铜葫芦。并且，它的安装只有一个途径可施——从半空中由文笔塔的塔身斜插进入。"

图 4　常州文笔塔

种种预设叠加在一起，就要求所有细节精准无误：精准计量木柱的长度、重量，精准地测算出半空中斜吊柱子时各角度受力的方向和大小，精准预估木柱和塔内其他构件的咬合程度。工程在重复搭建了两次 20 米高的脚手架才得以完成，"那种在脚手架上腿软的感觉，至今刻骨铭心"。

项目 2　变通，成就最正宗的海外中国古典园林"兰苏园"

兰苏园（图 5）坐落在美国俄勒冈州的著名港城波特兰市，是苏州作为友好城市在美国建造的一个交流项目。它的建造，从动议到落成，历时十一年之久。园内的亭、台、楼、阁，包括假山，一切建制完全遵守中国古典园林的造园手法。工程由中美双方合作，陆耀祖为中方施工负责人。兰苏园对于技多不压身的陆耀祖来说，是一个难得的全面施展香山帮传统造园技艺的机会。但是，园子造在美国，所以周折颇多。

图 5　美国波特兰"兰苏园"

首先是假山的楼梯问题。中国古典园林的造园讲究的是诗意山水，随物赋形，而欧美建筑讲究的是以一统之的标准化。所以，美方建筑师依据美国的工程规范，认定假山阶梯不规范，必须重做。"在中国古典园林里，象天法地，宛如自然，而要造一个由上到下标准统一的阶梯，简直不可想象。"如何在美国法律和正宗中国古典园林审美中求得平衡呢？

"所谓知己知彼嘛，我就研究当地的建筑法规，确实，美国法规对于阶梯的宽、窄、高、低有明确的误差不得超过两厘米的规定。但是，我详细研究之后发现这里面还是有'漏洞'，它规定了同一梯段的阶梯必须一致，但是，我们可以把阶梯分隔成不同的梯段。"

最后，这个折中的办法不仅保存了中国式阶梯的特色，同时遵守了美国标准。

当然，也有不能折中的时候。

中国古典园林里桥的存在，诗意同样大于功能。所以在陆耀祖看来，兰苏园的九曲桥 50 厘米高的栏杆刚刚好。但合作的美方代表显然不这么认为。因为，在美国，相关法律规定，桥梁的栏杆高度至少达到 110 厘米，否则会被认为有安全隐患。那次，美方全体工程人员都意识到了事情的严重性。美方代表报请了俄勒冈州议会，州议会对九曲桥进行专门讨论。

讨论的结果还是开放的。"之后的法规中便有了这么一条，因为兰苏园中的九曲桥是从外国引进的，所以可以用矮栏杆，但其他地方不许。"

项目3　法国版"湖心亭"，又一次让不可能变为可能

法国版湖心亭，是陆耀祖的职业生涯中又一个让不可能变为可能的经历。

2004年，作为中法文化交流的重要项目之一，中方高层领导决定要以上海豫园湖心亭为原型，送法国友人一个一模一样的亭子。

豫园始建于清朝乾隆年间，原为文人的私家园林，后来转到商人手中，变成了市井气质的开放园林。湖心亭正是在这种背景下诞生的，所以它既有中国传统亭子的屋脊牙檐、梁栋门窗，又有加盖的混凝土三角屋架，是与旧上海气质吻合的地标建筑。英国女王伊丽莎白二世访华时，便曾亲临湖心亭。

最早接这个工程的是上海一家建筑公司，但是他们一筹莫展。"这个亭子加盖，是两个不同时期的建筑风格，使得不懂古建或者不懂混凝土的人会摸不着头脑。"上海人慕名找到苏州，陆耀祖的同事们都觉得，这事儿难成，他去了趟上海看过湖心亭，把活儿接了。

"这个工程并不简单，按照正常的做法，要三十个人，四个月才能完成。但是工期只有二十天。施工人员只有十个人。亭子放在一个有坡度的广场上，不能打地基，不能破坏路面，亭子里还要供电、供暖、供水、有卫生间，同时要满足防震、防火、放风的需求，而且还要能随时拆卸重装。"

俗话说没有金刚钻不揽瓷器活，最终陆耀祖带队花十二天就完成了亭子的安装。

陆耀祖是怎么做到的呢？

"大量运用钢结构和混凝土。路面铺设薄膜，在薄膜上浇筑高度不一的混凝土柱子做地基。用槽钢把基础做得很重、很稳固。用不锈钢钢管代替柱子，然后在国内原样设计制作好古典的墙角、平面、戗角、门窗，用吊车进行安装。泥塑全部采用现代工艺，用模具现场刻印。"

做好之后，自己也看不出真假的，因为连屋面局部的损伤缺陷都做得一模一样！

工匠精神

20世纪90年代接手编写古建规范，不想整整用了十八年！把十八年时间给了它，就再没时间给自己了。

2013年，由建设部主持编纂的中国第一部古建行业国家标准《古建筑修建工程施工及验收规范》终于面世了。陆耀祖作为特邀编委，负责其中两个重要章节的编撰。他说，其实一直想为自己写本书的，奈何人生能有几个十八年呢，所以只能把想写的浓缩在这本标准里了。

十八年，如切如磋，如琢如磨，这就是一位工匠大师傅的人生态度。打磨出岂止是一部规范，那就是工匠生命的创造和延续。

——在他手上，填补古建行业施工验收标准的空白。

十八年说长也长，说短也就弹指一挥间。

20世纪90年代，正是全国迈向现代化的高速发展期。城市化掀起了第一轮高潮，全国

范围内的古建文物修复浪潮随之而来。但是,自改革开放以来,新兴的中国建筑业也已然和传统古建筑体系出现了鲜明的代沟。现代建筑标准主导着建筑业的新话语权。所以,古建筑维修归维修,修完之后用什么标准去检验修得是否合格,这是个难题。

"那些优秀的传统建筑都是大师傅,甚至是一个时代的顶级大师主持修建的,大师心里是有杆秤,工程完工,他说行,那就肯定行,并没有第三方的验收标准。"但是,这在20世纪90年代的古建筑修复工地上行不通了,陆耀祖说,"一来没有大师傅坐镇了,二来依据现代建筑规范,必须有一个标准的验收过程"。

怎么办呢?很长时间都是参照仿古建筑的验收标准,来验收古建筑的维修。问题在于,仿古建筑验收标准参照的是现代建筑的标准,而现代建筑标准来自西方,和中国古建筑理论是迥异的两个体系。"比如消防,按照现代建筑标准,很多古建筑的消防检验都不合格,但是木作恰恰是中国传统建筑的标志性特征。"

在这样的特定背景下,出台一个全国通用的古建行业施工验收的标准,就变得非常迫切。

在那段时间,恰逢陆耀祖代表单位参加一个在扬州举办的古建施工质量标准评定会,他的身份是评审专家。因为实践多,碰到的问题多,解决问题的思路也广阔,在这次会议上,畅所欲言的陆耀祖被建设部相关人士关注了。

"第二次开大会时,建设部邀请我加入《古建筑修建工程施工及验收规范》编委组,作为特邀编委参与编撰,一个人负责两个章节'大木'和'装修'。"这一编就是十八年。

——在他传承上,为传统木作工艺制定可实操的标准。

受邀参与编纂工作的,苏州一共五人,唯独陆耀祖一位来自古建行业的匠人。编书对陆耀祖来说,说难也不难,说不难也很难。

从20世纪80年代开始,苏州市以及江苏省已经非常重视古建筑技术工人的培养;苏州市劳动局、江苏省劳动厅都曾经邀请陆耀祖给技工、高级技工做技术培训,出考卷,制定技艺操作的评分标准。他讲课,图文并茂,理论联系实际,出典、实操信手拈来。"一个挂落,我能讲一天。"挂落是中国古典建筑中额枋下的一种构件,常用镂空的木格或雕花板做成,形似装饰花边,能让空间产生层次感。但是,那个时候主要是讲述,各种经验也以苏州为主。

"编纂的标准很严格。每个条目必须科学严谨,必须能明确回答是'必须不得'如何,还是'应不应',或者'宜不宜'。并且,还特别强调客观性和语言的简练明了,要求力避内容重复,不带作者的主观倾向。还要确保这本部标准成为一本实操手册。"这个就是难度。自明代以来,出了不少古典建筑的专著,但是大部分都是评价造园意境的高下或者介绍建筑的外形名称。这样的书只能满足业外人士的涉猎。而实操的标准,过去都是师傅传授的,很少有文字记载。现在要编这么一个操作标准,就是说,一名古建行业技术工对着书就能把古建事情做出来。

"比如,讲到大梁必须有弧度,那就必须把弯曲的标准具体到 0.5%~0.8% 的范畴。讲到术语'咬住一寸',那就必须精确交代从柱子哪个点预留一寸砌墙。"以此类推,可见这个标准的难度!好在这些不仅是陆耀祖长期实践中总结出来的经验,也是他家族技艺的累积,而这也是他接受编纂邀请的原因之一,过去是心手相传,现在是教学相传,他"希望通过自己的文字记载,让更多的人能够知道这些标准,让技艺得以留传"。

——在他认知上,从香山帮到清式营造的融会贯通。

第一稿，陆耀祖当年就完成了。

一稿出来引起了很大的争议，"很多评委提出意见说，你这是在写的香山帮嘛，我们看不懂"。

争议源自古建行业里的派系区分。中国幅员辽阔，由南至北，从东向西，不同地域有不同的建筑派系，其中最为典型的是江南派系和北方派系。虽然说，紫禁城最早是香山帮的鼻祖蒯祥领衔开建的，但是自清代以来，以宫式建筑为特征的清式标准，就像普通话一样已然成为主流话语体系。

清式标准和香山帮的区别，首先体现在名称（术语）的区别上。

"比如，香山帮把房屋转角处的屋面结构称为'戗角'，清式名称叫'翼角'。在木装修里面，香山帮的'挂落'，北方叫'倒挂楣子'。最典型的是排科和斗拱。斗拱是清式名称，它是木结构建筑的关键性部件，通过在横梁和立柱之间的方形斗和弓形栱的交叉组合，将屋檐延伸出去形成优美的勾角线条。斗拱的安装按部位分科逐渐排列，所以斗拱在香山帮叫排科。"

除了功能一致、名称不同的建筑术语，在营造规制上二者也有出入。

"北方分大作、小作，苏州只有大作——专门满足高门大族宅第的营造需求。再比如，北方建筑梁大，木柱和梁之间留有空隙，但是这个空隙在江南就不合理，因为江南的建筑体量小……"

所以，如果要按照评审的意见修改，这就不是一个把吴语翻译成北京话的过程，它需要的是凌驾两个建筑派系之上并且游刃有余的高度。

这个难度有多大呢？陆耀祖嘿嘿地笑，"对我来说，建筑都是相通的"，他把两个派系的标准进行合并同类项，同时求同存异。"名称不同、功能一致的，统一改用清式名称，并备注香山帮名称。功能不同、或者体系有出入的，另设章节完整表述南北方差异。"

——在他生命中，择一事终一生，十八年对初心的守护！

这十八年里，有关《古建筑修建工程施工及验收规范》的编写基本都是在周末进行。"案前一盏灯，周末一直在写，写到深夜十二点。"在编写的过程中，陆耀祖完成了美国的兰苏园，法国的湖心亭等一项又一项的工程。"我在美国的时候，一个越洋电话打过去，晚上还要加班继续看专家审定意见稿。"

因为是填补空白的国标，同时也因为陆耀祖所写的两个章节占了全书四分之一的篇幅，审稿过程极其漫长。草稿、初稿、评审稿、评审意见稿、送审稿、审定稿……每轮审校换一批专家组，"技术标准审核完毕，还有文字审定"，字斟句酌，字字珠玑。

或许是因为太过劳累，在编写过程中，陆耀祖生了一场大病，脑部动手术，视力也受到损害，不得不提前退休。他自我吐槽，"大家都说，你是脑子用多了，所以才长瘤的"。

2013年，历时数十年，这本填补国内空白，未来不仅在古建施工验收领域发挥作用，同时也将在中国古典建筑技艺传承中发挥重要作用的著作，终于面世了。

等待的时间太长，人反而平静了，陆耀祖说："其实，我一直想给自己、给香山帮写本书的。但人的精力总是有限，我把十八年的时间给了这本书，就再没有时间给自己了。"

（本文作者金小花，《科普苏州》杂志记者。
此文原载于《苏州园林》2016年第4期）

附：陆氏传承普系

（高祖父之前不详）

第一代　高祖父：姚三星，木作名师，在嘉兴开作坊；

第二代　曾祖父：姚桂庆，读了十年诗书之后转行做建筑，木作名师；叔曾祖：姚根庆，木作名师，在木渎开作坊，曾经主持维修了蔡少渔旧宅（现木渎古松园）、退思园、狮子林、贝家祠堂；

第三代　叔祖父：姚建祥、姚龙祥、姚龙泉，木作名师，在东山、木渎开作坊；

第四代　父亲：陆文安（姓高祖母姓），是当代香山帮木作名师，擅长建筑设计，曾参与枫桥、寒山寺等多处苏州古典名园的维修和修复工程，江苏省建工名人志有记载。叔父：姚伯明、姚安明；

第五代　陆耀祖，高级木作技师，香山帮传统建筑营造技艺国家级代表性传承人。

"香山帮"小传

2009年，作为传统木结构建筑营造技艺，苏州香山帮传统建筑营造技艺入选联合国教科文组织《人类口述及非物质遗产代表作》。史书有载"江南木工巧匠皆出于香山"。香山在苏州胥口镇。早期的香山匠人以木工、泥水工为主，明清以后，随着建筑风格日益发展，香山匠人分工日渐专业，形成了一个由木匠领衔集泥水匠、漆匠、堆灰匠、雕塑匠、叠山匠、彩绘匠等古典建筑工种于一体的建筑工匠群体——"香山帮"。

香山帮建筑技艺全面，不仅擅长江南民宅、古典园林的建筑，还能修建寺庙道观、皇家宫殿。北京故宫天安门等皇家建筑、苏州园林等举世闻名的世界文化遗产，便出自以蒯祥、姚承祖为主要代表的苏州香山帮匠人之手。蒯祥被明宪宗皇帝誉为"蒯鲁班"，姚承祖的《营造法原》被誉为"中国苏派建筑的宝典"。

· 顾阿虎 ·

留住"五作"手艺的大师傅
——记香山帮传人顾阿虎

何大明　周苏宁

顾氏为吴地享有盛誉的大族。早在东汉三国时期,顾、陆、朱、张已成为吴地四大望族。南朝齐梁时期的吴郡顾野王,是著名的文字训诂学家、诗人和画家。鲜为人知的是:在当代,顾野王第四十四代孙中有一位古建工匠顾阿虎,虽是香山帮传统建筑营造技艺代表性传承人,却为人低调,从不炫耀祖宗的显赫背景,对外人,他总自称工匠出身,他最看中的就是自己的手艺。与众不同的是,顾阿虎是一名少见的木作业"五作"匠师。这个"牛"可不一般。传统木匠有"五作"之分,即:圆作、舂作、船作、小木作和大木作。圆作,从事箍桶箍盆的木作;舂作,从事农具制造的木作;船作,从事造船修船的木作;小木作,从事家具制造的木作;大木作,从事房屋建造的木作。顾阿虎,就是这样一位留住"五作"手艺的木匠名人。别说现代,即使在旧时,"五作"全会的木匠也不多见,真可谓传统工匠中的凤毛麟角。

小有名气箍桶匠

1948年8月,顾阿虎出生在吴县黄埭(今属苏州相城区黄埭镇)的一个普通农户家庭。祖孙四代,人口多,家庭经济比较困难。作为兄弟姐妹中的老大的顾阿虎,懂事早,知道父母养家糊口不容易,从小就自觉为父母分担家庭困难。照顾弟弟妹妹,放牛割草喂兔喂羊,烧火做饭炒菜,深受长辈喜欢和邻里夸奖。由此,也锻炼出一双能干活的勤劳双手。读到小学五年级后,顾阿虎为了减轻家庭经济负担,决定辍学学手艺做匠人(图1)。

图1　顾阿虎在苏州南半园修复工地上(摄于2020年5月21日)

他的爷爷和父亲都是村里的木匠，家传数代，耳濡目染，顾阿虎从小就对木工活产生浓厚的兴趣。一段木料经过斧砍锯割推刨，就能变成建造房屋的梁架、门窗，真是太神奇了，深深刻印在他幼小的心灵中。但父亲考虑儿子当时年少力气小，还是先学体力付出相对轻一些的圆作比较合适。

"圆作"，与制作衣橱等家具的小木作不同，专门制作各类家庭使用的木质盆桶。制作盆桶要用一块块弧形木板拼接后以铁箍围合成圆形，故称为"圆作"。圆作匠人俗称"箍桶匠"。箍桶匠不但在家里制作盆桶，还挑担来到城里，走街串巷为城市居民修理损坏的盆桶。当时，年仅十三岁的顾阿虎作为一名"小工"，跟随从事圆作的堂伯父郁和尚学艺。和对待其他学徒一样，堂伯父对顾阿虎这个亲戚同样严格要求，没有特殊照顾，不允许干活时偷懒。否则，照样给顾阿虎"吃尺子"。由此，顾阿虎没有辜负父母的期望，学到了一手比较过硬的箍桶本领。无论是脚盆还是浴盆，不管是马桶还是水桶，都箍得像模像样。在各类盆桶中，最难制作的是立桶、长桶。这是当时供农村小孩使用、锻炼小孩"脚劲"的一种"立椅"。把尚未学会走路的小孩放在立桶内站立，大人有事可以暂时离开。立桶下宽上窄，呈椭圆形，从小往上逐渐收缩，对墙板制作的弧度要求很高，常常由老师傅制作。有一次，预先慕名定制的客户前来催要立桶。不巧的是，堂伯父当时因为生病住进医院。情急之下，顾阿虎不顾别人劝阻，毅然出手救急。终于，立桶制作按期圆满完工，质量完好，客户翘起大拇指好评。由此声名鹊起，学徒尚未满师的顾阿虎，就此获得"小顾师傅"的美誉。

掌握船作能舂作

出生在农村的顾阿虎，对农村特别有感情。1963年，为了有更好的发展前途，顾阿虎谢绝堂伯父的多次挽留，来到位于苏州阊门长船湾的一家农船营造厂，拜造船名匠刘玉坤为师。该营造厂主要从事木质农船的修建，属于木工中的"船作"。当时，农船是江南农拜村不可或缺的农业设备。作为水上重要交通工具的农船，不但可以运输各类农用物资，还能从事罱泥、捕鱼等农活。因此，广义的农船，还包括捕鱼的渔船，以及小巧玲珑的平底摆渡船等。

修建一艘完整的农船，相当费工费料。农船的结构，通常从头到尾，大致可分为船头、前舱、中舱、后舱和船艄。此外，船上还有升帆的桅杆、摇船划水的船橹（大的用橹，小的用桨）等部件。农船整天浸泡在水中，风吹日晒使用时间一长，木质船板等部位难免腐烂，甚至出现船底漏水现象。因此，营造厂每年的修船任务相当繁重。顾阿虎因为具备良好的圆作基础，从事修船就相对容易一些。跟随老师傅学会后，更换船板、捻缝抹油灰、涂刷桐油等工序，得心应手，游刃有余。

但要成为一名真正的修船老师傅，还得掌握制橹本领。安置在船艄的长长木橹，是划水推动船只前行的"发动机"。弯成一定角度的木橹，可分为前段的橹苏、中段的橹身和后段的橹板，三者之间圆滑过渡，有机衔接。因此，制作木橹对各部分的尺寸、弧度、厚薄等，都有严格的要求。顾阿虎凭借过硬的圆作经验，经过努力学习，终于掌握了制作木橹的本领。于是，他又得了一个"鲁（橹）师傅"的绰号。

为了不断挑战自我，学会更多的木作技能，1970年，顾阿虎应聘来到江苏吴县东桥建

筑站。麻雀虽小五脏俱全。规模不大的建筑站却五脏俱全，拥有木匠、泥水匠（瓦工）、油漆匠等工种。他们各显神通，全心全意为新农村建设服务。当时，顾阿虎分配到"春作"组。木工中的春作，专门制作和维修各类大件木质农具。因为这些农具主要用于春耕生产，故称为"春作"。大件木质农具主要有：耕田用的犁具、平整土地的耙具、用于扇谷的风车、用于浇灌农田的水车。水车堪称农具中的庞然大物。踩动水车架上的转轴，带动贴岸伸入河中的戽斗，就可以源源不断引水上岸浇灌农田。此外，还可以使用牛力带动转水盘车。这种水车俗称"牛车盘"。凭借自己掌握的船作和圆作本领，虚心好学的顾阿虎又掌握了春作技能。即使技术要求高的水车，也能得心应手制作，深受农村社员欢迎。短短两年，他就从一名普通施工员，被提拔为队长，成为建筑站的技术骨干。

精湛技艺显身手

1975年，顾阿虎接受战备任务，从东桥建筑站调到苏州地区人民防空办公室基建科工作。出于当时国防形势需要，一些地方都要配备"平战结合"（平时和战时）的地下会堂。多功能的地下会堂，不但平时可用于开会、文娱演出等活动，遇到紧急情况还能起到防空作用。由此，顾阿虎华丽转身由春作转向大木作。大木对他来讲并不陌生，从小就跟在父亲顾兴泉身边授传大小木，后来又跟孙金荣师傅学春作，加之圆作、船作本领，渐渐悟出"五作"技法上的互通性，技法要领融渗入血液之中。加之当时的船厂、农具厂，春天造船、打犁，秋冬季节常常帮人盖房，大木小木活儿也是少不得要做的，所以对他来说基建活儿已是熟门熟路。他先后参与了长风机械厂、江苏师范学院（苏州大学）等地下会堂的建造。在建造南门街道所属的地下会堂及苏州观前街地下防空道中间段玄妙观地下三层，还根据地质情况采用了"沉井法"的先进施工工艺，受到市政府人防办的好评。因此，顾阿虎也从施工员晋升为施工队长（相当于现在的项目经理）。

不到两年，顾阿虎又调到苏州市轻工局房建站工作。当时，轻工局所属多家工厂的传统木结构厂房，年久失修现象比较严重。更换门窗和梁架，都是大木活。顾阿虎从工匠一直做到负责技术的施工队长。那年头他记忆犹新的工程是已列入文保单位的万寿宫门楼，破损严重。有一位领导认为修复门楼费时费钱，得不偿失，主张拆掉了事。顾阿虎认为古建筑应该按原样妥善保存。在他和其他人的据理力争下，终于确定了按原样修复的方案，他们按照传统工艺，一丝不苟，精心施工，原汁原味修复了门楼。由此，顾阿虎在业内名声鹊起。"文化大革命"结束后，顾阿虎被调到吴县城建局工作。1978年，年仅三十岁的他被委以重任，担任局驻宁办事处的技术负责人，参与了南京夫子庙等古建筑修复工程。

1981年至1983年，顾阿虎在吴县城建局建管处，担任工程技术质量监督工作。当时，苏州城内开始建造现代化的住宅小区，使用钢筋水泥等新的建材。顾阿虎参与了北园新村、三香新村、东环新村、菱塘新村和劳动新村等小区的建造，对新材料、新结构、新工艺有了全面认识。

也是时势造英雄。正当顾阿虎开始全心投入现代建筑技术之时，全面保护苏州古城拉开了帷幕。具有传统营造技艺特长，又"五作"全能的顾阿虎再次被调回到吴县古代建筑工艺公司担任科长，专门从事古建筑和仿古建筑的修建。顾阿虎不但技术好，而且能吃苦，所以没多久，他又被派到外地，而且是寒冷的北方城市，负责黑龙江省大庆市仿古园林建造，先后完成了庆谐园（儿童公园）、龙凤公园、让湖园、朝阳公园，成为大庆市的"四大仿古名园"。之后，又被古建公司委以重任，担任公司驻宁办事处主任，专事营建南京古建工程，其中由他主导的鸡鸣寺宝塔及南京市府内明代文武大殿修复工程，在南京广受好评（图2）。

图2　顾阿虎参加的海外工程

从十三岁开始学艺，走南闯北，几乎在工地上度过大半生的他，已经从小师傅成长为大师傅，独自承担了众多古建（仿古建）工程营造，木工技艺早已达到炉火纯青的境地。在古建行当里，真正能称得上"大师傅"（亦称"作头""匠头"）的，都是顶尖人物，等同于现代的"大师"称呼。这时的顾大师已经过了不惑之年，已担任香山古建集团分公司副经理、总公司项目总监、项目办公室总监等职，退休以后又被多家公司评为古建技术顾问，参与了大量古建（仿古建）维修、重建、新建项目，获得众多奖项，也早已不再使用木工工具。在传统木工行当，有一个不成文的行规，大师傅作为行帮的头面人物，是不用工具，也不作工的，而主事建筑营造谋划。但顾大师难能可贵之处，是对工具情有独钟，他专门选了一个木箱，将工具一一收藏，有空就要拿出来使唤一番，擦拭一番，把玩一番，视如珍宝。他不止一次说过："不懂工具，就不是一个好匠人！"正因如此，顾大师还会忙里偷闲，制作各类家具等小木作，如大床、八仙桌、方凳、床头柜、五斗橱、沙发等，都做得像模像样。这时候人们都开始对他尊敬有加，有称他"大师傅"的，有称他"大师"的，而他总是憨憨一笑说："叫'师傅'蛮好！"

2018年，顾师傅被苏州农业技术学院"香山学院"聘为古建教授时，他把珍藏的传家宝——木作工具捐给校方，希望学子们从工具中懂得传统技艺的价值和意义，勤奋学习，掌握技艺，让传统手艺流传下去。

能讲"道道儿"的大师

多数工匠能做不会讲，顾大师则不然，可以很清晰地将技艺表达出来，头头是道，这得益于他的好学。

在农村土生土长的顾阿虎，小学五年级辍学从艺，二十几岁时日益感到专业理论知识的重要性，开始啃书本。当时，一些同行不以为然："我俚匠人大老粗，靠斧头锯子凿子吃饭，用不着读书格。"然而，顾阿虎却不为所动，发奋读书。利用业余时间，读完苏州建筑职工大学"工民建"专业，1992年获得毕业证书，1995年又获得苏州建筑环境保护学院（现为苏州科技大学）建筑工程专业函授毕业证书。成为自学成才的典型，受到公司表扬。此后，他依然不懈努力，又取得了多张含金量颇高的职业证书：苏州市人事局颁发的"高级工程师"职业资格证书；劳动和社会保障部颁发的"高级技能"职业资格证书；住房城乡建设部颁发的注册"一级项目经理""一级建造师"执业证书。

为人低调的顾阿虎，还取得过其他诸如此类的资格证书和荣誉证书。在我们的再三要求下，他才不好意思地拉开抽屉，让我们看了那厚厚的一叠证书。如2001年获得中国风景园林学会授予古建技术名师称号，2005年被苏州建筑行业协会评为优秀项目经理，2006年获得国家文物局首批颁发的"文物保护施工技术"从业资格证书，2013年10月成为"香山帮传统建筑营造技艺"代表性传承人，2019年被苏州农业职业技术学院聘为"技术技能大师"，2019年被苏州市姑苏区人民政府、苏州国家历史文化名城保护区管理委员会聘为苏州国家历史文化名城保护片区规划师。

这背后，让我们看到了一位大师的成长历程。

动笔撰文传非遗

特别值得一提的是，这位能工巧匠的"理论水平"。他不但做工，还勤于收集行业民俗资料，动笔撰写有关古建的文章。以前在香山帮匠人中间曾使用一种用于业内交流的特殊行话。这种被称为"切口"的行话，以吴方言口语形式在圈内流行，局外人很难听懂。别具一格的香山帮切口，是一种以遁辞隐义，故意回避他人理解，带有"戏说"性质的口头语言。这种语言的形成，追根溯源当与"忌讳"有关，是社会文化积淀的产物。香山帮行话的修辞方式，不外乎反切、拟状、藏词（缩脚音）、谐音、借代、析字六种。这种行话从无文字记载，全靠工匠口耳相传。顾阿虎注意收集，无私分享给他人。比如：

匠人——亮相牛筋、木匠——木角两、工头——蛇流子、工头助手——铁臂手、泥水匠——水落里（泥水匠即瓦匠，干活时经常与水打交道）、小工——束叶龙、东家——龙堆拉、脊柱——立尖里竖（脊柱的竖立位置）、双步——行双里步、桁条——瓦梗条、椽子——乱、粉墙——腊丕蛇将里、门——轮板、斧头——三十六、锯子——额搭（拟状，锯齿的缺口形状，俗称"额搭"）、泥刀——两面三（缩脚音，藏去"刀"字）、绳子——万里长（采用缩脚音和谐音法，藏去"城"）、砖头——乱留、钉子——瘦骨伶（采用拟状和缩脚音，藏去"仃"字）、水石灰——里零、瓦爿——勃爿、松树——毛勃龙（缩脚音，藏去"松"字）、吃——牵山、吃饭——牵山木阿二、早吃饭——正老阿二、晚吃饭——屋盖阿二、吃粥——牵山尺一六、团子——乱瑞里、菜——出南、酒——捉漏、钟——龙醉、衣裳——越几郎、裤子——罗块里、鲜鱼——瓦棱（拟状，

屋瓦状似鱼鳞排列)……

如今,香山帮工匠使用的"切口",随着老一辈工匠的去世已经式微,现在的青年工匠已很少知道。其实,这种别具一格的"切口"语言,也是香山帮建筑非物质文化遗产的一部分,值得留档保存下去。

顾阿虎通过实践和学习,还注意总结、归纳、提炼,写成论文,发表在国家和地方刊物上(图3),主要有:《试论假山造型》(刊于《中国古建园林技术》);《浅谈御窑金砖取名与制作工艺》(刊于《中国古建园林技术》);《浅谈古建筑施工技术》(刊于《中国建设报》);《苏州香山帮建筑工匠拜师习俗》(刊于《苏州建筑业行业协会》);《苏州香山古建改革开放的三十年》(刊于《苏州园林》)等……一个匠人有如多论文,着实让人刮目相看!

图3 顾阿虎在《古建园林技术》杂志上刊登过多篇论文

传承创新求完美

在现代社会中如何保证传统建筑营造技艺的传承与创新?一直以来都是热点问题。顾大师始终认为:必须原真性保护,同时又必须在传承基础上与时俱进,有所创新,在两者之间找到一个契合点,做到"原真性与创新性"的完美结合。所谓"原真性"是指必须坚持"四原":原形制、原材料、原法式、原工艺;所谓"创新性"是指"三新":新材料、新结构、新工艺。在文物修复时,必须坚持"四原";而在仿古建筑时则可以采取"三新",比如在砌墙时,传统用纸筋材料,现代有新材料,可以用水泥代替;又如厅堂的柱子原来使用木材制作,现在可以用钢筋水泥制成仿古木柱,在不改变原承重结构的基础上,既节省宝贵的木材有利于环保,还可以防止白蚁蛀蚀;再如,以前修复古建筑全部采用手工操作,如今部分手工劳动完全可以采用现代化的科技手段运作。锯板、切割打磨石材,可以用省时省力的机械工具代替;绘图,可以使用方便快捷的电脑测绘;砖雕作品的部分初加工,也完全可以用电脑操纵来完成。原真性和创新性并不相互排斥,而是完美结合,相得益彰。

顾大师在他的职业生涯中,把传承与创新拧得很紧,追求完美,犹如他的名字一样虎虎有声,交出了一份份令人信服的答案。

南京夫子庙（文庙）是一处蜚声江南的历史文化遗产。20世纪80年代，年久失修的夫子庙仅剩尊经阁。于是，夫子庙主管方邀请顾阿虎所在的吴县古代建筑工艺公司承担修复工程。公司不负众望，提供的修复方案得到东南大学潘谷西、叶菊华两位权威教授的认可。在修复夫子庙大成殿前，有一个小插曲可以看出他的"拧"劲。大成殿是全国各地文庙的主体建筑，其屋檐制式规格很高，多数都是仅次于重檐庑殿式的重檐歇山式。而苏州文庙的大成殿，屋檐却是少见的重檐庑殿式。于是，夫子庙管理方想按照苏州文庙形制重建。对此，顾阿虎他们团队认为应该尊重历史，以理据争，确保了夫子庙大成殿的原真性。同时，他们也结合时代发展需要，在绝对保护的前提下，根据业主要求，为夫子庙规划了一条融传统风貌与现代气息于一体的商业街，保护与发展双丰收，夫子庙修复项目荣获南京市主管部门颁发的优质工程奖。

在苏州工业园区，有一座伴随园区开发而新建的白塘公园。公园秉承生态环保理念，以宛若天成的自然景观为主。为此，顾阿虎带领的建设团队因地制宜，叠山理水，在园内打造一处动态的水景。堆叠有致的土墩上，一条镶嵌鹅卵石岸的山涧蜿蜒飞泻。山涧两侧，半亭和曲廊错落有致。巧妙的是提供源源不断的活水的水泵，藏而不露设置在茶室内。2003年，白塘公园"园林景观与绿化"项目荣获苏州市建筑行业协会"姑苏杯"奖。2007年，该项目又荣获江苏省建设厅、江苏省建工局、江苏省建筑行业协会联合颁发的江苏省"扬子江"杯优质工程奖，顾阿虎作为项目经理也同时获奖。

苏州古城内的一些名人故居，也留下了顾阿虎团队精心修复的经典。位于纽家巷的留余堂，是清代乾隆年间状元宰相潘世恩的故居，现在已辟为状元博物馆。故居内，有一座与众不同的"抱厦"式纱帽厅。厅内方砖铺地处理防潮时，当今多变通，常为省时省料，采取在方砖下面抹上水泥的简单做法，但顾阿虎团队坚持原汁原味，采用传统方法，用小青砖砌成网格状的地龙架空，再用碎石子、螺蛳壳碎片、湖砂、倒扣的陶钵等材料层层铺就，如同"三明治"，上面再天衣无缝铺上方砖，达到良好的吸湿防潮透气效果。后来在修复潘祖荫故居（"花间堂"旅馆）时，也采用这种原汁原味的铺地建材，达到很好的效果，为传统故居的现代使用提供了一个很有价值的案例（图4）。

图4　七十多岁的顾阿虎在南半园大修建筑现场指导（摄于2020年5月21日）

　　老骥伏枥，壮心不已。2020年伊始，已过古稀之年的顾阿虎又奔波在苏州文物修复工程南半园、"控保"建筑容春堂以及江苏园博园仿古建筑群建设的工地上，我们问他"怎么还这么忙？"他脱口而出"传承经典，留下手艺，吾伲这代人逃不脱啊！"那强烈的责任感油然而生。

（本文作者何大明，中国风景园林学会会员、苏州文史专家；周苏宁，亚太遗产中心古建联盟副主席，苏州市风景园林学会第八届常务副理事长。此文原载于《苏州园林》2020年2期）

· 韩良源 ·

"山石韩"与苏州园林

姚萍

如果说,建筑是园子的眼睛,花木是园子的衣裳,陈设是园子的胸襟,那么山水便是园子的性灵。

评水易而读山难。叠山,更不是一件容易事儿。要叠出好山,相看两不厌的山,千秋不倒的山,人见人爱的山,就更难。更何况要叠成从小巷园林走向全国,走向世界的"垂范之山"。

本文要叙述的,正是这样的叠石堆山人。其中,有个连堆了一百多年山的韩姓家族——人称"韩家军",即先后都供职于苏州市古典园林建筑公司的韩良源祖、伯、父、子、孙四代人,他们的"始祖",从清朝起即参与苏州园林中假山的堆叠,迄今已至第四代,全家老少能叠山者约有五十余人。他们叠了多少假山?已难以计数,可以说,苏州古典园林中的假山大多经过"韩家军"之手。"韩家军"在堆山叠石的实践中,形成了自己独特的风格——被称为"山石韩",这风格得到了人们的喜爱和赏识,终于"韩风渐开",到如今,上至京城钓鱼台,下至小城民居中,全国各地都有了"韩派"风格叠造的假山(图1)。

图1 1955年韩良源与父亲在修复西园假山时留影

叠石世家

然而韩家造山始祖韩恒生却没有这么幸运。

韩恒生生于清代，正是苏州园林鼎盛的时期。但假山美石仍尚是少数人的奢侈品，养在深园，孤高空寂。本来，他和假山无缘，后有幸觅得到苏州府衙看园林的差使，身为花匠的他花间石下日久心熟，渐渐无师自通，竟也能自己用山石搭些小品，或做些修山补石的事，有时别处假山坏了，叫他去，他也能修，至晚年竟小有名气，成了城里为数不多的"假山艺匠"之一。他把手艺传给了儿子，即韩良源的伯父韩步法，和韩良源的父亲韩步本。

韩步法在父亲的基础上术业有专攻，成了一个以叠石为专业的专门工匠，又有些经营头脑，后成为一个小型营造坊的作头，专门承接修花园假山的活计。

生于1896年的韩步本既受父亲影响，又随兄做工，至中华人民共和国成立前，他已先后参加过上海中山公园、苏州天库前竺家花园、富郎中巷仓园、大王家花园、小王家花园等多处假山的修叠，在实践中练得一手堆山叠石的技术。但中华人民共和国成立前社会动荡，以叠山为饭碗的韩步本，却不能以叠石为专业，常做脚力和搬运工。此时他的三个儿子也一个个长大，有石可做时，父子四人倒正好组成一支堆山队。幸而新中国建立，时已五十三岁的韩步本带着儿子们进了园林修建队。此时苏州古城中各园林都百木待举、百屋待修，倾塌的假山也亟待修复，韩步本一家数口有了大展技艺的地方。

那真是堆山世家难得的好机遇。

叠山叠出了世界遗产

至今，当年尚是小伙子、现在已七十多岁的韩良源，谈起20世纪50年代与父兄等一起修假山的事，依然脸上放光。他说那时真有做不完的假山生活，父亲、他、兄弟、两个妯娌，一家五个主劳力，都扑在修山工地上。吃饭的事是不用考虑了，要考虑的只是怎样把山修好，毕竟老韩家修山是有历史的嘛，要放点样子给大家看看。何况大家都晓得苏州是出园林的地方，弄园林是要有技术的，政府懂得尊重人的特长，为什么不把生活做得好些呢。再有一点就是修山时布石补峰需花时间琢磨，那时也有的是时间（不像现在，一旦签了合同，说什么时候完成就要什么时候完成，赶命似的），一批好生活就这样做出来了。现在到苏州各个园林去看看，网师园、拙政园、留园，随便哪个，看哪座峰修得形态好看的，哪块石摆得让人舒服的，或者最简单，只消看补石的拼缝——老韩的老婆说——那接得圆润的，不杂七杂八的，线条与石头的天然纹理一致的——就是我们韩家做的，一直到现在几十年了，还平平整整、稳稳贴贴的，那些粗的水泥拼缝，还那么明显地高出石面的，一看就不是那时做的东西。

其实，从那时起直到后来一直和老韩家"并肩战斗"的，还有凌家弟兄凌鸿、凌德智。凌家弟兄的假山生活也做得非常漂亮，和韩家形成了不同的叠石风格。如以黄石假山叠石的"走势"看，"韩山"多为"横向"，"凌山"则多为"纵向"，即以取用的黄石之天然纹理为"画面"。"横式"叠山时，石与石之间多取横向天然纹理拼接，接缝以横缝居多，看去"山势"呈横向发展，让人联想到大山的磅礴气势，敦厚凝重；"纵向"则以石料之天然纵纹为拼接依据，构图更讲究"向上发展"，拼缝也以竖缝居多，看去整座山更峻峭挺拔，少年英姿，让人更崇拜大山的奇伟和变化无穷。韩、凌两家在似有似无的竞争中，自然而然地长期坚持各自不同的审美，日益完善各自的技艺，并由此形成不同的"流派"——

"韩氏横式堆叠法"和"凌氏纵式堆叠法",从而大大丰富了苏州园林假山的表现样式,使曾经"主导"苏州假山的"金华派杂拼碎石造洞式"塑山法,从此"退居二线"。这些更贴近自然、因而也更进一步让韩式、凌式"模仿真山"的堆叠法,在苏州的造园史上留下了佳话。

韩、凌两家还将一起记载在苏州园林史上的辉煌一页,是两家兄弟共同参与了后来出口美国、在东园实样制作的"明轩"假山,而亲身参与到美国安装此山的,是另一位同样"德高望重"的朱师傅,苏州古建假山堆叠的"三巨头"之一的朱大荣。苏州园林假山的第一次跨洋出国,飞机在蓝天白云里飘然滑翔,让从未见过这等玲珑小山的美国人万人空巷,争相观赏这一鬼斧神工的天然作品,中国山就这样屹立到了世界最发达国度的著名城市纽约的著名博物馆中。此后,随着一个又一个苏州园林精品的克隆异国,最早"观摩"过"苏州石山"的美国人也最多受到了"中国假山文化"的熏陶。到如今,不少老美自家的草坪上,也学中国庭园的布设方法,有的画"龙"点"石",有的堆起假山,只是石质与中国通常所用的湖石和黄石不同——在美国亦有分布的黄石似乎还有点形似,湖石却只是中国太湖流域所独有的了——美国人轻易难觅。

可惜韩家父亲韩步本没有过到这等年华。早在明轩赴美前的二十多年的1966年,朴实肯干的一代叠山人韩步本即因病去世,时年七十岁。韩步本也许从未料到,日后会被誉为"假山雕塑家"、苏州园林界公认的"叠山权威",受到后人深深的敬意。

韩步本去世后又三十多年后的2001年早春,另一位叠山高手凌家老二凌德智,也因病去世,时年六十七岁。在他临去世前两个月的2000年11月30日,他听到了苏州已修复开放的九座古典园林,先后正式成为世界文化遗产的消息——苏州园林假山经几代人共同努力,终于成为"世界之山""垂范之山",受到全人类的倾慕,受到《世界遗产公约》的永久保护——为此付出了无数辛劳和智慧的凌德智感到由衷的骄傲,为他们叠山人感到自豪。

"韩山"艺术特色

从参与堆山的时间算起来,现年七十二岁的韩良源也许可推是目前苏州地界上累计堆叠假山时间最长的老师傅之一了,而他的家族中,曾亲身参与苏州及国内外各地假山修造的人数也最多。自1949年至今半个多世纪以来,韩家父子曾一起先后参与过苏州拙政园假山、南京原总统府西花园假山、常州人民公园假山、上海西郊公园假山、上海豫园假山、苏州网师园假山修复,以及后来苏州三次园林大修,包括沧浪亭、退思图、留园、怡园、耦园、虎丘山等几乎所有园林中假山的恢复、修缮,和南园宾馆、苏州饭店、雷家花园、儿童医院等多处假山、石矶、石壁、石组、块石、点石等石景的恢复、修造,所有作品都留存至今,不少作品深得同行首肯,构成了苏州园林中重要的"韩派"假山风貌。随着20世纪80年代改革开放的步伐,韩家人也走出了苏州城。20世纪80年代中,韩家老二韩良顺被调到首都北京钓鱼台国宾馆专事假山石景的整治、修护(图2)。老大韩良源则被邀请到国内最大城市上海修假山。相当长一段时间里,他们及他们的徒弟、同行们修山、造山、运山、"克隆"山,真可谓忙得不可开交,于是,全国许多城市也留下了"韩山"的"实物版本"和受"韩派"风格影响的假山踪迹。

图2 1957年，第三代传承人韩良顺（前排左二）与众专家修复苏州虎丘景区山体驳岸

"韩派"是在汲取前人假山设计、修山经验，于模仿、创新基础上形成的"韩山"风格。其艺术特征带有鲜明的江南地区灵秀、精美、情思的文化定势，用石纯净、天然，构思讲究师法自然、以山喻人、借石寄情，注重写意手法的运用，整体造型轻盈、秀整，人们可以从中找到与中国传统文化，特别是书法艺术的异曲同工之处。

其一为"湖石飘云"。苏州园林常用湖石、黄石两大类石材堆砌假山，其中上乘湖石的天然色泽，可称有天上云的色调和风采，变幻空灵的造型。但平常人很少会将"石""云"联系在一起，因二者的轻重质量，实在天壤之别，难以"浪漫"，而韩氏却常能有"石云"这样的创构。这种"云"或飘于山顶（结顶石），或绕于山腰（突出、悬空在半山的"半山云"），尤其是"结顶"峰石，常选用特别大而优美、通透圆浑的整块巨石"君临天下"。由于支点选取准确，符合力学原理，巨大的湖石被几个巧妙的支点"四两拨千斤"卧置在山顶上后，看去竟若即若离，避重就轻，宛如有了生命一般，白云状欲飞欲舞，十分奇特。如网师园中小山丛桂轩前专以大块湖石堆出的"云"状石山，巨大的"云头"衬得山体反而变小，"石山"便也更灵秀了。韩良源说，"我们韩家最擅长做云"，其实关键就是如何在堆山时巧妙"借力"。这也正是"韩山"功力所在，是"韩山"美学与力学巧妙结合、极浪漫、极富想象力的创构之一。

其二为"墙纸石画"，或曰"嵌壁假山"。此类山常与白墙为纸，假山为画，看去如一幅写意山水。"纸"上往往有许多"留白"，好像是山走进了墙里，又好像是白墙样的云挡住了山，很有意趣。嵌壁假山还可起到空间分割的作用，是苏州园林中最有艺术趣味的"双元分割"特色之一。但这样的嵌壁假山往往也最容易受到损坏，韩氏夫妇回忆，当年恢复网师园最南端嵌壁假山时，原物即已损坏得不成样子，恢复起来要靠想象力和精湛技术。

其三是"立体留白"。韩良源说，幼时常随父兄野外观山登山，亲眼所见大自然中真山也并不是"石板一块"，而有着时凸时凹的"立面不整齐"状，有时还有大而弯折的石缝，缝里还长出树和草来。于是后来包括他所叠造的"韩山"里，也追求这样的真山特征：假山立面丰富，纵观山势起伏，平面有沟有壑，使之既不至于在体量上过于庞大又更为肖真，从而在审美意境上更显示了苏州园林的精巧，这是更深层次上的"立体留白"。这种以小涵大、以少藏多的"假山品质"，与苏州传统民居的通过外立面起伏化大为小、体现灵巧，在

道理上也是一致的。当着人们趟徉于苏州园林,看到假山缝里还有芳草纷披、暗泉滋润,一种来自大自然的猜想——它们走过了多少个四季——会油然而生,这时候,谁还会记着这是"假"山呢……

其四为用石纯粹。与金华派假山有时杂用多石不同,韩氏认为,自然界没有几种明显不同的石头长在一起的山,因之叠山时奉行"一山不用二石",哪怕做水池围边这样的"小生活",韩山也讲究湖石是湖石,黄石归黄石,追求"纯粹"。由于围边多用零石,为了"集零为整"看去不致过于凌乱,"韩山"还常用"围成一簇"的"空心组团"方式曲折前伸,使围石有组织地若花瓣状围湖展开,增添水的动感,使自然"山水"在新的组合中再次成为新的"一体"。

作为古典园林假山发展史上的一个流派,随着"东方文化"在世界范围的愈见魅力,具有这些特征的"韩山"也将得到更多人的喜欢,并顺理得势,代有传人,走向更为完美的境界。

(本文作者姚萍,《苏州日报》资深记者。此文原载于《苏州园林》2001年第1期)

附:"山石韩"小传

韩步本(1896—1966),苏州人,其父韩恒生,原是清末苏州府衙的花匠,他对花园中假山经常琢磨,也观摩他人的叠石技巧,居然无师自通。先从山石小品入手,以后为人修整假山,发展到带队造园叠山。他的两个儿子步德、步本,子承父业,继续从事假山艺匠的社会职业。长子步德有经营头脑,累积一些资本后自己开起了营造作坊。次子步本便在兄长的营造队伍中当假山作头师傅。步本的三个儿子良源、良顺、良余成年后也从事造园行业,成为叠石世家,业内称作为"山石韩"。

民国时期,韩氏父子参加了上海中山公园、苏州天库前竺家花园、富郎中巷仓园、大王家花园、小王家花园等多处假山的修建和堆叠,名声日隆。抗日战争开始后,国事日非,战乱频仍,韩家父子虽然身怀绝技,却无处施展,转而从事一些繁重的体力劳动以维持生计。

1951年年底,苏南地区文管会上门礼请韩氏父子出山,参与修复苏州园林。从此他们如鱼得水,充分发挥了自己的技艺。从1952年年初至1954年8月的三年多时间里先后参与了拙政园、虎丘、怡园、留园、沧浪亭、狮子林、动物园和天平山等九处园林与风景区的修复和建设,园中无不留下韩家父子的手泽。以后他们走出本地到上海豫园、上海西郊公园、南京瞻园、徐州云龙公园、山东、承德、北京等处堆叠假山和古园假山修复工程。韩步本及长子良源、次子良顺一直隶属于苏州古典园林建筑公司,良顺于20世纪80年代初调到北京,从此在北方从事叠山技艺事业。

韩良源,又名韩良元,苏州人,1927年出生,继承祖父韩恒生、父亲韩步本的假山制作技艺,身体力行七十多年,造"山"近两百座;2010年6月获得苏州市非物质文化遗产假山制作技艺代表性项目传承人称号;中晚年,将假山制作技艺传承给儿孙多人,形成"苏州假山韩"群体。

韩良顺，1933年出生于苏州叠山世家，在兄弟三人中排行第二，十三岁随父学习造园叠山，十五岁可独立完成一些简单的项目。中华人民共和国成立初期，苏州园林损毁严重，亟待维修保护，政府开始广招民间能工巧匠。1953年，苏州园林修整委员会成立，韩氏父子先后参与修复了拙政园中东部、留园、狮子林等古典园林。在维修过程中，有幸与著名古建筑学家刘敦桢、园林古建专家陈从周等人深入接触，当面聆听他们的教诲，又得到园艺家周瘦鹃、汪星伯在盆景、山水绘画方面的指点，使其造园理论和叠山技艺显著提高。1958年，鉴于韩良顺的出色工作，被苏州园林处任命为山石队队长。之后"大跃进"开始，派去苏州胥钢厂炼钢铁，被刘敦桢教授要回，修复网师园、怡园等名园。1960年参加南京瞻园修复，后因杭州筹建中苏友好园，被调往杭州，苏联专家撤走后项目终止，又被安排修复杭州的汪庄、刘庄假山。1962年韩良顺被苏州城建局长张伯超调回苏州，修复耦园黄石假山、西园太湖石假山和叠筑东园黄石假山。1965年，完成苏州环秀山庄修复。本计划第二年修复虎丘"第三泉"假山，后因"文化大革命"开始而终止。1969年，韩良顺全家下放到江苏盐城阜宁县左夏大队第六生产队务农，后到阜宁县农机厂负责农机零件的模具制作，1978年落实政策，韩良顺全家返回苏州，韩良顺及爱人华娇美重回苏州园林处，并参加了中国第一个出口园林"明轩"假山的实样设计和施工。改革开放后，韩良顺调入北京外交部钓鱼台国宾馆，从事造园叠山工作，其间又帮助京西宾馆、航天部第一研究院等单位设计花园、造园叠山。1997年，韩良顺与协助其工作的妻子华娇美一起，从钓鱼台宾馆退休。韩良顺与华娇美共育有四个子女，两男两女，大女夭折，长子韩建中、次子韩建伟、女儿韩雪萍全都从事造园叠山之业。

韩良顺参与修复北海金鑫斋时留影

园林假山世家韩良源采访记

韩良源　郑凤鸣

郑凤鸣：韩老，今年高寿啊？

韩良源：我是1927年出生的，老了，身体大不如前，记忆力也差多了（图1）。

图1　韩良源及其积累的叠山资料

郑凤鸣：我看您身体健着呢，反正今天您儿子韩啸东也在场，有他的协助我们的采访一定能成功。请问您是什么时候获得苏州市非物质文化遗产项目代表性传承人称号的？

韩良源：我是2010年6月获得这个称号的，这是苏州市认定的第二批非物质文化遗产项目代表性传承人，一共有九十名，我的项目名称就是"假山制作技艺"。

郑凤鸣：您还获得过其他什么称号吗？

韩良源：在2015年的央视大型文化纪录片《园林》里，我的镜头出现在第七集，题目是《韩良源——苏州叠山世家韩派假山传人、园林大师》。他们是看了我在上海的作品找到我的。也是那年的8月，我参加第三届苏州市民间工艺家颁奖大会，被授予"苏州市民间工艺家"称号。我与其他二十六位工艺大师坐在嘉宾席上，感到很光荣。深圳大学教授吴肇钊赞誉我为："古有戈裕良，今有韩良源"。戈裕良是清朝中期中国掇山叠石的杰出人物，我担当不起，太难为情了。

郑凤鸣：听说你们是"假山世家"，这是怎么回事？

韩良源：我的祖父韩恒生，生于清朝道光年间的苏州茶商家庭，曾在苏州府台衙门当差，负责园艺、建筑事宜。有一年，在府衙的帮助下，祖父购得灵岩山西面的"秀野园"。这个园子当时已经荒芜不堪，山石坍塌、花木凋零、房屋破旧。祖父一一加以修复，倾注了很大的心血，却也由此产生了对园艺的热爱。其中，在堆叠假山时尤其产生了浓厚兴趣，甚至到了痴迷的程度。

我的父亲韩步本，新中国成立初期被园林管理处聘为专家，修复或新建了包括苏州阊门大王花园、小王花园、苏州火车站假山等。1953 年，我父亲进了苏州园林修建队，作为为数不多的叠石园艺技师，先去南京担任工地技术负责人，修复了太平天国天王府；后来又先后承担了拙政园、留园、网师园、西园以及上海豫园、南京瞻园的假山修缮工程；还设计和堆叠了上海西郊公园、徐州云龙公园的假山，可惜我父亲在 1966 年病故了，享年七十岁。

我是长子，我的叠山技艺直接来自父亲的言传身教；年轻时我在父亲的带领下，参加过苏州古典园林假山的维修工作，先后参加了虎丘、留园、拙政园、狮子林、网师园、耦园、沧浪亭、西园、怡园、上海豫园、南京瞻园的假山维修工作；以及上海龙华烈士陵园入口处十二米高的"红岩"黄石假山、龙华植物园六米高的斜山掇叠；还到北京、山东、淮阴等地，参加了大观园、李清照词园、清晏园等大型假山的掇叠。

其中，我年轻时的得意之作是上海龙华烈士陵园的大型叠峰《红岩》。为了增添悲壮、凝重气氛，我选用黄里透红的当地石料。小的石头只有几斤重，大的有一二十吨。作品以平直和高耸结合为线条，主峰庄严挺拔，气势雄伟，表现了革命烈士坚如磐石、视死如归的意志，令人肃然起敬。

1986 年北京拟修建大观园，邀请我负责假山堆叠。我带领次子韩啸东主叠"蓼汀花序"，结果是洞中有洞，峰峦参差，颇具野意。在立面处理上别具匠心，山峦轮廓分明，结构上有凹有凸，纹理上自然有致。平面处理上蜿蜒曲折，风致天然（图 2）。

图 2　1976 年，山石韩依据一张老照片，修复了承德避暑山庄如意洲青莲岛上的烟雨楼
图为韩良顺与施工队合影

我打破了"传男不传女"的观念，把我和我父亲、祖父的假山制作技艺传给我的三个儿子，也传给我女儿。现在很多年轻人都缺乏吃苦耐劳的精神，学习这门技术、从事这份工作有一定难度，但是我的子女不怕吃苦，现在我的子女，包括孙辈也都从事假山制作，而且几乎都成了假山设计师。他们的假山作品既有中式庭园的清雅风范，又有现代园林的

西洋景观，我看了很高兴。

郑凤鸣：您是什么时候开始从事叠石造园的？有哪些代表作？

韩良源：我从十三岁就开始从事叠石造园，新中国成立后，进了苏州园林修建队，修复过拙政园、狮子林、留园等景点的许多假山。也说不上什么代表作，就选"塔影园""怡老园"为代表吧。

郑凤鸣：听说你曾经得到中国著名古建筑学家刘敦桢教授的真传，是吗？

韩良源：对，20世纪50年代，著名古建筑学家刘敦桢教授为考察、研究苏州园林文化，常来苏州，在深入街巷调研私家园林的同时，也找叠山能手了解情况。我就是在那时结识了刘敦桢先生，得以经常当面聆听他的教诲。刘先生经常来到现场研讨，边施工边给我讲解。他像在课堂上给学生讲课一样，循循善诱，使我得益匪浅。

郑凤鸣：一堂好的假山，它好在哪里？

韩良源：苏州园林"无园不石"，在修建、维护、保养、沿革中，堆山叠石技艺一直传承至今，可以说，世界上没有任何地方像苏州人这样对人工造山有这么高的热情。因此，好的假山，当然要保持合乎自然的状态，把天然山岳进行概括和提炼，在很小的地段上展现咫尺山林的局面，幻化千岩万壑的气势。好的假山，来自自然界，天然形态，不需要人工斧凿，表面没有破损。色泽以奶白为最佳，其次为黄色、红色、褐色等。好的假山，门面上都是好石头，造型独特，色泽相对一致。

郑凤鸣：假山与真山有什么区别？

韩良源：我国地大物博，可供游历欣赏的自然景观很多，它们都饱含着诗情画意。真山是高耸的地面，由山顶、山坡、山麓三部分组成，有山崖、山峦、山冈、山川、山路等。假山是由人工采用石料、泥料模仿真山构筑的山。堆山掇山，是一种"缩景"艺术。假山可以假乱真，把真山的形状千奇百怪地体现在人的思想感情里，使之有明末造园家计成在《园冶》中所说的"片山有致，寸石生情"的魅力，因此比真山更概括、更精炼。

郑凤鸣：人们都说假山是立体的画，那么假山制作需要绘画基础吗？

韩良源：当然要啦，因为中国园林的假山叠法与中国山水画向来是相通的。中国山水画是以山川自然景观为主要描写对象的中国画。叠山造石的纹理方法必须借鉴中国山水画中的各种皴法，表现出山石树木的脉络、纹路、质地、阴阳、凹凸、向背，又使园林假山真正源于自然，又高于自然，从而达到诗画的意境。

叠假山的人一定要多看真山、研究山峰、岩石的分布。我们平时经常到大山里去写生，把漂亮的山景描画下来。叠假山之前都要先画草图，然后用泡沫或橡皮泥制作模型，然后动手制作假山。

郑凤鸣：你是怎样用湖石或黄石堆砌假山的？

韩良源：自然石、古老石、太湖石、黄石、红石、花岗岩石材、云片石、鹅卵石都是堆砌假山的主要材料。最有名的是太湖东山、西山一带的石灰岩，这种石头被称为太湖石，简称湖石。不过，现在其他地方的石灰岩也被统称为湖石了。湖石多孔穴，最适宜用来堆砌假山。堆砌湖石假山多选用环透拼叠法，外观山势用考究弧形的峦势和曲线，处处体现出湖石的天然形状。叠山名家戈裕良的代表作品环秀山庄，就是以湖石假山闻名于世的。

黄石色泽自淡至赤黄，有多种变化，它质地较湖石坚硬，外形多棱角，宜构气势雄健之冈峦，因此一般来说，用黄石堆砌的假山规模比较大，可以在山谷及小溪上架二顶桥，再在山上点缀绝壁，建两个以上凉亭，造成雄浑气势。例如留园中部、西北部的假山就是这样的。拙政园中部二岛，登山道与道侧用的都是黄石，石间有杂土，让竹木芦苇得以自生，野趣横生。

使用黄石时，最好不要同时掺砌湖石；使用湖石时，最好不要同时掺砌黄石，以免格调不一致。

郑凤鸣：假山石之间用什么胶合来保障它的牢固和安全呢？

韩良源：传统山石的咬合部分用的是胶凝材料，可以用石灰加糯米浆、石灰加桐油、石灰加血料，以及石灰加糯米浆加明矾等，把这些胶凝材料用在重要部位，黏结性非常好、非常坚固，简直与花岗石一样坚硬，因此常用于修补假山石。现在则因为采用黄沙、水泥、石子作为咬合材料，然后在外观上用配色工艺使它与山石浑然一体，所以就不用原来的方法了。新工艺的效率比传统做法速度快，而且牢度也好。就是说堆砌假山也是要与时俱进、改革创新的。

郑凤鸣：我不懂什么是血料？

韩良源：血料是用猪血加工的。

猪血中有血水和血块。制作时，先将血水和血块分装，再将血块碾碎成粥状，然后酌情缓慢加入冷水搅匀至同原来澄出的血水一样的稠度。待其过箩过滤后，把原来澄出的血水倒入桶内，搅匀后再次过箩。再用石灰泡成较稀的石灰浆，通过有网眼的铁纱箅子后，将其少量倒入血水桶内，不时稍加搅动。一两个小时后，血水起变化，产生泡沫上涨，呈肉冻状，血料就做成了。经过熟石灰水发酵的猪血，有黏合作用，还能防潮、防虫。

郑凤鸣：假山制作有规律可循吗？

韩良源：有，但不是千篇一律的，要根据园子的实际面积、周围环境、附近相关建筑、水塘大小、花卉树木的多少和高大，石头的形状、颜色，需要堆砌的体量和造型等综合考虑。最讲究的是以对自然、环境、生态的敬畏与尊重的造园思想，用中国传统建造园最基本、最深刻的"天人合一"理念，才能堆砌出最成功的山水，达到"虽由人作，宛若天开"的境界。

堆砌假山，不但要考虑占地面积的大小、假山与周围环境的协调、主峰和次峰的位置、高低错落的呼应和对照，还要考虑以池水衬托假山。主峰不宜位于中央，以免产生呆板、突兀的感觉。可在东麓或西麓建一个小的石洞。这种办法既节省石料、人工，山上还可以栽植树木，与真山无异。

假山与池水连接处，用绝壁比较好，其下再以较低的石桥或石矶作陪衬，使人感觉石壁更为崔嵬高耸。还可以在绝壁上建小路。游人自谷中婉转而来，俯瞰池水，缓缓渡桥，折入山谷之中，然后登山，到达山顶。这种构图与我国传统的山水画一模一样，简直是一幅活的中国画。或者在山腰建个小平台、在山顶造个亭子，以便游人休憩、赏景。亭子应当建在主峰稍微下一点的位置，这样更美。

郑凤鸣：园林假山有哪些基本造型呢？

韩良源：一是绝壁。用太湖石叠砌的绝壁（石壁）以临水的天然石灰岩山体为蓝本，石面比较光滑，显得自然贴切。由于太湖石受波浪的冲刷和水的侵蚀，会在表面形成若干洞、涡以及皱纹等，还会产生近似垂直的凹槽。大小不一的涡内，有时有洞，但洞又不一定在涡内。洞的形状极富变化，大洞旁往往错列有一二小洞，与天然绝壁几乎一模一样。

二是山洞。山洞一般设计在山体的核心部位,其高度常在 2.20～2.50 米之间,空间面积不小于 3.0～4.0 平方米。设计山洞时,首先要考虑到壁体的安全性,所以一般多用横石叠砌为主;其次要考虑到采光和通风,所以一般在洞壁上,设计若干小洞孔隙,有的则在洞壁上开较大的窗洞,以利用日照的散射或折射光线。

三是蹬道。无论假山高低,蹬道的起点两侧一般用的都是竖石,而且常常是一侧高大、另一侧低小。有时也采用石块组合的方式,以产生对比的效果。竖石的体形轮廓以浑厚为佳,切忌单薄尖瘦;有时为了强调变化,也常采用斜石,给人以飘逸飞动之感。若盘山蹬道的内侧是高大的山体,则蹬道的外侧常设计成护山式石栏杆。蹬道的踏步一般选用条块状的自然山石。

四是谷涧。两山之间峭壁夹峙,而且曲折幽深、两端都有出口的称为谷;谷中有山泉水称为涧。两山相交,乱石重叠,水从窄峡中环绕湾转而泻的称为水口。环秀山庄假山中的谷,两侧削壁如悬崖,状如一线天,极富峡谷气氛。留园中部的池北与池西,在假山相接的折角处,设计的水涧,犹如深山中的"水口"。

五是峰峦。一般一座假山只能有一个主峰,要有高峻雄伟之势,其他山峰的高度不能超过主峰,以形成宾主之势。山头比较圆浑的叫峦。峦可以有几个,或高或低,相互之间参差不齐,绝对不能一字排开,而要前后搭配,形成重峦叠嶂,前后呼应,错落有致的效果。各峰、峦之间的向背俯仰还必须彼此呼应,气脉相通。

郑凤鸣:学习假山制作技艺难吗?

韩良源:说难也不难,说容易也不容易,关键是这门技艺需要有悟性、有智慧,更离不开实际制作,如果有造型艺术天赋,再加上绘画技术、力学知识、理论水平,那就更好了。

在施工技术上,假山制作技艺常被划分为自然山石叠筑、人工塑石两类。自然山石叠筑以"考料、搬运、叠筑、成型……"为根本,人工塑石以"临摹、造型、工艺、成型……"为主。两种工艺都需要假山工熟练掌握,并且具备绘画、焊接、抹灰、抹胶等多种技能。最好还要有木工、钢筋工、架子工、防水工、通风工、工程电气设备安装调试工、钳工、管道工、起重工、工程机械修理工、挖掘机驾驶员、推土铲运机驾驶员、塔式起重机驾驶等技术。有了这些,从初级假山工、中级假山工,到高级假山工,都是不难的。

过去制作假山没有机械设备,全靠人力。平面移动石块时,先把地面整平,在地上放置硬质的滚木,用扛棒撬动滚木上的石块,使它慢慢向前移动,再把后面的滚木换到前面去,这样一点点、一寸寸地前进,速度很慢,体力消耗很大。向上抬升石块时,搭脚手架,用手拉葫芦吊装假山、靠肩膀用扛棒艰难抬动,苦不堪言。往往因为用力过猛,或者用力不当,闪了腰。年轻时恢复快,不觉得,年岁大了,老伤就折磨人了。

郑凤鸣:为什么苏州人,特别是你们韩家在假山制作上有独到的优势?

韩良源:客观原因是苏州有产于洞庭西山的太湖石、城西的黄石、鹅卵石,离城不远,开采与运输极为便利。形态奇异的太湖石透、漏、皱、瘦,玲珑多窍,皴纹纵横,洞孔相套,有自成天然的意趣,是造园叠山的上佳石材。

同时,园林是苏州的名片,而在苏州园林里,假山必不可缺。苏州有得天独厚的造园传统,著名的香山帮匠人在建造宫殿、状元府、官宦建筑、私家宅邸时,都会附带建造花园,花园里也少不了假山。苏州假山制作技艺门类多样、技术精湛,独树一帜,中外闻名。

闻名韩家只是承袭了前人的经验，加以创新发展，才有了今天的好手艺和好名声。

郑凤鸣： 现在做假山的人多吗？

韩良源： 多！有些卖石头的人粗制滥造地承接叠山工程，做出来的假山，石杂纹乱，造型呆板，没有灵气，根本谈不上艺术造型，更不要说能衬托建筑美了。有的甚至用硫酸做假山的表面处理，结果反而使假山失去了天然的光泽。

郑凤鸣： 请您给我们点拨一下怎样欣赏假山文化，好吗？

韩良源： 假山形象奇奇怪怪，有的像人、有的像动物、有的像某种物体，非常逼真，又非常抽象，似是而非，它的特点是形象多义、多解，不确定，富有内涵意义，需要人的丰富联想。陈从周先生说过："立峰是一种抽象雕刻品，美人峰细看才像美人。"

我们行家把假山的上、中、下三部分称为上停、中停、下停。留园的冠云峰，它的上停向东扭，偏东还有一个罕见的特大空穴，前后畅通，可以看见椭圆形的天空，被誉为"生命通道"；它的中停，向西扭，有很少的穿眼，似通不通，给人以神秘之感；它的下停，又大幅度向东扭，与上停的向东扭，中停的向西扭，形成了窈窕的身段，呈现了一种硬里带软的媚态。

我们在堆砌假山时，总是把差一点的放到背后或山洞里去，就像做衣服，好料肯定在前面，差些的做在后身，道理是相同的。冠云峰也一样，它的背后有很多斧凿痕迹，都是巧妙地由大树遮挡了，游客看不到它的遗憾，留下的是美好的印象。

织造府的瑞云峰，占尽了太湖石的透、漏、皱，但它不及冠云峰的瘦。不过由于有着遍体活眼，玲珑有致，使人看了觉得略肥而若瘦。怡园拜石轩南面的花坛，有十五株石笋，错落在竹林之间，犹如雨后春笋，妙趣横生。

进了虎丘山门，可欣赏的石头多不胜数，有石桃、枕头石、试剑石、千人石、点头石等，这些石头有很多美丽的故事和传说，你比我清楚，我就不一一解说了。

（本文口述者：韩良源；访录整理：郑凤鸣。
此文原载于《苏州园林》2018年第2期）

· 凌新生 ·

我在美国叠假山
——苏州叠山传人凌新生口述

周苏宁

2019年冬采访了苏州著名的叠山流派"凌家山"传人凌新生先生。以下为其口述。

1997年，我前往美国，参加苏州园林在海外的园林工程——寄兴园（又名听松山庄）的建设，是我第一次出国叠假山，也是独自负责承担的国外大型假山工程。

（一）

这个园林建在美国纽约斯坦顿（Staten）岛的植物园内，靠近史纳格港口，1998年建成，是美国第一座完整的中式仿古的苏州园林。

1997年初夏，中外园林建设公司苏州分公司的领导找我父亲去美国承担假山工程，我父亲那时年事已高，没答应。他们又去找我叔叔，我叔叔凌德智也是苏州叠山名家，因为种种原因也没谈成。又返回来找我父亲，我父亲就问我行不行。我那时已经跟着父亲学叠山十多年了。

我是1973年初中毕业后下乡到林场，与树木打了十年交道，对花木已经很内行了。1984年到苏州郊区花木公司上班，从那时起就开始跟着父亲学起了叠山。"凌家假山"名声在外，但是在以前，父亲是不让我们学叠山的，父亲认为这是"折骨头的苦活累活"，不希望子承父业。几个亲兄弟中，只有我愿意干这一行，因为我就是喜欢把玩那些奇形怪状的石头，父亲最终答应了，手把手教我学了这门技艺。

记得1985年、1986年那两年，苏州园林进入了一轮维修高峰，那时我跟着父亲几乎跑遍了古典园林各处的假山。给我印象很深的是维修狮子林真趣亭、荷花厅之间的那座假山，当时这座假山存在安全隐患，洞口已封。那时非常重视"修旧如旧"原则，对这座假山进行局部拆卸维修时，我们像对待珍贵文物一样，小心翼翼，拆下每一块石头，然后一一进行标号和清洗，按照顺序堆放整齐。那时我当父亲的帮手，眼看父亲重新堆叠时，手脚很有章法，我在他身边，一边干活，一边用心记住，包括石头的纹路、水泥、黄沙的比例等。那座假山照原样安装加固，保持了纹理贯通、浑然天成的旧貌。从这个工程中，我悟出了很多道理。也就是从那时起，我养成了看石头的习惯。也就是我们经常讲的"相石"。

"相石"就是选石，是叠山的第一道工序，也是关键环节。石料的形态、色泽、脉络、纹理、水路、大小各不相同，还有坚、脆的区别。我们凌家叠山，最讲究石料的纹理、水

路、色泽、气势的统一，讲究高低、曲直、大小、远近、疏密、明暗、虚实的对比。业内有句话叫"看菜吃饭，看石头好坏做事"。好的叠山师傅在叠山前，一定要自己选石，即使有些"东家"已经备好了石头，也要到现场重新"相"一遍，对每一块石料的特征都能做到心中有数。哪些可以承重、哪些可以做脚、哪些可以结顶、哪一面向外向上做峰做面、哪一面向下向里做底，哪些纹理、水路相近的可以拼掇在一起，哪块石头与另一块石头可以勾连等，事前要有全局的打算，脑子里有一个大概轮廓，所谓"胸有丘壑、意在笔先"。其实，叠山和作画是一脉相通的。作画是用线条、色彩把自然浓缩在一张纸上，叠山则是用土石、植物等把自然浓缩在一方天地里，在方寸空间里作立体画，造出林泉丘壑之美。

那时，我父亲就告诉我，叠假山要注重一大一小，大的是从大处着眼，注意气魄，小的是在细节上下足功夫，养成这个习惯后，你就能在成千上万的石料中，一眼瞅中自己想要的那一块，得心应手叠出好作品，否则临时上阵，就会手忙脚乱，盲目施工，费料费工，也出不了精品。

（二）

十几年的磨练，我已经独立完成了多个叠山工程。所以，当父亲问我能不能去美国做时，我很有信心地说"怎么不能做，我这几年做的活，你应该满意的"。父亲还没开口，中外建苏州公司的领导倒是急着问我父亲："小凌行不行？美国这个工程很大哦！"父亲看着我，想了想，点点头，说"我看可以"。

父亲的认可，让公司的领导吃了一颗定心丸，也让我倍增信心。

要知道，"凌家山"在苏州园林假山行当中是一个品牌。父亲凌鸿是苏州叠山世家韩步本的拜门徒弟，在继承师傅技艺的基础上又有新的创造，形成了自己独特的"竖叠法"，就是将过去石料以横卧叠山为主，改为以竖立为主，在模拟真山上更显逼真，更能表现山的峻拔雄伟气势，受到当时行家的一致肯定。二十世纪五六十年代参与了苏州众多古典园林的修复工作。70年代初，承德避暑山庄维修假山，国家文物局专门发函到苏州，要求借调凌鸿、韩良顺两人前往避暑山庄的皇家园林修假山，可见父亲当时的技艺水平、在行业中地位已经非常高。20世纪80年代在加拿大建造的中国园林"逸园"，其中的假山就是父亲凌鸿负责修筑的。逸园建成后被授予国际城市协会特别成果奖。这是一个极高的荣誉，同时也是对我的鞭策，更是一种无形的压力，我在心里暗暗拧着一把劲。

（三）

1997年，我接受了到美国去叠山的任务。在这之前，苏州已经在海外修建了多座古典式的苏州园林，都取得了相当大的成功。寄兴园这个工程与前面的海外工程一样，中美双方都很重视，前期先由苏州园林设计院设计，得到认可后，所有的构建也都是与先前一样在国内制作，然后用集装箱运往目的地进行安装。我参与了在国内选购湖石的任务，由于这个工程比较大，用石料多，在苏州市场已经很难一次采购大量湖石，我们只能前往安徽山区选石。

我到美国纽约斯坦顿岛寄兴园施工现场后,主体建筑已上梁,基本形状已经出来,而且还按照中国传统习俗搞了一个"上梁仪式"(图1),贴红,放炮,祝辞,美方来了很多人,兴致勃勃地看了这个仪式。我也到了现场,一方面是参加仪式,更重要的是勘察我的施工现场,古人叫"相地"。我先前看过图纸,从图上看,当时就感觉重要景区的主峰"瑞云峰"与周边环境不是很协调,现场一看,马上发现问题的关键了,假山设计的太小,只有4米多,峰头太低,其高度低于正厅屋檐,比例失调。通常在厅堂前叠峰,在最佳距离看,峰首一定要超出屋檐30厘米左右,才能显出石峰的高耸、峻拔、挺秀;否则,被屋檐压住,再好的峰也失去气势了。我这人有个"毛病",感觉不好不动手,现在这个感觉,我很难按照图纸动手。只有把这个石峰加高一米以上才能达到景观效果。我憋不住,马上向公司提出了这个问题。

图1 寄兴园正厅上梁仪式

为这事,中美两国工程师前后研究了三个月,最后苏州园林设计院派了一位副院长到现场重新设计,同意采纳我的意见。我叠山的习惯,就是一开始看一下图纸,基本山形就印在我脑子里了,以后这个"山形"越来越清晰,这叫"胸有成竹"吧。然后就是凭我的灵感创作了。

大山一定要有主峰、次峰,有时还要有陪衬的小峰,千万不能无峰或仅有独峰。看看明清遗留下来的苏州园林假山,就明白了,我经常去园林里看古人叠的山,百看不厌。主峰一定要先把基础、脚基做好,才能立峰。主峰可用一块大峰,也可以几块接叠成一块大峰,关键要把石块选好,纹理、水路、凹凸面都要保持石峰的自然形态,叠出的峰甚至比一块大峰更显自然神态。还可以做成飘峰,少有人工痕迹,就是成功的。

真正动手的时候,问题又来了,现场经理又发愁了:所有的湖石都是国内运来的,临时决定加高的峰头哪里来?远涉重洋,不可能为这一块峰石发一次货。现场经理担忧地问我:"没有多余的石料,你敢保证把峰叠的更好?"我当即立了"军令状"。

其实,我心里有数。因为之前在国内选购石料时,我是全程参与其中的,三四百吨石料,每块特征都大体了解。运到美国工地时,我也参加了卸料,寄兴园共有三座湖石假山,每块石料堆放在哪里我都心里有数。我先在心里把所有石料盘算了一遍，然后把三座假山作了重新调整，很快就把主峰石料选出来了。原来设计图是三块石料拼接成峰，我从另一处假山石料中选出一块作为峰首，四块拼接成峰，心里有了一个整体画面。

叠峰安装用的是美方提供的大吊车。由于庭院空地有限，吊车只能固定在庭院围墙外面，我必须站在屋顶上，吊车司机才能看到我的手势，这个美国人就看我的手势操作吊臂。我先指挥助手把石料立面选好，然后用我们传统的绳索和扎结法捆牢石料，我再爬上屋顶指挥吊车司机。每一块石头都很顺利吊起、下落、到位，最后一块峰石是大头在上，美国司机很疑惑，直摇头。但我很坚定用手势指挥他起吊拼接，也是一步到位就立上了峰头。他将信将疑走过来看，一座巨大的石峰已立在他面前，他先是一怔，然后竖起大拇指对着我"OK，OK"，对中国人的假山堆叠技法充满了奇妙的感觉。

瑞云峰屹立在庭院之中（图2），峰高5.4米，峰首高于屋檐，更显得挺拔俊秀，峰体纹路贯通，皱漏有致，仿佛是一块巨大的峰石，有高耸入云之势，所有人看了都有这种感觉。

图2　寄兴园"瑞云峰"

寄兴园中还有黄石假山、黄石驳岸，工程也不小。黄石假山与以瘦、透、漏、皱为美的湖石假山不同，以纹理古拙、苍老端重为美。寄兴园黄石假山坐落在"小飞虹"的背面，用的石料都是美国当地选购的。我根据石料的特点，采取平面以横纹为主，立面以直纹为主，交错有致，棱角分明，凹凸面上下贯通，体现出一种厚重之美，与轻灵的"小飞虹"形成对照。

我在叠黄石假山时，著名建筑大师贝聿铭前来察看，看了我的"半成品"后，很是高兴，握着我的手连声称赞说，"我一度以为苏州古典园林假山堆砌的技艺已经失传了，没想到还有传人在啊！"（图3、图4）他还高度评价了参与寄兴园建设的工匠：创造性的劳动和出类拔萃的手艺，虽然不能做到与古典苏州园林完全一致，但是已经跟古代的工艺水平不相仲伯。

图3　建筑大师贝聿铭与凌新生在寄兴园工地

图4　建筑大师贝聿铭（左四）与凌新生（左五）在寄兴园工地

后来我才知道，贝聿铭是"微服暗访"来的，他是美国建筑行业评奖委员会的权威，他到现场察看，为后来寄兴园获得美国建筑奖奠定了基础（1999年，寄兴园获"美国纽约市最佳设计和建设奖""美国纽约市最佳室内装潢奖""美国纽约市园林项目奖"三个奖项）。现在回想起来，我以为贝聿铭当时对我们工匠的肯定比后来获奖更重要，因为从文化的传承看，贝聿铭既是对我们工匠技艺的肯定，更是对我们传承的寄望。

当时有人把寄兴园称为"具有典型的东方色彩"，是纽约斯坦顿岛上的帝国大厦、自由女神像以外又一个文化标志性旅游景点。

后来，我在美国又陆续承接了几处假山工程，如美国华美协进社（China Institute）庭院、美国皇冠酒楼庭院、美国纽约私家庭院等，地形地貌、园主要求都不一样，有湖石山，有黄石山，我都能因地制宜，巧于布置，浓淡皆宜，营构出具有中国传统风格的立体画卷，永久留在了美国（图5）。

（"机缘巧合"的是，2017年5月16日的《苏州日报》报道说，近几年在苏州走红的"美国大叔"史蒂芬·考斯在苏州工作期间爱上了"苏州和园林"，回美国后用了六年时间写了一本《美丽苏州》。图书出版后，美国的出版商专门在具有"东方色彩"的环境中举办了两次作者和读者公开见面会，地点的选择，一是2016年1月26日在华美协进社（China Institute）内举办的，二是5月14日在纽约Staten岛的寄兴园里举办的，都是向纽约民众介绍苏州和园林，推广新书。现实的苏州园林和书中的苏州风景让美国听众啧啧称赞，强烈地引起了听众的兴趣，反响热烈，很想来苏州旅游。而这两个活动场所正是凌新生在美国施展苏州工匠精湛技艺的地方——本文采访者注）

图5　美国华美协进社负责人与凌新生在该社庭院工地上

（四）

近二十年来，国内也渐渐兴起造园热，特别是私家造园越来越热，我的重点又回到了国内。我虽然取得了一些成绩，比如我引以为傲的文物保护单位惠隐园水假山的修复工程，世界文化遗产环秀山庄假山维修工程，亚太遗产中心古建联盟授予我的"古建修复师"称号等，但是越做，我越发感到一种责任，如何把优秀传统工艺传承下去，不仅仅是为了"凌家假山"，而是整个苏州假山技艺的传承与发展。

（本文口述者：凌新生；
整理者：周苏宁，苏州市风景园林学会第八届理事会常务副理事长，《苏州园林》主编。
此文原载于《世界遗产与古建筑》2019年第1期）

叠山,方寸天地浓缩自然
——"小林屋洞"修复记

邵群

从临顿路拐入南显子巷,走不多远就到了惠荫园,也就是苏州市第一初级中学所在地。昨天,五十八岁的假山匠人凌新生领着记者,穿过一间教师办公室的后门,来到"小林屋"水假山所在的院落。

瘦窄、曲折的小石板桥伸进假山洞的深处,桥下有一泓清水,几条小鱼被我们的脚步声吓跑了。走完石桥,是一段险峻的溪路,只能紧贴洞壁,扶着潮湿、阴凉的石壁,小心翼翼地向前挪步,唯恐失足跌入池中。走了好一会儿,前方壁洞中突然透出一丝亮光,眼前顿时豁然开朗……水洞、旱洞相连的这座"小林屋"构思之巧妙、技艺之精湛,堪称"国内孤例"(图1)。

图1 凌新生在现场介绍小林屋洞

身为这座"小林屋"水假山的堆叠者,凌新生自然是熟门熟路,"其实,叠山和作画是一脉相通的。作画是用线条、色彩把自然浓缩在一张纸上,叠山则是用土石等把自然浓缩在一方天地里,在方寸空间里作立体画,造出林泉丘壑之美……",凌新生如是说。

"一池活水"原来是靠"打时间差"

"凌家假山"空灵透漏、深得古淡天然之意。20世纪80年代在加拿大建造的中国园林"逸园",曾被授予国际城市协会特别成果奖,其中的假山就是凌新生的父亲凌鸿负责修筑的。凌新生1973年初中毕业后下乡,1984年到苏州郊区花木公司上班,开始跟着父亲学起了叠山。

"1985年、1986年,苏州园林进入了一轮维修高峰,那时我跟着父亲几乎跑遍了古典园林。"凌新生记得,当时,狮子林真趣亭、荷花厅之间,一座存在安全隐患的假山洞口已封。"本着修旧如旧的原则,对这座假山进行局部拆卸维修时,我们对每一块石都进行了标号和清洗,再用水泥、黄沙一比一的混凝土,照原样安装加固,保持其纹理贯通、浑然天成的旧貌。"

站在"小林屋"一角土山上的"嶽碕山房"前,凌新生告诉记者,2001年下半年进场施工时,这座水假山早已坍塌,眼前是一片荒地,只剩下一处水洞,人可以走下去。"先把假山底的水池抽干,再往下挖几十厘米,才看到一根根假山的木桩基。"他说,修筑假山,打牢桩基至关重要。"可这里流的是活水,水池抽干后,地表水仍不断从壁缝里渗进来,给施工带来了影响。"

"当时有工人建议,用水泥将水池四周进行封堵。"凌新生回忆,可一旦采用这个办法,修复以后这里将是一潭死水,无法养鱼。"怎么办?只有一个办法,那就是反复用泵抽水,打一个时间差,将石块'揳入'木桩,石块与石块像齿轮一样紧紧咬牢……正是用了这个自讨苦吃的笨办法,桩基打牢了,池塘也活了,现在池塘里还能看得到鱼!"

"小林屋"水假山水池边的一圈"走廊",同样是煞费苦心。凌新生说,"短短二十米长的走廊,四五个工人修了整整半个多月。嵌在洞壁上的石块残缺不全,施工时先要把这块断石完全'掏空',然后挑选尺寸合适的石料,一块块填补进去。这些石料平均长20~50厘米,厚度在30厘米左右。"

"胸有丘壑"方有底气立"军令状"

"相石"是叠山的第一道工序,也是关键环节。石料的形态、色泽、脉络、纹理、大小各不相同,还有坚、脆的区别。凌新生说,叠山讲究石料的纹理、色泽、气势的统一,讲究高低、曲直、大小、远近、疏密、明暗、虚实的对比。

凌新生说,叠山前,对每一块石料的特征要心中有数。他认为,"事前要有全局的打算,脑子里有一个大概轮廓,从大处着眼,注意气魄,并在细节上下功夫,你才能在成千上万的石料中,一眼瞅中自己想要的那一块,才不会手忙脚乱,盲工施工,做到哪算哪。"(图2)

图2 凌新生在南显子巷惠荫园小林屋洞现场

1998年11月,一座仿古苏州园林"寄兴园"在美国史坦顿岛上建成,园内的假山就是凌新生负责修筑的。他回忆,园内有座"瑞云峰",高5.4米,其与南侧一座厅堂之间的垂直距离在4~5米,"起初设计时,瑞云峰只有4米多高,与周边建筑的比例极不协调,理想的效果应该是峰比厅堂屋檐高出30厘米"。当时凌新生就提出增高的方案,但大家都质疑,一是要重新设计,工期要延误,二是在美国根本无法重新选峰,没有多余的石料。你能保证效果吗?"我当即立了军令状",他笑着告诉记者,建寄兴园所需的湖石假山重量在三四百吨,从苏州大老远运到纽约州前,自己就仔细研究过每一块石料,每一块的特征一一记在心里了,"所以,当时我才有这么足的底气啊"!后来,凌新生有点得意地说,"世界著名建筑大师贝聿铭曾去寄兴园参观,看了我叠的假山后,连声称赞,'我一度以为苏州古典园林假山堆砌的技艺已经失传了,没想到还有传人在啊!'"

修复"小林屋洞"这个水假山,虽然难度很大,很多人没有把握,但凌新生反复勘察后已是"胸有丘壑",所以敢立"军令状",果然不负众望,修复后的水假山获得一直肯定。之后,惠隐园以其独特的历史、文化和艺术价值,于2006年被列入江苏省文物保护单位。

叠山堆石是"折骨头的苦活累活"

"除了父亲凌鸿,我的叔叔凌德智也是位假山名匠,20世纪80年代曾在承德避暑山庄叠了六年假山。"凌新生说,"凌家假山"名声在外,可父亲并不希望子承父业。几个亲兄弟中,只有自己干这一行,"老人堆了一辈子假山,说这行太苦、太累,可自己就是喜欢把玩那些奇形怪状的石头,父亲最终还是手把手教自己学这门技艺。"(图3)

图3 凌新生在把玩收藏的山石

"虽说叠山如作画,可山石不同于画笔,一块千百斤,且形态不一,不可能随意放置和调整,这个过程不仅考智慧,也要有力气,还要有巧劲。"凌新生向记者举例,园林里的门洞一般比较狭窄,一般不宜开重型吊车,石料多要靠人力扛抬,所以人力扛抬石料时得十分小心,不能碰坏门框和铺地。这可是件"折骨头的活",肩上、臂上没力气肯定干不来,但是也要有技巧。施工时必须凭经验估算出每一块石料的重量,确定是两人、四人或六人抬扛。他说,条件允许的话,还可使用传统的小型"神仙葫芦吊",先把石料放在圆木上移动,然后进行吊装。

凌新生告诉记者,大概在2003年以后,随着人们改善居住环境的要求的提高,苏州

的私家园林慢慢开始多了一些，自己平均每年接到三四个项目，业务额从几万元到几百万元不等。他同时坦言，可问题是目前能用的石料也越来越紧缺，品质也大不如前，价格倒是越来越贵，市场非常有限。"另外，现在做项目请一个小工，每天工钱要付两百元，稍微懂行一点的，起码要四百元，人工成本高也是一个问题。"凌新生说，很多时候必须自己动手，即使你是大师了，也要能上阵操刀，才能保证作品有说服力，"所以，我叠的假山没有让人失望过！"

（本文作者邵群，《姑苏晚报》记者。
此文原载于《世界遗产与古建筑》2013年第3期）

·朱光辉·

"朱家假山"曾光辉
——记叠山大师朱光辉

卜复鸣

说起苏州的掇山世家,大部人可能对"朱家假山"已经很陌生了,即使在当下的堆叠假山的匠师圈内也只是偶尔提及。笔者从1985年2月起供职于苏州园林技校,当时学校曾组建假山队,主要是传承苏州掇山技艺,同时也为了学校的创收,朱光辉师傅任假山队把作师傅,也带出了一批掇山名手,但目前还活跃在掇山行业者,已是寥寥。因曾主事过学校,有感于历史上很多能工巧匠湮没于历史长河中,曾计划为匠师立传,然世事悠悠,白云苍狗,无暇起语。今略补述一二,犹为未晚。

朱光辉,原名朱培明,生于1936年6月27日,卒于2008年1月1日。七至十三岁在苏州北街小学读书,之后两年在家,十五至十八岁开始随父学堆假山。其父朱炜石又名朱乾利,生于1903年9月,卒于1977年8月,曾读过六年私塾,1920年开始学堆假山;1925年后在上海、浙江、杭州、苏州、镇江、无锡、靖江等地堆叠假山。朱炜石与余育珍夫妇育有四子二女,作为朱家长子的朱光辉和次子朱光煌从小随父以堆叠假山为业,足迹几乎遍及江南。1959年经西北设计院总工程师洪青介绍,朱光辉、朱光煌兄弟俩又随父到西安市建设局园林处兴庆公园工作。1978年4月朱光辉由西安调入苏州园林管理处,在古建公司修缮队担任假山工;1980年10月调入苏州市园林技工学校,直至退休(图1)。

图1 朱光辉(右)

朱光辉为人忠厚老实,能吃苦,肯钻研掇山技艺,据其自述,掇山历程大致可分为以下四个阶段。

第一阶段:1951—1954年,随父学习假山叠石技艺,为基本掌握掇山技艺阶段。这一阶段主要是随其父先后在江浙沪学习掇山技艺。

第二阶段:1954—1959年,参加工作,为掇山技艺提高发展阶段。这一阶段先后随父在上海西郊公园、靖江人民公园以及无锡蠡园、寄畅园等地堆叠和修复假山。上海西郊公园即现在的上海动物园,位于上海西郊,毗邻虹桥国际机场;清光绪年间英国人在此开设马房,民国时建高尔夫球场,1954年辟为西郊公园,向公众开放。这一时期也是苏州园林全面整修的时期,据朱光辉自述,当时在汪星伯领导下,朱氏父子对留园假山、沧浪亭假山、拙政园远香堂前的黄石假山等进行全面的整修,并参与修复怡园、狮子林、西园等园内假山。目前所看到的留园、沧浪亭等假山即为朱氏父子修复后的整体面貌。之后又因周瘦鹃介绍主持无锡寄畅园的修复工作,达一年多时间。

无锡寄畅园假山最著名者便是八音涧。园始建于明代正德年间,秦金在此建南湖别业,嘉靖七年(1528年)左右修筑并名凤谷行窝,万历二十年(1598年)园主秦燿改筑凤谷山庄,始名寄畅园,当时便有曲涧。清康熙初,秦德藻、秦松龄父子聘松江掇山名家张涟之侄张鉽对原有大假山进行叠石改造,"又引二泉之流,曲注奔驶,声合风雨,如在万山。"(康熙《无锡县志》)清华亭人许缵曾《宝纶堂稿》卷第九"蚁城":"吾郡张鉽,以叠石成山为业,字宾式。数年前为余言,曾为秦太史松龄叠石凿涧于惠山。土中见大穴,圆广数尺,光滑如白垩。穴中间有台,乃第一层也。"以前误传为张涟所堆叠。清末民国年间的秦毓钧记述该园时说:"右有一洞,洞旁涧水琮琤,洪纤高下,按五音不减临安水乐……入园后复为石所激,从高而下,或直或曲,或大或小,以献巧呈技于斯园者,无不协宫、商、角、徵、羽焉,故斯园之胜为天下最。""宫、商、角、徵、羽"是乐律,而以制造材料为根据,又为"金、石、丝、竹、匏、土、革、木",即所谓的八音。八音涧就是以涧道所产生的不同音响而为天下胜景(图2)。经庚申之变和抗日战争后,解放前的无锡寄畅园已是断垣残壁、杂草丛生的废园。1952年由秦家后人将其献给国家,无锡市人民政府对其进行了全面整修,这使朱氏父子有了大显身手的机会,一代名园得以长留天地间。

图2　寄畅园八音涧

第三阶段:1959—1978年,能独立操作施工,为掇山技艺成熟阶段。在其单独堆叠假山时,对于传统假山的设计、施工作改革创新,一是其父辈对于假山的施工造型多为仿生形法,即仿照动物堆叠成各种形象,缺乏真山真水的自然美。现在的园林假山和叠石中均存在着或多或少的动物象形峰石（图3），尤以十二生肖为多，这些大多是晚清民国年间的遗存。朱光辉在假山设计和造型中，力避其病，按照自然山水之形态和规律进行造型，追求自然之趣。二是在假山山洞的结顶上，其父辈造山洞多用条石结顶，给人以一进山洞就恰似进入地下室之感，缺乏真实性。况且如要造大的山洞，当时何处能寻觅很长的条石也存问题，即使有长条石结顶，因跨度大，也不安全。朱光辉即用部分条石和山石巧妙结合，形成起伏的洞顶，较为自然。如1962年为西安儿童公园设计堆叠大型瀑布假山时，洞顶先用条石铺平，再用铁丝吊挂小型山石，条石之上用碎石、乱石、混凝土加固，既节省了成本，又使山洞显得自然贴切。三是老一辈在挑选石料上将黄石、太湖石混用，即用黄石作底，如留园中西部假山，和真山水的地质地貌不一，很不协调统一。朱光辉所主持的假山施

图3　狮子林之九狮峰

工中则采用石质、纹理统一的假山石种。四是过去老一辈掇山师堆叠黄石假山时，在造型上和太湖石假山手法一样，讲究"漏、透"，同样缺乏真实性。朱光辉在假山造型方面，根据黄石和太湖石的不同特性，采用不同的叠石方法，达到湖石玲珑秀丽、黄石浑厚有力的自然风格。他所堆叠的假山无论是太湖石假山、黄石假山，还是土山、土包石假山和石包土假山，都能因园、因地、因材制宜，虽风格不同，但能自然和统一协调。如1965年西安兴庆公园承担设计约十米高的大型土假山时，以四川峨眉山为蓝本，利用当地废旧的青石块，采用土包石（即以土山带石）的掇山手法，并将蹬道盘旋其中，通达山顶，既节约了成本，又能与当地环境融为一体，蔚然成山林，正如李渔所云："山之小者易工，大者难好。予遨游一生，遍览名园，从未见有盈亩累丈之山，能无补缀穿凿之痕，遥望与真山无异者……用以土代石之法，既减人工，又省物力，且有天然委曲之妙。混假山于真山之中，使人不能辨者，其法莫妙于此。累高广之山，全用碎石，则如百衲僧衣，求一无缝处而不得，此其所以不耐观也。以土间之，则可泯然无迹，且便于种树。树根盘固，与石比坚，且树大叶繁，混然一色，不辨其为谁石谁土。立于真山左右，有能辨为积累而成者乎？此法不论石多石少，亦不必定求土石相半，土多则是土山带石，石多则是石山带土。土石二物原不相离，石山离土，则草木不生，是童山矣。"当以共勉。

1978年在苏州市古建公司（苏州古建工程队）修缮队担任假山工时，修缮各园林假山，以及东园的假山驳岸工程。恰逢美国纽约大都会博物馆二楼营造苏州庭院，陈设东方艺术。当时先在东园以网师园殿春簃为蓝本仿造一组庭院"明轩"，假山由韩良顺堆叠。后由朱光辉于1979年赴美，担任叠石任务，从而达到了人生最光辉的时刻（图4）。明轩假山工程和一般的平地假山施工要求有所不同，技术要求高，为了明轩庭院中假山的主峰问题，美方提出要求低于配峰高度，朱光辉再三找中方领导和工程师汇报情况，强调主峰高于配峰对整座假山布局及造景方面的重要性，后经多方沟通，美方觉得中肯有理，采纳了原方案（图5）。

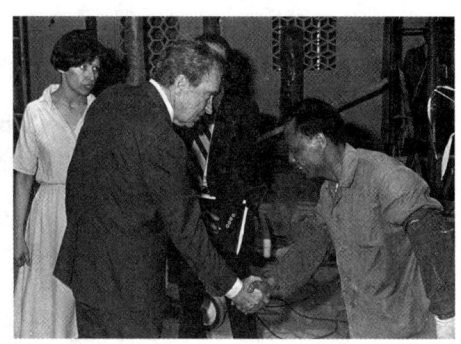

图4 时任美国总统尼克松和朱光辉（右一）在明轩工地

图5 朱光辉在明轩工地堆叠假山

第四阶段：1981年调入园林技校，担任培养学员堆叠假山的实践操作教学任务。朱光辉能用不同的材料，按照不同的要求，堆叠大、中、小型以及风格不同的假山，并根据假山的艺术造型，从选石、地形处理、操作施工到花木配植、竣工要求等做到一丝不苟，精益求精。在对古老假山的修复上亦有一套整体的技术要求。他在学校负责假山工程期间也带出了一批掇山名手，获得真传，但这批学生目前也已年奔花甲，传统的掇山技艺也正在逐渐式微，有可能成为绝响，当以为警。

朱光辉育有一女，而没有继承父业，故而世上再无"朱家假山"。然昔人虽逝，惟道常在，其人其技可通过现代传教方式继承光大。

（本文作者卜复鸣，
苏州旅游财经高等职业技术学校文化旅游研究院院长、教授，
苏州市专家咨询团成员。
苏州市风景园林学会第八届理事会常务理事、顾问。
江苏联合职业技术学院园林专业带头人。
此文原载于《苏州园林》2020年第4期）

· 朱子安 ·

大师杰作　辉映史册
——记朱子安的"雀梅王"盆景《虎踞龙蟠》

左彬森

苏州盆景是我国盆景艺术的主要流派之一，在中国盆景史上占有重要地位。苏州盆景不乏珍品佳作，首届获全国至今仅2个特等奖之一的圆柏《秦汉遗韵》，历届获一等奖的锦松《苍干嶙峋》，榆树《龙湫》《卧龙起蛰》，刺柏《千古一绝》《龙凤呈祥》《奇柯弄势》，台湾真柏《大唐遗风》……不胜枚举。现今，名声最大、最有影响、最能代表苏州盆景特色的盆景，非"雀梅王"《虎踞龙蟠》莫属，这是朱子安的精心之作。

（一）

朱子安（1902—1996），中国盆景艺术大师，江苏常熟人。五岁时随父母来到苏州，在虎丘一花农家打工。1914年只身在无锡耀明电气公司做花工，1924年回到苏州，与父亲在盘门内艺村替富人家看坟地，同时开荒、栽培花木，兼制作盆景为生。朱子安的盆景扎剪并用，自然新颖，20世纪30年代，在沪宁线同行中已小有名气。每去上海，同行殷祥林（中国盆景艺术大师殷子敏的父亲）等都会请他指导、攀扎盆景。一次去沪，随殷祥林去拜见在《申报》馆任编辑，以小盆景参加中西莳花会，并连续三次获得总锦标赛最高奖的著名作家、园艺家周瘦鹃。周瘦鹃移居苏州后，又经盆友、画家邹荆庵引荐，与朱子安成为艺术挚友。1955年，由时任苏州市园林管理处顾问的周瘦鹃推荐，朱子安参加园林工作，专事盆景。

朱子安不负众望，探索出一条从山野挖取经人工多年砍伐形成的树桩为素材的盆景快捷培养法，解决了过去用小树栽培、速度慢的瓶颈，使苏州盆景从数十盆猛增到约两万盆。他继承传统棕丝攀扎、粗扎细剪技法，造型不受"六台三托一顶"等传统束缚，按桩形设置枝片的多少、大小，并做到结顶自然，形成流派风格。1963年前后，北京、天津、沈阳、合肥、武汉、济南、西安、南昌、景德镇，以及1983年时南京、杭州、常州等二十余个城市园林部门先后派员来苏州跟朱子安学做盆景，对全国各地盆景事业的发展起到推动促进作用。

鉴于朱子安在发展苏州盆景方面作出的贡献，1957年被评为江苏省劳动模范，1959年作为省劳模的代表参加全国先进工作者会议，成为全国劳动模范；并为苏州市第三、四届人民代表。被建设部命名为"中国盆景艺术大师"。

"文化大革命"初期，盆景被视为"封资修的产物"，朱子安因周瘦鹃遭批判而受株连。1967年夏，新建的慕园盆景园关闭，职工停产，朱子安与其三子永源（第三批中国盆景艺术大师）坚持上班，头顶烈日，每天为数以万计的盆景浇水，使一大批苏州盆景佳作免遭厄运。1970 年，慕园另作他用，朱子安把剩余的盆景带到了留园。1971 年，当地又筹建一村盆景园，他虽心有余悸、但义无反顾地接受了任务。时已七十的朱子安胸有成竹，采取组织技工上山挖桩和到常熟虞山林场、上海良种场、吴县林场等处购买半成品、成品的"两条腿"方针，使盆景园很快初具规模。尤其是 1971 年冬，在吴县官桥觅得一株有四百余年树龄的野生雀梅古桩，经他栽培，攀扎造型，独具风韵，成为苏派盆景的代表作、享誉中国盆景界的"雀梅王"。1982 年 10 月，虎丘万景山庄盆景园建成开放，"盆景王"乔迁新居，成为万景山庄的"镇园之宝"。

（二）

《虎踞龙蟠》作为苏派盆景主要创始人朱子安的最佳代表作之一，也是他一生中最得意的作品之一。从 1974 年完成创作问世以来，盆景界赞赏有加，好评如潮，久享"盆景王""雀梅王"之誉。然而，作为"有生命的艺术品"的盆景植物，尤其是一些枯本老桩，多年的风雨侵蚀，木质极易枯朽，艺术价值会随着时间流逝而逐步丧失，是无法回避的自然规律。2020 年 6 月，作为虎丘万景山庄盆景园"镇园之宝"的"雀梅王"《虎踞龙蟠》从它那专用的展座上撤下，以一盆粗壮的榔榆盆景代之，现实中的"雀梅王"已不复存在，成为历史（图 1）。

图 1 万景山庄镇园之宝"雀梅王"——《虎踞龙蟠》

"雀梅王"名声在外，崇尚它的"粉丝"遍布全国。笔者因工作关系，对其来龙去脉、作品的创作、问世以及一些传闻、佳话，包括成长中的烦恼，又是怎么解决的等情况知晓甚多，不妨说说这些有关的人和事，还大家一个真实、完整的"雀梅王"，以留载史册。

苏州西郊天池山脚下官桥一条小河的石桥边上，有一棵主干枯朽、枝叶繁茂的古桩雀梅，是制作盆景的好材料，苏州、上海等地园林部门都知道，都想将其买下。只是主人家长者说这是棵风水树，他们家之所以一直平平安安，全靠这棵树保佑，出多少钱也不卖。1971 年初冬，官桥北向新民苗圃的周福金来到苏州，把雀梅主人长者离世、有意出售的信息告诉了园林处技术员庞志冲、留园的盆景师傅朱子安。没几天，园林部门的负责人徐伯勋，以及庞志冲、朱子安、王钰珍以及笔者等人，乘坐一辆威力斯旅行车前往官桥，经双方协商，以 160 元一辆永久牌自行车的价格买下。苏州人捷足先登，拿到了一个盆景好材料。当时这个价，可是一个中级工四五个月的工资。

过了些天，朱子安带了几个徒弟来到官桥，对冠幅有二三间房子大的雀梅进行了大刀阔斧地锯截，只剩下一个枯树桩。然后，吩咐主人家在来年开春时，用船把桩运到留园。雀梅桩被假植在南花房门前左侧地上，经过朱子安二三年的攀扎造型，可以陈列展示了。1974 年 3 月，朱师傅选用四块汉白玉石板，特制、粘合成一只长 2 米、宽 1.1 米、高 0.46 米的特大石盆，定位于又一村葡萄棚西折向南的北侧偏西处，东向置一竹篱圆洞门，成为又一村盆景园东西两部分的分界线。上盆到位后，顿感端庄典雅、气势不凡，很快在沪宁杭周边城市获得同行好评，赢得了"盆景王""雀梅王"之誉，无疑成为苏州盆景一个最靓丽的名片。

这棵雀梅古桩主干仅高一米有余，且呈半爿枯峰状，基部干径约四十公分，树龄约四百年，原有冠幅基本为根基部唯一的侧生枝形成。朱师傅对其造型胸有成竹，假植时已将主干向右作横卧状，唯一的侧生枝为从根基右侧弯曲向上的定型栽植处理，运用朱师傅自己的攀扎技法，扎剪成椭圆形、中间微隆起的枝片，最初时枝片多达 37 片。以后逐步调整，剪成 18 片，枝片虽多但却感觉多而不乱、层次分明，造型、特色的奥妙在于正反两面都可观赏：从正面观赏，冠幅郁郁葱葱，左高右低，错落有致，形如猛虎蹲伏；而反面观之，侧生枝成主干，昂首向上，似若苍龙腾起，颇为得势，正反各具特色，令人叫绝，不愧为苏派盆景一代宗师的杰作。1996 年，笔者请朱老的挚友、园林局顾问王西野先生命题景名，王老稍加思索后说"那就气派大一点，就叫《虎踞龙蟠》，"其名、其形可谓交相辉映，相得益彰。

（三）

"雀梅王"的问世，在中国盆景界声名鹊起，引来了无数的"粉丝"，并以一睹其芳容为快，这也在情理之中。然而，令人难以置信的是，对其崇尚的程度有了质的变化，乃至影响到对人生和信念的改变，已经超出了对盆景认知的范畴。回顾"雀梅王"成长过程中发生的人和事，恐怕是中国盆景界绝无仅有的个例。

"雀梅王"前期一直陈列在留园又一村盆景园，至 1982 年 8、9 月间移址虎丘万景山庄盆景园（图 2）。在此期间发生了几件事：一是有一位喜爱盆景的日本企业家，在欣赏了"雀梅王"之后，赞赏有加，提出要买下它，朱子安师傅当然不答应；据说，对方竟开价达十辆轿车，朱老并未心动，说"这是我喜欢的，多少钱也不卖"。笔者曾就此事询问过朱老的三子朱永源（中国盆景艺术大师），他说"十辆小轿车太夸张了，应该是两辆"。二是 1982 年 5 月，江苏盆景艺术展览在南京玄武湖公园举行，主管部门江苏省建委希望"雀梅王"能到南京展出，让全省同行和南京市民共同欣赏其神姿风采；当时考虑到其体量过大，确实不便运输，且难免会伤筋动骨、受损坏等诸多因素，未曾去南京展示。三是 1982 年 6、7 月份，市政府确定的虎丘万景山庄盆景专类园建设竣工，展品就是把拙政园、留园两个盆景园的精品作集中展示，"雀梅王"作为苏州盆景精品杰作的典型代表作，毫无疑问是计划内的首选。但是，如此庞然大物怎么乔迁至虎丘是个问题。最后选择的唯一方案就是拆除"雀梅王"北侧的留园围墙，用吊车、平板车，由专业运输公司搬运，运至虎丘"万松堂"下为"雀梅王"专设的台座位置。这是朱老特意安排的专座，"雀梅王"之"王者风范"顿现，镇园之宝地位凸显。

图 2　万景山庄主景

1982年10月，万景山庄正式对外开放，时为全国最大的盆景专类园（图3）；虎丘有"吴中第一名胜"之誉，"雀梅王"及苏州盆景的名气也随之水涨船高。尤其是1985年9月，由国家盆景主管部门的建设部城建司，在上海举办了首届中国盆景评比展览，以后每四年举办一次，加强了盆景艺术的交流和联系，促进和推动了各地盆景艺术的传承和发展。在与各地盆景同行的接触中，有相当一些现在的名家，竟然是受"雀梅王"的感染、启发，喜爱上了盆景这门艺术。泉州"宜园"盆景园园主谢继书、连云港的张文浦、常熟宝鼎园园主张小宝等，都说他们是"雀梅王"的铁杆"粉丝"，并受其启蒙而与盆景结缘。如今，谢继书、张小宝都是享誉全国盆景界的私家盆景园园主，培育、收藏了一批精品盆景。类似的经历和情况，苏州因"雀梅王"而喜欢盆景的爱好者肯定不在少数，至少也是接近或超过三位数，只是无法做问卷答题罢了。其影响之深，作用之大，完全出乎意料，这对当时正在全国兴起的"盆景热"起到积极的推动作用。

图 3　朱子安对大阪松造型

（四）

朱子安创作了众多中国盆景佳作，有 1985 年首届中国盆景评比展览会上二个特等奖之一的圆柏《秦汉遗韵》，一等奖的锦松《苍干嶙峋》、榆桩《龙湫》等。1989 年 9 月，由建设部城建司、中国风景园林学会、中国花卉盆景协会授予其首批"中国盆景艺术大师"荣誉称号、颁发了证书。1996 年 12 月 30 日谢世，享年九十四岁。

（本文作者左彬森，苏州市风景园林学会第七、八届理事会副秘书长。
此文原载于《苏州园林》2021 年第 2 期）

·朱永源·

悉心传承，不断攀登
——记朱家盆景传人朱永源

吴靖宇

盆景大师朱永源

朱永源先生被授予"中国盆景艺术大师"称号了，这是中国盆景界的最高荣誉，永源先生继他父亲朱子安之后获得此项殊荣，使中国盆景界传出了"盆景世家，两代大师"的佳话。

"我没有做什么"，当我们向他表示祝贺时，这位朴实、憨厚的盆景大师谦虚地回答着。

朱子安的名字，为许多苏州人所熟悉。他从小跟父亲学制盆景，作品造型既传统又有新意。他曾和另一位著名的盆景艺术大师周瘦鹃一起，对苏州的盆景技艺进行改革、创新。他创作的许多盆景精品，成为传世之作，其风格在中国盆景界独树一帜。1989年，他获得了我国首批"中国盆景艺术大师"的称号。

有着如此家传，朱永源的功夫自然了得。家中的园子里，父亲生前曾培育了许多盆景，朱永源生活其中，每天帮助父亲浇水、除虫、修叶、整枝，这既是他的义务，又是他的兴趣所在。自幼在这样的环境中熏陶，盆景艺术成为他的酷爱，以致影响了人生道路——1959年，在武汉读机械中专尚未毕业的永源，毅然辞学回到苏州，先后在拙政园、慕园跟父亲学盆景，这一学，就学了十年（图1）。

图1　朱子安带领徒弟在南京馆学习

1967年夏，慕园盆景园被迫关闭，职工回家，永源却坚守生产岗位，同父亲二人冒着生命危险，坚持每天为数千盆盆景精心养护，使"秦汉遗韵"等一大批盆景艺术珍品免遭噩运。

1979年后，永源接替父亲负责留园盆景园工作。

1982年，虎丘"万景山庄"盆景园建成，他被调往该园专事盆景制作和管理（图2）。万景山庄有着得天独厚的自然环境和更为优越的工作条件，永源面前的盆景天地更加宽阔了。他先后参加了1979年全国盆景艺术展览、第一至第三届中国盆景评比展览。他制作和管理的锦松《苍干嶙峋》和榆桩《龙湫》分别获一等奖，锦松《嘶风啸月》获二等奖。他在这片天地中为继承、保护和发展苏州盆景艺术作出了切切实实的贡献。

图2　1985年的苏州万景山庄

说起苏州盆景，永源大师如数家珍、娓娓道来：

在他看来，苏州盆景打破了老框框，已经自己独创出一套体系。

其一，技艺方面，原来是从小树开始培养，工工整整、千篇一律，现在是速成法，从山野挖取野桩培养盆景，造型依桩形而变异，摆脱传统"六台三托一顶"的程式，达到了结"顶"自然。

其二，整型方面，则要根据树桩造型来修剪，不能雷同。首先不管大小，片子上的骨子要修剪清楚，否则看上去条理不清。冬天要大修，不要的桠枝都要清理掉，这样骨子才清楚。其次，第一次造型时的不足，要在以后的修剪中逐渐改造。每种树的修剪方法都不同，榆树、雀梅长的枝条要剪去；黑松的头必须在四、五月份出芽时摘去；柏树不能剪，也只能采用摘头的方法。

其三，管理方面，主要要把握不同树种的干、湿度，有的树种喜阴，有的则喜干，一定要因树而异，根据不同的习性来掌握……

永源大师还时时关心着苏州盆景技艺的保持传统与创新发展两者的关系问题。他认为，创作苏州盆景要掌握修剪要领，保持枝片特色。"粗扎细剪，结顶自然"是苏州盆景的特色，这个传统不能丢。但也要学人长补己短，丰富造型风格。苏州盆景造型因桩而异，可谓各具姿态,然而传统的都是一样的技法处理,难免"大同小异"。对照国内兄弟流派的造型、技艺,如岭南盆景截干蓄枝或大树型造型,其枝干犹若"工笔",骨架端应清秀,这种绝对源于自然、超于自然的技法应该吸收,应该为我所用。在苏州的盆景园内展出多种流派风格的作品,既是一种新的创意,也可以互相取长补短,促进盆景技艺的创新,促进盆景人才的培养。

永源大师还认为,在盆景创造上,要有果断重剪复壮、重视艺术价值的气魄和决策。

对一些桩体奇特、胚子有价值的如"鹅颈枝""弹簧枝"的盆景,与其让它名落孙山,不如狠下决心,强度重剪后再使其落地复壮,让它重新萌芽、重新攀扎,这些被埋没的艺术品一定能重现风采,展现它真正的艺术价值。

数十年的盆景艺术生涯,使大师对苏州盆景事业充满了挚爱之情,但面对逐渐市场化的盆景领域,大师也带有一份危机感:"目前,全国各地盆景蓬勃发展,在大家争相吸收国内外栽培、制作新技艺的情况下,苏州盆景作品缺乏竞争力。有些人惊呼'苏州盆景时代过去了'。这些现象如果不引起注意,不采取适当、果断的措施,就会直接影响到苏州盆景的声誉及其在国内盆景界的地位。"(图3)

图3 万景山庄大门口石牌坊

大师认为,目前苏州园林中的三个盆景专类园,都存在着生产区不足的问题,更谈不上生产基地,这在一定程度上约束了盆景的发展。他建议,苏州市应该建立、设置专门的盆景培育场地或基地,让具有相当技艺的技师、高级技工负责,同时大量收购毛胚或较好的半成品,成型后分别送到三个专类园或某一个园中展示;现已展出的盆景要采取"优存劣汰"的办法,这样才能促进展品的更新换代,促使盆景艺术品始终保持较高的水平。再有,建立基地也能适应市场经济的需要,可以推动盆景的市场化,尤其是盆景的出口,使苏州盆景增加竞争性,为苏州盆景增添新的活力,使之走出苏州,走向世界。"我愿在有生之年,与苏州的盆景专业工作者和爱好者一起探讨、实践,为开辟苏州盆景的新天地作出应有的贡献。"

大师虽已退休,仍老骥伏枥,志在千里。

(本文作者吴靖宇,《苏州日报》资深记者。此文原载于《苏州园林》2001年第2期)

·陆 伟·

工匠精神不朽
——记苏派盆景高级技师陆伟

陶瑾

正是春暖花开的时节，拙政园里一片绿意葱葱，经过修剪的树木在水边舒展枝桠，一对鸳鸯游过，漾开粼粼波光。而在盆景园里又是另一番景象。但见成百上千大小不一的盆景，或悬或垂，或俯或斜，配以古盆和几架，古意盎然，那上百年的虬干老枝，培植于小盆之中，竟能高不盈尺，自然成态……如果说，园林是自然山水的缩影，盆景又像一方微缩园林，尺幅之间，气象万千。

陆伟，就在这一方天地里，精心耕耘了二十年。一个深爱园林、钟情盆景的人，在咫尺山林间，享受着当代人的园林意趣，一点一点培养自己对盆景艺术的审美感悟。他说，苏派盆景，缩龙成寸，方寸之间展精髓，所谓"云林山树画意"，胸中有沟壑，才能做出"宛自天开"的盆景作品（图1）。

图1 苏派盆景第三代传承人陆伟

高超技艺来自持之以恒

陆伟作为苏派盆景的第三代传人，有着现代盆景师的特质和风范。他是1976年出生，苏州人，1994年7月参加工作，2004年9月加入中国共产党。1994年参加工作后不久进入拙政园盆景园，为苏派盆景第三代传承人。他在平凡的岗位上为传承苏派盆景技艺、提升园林景观品质、服务市民绿色生活无私奉献，取得了突出成绩，2004年获得江苏省五一劳动奖章、2007年获得江苏省建设系统技能标兵、2011年荣获"江苏省劳动模范"称号、2015年荣获"全国劳动模范"称号。

他经过园林专科学校系统教育，不仅有着扎实的盆景技艺基本功，还有理论基础。他对苏派盆景的起因历史、自然、人文、技艺等理论问题，都能说得条理清晰、分析透彻，犹如一位学校老师。

苏派盆景艺术的发展得天独厚。苏州的自然条件和吴文化孕育了独具特色的苏派盆景。太湖石玲珑透剔，山崖溪边嘉树随手可得。苏州山水秀丽，风光宜人，在历史上早就有不少造园名手，把山林野趣摄于城市的园林艺术之中，因而"咫尺千里，缩龙成寸"的盆景艺术更有了借鉴的范本；加之苏州向为文人荟萃之地，盆景艺术长期受其文化艺术的熏陶，在技法上逐步形成苏派特色，讲究攀扎细剪，选材上注重老而弥坚，造型上强调古朴自然，气韵上追求画意诗情。逐步形成苏派盆景艺术的区域特性和独特的传统风格。

然而，要真正成为一个盆景高手，不仅需要感悟，更需要沉得住的心态和持之以恒的坚守。陆伟自1994年从学校毕业后进入拙政园，不久被分配到盆景园师从朱锦源从事盆景工作，一干就是二十年。

他告诉笔者，拙政园盆景园建于1954年，是中国第一批"盆景艺术大师"朱子安（与周瘦鹃齐名）一手创建的，作为全国最早成立的园林盆景专类园，在盆景技艺上具有独特的贡献。陆伟进入盆景园时的师傅是朱子安的儿子朱锦源，朱师傅兄弟均继承家业，终身以盆景为业，具有深厚的盆景家传技艺功底，一生获得很多盆景技艺荣誉，朱锦源本人还获得江苏省劳动模范称号。师傅言传身教，将自己的盆景技艺和人生修养向他悉心相授。

"盆景是一门有生命的艺术，从选择桩木、养护成活、修剪创作，到后来的定枝蓄枝，一枝一叶刻画出盆景的整体效果，每个盆景都要历经很长时间，倾注园艺人的心血和感情才能完成。"陆伟告诉记者，盆景没有"标准件"，全靠盆景师的用心，这种用心就像对待自己的孩子一样，不论盛夏严冬，刮风下雨，浇水、施肥、除草、修剪、攀扎……每一步都要全身心去做。

最初的学艺是从最简单、最无聊的浇水开始，而且一浇就是三年。"一开始以为真的很简单，三年学下来才深知，浇水大有学问，不同的气候、不同的树种、不同的盆土，决定不同的补水量，而要浇多少，只有心领神会才能掌握，再高明的书本知识都无济于事。很多人养花养盆景都是不懂这个，活活把花和盆景浇死了。"陆伟聊起养护盆景的心得，话匣子一下子打开了。

"我现在只要在园子里走一圈，看看盆景的情况，就知道要补多少水。当然，这是园艺基本功，苏派盆景的技术难题还有很多，选材、绑扎、修剪都来不得半点儿马虎，精湛的技艺都是日积月累的结果。"他指着身旁一盆高不过二十厘米的罗汉松盆景说道，"盆景是用时间雕琢的艺术，别看它尺寸小，从上盆培养到制作定型，自己整整花了十几年时间，制作定型之后，还要时时修剪、养护，从而使它保持最佳造型"。

拙政园的盆景是一代一代传承下来的（图2），年份最久的一株木瓜盆景，树龄几近五百年，是朱锦源师傅一手养护的镇园之宝。传到陆伟手里，依然生机勃发，其间倾注了盆景师三代人的汗水和心血。2012年，陆伟已独当一面，成为盆景园的当家人，当时适逢盆景园改造，他把师傅的传教和自己多年学习实践的经验和想法，都转化在改造方案中……经过重新规划的盆景园更有了文化韵味，精品展示区近三百盆精品，按照树种、造型、姿态、大小等进行了艺术化陈列；生产制作功能区，则让参观者在鉴赏盆景艺术的同时，能够领略一番苏派盆景技艺的奥妙，让人流连忘返。

图2 拙政园中代代传承的盆景

"从外面引进新的盆景，只有一个初步形态，需要我们通过内部的细致调整，修剪、整形和改作。"为了提高盆景栽培和制作技艺，陆伟不仅向老师傅学习，还十分注重走出"园墙"，学习借鉴国内外优秀的盆景艺术，向一切内行学习。

在陆伟看来，盆景是永未完成的艺术品，玩盆景，要耐得住寂寞。真正好的作品仅此一件，每一件作品都是"限量版"，都要舍得花功夫，全身心投入。二十年来，他几乎就是与盆景为伴，很少有节假日，即使外出，如果有盆景相随，他宁愿与盆景在一起。同事们都记得，有几次到外地参加园艺展示活动，运送盆景，他总是与盆景坐一个卡车，路途虽然遥远颠簸，他只要护着盆景完好无损，总也乐此不疲。在工地上施工，他也宁愿住在四面透风的工棚里守着盆景，也不愿意住宾馆。去年，他从北京参加全国劳动模范授奖大会回到苏州，家也不回就一头扎进了盆景园，忙得不亦乐乎……在他精心制作和辛勤养护下，他的作品也给了他丰厚"回报"，多次在全国盆景展中获得大奖。

艺术修养重在自我跨越

陆伟在从事盆景艺术过程中逐步意识到，"任何一种工艺，都有大师与匠人之间的鸿沟，要跨越这一道沟，非得从技走到艺不可，苏派盆景亦是如此。"

因此，他对自己的艺术修养有了越来越高的要求。同事都知道他有一个嗜好就是"买书"，他深知，苏派盆景在精细、古雅和自然大气的美感风格外，更追求文人意趣、意境。而正是在这种欣赏、追崇的盆景艺术终极境界下，陆伟不仅买了大量花卉盆景专业书，深入钻研，还买了许多其他文化艺术方面的书，比如他把王世襄的大部头著作《锦灰堆》通读了几遍，很多章句都能背下来，这种博览群书，触类旁通，终使自己的审美眼光和文化积淀不断提升，获得不断升华。

"功夫在诗外，就盆景做盆景，提升速度很慢。做盆景，是需要一定的文学功底的，秉承'画意入盆'的苏派盆景艺术传统，从国画、书法艺术中汲取灵感。"陆伟在介绍盆景时，他的古典文学和书画的造诣自然流露。

其实，为了提高审美水准，陆伟在工作之余还考入艺术学校，去进修美术、国画、书法。为了见识更多的优秀盆景，他多年来看了各种类型的盆景展，与各方面的高手、专家、学者交流、切磋、学习。

苏派盆景取法自然，又高于自然，汲取古典园林艺术精粹，讲究的是一种文气与画境，文人意趣，落在一石一木上，就成了理想的寄托（图3）。

这么多年，陆伟一直在继承的基础上探索写意盆景的真谛，在其中不知疲倦地翱翔，他说，一盆如诗如画的写意盆景，能让大自然近在眼前，让人文气息充满心田。

一块山石、一截树桩，一方紫砂盆，随便捯饬一番，便能成就一方作品。摆上案几，不出厅堂，体味掌上自然风光，这是苏州人最擅长的"螺蛳壳里做道场"。

图3　陆伟的盆景取法自然

海棠、金雀、银杏、黑松、榆树、青枫、三角枫、五针松……谈起盆景，陆伟如数家珍。他养的盆景有几大特点，一是树种及树型丰富，二是常绿、落叶类结合，三是观花、观果类结合，四是几架配置更入画。

他最得意的盆景，更多是文人小品类，他说，大型盆景作为庭院展示，小型盆景可摆在厅堂、案头，尤其在几架上组合摆放，更能彰显艺术性。

奇形怪状的树桩、石头和花草，在别人看来一文不值，陆伟却视为珍宝。"随便给我一些杂乱的树桩，通过精心修理和养护，都能将它改造成一件颇具造型和意蕴的盆景。"陆伟说，制作盆景，无须寻觅"高大上"的素材同样可取得艺术效果。在我们身边就有一些触手可及的普通植物，发挥想象，便能创作出各式各样的盆景小品，让生活环境春意盎然，惬意地享受自然之趣（图4）。

图4　陆伟制作的家庭盆景

这么多年，陆伟还积极探索微型盆景，在制作家庭盆景的"山水石"中徜徉。渐渐地，他不仅成了盆景艺术高手，对陈设家具、景点设计、树木花卉栽培修剪，以及书画、插花、玉器、瓷器、石头、紫砂壶和盆玩等也颇有研究，凡是涉及园林文化的门类他都钻研进去，

渐进渐精，成了很有艺术修养的园林通才！

近五年来，陆伟的园艺水平日渐成熟，拙政园每年的荷花节、杜鹃花节中都留下了他对花艺展事的深深印记，在全国杜鹃花展中更是一展他的精湛技艺，拙政园展台上连续多年获得金奖，都有他重要的贡献。

但陆伟从不居功自傲，不仅在盆景艺术天地里辛勤耕耘，还热情参与园林保护管理，心里装着大家。同事们有什么难题找他，他总是乐呵呵地伸出援手。一些年轻同志对园林厅堂家具如何陈设、器件小品如何挑选等问题不甚了解，找他解难，他都能从每一个问题的历史缘由、人文状况，到物件的材质、名称、用途等，一一解答，不仅解决了燃眉之急，还让同事了解了许多新知识。2015年苏州园林博物馆陈列"古盆"，从古盆挑选、鉴定到陈列方案，园博都请他"唱主角"，虽然不是他的分内事，但他依然全力承担下来，确保了这个古盆特展的质量，受到业内和公众的好评。那十几天，他自己的工作也一点儿没有落下来，真正令人钦佩！

这种对待工作精益求精、自我超越的精神终于实现了他人生的完美。

（本文作者陶瑾，《现代苏州》记者。
此文原载于《现代苏州》2016年4期，《苏州园林》2016年第2期）

· 郑可俊 ·

苏州园林美术世家传人二三事
——记园林艺术家、园林模型大师郑可俊

周苏宁

美术，一个现代名词，五四以后引进的外来语，在传统领域也就是我们通常讲的书画、雕刻等艺术门类，与苏州园林有着天然联系，在当代苏州园林保护管理事业中发挥着不可替代的作用。自20世纪50年代初，苏州市政府开始修缮古典园林起，美术工作者在其中承担着园林的陈设布置工作，按照传统文化的要求恢复匾额楹联、字画、家具、摆件等，使古典文化得以充分展现在世人面前。那一幅幅、一条条、一件件、一堂堂陈设，布置得典雅和中，赏心悦目，这一切正是出自园林美工之手。在这一鲜为人知的群体中，郑可俊先生可谓是一位杰出的代表。

一门三代从事园林美工

图1 郑定忠晚年时留影

郑可俊，园林美术世家传人。其父郑定忠（1917—2010），号白云楼主，苏州人，工书法，师从苏州名士、南社"痴人"朱梁任（1873—1932）习金石、书法，后自成一家，是苏州园林中最早的美工和书法家，在当代苏州书法界颇有影响（图1）。1954年，苏州著名漫画家、摄影师陈涓隐任职苏州市园林处副处长，负责园林业务工作。他与郑定忠是书画界的老朋友，为了提高园林厅堂陈设水平，专门把在苏州装潢设计公司工作的郑定忠调入园林，担任美术工作者，从此园林里有了一个专业工种"美工"。郑定忠书画、篆刻皆精，对传统文化亦有研究，因此一进园林便如鱼得水，在园林中留下大量书法作品，如拙政园"听松风处"匾额，留园的"闻木樨香轩"匾额，耦园对联"卧石听涛满衫松色；开门看雨一片蕉声"等，均为其所题。当时园林处的行家里手如曹阿龙（古董师）、孔昌石（国画师）、方正（花艺师）、朱子安（盆景师），都是响当当的人物，他们与著名学者周瘦鹃、陈从周、王西野等人都是同道好友，来往甚密，二十世纪五六十年代的园林文物收藏、陈设布置、花卉种植、各式展览都出自他们这一批受过严格传统文化训练的老辈之手，为苏州园林文物保护、文史研究、陈设布置和花卉盆景事业奠定了扎实基础，起到了承前启后的巨大作用。

郑可俊的伯伯郑定邦，酷爱书画艺术，后来走上建筑学专业，在苏州工业专科学校建筑系学习，与吴作人同学；其叔叔郑定裕毕业于苏州美专，与王西野同学，师从颜文梁，专攻西画，绘画造诣颇深。郑可俊的后辈也多人从事园林美术或园林文化工作，郑家是一个名副其实的园林美术世家，郑可俊在家排行老大，多受父辈影响，在家族中承担着承上启下的作用。

园林陈设布置做到极致

郑可俊（图2），1944年出生在苏州，从小就对绘画产生了浓厚的兴趣，起初在父亲的熏陶下涂红抹绿，兴趣浓厚，又跟父亲学绘画、设计和制作模型，渐入门道。1966年进入园林。

图2　郑可俊先生近照

正值"文革"，从画"老三篇"的三个人物入手，开始了自己的美术生涯。60年代中期是一个特殊的年代，很多人都在忙于批判"白专道路"，园林被作为"封资修"受到冲击而人心不定时，初出茅庐的郑可俊却"两耳不闻窗外事"，一头扎进园子里，借着书写大字报、标语的任务，一边刻苦练习书法，一边不厌其烦地在园林里观察揣摩匾额楹联、书条石、碑刻、木雕……，从古人那里汲取营养，获得艺术灵感，一回到家中就关上门默写自己所见的古人作品，阅读明代文震亨的《长物志》、袁宏道的《瓶史》等园艺典籍，观赏和研究历代古匾、明清木刻版本、民国《点石斋画报》，临摹《芥子园画传》《云林石谱》《素园石谱》等画谱，这种汲古修绠的生活，更加坚定了他热爱园林文化艺术的志向。十年峥嵘岁月，虽然处在一个艺术低潮的时期，他却获得了宝贵的学习和积累，特别是随着国家政治形势的变化，古典园林重新对外开放，许多景观需要重新布置，美工又派上了用场。

由于郑可俊为人谦和，虚心好学，聪明慧颖，人缘极好，在单位里的称呼也从"小郑"转变为"可俊"。

可俊参加的第一个重要项目是20世纪70年代末修复虎丘剑池摩崖石刻，虽然他仅仅作为父亲的助手，只能算是"见习"，但却为他日后几十年从事园林文史修复工作奠定了基础。虎丘剑池作为闻名千古的景观，"文化大革命"中遭受破坏，特别是刻在岩壁上的篆隶体"剑池"二字，原为元代书法家周伯琦手书，"文化大革命"时被毁，如何修旧如旧？担任修复重任的郑定忠考证了大量历史资料，严谨缜密，一丝不苟，在尊重历史的前提下，成功修复了这一著名景观，郑定忠扎实的书法功底在修复中得到充分运用，可以用"以假乱真"来形容，受到业内专家高度赞许（2012 年剑池及摩崖石刻以其真实可靠的历史文化价值，被列为江苏省文物保护单位）（图3），也给了可俊极大的震撼，促使他更加刻苦地钻研书法，博览中国书法历史和历代书法作品，不仅要能书会写，还要识书解书，成为具有理论功底的书法行家。

图 3　虎丘剑池

此后，可俊在父亲指导下，开始认真见习陈设布置的各种制作工艺，比如匾额楹联的制作、红木家具的制作。在实践中，他渐入佳境，并深刻意识到，园林陈设是一门新型的综合艺术，是现代人对古代生活的"复制"，涉及社会、经济、文化、建筑、家具、字画、古籍、古玩（瓷器、金石、青铜器等）、植物以及装饰、饮食、民风民俗等多种学科，必须全面掌握，样样精通，成为一个"杂家"。他心底有了向着高峰攀登的憧憬。

为了掌握制作技巧，他不仅用眼睛看，而且动手实践，从选材、配料、工具到锯刨、榫卯开口拼装，到后来，凡是陈设布置有关的活，他全部能动手操作，而且件件有模有样。掌握技术活，这还仅仅是一个方面，更重要的是陈设物件上的文化内涵必须深谙其妙，方能得心应手。陈设布置中最棘手的问题恐怕要数匾额楹联了，这个被称为"园林的眼睛"的艺术品，在世界文化中独树一帜，最具中国特色。现在看到很多园林之所以"不够味儿"，一个重要问题就是匾额楹联没有做到位。但要把匾额楹联做到位真不是一件容易的事，从匾联内容、字体到材质、形式、颜色，都大有讲究，而且在恢复旧景时，还需考虑原主人的身份地位、文化趣味、景观寓意、书法特点等，还要研究园林历史、文化、艺术特点，如果是补字或集字或作旧，还须推敲字形、笔势、字里行间关系等，不折不扣是一项综合技艺。为此他常去各地观察匾联，去寻访私人藏品，而且读了很多书，除了那些介绍园林以及匾联书法的书籍外，他看的最多的应该是清代梁章钜编撰的《楹联丛话》，作为案头书，他说"真是常读常新，不断挖掘，不断有新的发现"。

学习、钻研、实践、再学习……点点滴滴，不断积累，日复一日，年复一年，知识厚度不断增加，业务水平不断提升，从 20 世纪 90 年代起，可俊已经成为园林陈设布置的行

家里手,坚实的脚步成为顶尖人物。从独立完成小件(匾额)开始,逐步发展到完成大件(屏风),再到承担综合项目(厅堂整体陈设布置),最终成为公认的"苏州园林陈设布置第一人"。特别值得一提的是他担纲的"虎丘碑廊"项目(图4)。虎丘的摩崖石刻和石碑是一个重要的历史文化内容,从有确定年号的唐宝历年间(825—826年)的《朱明寺大德碑》,下讫当代,千余年间,名人雅士留下了数百方(块)刻石佳作,蔚为壮观。然而,由于战乱、天灾或人为破坏,这些珍贵文物多有毁损和遗失。2000年,虎丘景区管理处为了恢复这一史迹,决定重刻一批著名碑石,这一重任历史性地落在了郑可俊肩上。他从虎丘历史考证入手,吸取清代学者潘钟瑞《虎阜石刻仅存录》、民国学者李根源《虎阜金石经眼录》,通过反复论证,最终确定历代著名书画家有关虎丘的字画二十七块作品,时间跨度从魏晋南北朝到清晚期1500多年,从东晋王珣撰、集王羲之书法《虎丘山记》(残句),到清咸丰年间赵子谦书《观虎丘山僧采茶诗》,初步形成用了三年时间,全部镌刻在青石上,陈列在虎丘二山门入口处碑廊中,为充实"刻在石头上的虎丘史书"增添了一份厚重的实物,成为游览虎丘不可或缺的景观,也成为他传承父业的一个见证。

图4 仇英虎丘图碑刻

苏州十几处对外开放的古典园林中的厅堂陈设布置以及园林博物馆、天平山范仲淹纪念馆、狮子林历史陈列室、石湖梅圃、虎丘大雄宝殿、虎丘苏州盆景陈列馆、网师园红木轿子维修等,都留下了可俊深深的烙印。与其说厅堂陈设是园主人综合修养的体现,不如说也对现代园林管理者文化素养的检验,从人称"屋肚肠"的厅堂陈设上就能掂量出你肚子里有多少"墨水"。可俊就凭着这"墨水"把园林陈设做到极致,单是他参加设计的全国各种盆景、花卉展览中的陈设布置就屡获大奖。

徜徉在园林建筑三维空间

郑可俊先生还是一位摄影专家,早在20世纪90年代,他的园林摄影作品就被多部大部头著作收入,在苏州显露头角,在国内也颇有影响。摄影使他具备了良好的三维空间意识,为他日后成为园林建筑模型制作大师提供了难能可贵的修养。

建筑模型在古代叫烫样,到了清代,宫廷中有专门执掌清宫建筑设计部门"样式房",都出自雷氏家族,故又称"样式雷"。古代苏州也有模型制作的作坊,成为一种专门技艺。现代园林建筑也有模型制作行当,由于计算机技术的发展,三维建模的开发,3D打印技术的发明,从而克服了园林建筑模型制作的难度。但是要体现传统技艺特色的模型制作,原汁原味,惟妙惟肖地展现古典园林建筑的神韵,依然不是一件简单的手工活儿。这里面不仅要有制作模型的一般知识和技巧,还要有精湛的传统营造技术和深厚的传统文化功底,以及对园林建筑内涵的理解和把握,郑可俊先生正是这样一位模型制作大师。

可俊的独到之处就在于他从小喜欢动手做各种"玩意儿",如二极管收音机、绕线圈的电机、航模、种花、盆景……无所不玩,苏州博物馆、古玩市场、书店都是他常去的地方。他又有家传,在父亲的悉心指导下制作模型,对传统木工技艺的榫卯结构深得其奥,了然于胸,掌握了制作模型的十八般技术,又有传统文化沁入骨髓,因此能在模型制作领域如鱼得水,得心应手。

很多人都知道,1980年"明轩"出口美国纽约大都会博物馆之前,在苏州东园建了一座实样"明轩",但很少有人知道,当时还作了一个模型。当时确定由苏州承建"明轩"后,首先要提供一个设计方案和模型,设计方案由邹宫伍、陶维良、石秀明、张慰人、王祖欣等人完成,制作模型的任务就交给了郑可俊负责。这是一个特殊的任务,当年中美两国还没有建交,文化交流中断了几十年,美国人对中国,特别是中国传统文化知之甚少,为了让美方更加直观地了解苏州园林,可俊使出自己从小就学到的制作传统建筑模型的技巧和对苏州园林的认知,不仅形似,而且有苏州园林的质感,一庭一峰一廊一树,用材讲究,神形兼备,曲径通幽,仿佛就是真实的场景。模型送到美国人眼前时,无不赞誉有加。"明轩"成为中国园林出口海外的开山之作,其模型则成为郑可俊立足模型界的扛鼎之作。

自此,各种模型制作之约随之而来。1981年,法国蓬皮杜艺术中心,邀请苏州园林部门制作具有中国特色的建筑模型,任务交给郑可俊。要把艺术品陈列在这个世界著名的现代艺术博物馆中,荣誉与责任并存。可俊经过深思熟虑,选择了网师园全景,模型按照1∶30比例制作,历时十个月的精心制作,于年底前送达法国,得到蓬皮杜艺术中心高度认可并展陈。荣誉传回国内,郑可俊从此奠定了在模型界的"高手"和"大师"地位。

迄今为止,由郑可俊亲自制作或在他指导下制作的模型已经不下几十个,这些模型有一个共同特点,与苏州园林一样,讲究的是内涵深厚、技艺精巧,如果用两个字形容,就是"精湛"。在苏州园林博物馆内,陈列着各式模型,有园林全景、有建筑单体,多个模型都是可俊所制,惟妙惟肖地展示了园林艺术精华,是园林模型的经典之作,比如陈列在第一厅的《沧浪亭》模型(图5),按照清代的《沧浪亭碑刻》,以1∶40比例,展示传统工匠营造园林的全过程,有大木屋架上梁、有石匠叠山、有挖塘运泥、有铺设花街地砖、有种植花草树木……各式建筑十多种,各类传统工匠形态人物三百余

图5 沧浪亭模型(局部)

个，活灵活现展现在参观者面前，令人赞叹不已。陈列在第四厅的《拙政园·远香堂》，按1∶25比例，用小叶紫檀材料和传统古建形制、技艺制作，榫卯结构一丝不差，所有门窗均可开启合闭，再现了这座苏州园林经典建筑的神韵。

可俊制作模型的可贵之处，还在于他善于发现和挖掘历史文化，再现出他人未有之作，为弘扬传统文化作出独特的贡献。苏州戏曲博物馆曾请他制作留园"东山丝竹"古戏台。古戏台是古建筑和传统戏曲中的一枝奇葩，但由于历史的变迁，留存下来的古戏台已寥寥无几。可俊为了能把历史上曾经出现过的精美戏台再展现出来，考证了大量历史资料，并按照文献线索，到现场进行勘察，然后进行规划设计、绘制图案、准备材料、实施制作。他后来还为该博物馆制作了戏船模型，当然最让他骄傲的还是留园戏台，这座曾经轰动苏城的戏台在20世纪30年代被毁。可俊经过大量考证，终于完整地复原了这座古戏台，在制作过程中他还从文献资料中挖掘到清末著名学者俞樾为这座古戏台题写的匾额楹联，也按照比例复原在模型中，增加了模型的文化内涵。

他的另一作品留园寒碧庄（全景）模型，陈列于北京的中国古建博物馆，也是一次挖掘文化内涵的过程。陈列出来后，又被北京的全国重点文物保护单位"皇家粮仓"管理部门邀请完成一个特殊任务，制作的模型要里外有人物形象等表现内容。虽然对方提供了有关资料和图片，也可以"按葫芦画瓢"，但可俊却要打破砂锅问到底，为此他专门去北京实地考察皇家粮仓，把粮仓建筑地基、墙面、梁架结构、屋面、仓内布置、通气排水防霉设施以及粮仓内部管理制度、人员层次、运行机制等都摸了个透。心中有底之后，他决定制作一个半透视的模型（1∶31比例），即：模型的屋顶不是全封闭的，而是打开一半，只有梁架椽子，观众可直接观赏到粮仓内部状况和人员管理、劳作状况，把六百年皇家粮仓的一个瞬间影像再现出来，令人百看不厌，浮想联翩。

正是这种做学问的功夫，技艺与文化相得益彰，使郑可俊先生的模型出神入化，成为众多博物馆、艺术馆的收藏品。同时，名声在外，还有很多单位高薪聘请他，他大都谢绝了，却把他的"大师工作室"搬进了学校，受聘为教授，专为苏州农学院园林专业学生传授模型制作，他动情地说："我今年七十七岁了，想得最多的是，中国文化的未来在年轻人手中。现在看到有这么多孩子愿意学习传统技艺，我倍感责任！"正是这种精神，让他在晚年时把更多的精力投入到教育之中。

（本文作者周苏宁，苏州市风景园林学会第八届常务副理事长，《苏州园林》主编。此文原载于《苏州园林》2021年第1期）

◎ 名师大匠与苏州园林 ◎

跋

长留天地间

　　苏州市风景园林学会将《苏州园林》（精品学刊，内部资料）历年编辑、刊登的人物文章，汇编成《名师大匠和苏州园林》一书，这是一件非常有意义的事情。全书分"巨擎""大师""大匠"三辑，"巨擎"中收录的是享誉海内外、在全国园林建筑界有很高威望的人，他们是童寯、刘敦桢、贝聿铭、陈从周、罗哲文、周瘦鹃、顾廷龙等，这些人都与苏州园林有不解之缘，他们不仅著书立说，更是身体力行，为苏州园林作出了杰出贡献；"大师"中收录了陆文夫、谢孝思、汪星伯、仲国鎏、吴牧木、詹永伟、金学智、曹林娣、陈健行、蔡廷辉、刘郎等人，他们大都是生活在苏州本地的著名人士，生于斯、长于斯，为苏州园林保护发展作出了巨大贡献；"大匠"中收录了朱子安、陆耀祖、山石韩、凌家山、顾阿虎、郑可俊等人，他们是苏州园林的建设者，在苏州园林保护和建设的平凡岗位上，作出了不平凡的事业。这部书就是一部"人物志"，记录了新中国成立以来，为苏州园林作出非凡贡献的精英们的事迹和精神风貌，也通过这些名师大匠，让我们读到了苏州园林近百年来的曲折历程和辉煌。

　　从这个视角来解读，苏州园林之所以能如此完美地保留至今，可以毫不夸张地说，正是得益于这些名师大匠的不懈努力，其中包含着的人文精神，早已超越了园林本身。

　　首先要说的是，对苏州园林的完整测绘和调查，做到历史资料的真实、全面与准确无误，具有划时代意义。童寯于20世纪30年代在上海工作期间，只身一人遍访江南园林，逐一调查史料和测绘园林图纸，完成了中国历史上第一部用科学方法论述造园理论的专著《江南园林志》。当时正值卢沟桥事变爆发，"抗日战争"烽火连天，这位"孤独行者"的手稿、照片和测绘图纸被中国营造学社存放于天津一家英国银行的保险柜中，但是一场大水灾使这些材料全部泡汤。他在花甲之年又重新绘制图纸、撰写此书，三十六岁时完成的这部书直到六十三岁时才正式出版，真可谓历尽艰辛。

　　被称为"北梁南刘"的刘敦桢，在20世纪50年代，将苏州园林作为一项重要科研课题，展开了全面细致的调查研究工作。他带领助手们花了三年多的时间普查苏州园林，一方面查阅了大量文献资料，另一方面几乎走遍了苏州的大街小巷，对隐藏在高墙深院内的私家宅园作深入细致的文字记录、摄影和测绘，拍摄了五百多张园林的照片，完成了三百余幅测绘图纸，撰写出《苏州古典园林》一书。这是第一部专门研究苏州园林的经典之作，分总论和实例两大部分。正当出版之际，遇到"文化大革命"，他受到冲击，研究室被撤销，他含冤而逝，研究成果直到他去世十一年后才终于重见光明，正式出版，当年即获得"国家科技进步一等奖"——可见其价值之高！

　　其次是那些在苏州园林抢救修复和保护管理事业上的功臣们，每一个人都值得我们铭记。苏州园林之所以没有湮没、消失在历史的长河里，一个非常重要的原因，是因为苏州有一批有识之士的守护。

　　谢孝思，这位"不是苏州的苏州人"，新中国成立之初的苏州市文教局长，苏州园林修整委员会首位主任，1953年，主持修复留园。当时留园破败不堪，处处断垣颓壁，精美的五峰仙馆在抗战时成了日寇的马厩，粪土堆得一人高，楠木厅的柱子被马咬成葫芦形……而维修一座园林的经费又十分有限。为了恢复文化遗产原貌，他们坚持"修旧如旧"，到处去寻访古建旧料。其中阊门在一个叫莲花斗的地方，那里有一个旧物市场，他们用最低的价钱买回最好的旧材料……，就这样他们只花了不到五万元钱，用了一百多天就修复了历史名园。

罗哲文，这位被苏州人亲切称为"苏州文物的守护神"，很多人都知道他在苏州园林申报世界文化遗产工作中的鼎力支持、大声疾呼、悉心指导，却不知道，他早已和苏州结缘，那就是虎丘塔的修复工程。从20世纪50年代维修虎丘塔开始，就牵动了国家相关部门的领导和专家，凝聚了他们的心血，更是中国古建文物专家们智慧的结晶。这座千年古塔是中国现存最古老的砖塔。由于它建在山坡上，基土厚薄不均，塔墩基础设计构造不完善等原因，这座千年古塔，从明代起，就开始向西北倾斜，1978年监测，塔身已向东北倾斜达2.34米，岌岌可危。为此，虽然20世纪50年代就大修过一次，但没有根本解决问题。1978年又出现险情后，国家文物局派出了我国著名古建专家罗哲文率队，在广泛调查的基础上，提出用桩排式地下连续墙加固塔基的方案，但这一方案在当时引起了国内巨大争议。罗哲文一方面广开言路，虚心接纳各种意见；另一方面以高度的责任感，顶住压力，排除一切纷乱干扰，做出明智决断，最终顺利地完成了这座"东方斜塔"抢险加固的任务。

陈从周，被誉为"中国园林文化开拓者"，对苏州园林情有独钟，他的"江南园林甲天下，苏州园林甲江南"已成为经典之语，广为流传。而且他还是一位敢于批评的学者，守护传统文化不遗余力。20世纪80年代末期，市场经济大潮席卷神州大地，苏州园林也不例外，挂彩灯、立彩人，弄得丑陋不堪。陈从周在报纸撰文《苏州园林今何在》，批评苏州园林本是秀雅的佳人，而今却变得俗不可耐。正是在他不留情面的批评下，有关部门及时出手，使苏州园林的古典特色得以保护。至今读那些句句诤言，还让人怀念不已，那是一位君子的拳拳之心啊！

还值得一提的是，那些在保护、修葺、管理园林的众多专家、学者、管理者和能工巧匠，如果没有他们的倾心尽力，没有他们"巧夺天工"，也就没有今天的苏州园林，他们都是真正的名师大匠。但随着时间的流逝，他们中间很多人都成了无名英雄！这是一长串逐渐淡去的名字，他们曾经为苏州园林的保护作出了巨大贡献，许多人已离世，他们的作品留下了，他们的精神更应该永远地保留下来——我们似乎为这些大师做的工作太少了！

这足以说明这部书厚重的人文价值。当然，从严格的意义上说，这部书不是标准的"人物志"，而是汲取了这些名师大匠与苏州园林的"人生篇章"中最精彩的片段，故我理解，此书的分类是有其编者基本思路的，"巨擘"一章中的人物，都是当代中国的著名专家学者，且已过世；"大师"一章中的人物，都是苏州人（包括新苏州人），都是当代在园林事业中做出卓越成就的大师，其中一些大师在全国赫赫有名；"大匠"一章中的人物，则是苏州园林界的著名大匠大师，在全国也是响当当的人物。从这个意义上讲，全书中的所有人物用"名师大匠"来统称，可谓实至名归。正如本书"前言"中所说：这部书中所有学者、专家、文士、匠人都是专到极致的大师名匠、"国之大匠"，这是令人信服的！

二十多年前，我在苏州广电做媒体工作时，参与拍摄了一部电视片《苏园六纪》，首先是认识了在苏州市园林局工作的周苏宁、周峥两位学人——我这样称呼他们，是因为他们对园林的见识与挚爱，说起园林如数家珍。那时他们的主业是世界遗产保护工作，却同时兼职负责编辑《苏州园林》这本学刊，从20世纪90年代起一直编辑到现在，至本书正式出版发行时将出刊一百期了，真是一本很有特色的科研科普学刊。我曾说，编辑学刊，二十几年

初心不改，这真是一件很了不起的事情！周苏宁却说，做文字工作就是"码字的工匠"，必须甘于寂寞，必须"语不惊人死不休"。这让我看到了另一种工匠精神，也从中受到启发。也因此"志同"而友情不断。

也由于这一特殊的"园林"际遇，我还有幸接触到其中的若干重要人物，如罗哲文、陈从周、贝聿铭、谢孝思、陆文夫等，我非常庆幸有机会认识这些大师，感受他们的人生风采。所以现在翻看这部四十多万字的人物专记，就感到特别亲切，似乎又重新见到了这些大师。他们已成为苏州园林保护史上的一座座丰碑，将永远矗立在苏州人们的心头。在新的历史时代，我们需要继续传承好老一代的这些精神财富，守护好苏州园林，使名园长存天地间。

苏州大学钱锡生

2022年2月20日

（作者系苏州大学文学博士、教授、博士生导师）